CW01647651

COMMERCE DE GROS,
COMMERCE INTER-ENTREPRISES

L'ouvrage a bénéficié d'un soutien à la publication de la part de la Confédération du Commerce de Gros et International (CGI).

COMMERCE DE GROS, COMMERCE INTER-ENTREPRISES

Les enjeux de l'intermédiation

Coordonné par
Catherine Pardo et Gilles Paché

Préface de
Hugues Pouzin
Directeur Général de la CGI

éditions
ems
MANAGEMENT
& SOCIETE
17 rue des Métiers
14123 CORMELLES-LE-ROYAL

Le Code de la propriété intellectuelle du 1er juillet 1992 interdit expressément la photocopie à usage collectif sans autorisation des ayants droit.

Nous rappelons donc qu'il est interdit de reproduire intégralement ou partiellement sur quelque support que ce soit le présent ouvrage sans autorisation de l'auteur, de son éditeur ou du Centre français d'exploitation du droit de copie (CFC) 20, rue des Grands-Augustins, 75006 Paris (Code de la propriété intellectuelle, articles L. 122-4, L. 122-5 et L. 335-2).

© Éditions EMS, 2015

ISBN : 978-2-84769-700-1

SOMMAIRE

Préface

Hugues Pouzin, Directeur Général de la CGI

Commerce de gros, commerce inter-entreprises : les enjeux de l'intermédiation. Titre ambitieux pour une contribution académique qui concerne un secteur économique majeur : en 2013, 780 milliards d'euros pour la France et 5,7 trillions d'euros au niveau européen. Ce secteur a finalement suscité peu d'ouvrages ou de thèses de doctorat. C'est l'une des raisons de la volonté de la CGI de favoriser sa connaissance économique, dans la mesure où il emploie un million de salariés en France, et un peu plus de 10,4 millions au niveau européen.

Ainsi, une Chaire d'Enseignement et de Recherche, créée par la CGI avec un appui important du Ministère de l'Education Nationale, de l'Enseignement Supérieur et de la Recherche, rassemble les équipes de recherche de EMLYON Business School et du CRET-LOG d'Aix-Marseille Université. Le contenu du présent ouvrage est le fruit des travaux, des échanges et des collaborations des chercheurs de la Chaire d'Enseignement et de Recherche pour décrire et conceptualiser les mécanismes, les fonctions et les évolutions des acteurs du commerce de gros, acteurs économiques ne travaillant qu'avec des acheteurs professionnels.

Si beaucoup d'ouvrages économiques ont décrit les différents réseaux de distribution avec une « vision de fabricants », peu d'entre eux ont mis en perspective la trilogie « fabricants, grossistes et acheteurs professionnels » d'un point de vue intermédiation. L'ambition est ici, d'une part, de décrire les différents alliances possibles, et d'autre part, d'étudier le rôle logistique du grossiste, notamment au regard de sa maîtrise des *Big Data*. Grâce à des exemples de filières aussi diverses que celles du négoce du vin, de la santé, des fruits & légumes ou de la pharmacie, le lecteur pourra découvrir la fonction d'intermédiation d'une large palette d'acteurs du commerce de gros.

Cet ouvrage décrit également les évolutions dans le processus lui-même d'intermédiation et l'apparition de nouvelles pratiques et de nouveaux positionnements. La notion de frontières de métiers entre types d'acteurs peut avoir tendance à s'estomper, mais l'agilité des grossistes à se déplacer sur de nouvelles activités ou acquérir de nouvelles techniques en font des opérateurs économiques bien placés pour jouer un rôle important dans la valorisation et la distribution des produits au regard de la refondation de la logistique urbaine, notamment liée aux nouveaux enjeux de la proximité et du développement durable.

Que vous soyez étudiants, chercheurs, professionnels ou consultants, cet ouvrage devrait vous apporter un regard nouveau sur un secteur d'activité dont le maître mot du développement est l'innovation « produits » ou « métiers ». Bonne lecture !

Introduction générale

Catherine Pardo et Gilles Paché

A la différence du commerce BtoC, qui donne lieu depuis quarante ans à de très nombreux travaux, notamment en marketing stratégique, le commerce de gros (ou commerce inter-entreprises), c'est-à-dire la distribution auprès des clientèles professionnelles (entreprises, collectivités, artisans, autres distributeurs, etc.), n'a pas vraiment retenu l'attention du milieu académique, posant la question de l'attractivité de ce secteur aux yeux de générations d'étudiants. En conséquence, prendre la parole sur les grossistes, c'est inéluctablement s'exposer à deux types de réactions, une incompréhension à l'endroit de qui sont ces acteurs économiques et de ce qu'ils font, ou bien une obstination à en prédire leur disparition progressive. Le fait est que, pendant plusieurs décennies, l'activité des grossistes n'a été analysée que du seul point de vue des fabricants et des producteurs. Les grossistes étaient un « mal nécessaire » pour atteindre les clients professionnels. Pendant longtemps, ces acteurs ont été présentés comme passifs, non créateurs de valeur, incapables d'initier des démarches managériales et technologiques innovantes.

Par nature, la distribution a pour mission de faciliter le rapprochement de l'offre et de la demande, par la mise en relation de plusieurs personnes physiques ou morales ayant des intérêts complémentaires. Dans le cadre du commerce de gros, elle revêt tout à la fois une dimension transactionnelle (marchande) et logistique (gestion des flux physiques et informationnels), et c'est cette double dimension qui est aujourd'hui l'objet de profondes transformations dans des économies à la fois de plus en plus globalisées et dématérialisées. Ces profondes transformations, et les nouvelles dynamiques qui en résultent, sont visibles à différents niveaux, qu'il s'agisse de la nature des emplois et des qualifications, de la gestion des opérations logistiques et commerciales, ou encore du développement de nouveaux services à la clientèle. L'heure semble donc venue de faire le point sur le commerce de gros et, plus généralement, l'intermédiation, en termes d'enjeux économiques, technologiques et sociétaux.

Objectif de l'ouvrage

Force est de reconnaître que la position particulière des grossistes, entre fabricants et producteurs, d'un côté, et clientèles professionnelles, de l'autre, a sans doute été un facteur de leur méconnaissance, quand elle n'a pas été un alibi facile pour leur faire supporter les défaillances de certains canaux de distribution. Seuls seraient légitimes à revendiquer une fonction de création de valeur ceux qui conçoivent et fabriquent les produits (les producteurs), ou bien ceux qui interagissent avec le consommateur final (les détaillants), privant de fait les entreprises du commerce de gros d'un rôle actif dans la modernisation des chaînes de valeur. Qui n'a point en mémoire les discours teintés d'idéologie, tout au long des années 1970 et 1980, sur des grossistes accusés de prélever des marges indues ayant pour résultat d'amputer le pouvoir d'achat des ménages. Des grossistes ne vivant finalement que de la valeur créée par d'autres qu'eux…

Or, le commerce de gros représente désormais une activité économique considérable, tant par les volumes d'affaires en jeu, que par le nombre d'entreprises et les effectifs impliqués dans la plupart des pays occidentaux, mais aussi dans les pays en voie de développement. Plus encore, la « position du milieu » très particulière qu'occupent les grossistes est un lieu remarquable d'articulation de logiques d'affaires complémentaires. Un grand nombre de grossistes sont ainsi porteurs d'innovations majeures en matière de logistique et de gestion des relations. Cette « position du milieu » donne aux grossistes une bonne compréhension de l'ensemble des canaux de distribution : ils savent identifier les activités créatrices de valeur pour les clients mais aussi pour les fabricants / producteurs ; ils savent aussi évaluer quelles ressources (techniques, humaines, etc.) sont indispensables pour prendre en charge ces activités. Ils peuvent alors s'y positionner en s'appuyant sur les ressources qu'ils possèdent, développent ou acquièrent auprès d'autres acteurs. En bref, les entreprises du commerce de gros font chaque jour la preuve de leur capacité à se déplacer sur des chaînes de valeur en totale redéfinition.

Concevoir le commerce de gros comme un lieu possible de co-création de valeur suppose évidemment de poser ce type de distribution comme un objet d'investigation en soi. Il convient, pour cela, de se doter de concepts et de grilles théoriques susceptibles d'en décrire les dimensions clés et de repérer les interrogations pouvant lui être rattachées, afin d'y apporter des éléments de réponse. L'objectif du présent ouvrage est donc triple :

- Il s'agit, d'abord, de montrer que le commerce de gros peut être posé comme un objet de recherche à part entière. Chacune des contributions rassemblées souhaite en rendre compte en soulignant à la fois ses dimensions invariables (clientèles professionnelles, poids économique, diversité des fonctions prises en charge, etc.), mais aussi sa variété à travers l'analyse de différents cas d'intermédiation ;
- Il s'agit, ensuite, de donner à voir au lecteur amené un jour à prendre des décisions, ou déjà impliqué dans la prise de décision, une série de concepts et/ou de théories qui se présentent comme autant de « lunettes » pertinentes permettant de lire le commerce de gros dans toute sa spécificité, voire complexité ;
- Il s'agit, enfin, de fournir une série illustrative de situations de gestion, dans différents secteurs (santé, alimentaire, prestation logistique, etc.), qui sont autant de cas permettant de vérifier que les « lunettes » fournies permettent de soutenir des analyses du commerce inter-entreprises porteuses de progrès.

Structure de l'ouvrage

L'ouvrage comprend 13 chapitres qui s'organisent en deux grandes parties. Il propose tout d'abord une réflexion conceptuelle sur les logiques de distribution (7 chapitres), puis une application de cette conceptualisation à plusieurs contextes (6 chapitres). Le lecteur, tant praticien que chercheur, enseignant ou étudiant, peut accéder à un certain nombre d'outils et de réflexions sur les tendances les plus actuelles en termes de distribution, sur des thématiques stratégiques et organisationnelles très variées dont les chapitres de la première partie rendent compte : la gestion des canaux de distribution, le rôle des systèmes d'information, les compétences attendues de l'intermédiaire, ou encore les territoires de l'intermédiation. Ces thématiques ouvrent des perspectives originales en matière de gouvernance des relations entre les acteurs du commerce de gros et, plus largement, de l'intermédiation marchande et logistique. Une multiplicité de secteurs est concernée, des plus traditionnels, comme les fruits & légumes ou la répartition pharmaceutique, à des secteurs moins traditionnellement analysés selon cette logique d'intermédiation, comme la santé par exemple. La puissance des analyses en termes de distribution inter-entreprises est justement de fournir une vision universaliste des démarches explicatives dont les chapitres de la deuxième partie sont le témoignage.

Un kaléidoscope conceptuel

Dans un premier chapitre, Marc Filser propose un panorama des différents courants théoriques ayant traité de l'objet « intermédiation ». Les modèles *économiques* s'intéressent aux *fonctions* d'intermédiation (transport, stockage, transformation), et ils cherchent à expliquer comment chacune de ces fonctions est prise en charge par l'un des membres du canal en retenant le coût comme critère principal dans son organisation. Les modèles *comportementaux*, pour leur part, analysent l'état (le climat) des relations entre deux organisations à travers la répartition du pouvoir entre les acteurs et l'intensité de la coopération ou du conflit. Enfin, les approches *stratégiques* indiquent comment les ressources et les activités engagées par les membres du canal vont se combiner pour créer de la valeur. Marc Filser s'attache aussi à sensibiliser les lecteurs à la faible contribution du marketing à l'étude de cet objet qu'est l'intermédiation et les invite, à travers l'idée d'une interaction (entre les membres du canal) dans la création de valeur (co-création de valeur), à replacer la recherche sur les canaux de distribution au cœur du renouvellement théorique de la recherche en marketing.

Dans le chapitre 2, David Ford et Lars-Erik Gadde prolongent la réflexion amorcée avec le chapitre précédent. Après avoir fait le point sur les travaux pionniers, en particulier la contribution centrale d'Alderson (1954, 1957), de la réflexion sur la distribution, ils développent une approche « réseau » de l'intermédiation BtoB. Une approche réseau de la distribution s'ancre dans l'idée fondamentale d'interconnexion entre entreprises : aucune entreprise n'est isolée, tout échange commercial concerne de nombreux acteurs, différents mais interdépendants. Adopter une approche réseau de l'intermédiation BtoB, c'est considérer que les ressources (nécessaires aux activités) sont de plus en plus diffuses et réparties entre de nombreux acteurs, souvent nouveaux et éloignés les uns des autres. C'est aussi considérer que le changement au sein de l'intermédiation trouve son origine en plusieurs points du réseau, dans les relations existantes, ou entre celles-ci. Un tel changement n'est pas considéré comme le résultat d'un phénomène externe ou global, mais comme celui des interactions entre de multiples acteurs individuels.

Dans le chapitre 3, Catherine Pardo explore les dimensions d'une représentation triadique des situations de distribution, c'est-à-dire d'une représentation prenant systématiquement en compte les fabricants / producteurs, les intermédiaires et les clients professionnels. Après avoir rappelé que traditionnellement les travaux en distribution ont presque toujours privilégié « un point de vue » – par exemple celui du fabricant qui choisit son canal de distribution – Catherine Pardo souligne ce qu'une perspective « à trois » met en évidence en matière de situations d'intermédiation. En particulier, cette perspective triadique permet de décrire de façon originale les dynamiques spécifiques qui se font jour dans les situations de distribution. Elle permet aussi de sensibiliser aux phénomènes d'interconnexion, c'est-à-dire à l'impact que peut avoir la nature des relations d'un intermédiaire avec ses fournisseurs sur la nature des relations qu'il a avec ses clients professionnels. Une telle perspective triadique alimente la réflexion sur la stabilité (ou instabilité) des arrangements dans les situations de distribution.

Le chapitre 4 donne l'occasion à Gérard Roveillo, Gilles Paché et Falk Wagenhausen d'aborder plus spécifiquement les questions d'intermédiation logistique, en mettant volontairement l'accent sur un certain nombre d'innovations dont elle est porteuse. Si la logistique puise ses racines dans une histoire ancienne, avec les légions de César, force est de reconnaître qu'elle est désormais porteuse d'une puissante dynamique, à la fois en matière de systèmes d'information inter-organisationnels, mais aussi de pilotage des flux fondé sur un mixage standardisation / différenciation. Dans un souci de clarification, Gérard Roveillo, Gilles Paché et Falk Wagenhausen font ici référence au triptyque R2CD, autrement dit les ressources, compétences et capacités dynamiques à l'origine de l'avantage concurrentiel dont est porteuse une intermédiation logistique efficace. Sans nul doute doit-on accorder aux compétences humaines une attention toute particulière, tant il est vrai que la capacité à travailler en équipe, l'aptitude à déléguer et à organiser le travail, l'aptitude à convaincre, et enfin, la capacité à prendre des décisions, sont au cœur d'une gestion performante des relations au sein des chaînes logistiques.

Dans le chapitre 5, en continuité avec le précédent chapitre, François Fulconis et Laurence Saglietto étudient la situation d'un intermédiaire particulier, le prestataire de services logistiques (PSL), dont le rapide développement dans la plupart des pays occidentaux donne lieu à d'abondants travaux. Il est effectivement clair que le fonctionnement de ce qu'il est convenu d'appeler les *supply chains* ne peut plus faire l'économie de ces spécialistes du pilotage des flux, dont certains sont devenus d'ailleurs des géants mondiaux. Plus encore, l'élargissement des prestations proposées par lesdits PSL les conduit à être dorénavant des acteurs incontournables de l'intermédiation logistique, notamment en vue de gérer au mieux des interfaces de plus en plus complexes, requérant des données massives sur les produits en circulation dans les *supply chains*. François Fulconis et Laurence Saglietto mettent tout particulièrement l'accent sur la révolution que constitue la maîtrise des *Big Data* dans un environnement marqué par la vitesse d'exécution et la sécurisation absolue des données, le plus souvent porteuses d'informations confidentielles sur les clients et les entreprises. Des *Big Data* qui vont impacter durablement et profondément l'intermédiation logistique, mais aussi marchande.

C'est une forme d'intermédiation particulière qui est au cœur du chapitre 6 proposé par André Tchokogué et Jean Nollet, celle que représente la délégation (totale ou partielle) des achats d'une entreprise à un tiers (prestataire de services). Pratique peu connue, mais dont l'importance va croissante au rythme du développement des approvisionnements globaux, l'intermédiation de la gestion des achats est présentée sous ses différentes facettes : place de la délégation dans les stratégies d'achat, nature des situations de délégation, identité des prestataires, types de prestations offertes, avantages stratégiques de la délégation. Si l'intermédiation de la gestion des achats est vue comme une source d'économie, André Tchokogué et Jean Nollet, sur la base de la riche description qu'ils fournissent de la pratique, articulent une série de réflexions sur la décision et le pilotage de l'intermédiation de la gestion des achats. Ces réflexions identifient les points de passage obligés pour des gestionnaires qui doivent fonder leur décision de recourir ou non à l'intermédiation sur une démarche rigoureuse, mais aussi piloter avec précision la relation avec les prestataires de services choisis.

Dans le chapitre 7, Bernard Dussuc et Sébastien Geindre traitent des différentes options stratégiques s'offrant aux distributeurs dans un environnement qu'ils décrivent comme étant en forte évolution. Après avoir rappelé les transformations (en cours et à venir) de l'intermédiation BtoB, ils s'attachent à présenter la clusterisation (la participation à un cluster qu'il soit district industriel, système productif local, pôle de compétitivité, etc.) comme une option stratégique pertinente pour les distributeurs. Lieu de collaboration par essence, le cluster facilite les contacts entre acteurs, et permet de mutualiser certaines ressources, notamment logistiques et technologiques, mais surtout, il promeut une vision et une identité collectives. Toutefois, la clusterisation n'est une option stratégique réelle pour les intermédiaires que sous certaines conditions parmi lesquelles figurent le choix du cluster adapté à l'activité et aux objectifs du distributeur, mais aussi la nature de la gouvernance à l'œuvre au sein du cluster.

Une diversité d'applications

C'est le commerce de gros des fruits & légumes que Florent Saucède, Sophie Michel et Hervé Fenneteau étudient dans le chapitre 8. La grande distribution, fortement marquée par les phénomènes de centralisation des achats et de la plate-formisation – qui constituent une internalisation des fonctions de gros – est un client particulier des distributeurs BtoB. Après avoir retracé les transformations de ce commerce, en particulier au regard du rôle qu'y joue la grande distribution, Florent Saucède, Sophie Michel et Hervé Fenneteau s'intéressent aux différents rôles que peuvent jouer les grossistes en fruits & légumes auprès des managers de rayon de la grande distribution. Ces rôles varient d'une situation de distribution à l'autre, et impactent sur la place que tiennent les grossistes. Ils dépendent tout à la fois de la relation que les managers de rayon ont avec leur centrale d'achat – et en particulier de la marge de manœuvre que cette dernière leur laisse dans le choix des fournisseurs – et de la nature des relations que les grossistes sont capables de mettre en place avec lesdits managers de rayon. Ces différentes situations sont discutées, afin de formuler une série de recommandations pour soutenir un rôle étendu des grossistes auprès de la grande distribution.

Le chapitre 9 conduit Catherine Lapassouse-Madrid à investiguer le négoce des vins de Bordeaux, l'un des fleurons du style de vie « à la française ». Le secteur est caractérisé par une segmentation subtile entre grands crus, vins de châteaux et vins « basiques » de propriétés, qui induit des formes spécifiques d'intermédiation et, plus largement, de commercialisation. Même si les négociants impliqués proposent tous un assortiment généralement représentatif de la diversité, voire de l'atomisation, de l'offre bordelaise, ils sont caractérisés par des fonctions et des positionnements différents, et ils mobilisent des ressources spécifiques en vue de formuler une promesse de valeur correspondant aux attentes de leurs clients. Le point commun des négociants est d'actionner des ressources de type relationnel qui offrent la possibilité de faire face aux enjeux commerciaux, par exemple lorsque des allocations de volume et/ou la formalisation de stricts cahiers des charges les rendent incontournables. En mobilisant un triangle de positionnement original, Catherine Lapassouse-Madrid renouvelle ainsi la vision de l'activité de négoce, parfois marquée par une perspective monolithique, alors que la diversité des situations de gestion milite pour une approche différenciée des logiques d'intermédiation.

Dans le chapitre 10, Nathalie Angelé-Halgand et Thierry Garrot s'intéressent aux questions d'intermédiation et de coordination dans un contexte singulier, celui de la santé. On pourrait s'étonner de l'originalité du choix d'un tel angle d'attaque, mais l'est-il tant que cela ? En effet, le fait de délivrer des soins implique la gestion de multiples interfaces entre les patients et les établissements de santé, et sans une coordination suffisante entre parties prenantes, il faut craindre des redondances d'information et/ou d'actes, dont le coût sera de plus en plus difficile à supporter pour la collectivité. Nous sommes ainsi en présence d'une situation traditionnelle d'intermédiation et de mise en contact, dont la performance va sans doute dépendre de l'existence d'un acteur ayant une légitimité suffisante à « piloter » les relations. Même si le débat reste ouvert quant à l'intermédiaire pouvant jouer à terme ce rôle, Nathalie Angelé-Halgand et Thierry Garrot suggèrent des pistes stimulantes qui témoignent de l'utilité et de la fertilité d'une réflexion en termes d'intermédiation et de coordination dans la délivrance des soins.

Le chapitre 11 amène Gérard Roveillo à décrire les changements majeurs de la filière pharmaceutique au niveau des officines, des laboratoires pharmaceutiques et de l'acteur chargé du processus d'intermédiation : le grossiste-répartiteur. Le grossiste-répartiteur, enraciné historiquement dans la distribution pharmaceutique, semble aujourd'hui vaciller sur ses bases du fait de l'apparition de nouvelles pratiques (vente en ligne, *direct to phamacy*, etc.). Dans ces changements, Gérard Roveillo s'intéresse en particulier au rôle que pourraient jouer les PSL classiques (au-delà donc des dépositaires considérés comme PSL spécialisés), devenus au fil du temps des acteurs majeurs du fonctionnement des *supply chains*. Ces PSL disposent d'une intelligence fine de la *supply chain*, ils savent en particulier impulser des logiques de massification des flux très performantes. On pourrait imaginer alors que ces PSL adoptent un positionnement *low cost* complémentaire de celui des grossistes-répartiteurs. Pour cela, il leur faudra passer d'une position de logisticien à celle de véritable partenaire *supply chain*.

Dans le chapitre 12, John Fernie, David Grant et Gilles Paché décrivent les transformations de la distribution alimentaire au Royaume-Uni, en particulier l'effacement des frontières entre types de grossistes (distributeurs-livreurs, *cash & carry*), qui se déplacent de plus en plus sur le terrain de concurrents parfois éloignés en termes de métier et de savoir-faire. Mais c'est surtout l'émergence de « *super-intermédiaires* », se positionnant comme *hubs* entre les petits producteurs, d'autres intermédiaires et les distributeurs, qui rebat les cartes en profondeur. Le chapitre met ainsi en évidence l'agilité des grossistes à se déplacer sur de nouvelles activités à travers l'acquisition de nouvelles expertises, tout en étant sous la menace de nouveaux entrants. John Fernie, David Grant et Gilles Paché s'intéressent notamment au 4PL, dont le métier consiste à concevoir et à vendre des solutions logistiques *sur mesure* en créant une sorte de réseau de valeur qui associe transporteurs, entrepositaires, et sous-traitants ; même s'il ne possède peu ou pas d'actifs physiques, le 4PL est légalement responsable des activités qu'il gère au nom de ses clients.

Enfin, dans le chapitre 13, Stéphane Sirjean décrit la situation des Marchés d'Intérêt National (MIN). Elle montre en quoi ils sont des outils précieux pour la vie urbaine et pour l'économie du territoire, du fait de leur proximité au cœur des agglomérations qu'ils desservent, et aux grandes infrastructures de transport. Mais ces acteurs sont soumis à différentes pressions dont l'enjeu se pose véritablement en termes de maintien ou de disparition de ce phénomène institutionnalisé d'intermédiation. Stéphane Sirjean montre notamment comment, sur la base des ressources dont disposent les MIN, ceux-ci pourraient tenir une place importante dans la refondation de la logistique urbaine, en particulier du fait de leur statut « hybride » (ils exercent sur le domaine public des missions de service public au profit d'intermédiaires marchands).

Un partenariat unique entre entreprises et milieu académique

Le présent ouvrage est le fruit d'une collaboration unique entre la Direction Générale de l'Enseignement Supérieur et de l'Insertion Professionnelle (DGSIP) du Ministère de l'Education Nationale, de l'Enseignement Supérieur et de la Recherche, la Confédération du Commerce de Gros et International (CGI), EMLYON Business School et le Centre de Recherche sur le Transport et la Logistique (CRET-LOG) d'Aix-Marseille Université. Cette collaboration a donné naissance à une Chaire d'Enseignement et de Recherche, dite

Chaire CGI, co-localisée à Lyon et Aix-en-Provence. Pour EMLYON Business School et le CRET-LOG, la Chaire CGI est une occasion rare d'interagir, notamment lors des différentes Rencontres d'Eté, avec le monde de l'Education Nationale, et en particulier avec l'univers de la formation post-baccalauréat. La création et la diffusion des savoirs sont au cœur des missions des deux institutions académiques concernées, et elles trouvent là un terrain privilégié d'application.

La Chaire CGI est en effet l'occasion d'expérimenter une nouvelle forme de transfert de connaissances auprès des enseignants. Ceux-ci peuvent, à leur tour, être les acteurs centraux d'une nouvelle diffusion, auprès de leurs étudiants, des savoirs créés. Conçue de la sorte, la Chaire CGI opère comme un lieu d'échange et de coordination entre des acteurs qui ne sont, par ailleurs, ni facilement, ni régulièrement amenés à travailler ensemble. Susciter et organiser les rencontres, et faciliter les échanges entre praticiens, chercheurs et enseignants, entre universités, écoles de management et syndicats professionnels, constitue à ce titre une expérience à la fois originale et stimulante. Il restait de permettre à chacun d'accéder à une synthèse des tendances les plus récentes en matière de commerce de gros et de commerce inter-entreprises, notamment pour encourager de nouvelles vocations chez les étudiants. L'ouvrage se fixe une telle ambition. Espérons qu'elle soit atteinte pour celles et ceux qui sont impliqués dans une démarche de réflexion pour l'action.

PREMIÈRE PARTIE

L'intermédiation : un kaléidoscope conceptuel

Chapitre 1.
L'intermédiation : une relecture fondée sur les modèles économiques, comportementaux et stratégiques

Marc Filser

L'intermédiation est devenue en quelques années un centre d'intérêt majeur pour les praticiens comme pour les chercheurs en management. Des évolutions de première importance intervenues dans l'environnement économique et social peuvent expliquer ce retour au premier plan d'une thématique qui ne passionnait ni les média ni l'opinion : la mondialisation des marchés multiplie les échanges que la sensibilisation au développement durable voudrait limiter, Internet a fait naître une accoutumance à l'instantanéité qui s'accommode mal des contraintes du transport physique, l'optimisation des canaux de distribution est l'ultime gisement de gains de productivité en aval d'une industrie rationnalisée au maximum, la surabondance de l'information disponible fait apparaître brutalement le besoin de structures d'intermédiation facilitant l'accès à cette information – la *googleisation* du monde…

Alors que le discours dominant du marketing avait popularisé pendant les décennies de croissance de l'après-guerre une représentation du « circuit court » comme l'idéal économique, le monde redécouvre les vertus de l'intermédiation, réelle ou virtuelle : il est intéressant d'observer que des prestataires spécialisés se sont développés pour aider l'internaute à réaliser ses transactions sur eBay, pourtant le prototype du canal théoriquement direct. Si l'importance économique et sociale de l'intermédiation se trouve ainsi unanimement reconnue, la compréhension du fonctionnement de ce secteur complexe est encore largement perfectible. Dawson (2007) décrivait ainsi les grossistes comme une « *chimère dans le canal de distribution* ». Car si la croissance de l'activité d'intermédiation est constante, elle s'accompagne d'une profonde redistribution des rôles entre les membres des canaux, se traduisant notamment par une réduction spectaculaire du nombre des entreprises traditionnelles de commerce de gros. Quel est aujourd'hui l'état de notre compréhension théorique de l'intermédiation ?

L'intermédiation est une fonction délaissée par la théorie économique. Les modèles micro-économiques fondateurs ont retenu deux agents pour rendre compte du fonctionnement des marchés : le producteur de biens ou de services, et l'acheteur. Puisque la formation de l'équilibre sur le marché repose sur la fonction de coût du producteur et sur la fonction d'utilité de l'acheteur, la prise en compte d'un intermédiaire est inutile. Son rôle peut en effet être intégré indirectement par le modèle d'équilibre, soit à travers une réduction du coût du producteur, soit à travers un surcroît d'utilité procurée à l'acheteur. On aurait pu espérer un meilleur traitement de l'intermédiation par le marketing. Certes, la distribution faisait partie des quatre variables du mix retenues par la typologie des « 4P » (produit, prix, promotion, place). Mais, assez symboliquement, la distribution devint traditionnellement la dernière variable du mix[1], et les décisions relatives à l'organisation de la fonction étaient considérées comme un domaine réservé du producteur, au même titre que le choix de la marque ou la fixation du prix.

Il faudra attendre les années 1970 pour que deux renouvellements théoriques majeurs remettent en cause cette vision réductrice, et surtout largement déconnectée de la réalité opérationnelle (Filser, 1989). Le premier renouvellement est la conséquence des évolutions théoriques de la science économique. Dans la lignée des travaux théoriques de R. Coase sur l'analyse économique des organisations, et de H. Simon sur la rationalité limitée, les limites du seul arbitrage entre canaux de distribution par les coûts directs mesurés sont pleinement reconnues, de même que l'importance des dimensions comportementales dans les décisions de distribution. Le second renouvellement est issu de l'émergence du courant théorique consacré à la stratégie d'entreprise, prolongeant les travaux de fondateurs comme ceux de I. Ansoff ou P. Drucker. L'autonomie des choix stratégiques des intermédiaires face à leur amont et à leur aval constitue la fonda-

1 La lecture des sommaires des manuels de marketing, quelle que soit leur nationalité, illustre le caractère universel de ce traitement de la distribution…

tion de ce qu'il est désormais convenu d'appeler les analyses stratégiques de la fonction d'intermédiation.

L'évolution de l'analyse de l'intermédiation reflète ainsi l'évolution des fondations théoriques de l'économie et du marketing (Filser *et al.*, 2012). La notion de co-construction en constitue un apport essentiel. Les modèles fondateurs considéraient comme donnés les « canaux disponibles » pour le fournisseur ou l'acheteur, et *a fortiori* comme stables à moyen terme les fonctions de coûts et d'utilité. La théorie contemporaine tente plutôt de rendre compte de la dynamique permanente d'ajustement de la configuration des organisations, et des relations qu'elles développent ou entretiennent, à travers des processus de mobilisation de ressources et de prise en charge d'activités orientés par la recherche de création de valeur.

Même si l'essor d'Internet constitue indéniablement un facteur essentiel d'évolution des pratiques sectorielles, il ne remet pas en cause les fondations théoriques des modèles théoriques de l'intermédiation issus de cette convergence des analyses économiques, comportementales et stratégiques. Au contraire, ces analyses peuvent aider les managers à prendre le recul nécessaire pour tenter de discerner, dans le rythme effréné des innovations, les phénomènes anecdotiques des « signaux faibles » qui annoncent les ruptures à venir dans la fonction d'intermédiation. Après avoir rappelé les fondations économiques de l'analyse de l'intermédiation, nous exposerons dans ce chapitre les apports des analyses comportementales et stratégiques, avant d'esquisser les contours d'un modèle général de la fonction d'intermédiation.

1. Les fondations économiques de l'analyse de l'intermédiation

La micro-économie classique et la théorie marxiste se rejoignaient au moins sur un point : l'inutilité de la prise en compte des intermédiaires en tant qu'agents distincts sur les marchés. Retenir le producteur et le consommateur pour la première, le capitaliste et le travailleur pour la seconde, suffisait pour rendre compte du fonctionnement du système économique. Dès la fin du XIXe siècle pourtant, des économistes perçurent l'influence des activités de distribution sur le coût du producteur. Le développement des infrastructures de transport procurait en effet un élargissement massif du marché accessible à une firme à un coût compatible avec les fonctions d'utilité des acheteurs. Mais l'allongement des circuits physiques d'acheminement des produits exigeait le recours à des opérateurs spécialisés, capables d'organiser de la manière la plus efficiente possible les activités de transport et de stockage, mais aussi de massification des flux, d'éclatement et de logistique terminale.

L'élargissement du marché entrainait aussi mécaniquement une augmentation du nombre des clients potentiels, donc des contacts à établir entre le producteur et l'acheteur final. Il devenait là encore économiquement pertinent de confier à un acteur spécialisé la fonction de mise en relation de ces acheteurs multiples avec l'offre du producteur afin de réduire le nombre de transactions (Stigler, 1951). Les deux principales sources de coûts liés à la fonction de distribution sont ainsi formalisées : le recours à un intermédiaire permet au producteur de rechercher à la fois l'optimisation du coût de la fonction logistique facilitant l'acheminement physique des produits et leur mise à disposition de l'acheteur final, et la réduction des coûts de réalisation des transactions. Bowersox *et al.* (1980) proposeront de dénommer « canal logistique » et « canal transactionnel » ces deux organisations, largement interdépendantes, mais pouvant faire appel à des acteurs distincts.

La gestion du canal logistique passe par la connaissance des coûts des activités de transport, de stockage et de massification / éclatement des flux de marchandises, autant d'opérations pour lesquelles la recherche d'économies d'échelle, c'est-à-dire de couverture des coûts fixes, est le principal levier mobilisable par les firmes. Le choix de l'organisation du canal par le producteur se résume alors à un arbitrage entre l'intégration de la fonction logistique ou, au contraire, sa délégation à un prestataire de services logistiques (PSL), en fonction du volume des opérations à réaliser. Les modèles économiques proposés par Bucklin (1965) et Mallen (1973) pour expliquer le choix de la structure du canal reposent sur ces hypothèses.

Mais l'arbitrage entre « distribuer » et « faire distribuer » ne peut être guidé par la seule prise en compte des réductions de coût susceptibles d'être procurés par des économies d'échelle. Dans les deux cas, en effet, le producteur va devoir absorber les coûts générés soit par l'administration interne des activités de distribution, soit au contraire les coûts de mise en place et de contrôle du contrat qui le lie au PSL auquel il a délégué l'activité. Les coûts de transaction doivent donc être distingués des coûts directs de l'activité de distribution (Williamson, 1975). En introduisant des variables comme l'opportunisme des acteurs et la détention d'actifs spécifiques par les intermédiaires pour expliquer la structure du canal, la théorie des coûts de transaction dépasse les hypothèses de modèles faisant reposer les décisions d'organisation du canal sur les seuls coûts directs mesurables.

Une excellente illustration des limites des décisions de distribution reposant exclusivement sur le coût direct a été apportée par l'engouement, massif mais bref, pour le recours aux procédures d'enchères électroniques inversées lors du choix d'un prestataire, au plus fort de la bulle Internet du début des années 2000 (Rebolledo et Ricard, 2002). Un producteur peut en effet recourir à une session d'enchères inversées ouverte sur une place de marché électronique pour rechercher un intermédiaire qui lui proposera le coût de distribution le plus faible. Mais il se trouve ensuite confronté à la difficulté de mettre en place des relations efficientes avec un partenaire qu'il ne connaît pas, et qui peut développer des pratiques opportunistes à son égard. Il est intéressant d'observer que c'est le recours au commerce électronique, souvent imaginé comme la solution absolue pour la transparence des marchés et des transactions, qui a mis en évidence l'importance des paramètres non strictement économiques dans le fonctionnement des dispositifs d'intermédiation. Les analyses comportementales formalisées au début des années 1970 avaient déjà émis cette hypothèse.

2. Les analyses comportementales de l'intermédiation

A l'heure de la mondialisation des marchés et de la délocalisation massive des activités de production dans des pays à faible coût de la main-d'œuvre, le fonctionnement du Sentier dans la filière française du prêt-à-porter apporte une autre illustration des limites de l'analyse économique par les coûts directs, et démontre symétriquement l'importance des facteurs comportementaux dans le choix de l'organisation d'un canal. Le caractère faiblement prévisible de la demande pour un produit est inséparable du secteur du prêt-à-porter. Il s'accompagne donc d'un fort besoin de réactivité de l'offre par rapport à la demande. En même temps, les segments de clientèle les plus sensibles à la mode présentent en général une faible élasticité-prix. Il est donc illusoire de chercher à organiser le canal en visant la minimisation du coût. Au contraire, il est préférable de recourir à une organisation qui procure la plus grande flexibilité possible (Reix, 1979), et qui s'appuiera davantage sur les relations qui se sont établies entre les acteurs plutôt que sur le seul critère du coût de distribution minimum.

La contribution de Stern et El Ansary (1977) a été décisive pour l'explication de l'apparent paradoxe que constitue, sur de nombreux marchés, la coexistence dans la durée de canaux organisés selon le principe du coût le plus faible, et d'agencements inter-organisationnels plus coûteux. Selon ces auteurs, si l'influence des critères économiques dans l'organisation des canaux est incontestable, elle ne suffit pas à expliquer l'architecture des canaux. La dialectique du conflit et de la coopération exerce en effet une influence majeure dans la mise en place et le fonctionnement des canaux. Cette opposition structurelle entre le conflit et la coopération est même souvent mobilisée pour contraster les canaux de distribution des biens de grande consommation, pour lesquels l'intensité de l'affrontement concurrentiel entre producteurs d'une part, détaillants d'autre part, rend inévitable un haut niveau de conflictualité, tandis que les canaux de distribution des biens industriels exigeraient, en raison de la complexité des produits et de leur mise en œuvre, une coopération plus étroite entre les membres du canal (Bêche, 2008).

Le concept de pouvoir, défini par la capacité d'un agent à faire adopter par un autre agent un comportement attendu, occupe une place particulière dans les analyses comportementales des canaux (Lusch et Brown, 1982). En particulier, l'analyse des sources de ce pouvoir a mis en évidence l'importance de ses antécédents non économiques, tels que la légitimité ou la compétence, mais aussi le rôle que peut jouer un tiers acteur, dans une perspective « triadique », afin de tirer un profit personnel du conflit entre deux autres acteurs en situation d'asymétrie de pouvoir (Pardo, 2015). Une importante conséquence managériale de ces recherches est de remettre en cause une représentation selon laquelle la taille de l'organisation et sa part de marché seraient les seules conditions pour exercer une influence sur le canal.

Les recherches adoptant le cadre comportementaliste pour rendre compte des processus d'intermédiation se heurtent – sans doute durablement – au redoutable écueil méthodologique de la mesure des variables issues de ce cadre théorique : pouvoir, conflit, leadership ou coopération. En effet, les états du canal caractérisés par le niveau de ces différentes variables ne peuvent être captés qu'à travers les perceptions des individus membres des organisations qui composent ce canal. Outre le caractère subjectif des perceptions individuelles, se pose le problème plus complexe encore de l'agrégation de ces perceptions individuelles au sein d'une même organisation, puis de la confrontation des perceptions des deux organisations au sein d'une dyade, mettant par exemple en relation un producteur et un grossiste.

Si l'on parle par exemple de pouvoir au sein de cette dyade, il ne suffira pas de constater que le pouvoir que le grossiste attribue au producteur est différent du pouvoir que le producteur estime détenir à l'égard de ce grossiste. Il faudra encore comprendre l'origine de cette divergence des perceptions. La portée de cette question dépasse son simple intérêt théorique : le maintien de relations de confiance, et dans une large mesure la performance du canal, dépendent en effet de la capacité des organisations en interaction à maintenir un équilibre souvent fragile entre coopération et conflit (Etgar, 1976). En bref, analyser les structures et les processus d'intermédiation exige de combiner les apports respectifs des deux courants fondateurs qu'ont été les modèles économiques et les modèles comportementaux. Les théories stratégiques des organisations ont logiquement été adoptées pour tendre vers cette intégration théorique et déboucher sur de nouvelles préconisations opérationnelles.

3. L'intermédiation : levier stratégique dans la chaîne de valeur

La publication de *Choix stratégiques et concurrence* par Porter (1980) a marqué une étape importante dans l'évolution des modèles théoriques de la stratégie des organisations (Porter [1982] pour la première édition française). L'organisation en tant que centre de décision autonome restait en effet jusqu'alors peu prise en compte par les analyses des canaux de distribution. Les modèles économiques analysent en effet des fonctions (transport, stockage, transformation), et cherchent à expliquer comment chacune de ces fonctions est prise en charge par l'un des membres du canal. Les modèles comportementaux analysent l'état des relations entre deux organisations (la répartition du pouvoir, l'intensité de la coopération ou du conflit). C'est donc la dyade qui est l'unité principale d'analyse, les organisations elles-mêmes restant au second plan.

Les modèles stratégiques au contraire, depuis les travaux fondateurs de P. Drucker et I. Ansoff, font de l'organisation évoluant dans son environnement l'objet central de l'analyse. La transposition de cette conception au canal conduit le chercheur à considérer le « producteur » et « l'intermédiaire » comme des organisations autonomes, qui développent une stratégie à long terme, puis à analyser leurs interactions en prenant en compte ces orientations stratégiques qui peuvent certes être compatibles, mais aussi diverger. Du point de vue de l'analyse de l'intermédiation, un premier apport majeur de Porter (1982) a été justement de souligner l'influence décisive qu'exerce sur l'intensité des forces concurrentielles d'un marché la possibilité qu'ont respectivement les fournisseurs de s'intégrer en aval (donc au détriment des intermédiaires), et symétriquement, les intermédiaires de s'intégrer en amont (donc au détriment des fournisseurs).

La seconde contribution majeure de Porter (1986) a été la formalisation de la chaîne de valeur de l'organisation, qui prend explicitement en compte les contributions respectives de l'organisation et de ses partenaires, y compris les distributeurs. Le changement de cadre théorique par rapport aux modèles antérieurs est alors complet. Alors que les modèles économiques retenaient le coût comme critère principal dans l'organisation du canal, et que les modèles comportementaux s'attachaient principalement à l'explication du climat relationnel, le modèle de Porter (1986) identifie la valeur comme output principal de l'activité de la chaîne de valeur. Prolongeant les analyses par les ressources, il montre aussi comment les ressources et les activités engagées par les membres du canal vont se combiner pour créer cette valeur. Analyser le canal de distribution exige donc d'identifier :

- Quelles ressources sont mobilisées par les différentes organisations, et donc éventuellement quels actifs spécifiques, tels qu'ils ont été formalisés par la théorie des coûts de transaction ;
- Quelles activités sont réalisées par ces mêmes organisations, ce qui pose la question des modalités de répartition de ces activités le long du canal (un retour vers les modèles économiques) et des processus de coordination de ces activités (un retour vers les modèles comportementaux) ;
- Quelles sont les facettes de la valeur délivrée à l'acheteur final par l'ensemble des activités du canal.

Le caractère intégrateur du modèle stratégique du canal est ainsi démontré : intégration des cadres théoriques antérieurs, mais aussi et surtout intégration des stratégies des acteurs autour d'un objectif commun de création de valeur pour le client, le tout dans un environnement concurrentiel dont la dynamique est reconnue. Cette reconnaissance de l'interdépendance du producteur et des intermédiaires n'a pas seulement un intérêt théorique. Elle conduit à un renversement de la finalité même de l'organisation du canal. Les modèles économiques et comportementaux partagent une vision implicite commune de l'objectif du management du canal. La valeur créée est une donnée, et les décisions des différents agents (répartition des fonctions entre membres du canal, consolidation du pouvoir d'une institution sur les autres, etc.) doivent permettre de maximiser les gains d'un agent au détriment des autres.

Le modèle stratégique assigne au contraire au canal dans son ensemble la mission de créer de la valeur. Si la stratégie mise en œuvre réussit, chacun des membres du canal retirera ainsi un bénéfice de l'amélioration de la position concurrentielle dudit canal. En revanche, c'est entre les canaux que la concurrence s'exercera avec une intensité maximale. Et lorsqu'un canal verra sa position concurrentielle se détériorer, la position de chacune des institutions qui le composent se trouvera affectée. Cette conception théorique est largement soutenue par l'observation des évolutions sectorielles, dans le secteur des biens industriels comme dans celui des biens de grande consommation :

- Dans le secteur industriel, l'exemple de l'industrie aéronautique, caractérisée par un degré très important d'externalisation des activités, illustre les bénéfices que les sous-traitants et les intermédiaires retirent du succès des chaines de valeur construites par Boeing et Airbus Industries pour procurer de la valeur à leurs clients que sont les compagnies aériennes.
- Dans le secteur des biens de grande consommation, les détaillants qui ont été capables de développer une valeur perçue supérieure auprès de leurs clients (Walmart, Tesco, Carrefour) ont entrainé dans leur sillage le réseau de sous-traitants (au premier rang desquels les fabricants de leurs produits sous marques de distributeur et les PSL), et les ont fait bénéficier à la fois de la croissance de leur activité sur leur marché domestique mais aussi de leur dynamique d'expansion internationale.

Par rapport aux modèles économiques et comportementaux, les modèles stratégiques adoptent enfin une vision beaucoup plus contingente du canal. Alors que les premiers cherchaient à identifier des invariants dans les relations entre variables (par exemple, le modèle de décalage-spéculation pour l'analyse économique, la séquence pouvoir-conflit-performance pour l'analyse comportementale), les modèles stratégiques ont pour principal apport une méthode d'analyse de la structure du canal et de la chaîne de valeur qu'il supporte. Ces modèles sont eux-mêmes susceptibles de faire l'objet d'un nouveau perfectionnement à partir d'un retour théorique sur le concept de valeur.

4. Vers un modèle général du marketing : l'interaction dans la création de valeur

Le lecteur aura noté que les développements précédents ont mobilisé les théories économiques (les modèles économiques du canal), les théories des organisations (les modèles comportementaux) et les théories stratégiques. Le marketing, qui devrait pourtant être une source majeure de modèles analytiques de l'intermédiation, est pour le moment le grand absent de cette analyse. Nous avons déjà avancé dans l'introduction une explication de cette contribution marginale du marketing à l'analyse du canal et de l'intermédiation. Le canal de distribution est encore trop souvent traité comme l'une des variables du mix, et le plus souvent la dernière. Ce n'est pas le moindre paradoxe de l'évolution des recherches en marketing que d'avoir finalement pérennisé la conception économique d'un canal de distribution organisé selon les choix du producteur.

L'intérêt du marketing pour les canaux de distribution s'est concentré sur la relation entre le consommateur final et le commerce de détail. De ce fait, la fonction d'intermédiation se trouvait singulièrement marginalisée dans les travaux de recherche. Il faut heureusement signaler une exception notable : les chercheurs spécialisés dans le marketing BtoB n'ont jamais négligé l'importance stratégique de l'intermédiation dans la création de valeur. Deux évolutions, l'une de nature empirique, l'autre de nature théorique, ont heureusement replacé la distribution au centre des préoccupations des chercheurs en marketing, y compris dans le domaine des biens de grande consommation.

L'*évolution empirique* est la montée en puissance du commerce électronique. Celui-ci remet en effet en cause les typologies traditionnelles auxquelles recouraient chercheurs et praticiens en marketing, et en premier lieu les vénérables « 4P » du marketing mix. Avec Internet, les frontières entre communication et distribution s'estompent, puisque l'internaute peut passer en quelques secondes de la recherche d'information à l'achat en ligne. Et il peut symétriquement consulter pendant sa visite d'un magasin l'offre des enseignes concurrentes. Les pratiques de fixation dynamique des prix incorporent cette autre variable à la communication et à la distribution. Et pour couronner cette fusion générale, les possibilités de « *customisation* » des produits commandés font disparaître la frontière entre conception du produit et distribution (Merle *et al.*, 2008). En même temps, le succès du commerce électronique est totalement conditionné par la capacité du canal à intégrer parfaitement toutes les opérations de la chaîne de valeur, et notamment la logistique terminale. La disponibilité du produit chez le producteur, la sécurisation des transactions par le prestataire financier, la qualité du système d'information et la fiabilité de la logistique sont simultanément indispensables, sans oublier l'impératif de coordination des offres et des services entre le réseau de magasins physiques et l'offre en ligne (Heitz-Spahn et Filser, 2014). Le caractère intégré du canal de distribution associant le producteur et les intermédiaires est ainsi devenu brutalement un cadre de référence obligatoire pour le marketing, à la fois d'ailleurs au plan théorique et au plan opérationnel !

L'*évolution théorique* est le foisonnement des débats et contributions autour de la notion de valeur qui a animé la communauté des chercheurs en marketing depuis une vingtaine d'années. La publication de l'ouvrage de Holbrook (1999) a sans doute contribué à la dynamique de ce courant de recherche, d'autant plus important qu'il coïncidait avec le développement simultané d'un important courant critique du marketing et de son influence sur l'environnement socio-économique, illustré par exemple par le pamphlet *No logo* de Klein (2002). Lorsque les modèles stratégiques parlent de « création de valeur », quelle est la réalité de cette valeur du point de vue du consommateur ?

Une voie théorique prometteuse a émergé avec le courant de la *service dominant logic* élaboré par Vargo et Lusch (2004). Ces auteurs proposent d'abandonner la distinction classiquement établie par le marketing entre « produit » et « service ». Dans les deux cas, en effet, le consommateur se procure fondamentalement des ressources qu'il va combiner pour créer la valeur. Il est symptomatique de noter que la principale innovation introduite par ce modèle consiste à considérer les membres du canal comme des fournisseurs de ressources pour le consommateur : la convergence avec les modèles BtoB est ainsi réalisée.

Une amélioration supplémentaire peut encore être apportée à la conceptualisation de la valeur. Les modèles stratégiques s'intéressent à la manière dont le canal peut maximiser la proposition de valeur au client. Or, nous suggère Marion (2013), il est faux de considérer que la valeur existe avant l'échange. Elle naît au contraire de l'interaction entre les ressources apportées par l'offre (le canal) et celles apportées par le consommateur ; ce dernier doit donc être considéré comme un membre à part entière du canal. Cette conception a été adoptée de longue date par le marketing BtoB, elle doit à présent être également adoptée par le marketing des produits de grande consommation.

L'analyse marketing du canal de distribution rejoint ainsi l'analyse marketing du consommateur, qui accorde désormais toute son attention au rôle actif de ce dernier, non seulement dans la création de valeur à travers l'expérience de consommation (Antéblian *et al.*, 2013), mais aussi dans sa participation active à la conception du produit ou du service (Cova *et al.*, 2013). La Figure 1.1 résume l'évolution de la conception théorique de la relation entre le canal de distribution et la valeur perçue par le client final. Elle rappelle la pertinence de l'hypothèse avancée par Micallef (1997) qui considérait que la théorie du système de distribution avait vocation à réaliser l'intégration des différentes théories du marketing, dont la fragmentation constituait justement l'une des faiblesses. Marion (2013) rappelle que la plus récente définition du marketing proposée en 2007 par l'American Marketing Association n'évoque plus la fonction de création et de mise à disposition de valeur, mais plutôt de ressources servant à la création de valeur. La fonction d'intermédiation retrouve ainsi pleinement sa place au cœur de la fonction marketing des organisations.

Figure 1.1 : Evolution du statut de la valeur consommateur dans les théories du canal

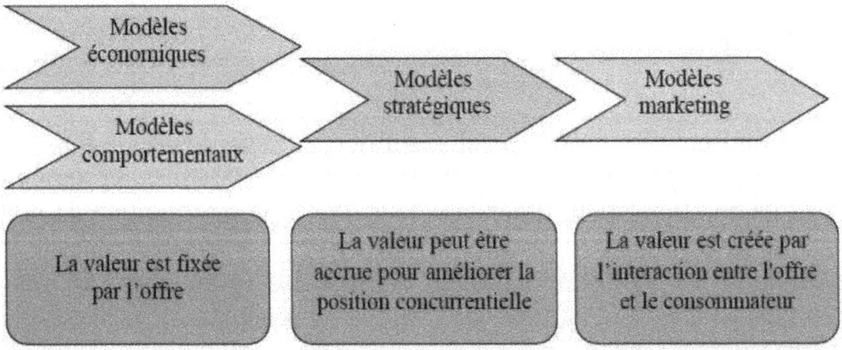

Conclusion

Les activités d'intermédiation sont au centre de la mutation profonde des modalités de relation entre l'offre et la demande. La fragmentation croissante des marchés, et les formes souvent contradictoires de la consommation (Firat *et al.*, 1995), sont confrontées à un élargissement vertigineux de l'offre de produits, de services et d'information. Le thème des *Big Data* est régulièrement cité par les managers comme le principal chantier auquel font face dès à présent les entreprises (Fulconis et Saglietto, 2015). Or, le rôle de l'intermédiaire est toujours de simplifier et d'optimiser l'organisation des contacts entre l'offre et la demande. Face à des marchés toujours plus réceptifs au caractère exclusif de l'offre et au renouvellement rapide de cette offre (de la « *fast fashion* » aux « *pop-up stores* »), l'intermédiation restera un moyen de satisfaire, dans des conditions économiques satisfaisantes, ces nouvelles exigences. Il est également intéressant de constater que pour répondre à la recherche de proximité entre le consommateur et le producteur, notamment dans le cas des circuits de vente des fruits & légumes, de nouvelles formes de ré-intermédiation se développent[2]. Ces évolutions placent aujourd'hui la recherche sur les canaux de distribution au cœur du renouvellement théorique de la recherche en marketing.

2 Un cas très intéressant est proposé par « La ruche qui dit oui », une forme de communauté de consommateurs qui se regroupent autour d'un animateur qui sélectionne des producteurs locaux. Cette organisation rappelle l'Association pour le Maintien d'une Agriculture Paysanne (AMAP), à la différence que cette dernière est pilotée par des producteurs qui s'associent pour organiser l'offre proposée aux consommateurs.

Chapitre 2.
La recherche en distribution et l'approche réseau

Lars-Erik Gadde et David Ford

L'objectif de ce chapitre est double : revenir sur les premières contributions théoriques à la littérature en distribution afin de démontrer leurs liens avec certains éléments fondateurs de l'approche réseau ; examiner le potentiel d'une approche réseau appliquée aux recherches actuelles en distribution, avant de présenter les implications conceptuelles et managériales de cette nouvelle perspective sur la distribution. Nous soulignons en particulier les rapprochements possibles entre les perspectives réseau actuelles et la perspective systémique développée par Alderson (1954, 1957, 1965), et quelques autres, il y a plus de cinquante ans de cela. Notre réflexion s'appuie sur une comparaison des éléments clés caractérisant les premiers travaux en distribution et ceux de l'approche réseau contemporaine afin de comprendre ce qu'ils impliquent comme vision du monde. Nous montrons ainsi à quel point la recherche en distribution a évolué, d'une perspective holistique à ses débuts, pour se scinder en plusieurs axes distincts focalisés sur des problématiques spécifiques, qui ne prennent pas en compte la manière dont chacune d'entre elles affecte l'ensemble du système. Nous examinons ensuite quelques exemples issus de la pratique qui démontrent à quel point la réalité de la distribution s'apparente désormais à un réseau. Nous suggérons qu'une voie de recherche prometteuse consisterait à prendre en compte cette réalité, en employant des modélisations et des conceptualisations inspirées de l'approche réseau. Enfin, nous abordons dans notre conclusion les implications de l'application d'une approche réseau en distribution.

Si les travaux précurseurs ont souligné l'importance d'une vision holistique des questions relatives à la distribution, celle-ci a éclaté au fil du temps pour laisser la place à des études limitées à certaines problématiques spécifiques de la distribution. La recherche en distribution a ainsi évolué vers une perspective du *canal*, davantage orientée sur le *fabricant* et sa situation dans le paysage économique. La distribution est devenue la responsabilité des fabricants, et la forme de cette distribution la résultante directe des décisions prises en amont par ceux-ci. Dès lors, la distribution est intégrée aux « 4P » du marketing mix. Au cours des dernières décennies, l'essor du courant des coûts de transaction et du management de la chaîne logistique a encore accentué l'écart avec les contributions pionnières de la littérature en distribution. Les résultats de nombreuses études, ainsi que l'observation des pratiques, attestent pourtant des évolutions constantes de la réalité empirique de la distribution. Cette réalité, assez éloignée des représentations dominantes de la littérature en distribution, semble plutôt s'apparenter au réseau tant par sa forme que par son fonctionnement[1].

1. Les premières contributions de la littérature en distribution

Les premières études concernant la distribution et son rôle dans les échanges économiques font partie des travaux précurseurs qui ont jeté les bases de la pensée managériale actuelle. La littérature issue de ces premières études a permis de mettre au jour les caractéristiques des flux et les transformations qui constituent la substance de la vie économique. Ces travaux s'intéressaient également à la nature et à l'impact des relations entre les différents acteurs individuels et collectifs du paysage économique en termes de pouvoir, d'attentes, de conflits et d'actions collectives. L'innovation, sous l'angle des évolutions de la distribution en général et des opérations des entreprises en particulier, était un autre objet d'intérêt des chercheurs. Ces travaux précurseurs constituent des apports précieux en termes de conceptualisation et de compréhension du fonctionnement de ce que l'on appelle désormais réseau.

1 Ce chapitre constitue la traduction, l'adaptation et l'actualisation d'un article publié précédemment dans la revue IMP Journal.

1.1. Un regard sur les pionniers

Sparling (1906), l'un des pionniers de la littérature en distribution, propose de classer toutes les activités économiques selon trois grandes catégories : extraction, fabrication et distribution. Selon lui, le marketing doit être considéré comme l'une des branches de l'activité de distribution. Sparling (1906) définit le marketing comme « *l'ensemble des processus commerciaux [...] ayant pour objectif d'assurer les flux matériels, des matières premières nécessaires à la production jusqu'aux produits finis sortant de l'usine* » (cité par Gripsrud [2004]). Remarquons au passage que sa définition recouvre ce que l'on désignerait aujourd'hui par chaîne logistique, en particulier dans la mesure où le point de départ n'est pas un fabricant particulier (Gripsrud, 2004). Dans les années 1910, Weld (1917) exprime une vision similaire du rôle du marketing, qu'il envisage comme « *l'ensemble des services nécessaires pour assurer le cheminement des commodités du producteur au consommateur* ». Ces « services » nécessitent un certain nombre d'activités de marketing et de distribution telles que les identifie Shaw (1912). Clark (1923) systématise la description de ces activités en s'appuyant sur la thèse de Sparling (1906) selon laquelle ces dernières englobent aussi bien des activités de « vente » (création d'une demande) que « d'achat » (assemblage de biens).

Ainsi, l'analyse approfondie des travaux pionniers de la littérature confirme l'intérêt porté à l'organisation des diverses fonctions assurées par différentes entreprises, qui vont de l'assemblage au transport des produits finis, en passant par le stockage, la prise de risque, le financement, le reconditionnement et la vente des produits (Cherington, 1920). Cette perspective « fonctionnelle » dominera longtemps la littérature en distribution et marketing, et elle reste aujourd'hui considérée comme étant une contribution majeure au développement du marketing en tant que champ de recherche (Hunt et Goolsby, 1988). Alderson (1954, 1957) est le grand auteur qui a contribué à faire des recherches en marketing et en distribution des disciplines scientifiques à part entière. Alderson (1954, 1957) était un praticien : il dirigeait une agence publicitaire, ce qui rend ses contributions d'autant plus remarquables. Il reste le seul chercheur à avoir tenté de développer une théorie globale des échanges commerciaux. Nous allons à présent aborder les principales contributions d'Alderson (1954, 1957) qui ont inspiré les bases de l'approche réseau. Ses contributions majeures peuvent se décliner en cinq grands axes : la nature des échanges commerciaux, la vision holistique, l'hétérogénéité des ressources, les relations entre les différents canaux et la dynamique des canaux.

1.2. La nature des échanges commerciaux

Alderson (1954, 1957) a beaucoup contribué à l'analyse des utilités qui découlent des différentes fonctions du marketing et de la distribution. Il a redéfini les concepts d'utilité de temps, d'espace et de forme, en indiquant comment des variations de niveau de ces utilités influençaient la création de valeur client. L'analyse approfondie de ces variables et de leurs interactions nécessite un nombre de calculs considérables croisant des données de coûts et de revenus générés. En effet, différentes modalités transactionnelles génèrent différents types de résultats économiques. La citation suivante illustre par ailleurs le scepticisme qu'éprouvait Alderson (1954) envers la théorie économique dominante, un scepticisme que partagent d'ailleurs les chercheurs impliqués par la suite dans le développement de l'approche réseau : « *Les analyses économiques des facteurs affectant l'équilibre des prix reposent souvent sur le postulat que les transactions ne coûtent rien. Cependant, pour mieux comprendre le fonctionnement des canaux de distribution, les recherches en marketing vont devoir prendre en compte les coûts impliqués par la création des utilités de temps, d'espace et de forme* ».

L'importance relative des utilités de temps, d'espace et de forme dépend de la répartition et de l'organisation des différentes fonctions de la distribution. Une des préoccupations récurrentes d'Alderson (1954, 1957), et des autres chercheurs dans son sillage, concerne donc la division du travail dans le système marketing. Leurs études tentent, par exemple, de déterminer quelles activités doivent rester de la responsabilité des fabricants ou bien être déléguées à des intermédiaires et, dans ce dernier cas, le seuil à partir duquel les fabricants et les intermédiaires doivent être intégrés dans une organisation unique. Ces questions sont souvent abordées sous l'angle des inadéquations d'assortiments (*discrepancy of assortments*), c'est-à-dire entre l'ensemble de biens et d'activités qu'il est logique de combiner à différents niveaux du canal. Par exemple, du point de vue du fabricant, il paraît logique de produire un assortiment de produits mobilisant un minimum de techniques de production, tout en permettant un maximum d'applications. D'un autre côté, il est logique pour un grossiste ou un détaillant de proposer une gamme variée de produits provenant de divers fabricants, afin de proposer un choix suffisant à leurs clients (Craig et Gabler, 1940).

Une vision holistique du monde

La perspective développée par Alderson (1954, 1957) s'appuie sur des approches antérieures, de nature holistique, de la distribution. Son argument principal est fondé sur le postulat selon lequel la fonction première de la distribution est de faire le lien entre la technologie de production et la technologie d'utilisation, car ce qui fait l'objet des échanges économiques « *se manifeste sous des formes très différentes aux différentes étapes du processus* » (Alderson, 1965). Ainsi, il ressort de son étude des différentes fonctions de la distribution qu'elles forment un « *système d'action composé d'éléments individuels – les entreprises – qui se complètent les unes les autres* » (Alderson, 1965). Par conséquent, plus le processus marketing est complexe, plus il paraît nécessaire pour l'ensemble du canal d'adopter un fonctionnement intégré afin de gagner en efficacité. C'est ce qu'Alderson (1965) définit comme l'action coordonnée, indispensable selon lui à l'efficacité du canal, car la création des utilités de temps, d'espace et de forme « *ne peut fonctionner sans coordination entre les différentes parties, où chacun sait ce qu'il peut attendre de son interlocuteur* » (Alderson, 1965).

Les recherches sur les canaux de distribution, reconnaissent l'existence de divergences de point de vue entre les divers acteurs du canal (fabricants, grossistes ou détaillants) à propos des actions des autres acteurs du canal et/ou du canal dans sa globalité. A l'époque d'Alderson (1954, 1957), la forme des canaux n'était pas vue comme le résultat des actions d'un acteur particulier, mais plutôt comme la conséquence des décisions, des objectifs et des interactions diverses entre de nombreux acteurs. Ces caractéristiques de la réalité de la distribution sont d'ailleurs bien illustrées par la citation suivante à propos des intermédiaires, éléments essentiels de la distribution : « *L'intermédiaire n'est pas un maillon d'une chaîne qui serait façonnée par le fabricant, mais plutôt une sorte de "marché indépendant" ayant accès à un grand nombre de clients pour lesquels il achète. Après quelques tâtonnements initiaux, il finit par opter pour un mode de fonctionnement particulier et assume ainsi... la responsabilité des opérations qu'il juge indispensables à l'atteinte de ses objectifs... Il est soumis à de fortes contraintes extérieures, liées à ses concurrents, à des fournisseurs agressifs, à des finances inadéquates, des informations défaillantes, ainsi qu'à ses propres routines* » (McVey, 1960).

L'intermédiaire est donc considéré comme agissant au carrefour d'influences diverses relevant de ses clients, de ses fournisseurs et de ses concurrents. Tous exercent une certaine influence sur son action. Ce constat n'empêche pas McVey (1960) d'observer que la plupart des choix que l'intermédiaire fait sont indépendants, ce qui implique qu'une « *coordination verticale intégrée de la chaîne de distribution est un luxe rare* ». Dans ces conditions, on comprend aisément la nécessité d'une action coordonnée, pour reprendre les termes d'Alderson (1965), qui, dans son argumentation, évoque le rôle crucial des relations entre acteurs et leur rôle dans une configuration globale que l'on rapprocherait aujourd'hui de la notion de réseau. La coordination dont il est question s'affranchit des frontières organisationnelles car la productivité de l'ensemble du canal repose sur un « *flux semi-automatique des marchandises, même si chaque entité successive est autonome* ». Il souligne ainsi qu'il n'est pas nécessaire que les différentes entités soient juridiquement intégrées pour agir de manière coordonnée.

Alderson (1957) évoque des études sur les coalitions d'entreprises, qui démontrent tout l'intérêt qu'il peut y avoir à s'unir pour atteindre des objectifs communs. Il ajoute que de telles alliances ne conduisent pas nécessairement à des collusions monopolistiques et/ou à des restrictions de marché. Ces coalitions peuvent prendre différentes formes, tout comme les liens établis entre les différentes entreprises qui les composent : « *suffisamment "intégrés" pour permettre au système de fonctionner comme un tout, les différents acteurs entretiennent cependant des liens suffisamment souples pour permettre la substitution ou l'ajout de nouveaux éléments... Dans les canaux à forte cohésion, les entreprises se considèrent comme très interdépendantes, mais dans d'autres cas, les relations interentreprises peuvent être plus vaguement définies et lâchement structurées* » (Alderson, 1957). Alderson (1957) reconnaît au final que, même dans le cas où les relations sont plus souples et moins structurées, il existe toujours une forme d'interaction et d'interdépendance entre les entreprises impliquées.

L'hétérogénéité des ressources

Alderson (1965) aborde spécifiquement la question des ressources et la manière dont elles peuvent être connectées. Selon lui, les modélisations traditionnelles du marché tendent à occulter l'un des aspects les plus fondamentaux des ressources, à savoir que les marchés, dans la réalité, sont imparfaits : « *Les économistes considèrent comme utile, pour étayer leurs argumentations, une représentation d'un marché homogène. [Nous proposons] a contrario un modèle du marché parfaitement hétérogène* » (Alderson, 1965). Dans un marché parfaitement hétérogène, des demandes uniques ne peuvent être satisfaites que par des offres uniques (« *l'hétérogénéité aléatoire devient une hétérogénéité rationnelle* »). L'une des fonctions du marché est donc de mettre en relation des demandes uniques avec des offres uniques par le biais de processus d'ajustement indispensables. Alderson (1965) n'emploie pas directement le terme adaptation (ou ajustement), mais il postule que ce qui est fourni au client est un « *article relativement sophistiqué et spécialisé correspondant aux attentes et aux besoins de l'individu qui l'achète* ». L'hypothèse de l'hétérogénéité des ressources et le rôle crucial des ajustements inhérents à la relation client-fournisseur deviendront par la suite des éléments clés de l'approche réseau.

Les relations dans le canal de distribution

Les premières recherches concernant les canaux de distribution s'intéressent de près aux dimensions politiques du comportement des canaux (une tendance qui persistera dans les travaux ultérieurs). Une préoccupation récurrente des premières études concerne les conflits et la répartition du pouvoir entre les différentes entreprises du canal de distribution, chacune tentant de défendre ses intérêts propres tout en s'efforçant de défendre les intérêts communs du canal. Une autre question qui revient souvent consiste à déterminer quel type d'entreprise a le plus de chance d'avoir le contrôle et de s'approprier le rôle de capitaine ou de leader du canal (Grether, 1937 ; Balderston, 1958 ; Revzan, 1961). L'une des dimensions importantes de cette problématique, auxquels s'intéressent de près les chercheurs, concerne la tendance des entreprises à rechercher de nouvelles alliances afin d'accroître leur pouvoir sur les autres membres du canal, comme en témoignent les observations sur le pouvoir compensatoire de Palamountain (1955).

Alderson (1965) souligne les problèmes qui caractérisent souvent les relations entre les membres du canal, dus à l'existence de conflits en même temps qu'à une nécessité de coopérer. La coopération est nécessaire car les processus transactionnels impliquent que les différentes fonctions, marketing et autres, coopèrent. Selon Alderson (1965), le principe de coopération est trop souvent négligé par la littérature, alors qu'il « *est tout aussi essentiel à l'activité économique que le principe de concurrence* ». Et d'ajouter : « *Le principe de coopération est un aspect des comportements économiques relativement négligé. Les économistes évoquent régulièrement le principe de concurrence – une concurrence pure et parfaite. En revanche, il n'existe, en face, aucune théorie d'importance similaire sur le principe de coopération, aucun concept de coopération pure et parfaite* ». S'appuyant sur l'idée couramment admise de l'importance du travail d'équipe et de la coopération verticale, Alderson (1965) suggère que « *la recherche en marketing a besoin de développer une théorie de la coopération au moins aussi robuste que la théorie de la concurrence* ».

La dynamique des canaux de distribution

De nombreux auteurs s'intéressent aux difficultés rencontrées par les entreprises qui tentent d'impulser des changements dans leurs canaux de distribution. Etant donné les enjeux de pouvoir et l'atmosphère souvent conflictuelle qu'ils génèrent, les opportunités de changement sont confrontées à l'opposition des entreprises concernées. La littérature fait régulièrement état de cette inertie qui affecte les membres du canal, ainsi que le canal dans son ensemble, dans la mesure où ils se montrent assez réticents au changement. En même temps, la résistance au changement et l'inertie, caractéristiques des canaux de distribution, sont l'une des manifestations de leur stabilité, ce qui explique que les évolutions significatives dans les canaux de distribution sont souvent provoquées par des acteurs extérieurs qui n'ont pas d'intérêt particulier à préserver le *statu quo* (Hoffer, 1951 ; Kriesberg, 1955 ; McCammon, 1967).

Pour Alderson (1965), les dynamiques industrielles sont liées aux efforts que font certaines entreprises afin d'améliorer la position de leur industrie dans le système global. A l'instar d'autres chercheurs, il souligne par ailleurs le rôle que jouent les changements technologiques dans ces dynamiques. Des innovations technologiques peuvent initier de nouvelles possibilités de production et/ou de distribution, permettant du même coup de repenser les dispositifs de distribution. Les nouvelles configurations ainsi générées vont souvent de pair avec l'arrivée de nouveaux venus dans le canal. Or, ces nouveaux venus ont tendance à dévier des perspectives établies chez les membres existants. Une autre conséquence de cet axiome est que l'ajustement aux nouvelles conditions n'est pas instantané ; au contraire, une configuration donnée « *reflète toujours un compromis entre une structure antérieure et les exigences du présent* » (Alderson, 1965). Pour Alderson (1965), d'ailleurs, un réseau de distribution ne peut pas parvenir à un état d'équilibre absolu, car chaque étape représente de nouvelles opportunités, de nouveaux acteurs, des nouveaux venus qui à leur tour génèrent de nouvelles opportunités. Alderson (1965) qualifie cet effet de prolifération des opportunités, ce qui, dans d'autres contextes, est désigné par l'expression consacrée : le changement entraîne le changement.

2. La recherche en distribution et l'approche réseau

Alderson (1965) n'emploie pas explicitement le terme réseau, mais l'un de ses collègues n'hésite pas à le faire en évoquant la manière dont des canaux distincts sont reliés entre eux en groupements multicanaux. Ainsi, selon Breyer (1964), « *un regroupement de canaux est incontestablement plus qu'un simple agrégat de canaux individuels ; sa nature tient plutôt du réseau* ». L'idée sous-jacente est très proche de la notion de synergie observée dans les modélisations contemporaines des réseaux d'affaires. D'autres similitudes sont particulièrement frappantes entre les deux écoles de pensée, notamment le postulat d'Alderson (1965) selon lequel un canal ne peut être mis en œuvre par un acteur unique, car son fonctionnement repose sur de nombreuses connexions impliquant une multitude d'acteurs. Un autre point de convergence concerne le rôle des ajustements et l'idée selon laquelle différentes configurations d'activités et de répartition des tâches généreront des utilités de temps, d'espace, et de forme différentes, ainsi que des résultats économiques différents. En revanche, l'analyse systémique d'Alderson (1965) concernant la notion de *sorting* (en matière de tri, groupage, allotissement et assortiment) est une contrainte pour l'analyse des dynamiques des canaux. En effet, d'après Alderson (1965), il semble que les différents types de *sorting* sont accomplis plus efficacement lorsqu'ils sont pris en charge à un seul niveau (grossiste, détaillant, etc.). En ce qui concerne l'*hétérogénéité des ressources* et la recommandation d'une action coordonnée se traduisant par des *adaptations* ou des *ajustements*, les similitudes entre les deux approches sont troublantes. Il est difficile de trouver quelque divergence que ce soit entre les deux approches, dans la mesure où la vision d'Alderson (1965) considère que la coordination n'est pas compatible avec une perspective ne portant que sur une entreprise unique.

L'une des différences fondamentales, et peut-être la plus irréconciliable, entre les approches réseau et les approches canal est liée à leurs perspectives divergentes sur les *relations entre acteurs*. Alors que les travaux sur la distribution se focalisent largement sur les relations conflictuelles entre les acteurs, l'approche réseau met au contraire en avant la coopération, la complémentarité et la coordination (Easton, 1992). Comme nous l'avons vu plus haut, la majorité des contributions en distribution font la part belle aux conflits entre les entreprises, au lieu de suivre Alderson (1965) et de s'intéresser davantage aux principes de coopération. Ces travaux mettent en exergue les conflits survenant entre les entreprises et n'envisagent la coopération que dans le cadre de la résolution de ces derniers. La littérature réseau, au contraire, dans la lignée de la littérature en marketing relationnel, souligne l'importance de la collaboration entre les acteurs économiques. Ces perspectives évoluent au fil du temps cependant, et des travaux sur les coûts de la coopération et du maintien de liens étroits signalent que l'importance de la coopération a peut-être été surestimée (Ford *et al.*, 2003). En parallèle, des travaux du courant relatif au canal soulignent, quant à eux, les nombreux avantages qu'il y a à établir des relations de coopération (Weitz et Jap, 1995 ; Rodriques *et al.*, 2006; Abbad *et al.*, 2013).

Enfin, la question du *contrôle*, liée aux notions de pouvoir et de conflit, intéresse à la fois les chercheurs du courant du canal et les spécialistes des réseaux pour son impact sur l'efficacité. Les perspectives traditionnelles envisagent l'évolution des canaux comme résultant des évolutions dans la répartition du pouvoir entre les différents acteurs que sont les grossistes, les détaillants et les fabricants. Les chercheurs de ce courant soulignent que le pouvoir détenu par une seule entreprise reste limité et qu'il est plutôt réparti à travers l'ensemble des membres du canal (McVey, 1960). Malgré ce constat, la majorité des études sur le sujet reste articulée autour de l'idée que c'est le fabricant qui détient le pouvoir de déterminer par quels moyens il veut accéder au marché, quelles évolutions il va mettre en œuvre, quels acteurs de la distribution il peut ajouter ou supprimer, etc. Un courant de la littérature réseau met en avant l'idée qu'une entreprise peut devenir le pivot d'un réseau, ou être à l'origine de son propre réseau (Jarillo, 1988 ; Sydow, 1992). Néanmoins, la grande majorité des recherches sur les réseaux partage l'idée qu'avoir le contrôle d'un réseau est une configuration extrêmement rare, et qui ne se produit qu'aux dépens de l'efficacité de l'ensemble dudit réseau (Håkansson et Ford, 2002).

C'est en adoptant une unité d'analyse qui va au-delà de l'entreprise que les approches canal autant que réseau ont amélioré la compréhension des échanges entre entreprises. Comme cela sera souligné plus loin, ces avancées n'empêchent pourtant pas les approches canal de revenir à l'entreprise individuelle comme unité d'analyse. Les premiers travaux sur les canaux de distribution ont développé une vision linéaire de l'acheminement des biens du fabricant au consommateur, tout en comparant les avantages de différents canaux possibles. La même vision linéaire est adoptée par la littérature en *supply chain management* (SCM), tout en présentant l'inconvénient supplémentaire de n'avoir, le plus souvent, le point de vue que d'une entreprise, par exemple le fabricant ou le distributeur. La littérature réseau s'efforce, au contraire, d'étudier comment les relations entre différentes entreprises impliquées dans une chaîne ou un canal s'influencent les unes les autres, de même qu'elles sont influencées par d'autres relations plus indirectes.

Pour comprendre les contraintes et les opportunités auxquelles est confrontée toute entreprise, il est nécessaire de comprendre sa position dans un réseau de relations. Certaines perspectives envisagent cette position à un moment donné comme étant le résultat de sa stratégie. Cependant, une autre explication, tout aussi pertinente et généralisable, consiste à envisager la position de l'entreprise par rapport aux relations qu'elle entretient avec le reste du réseau (Håkansson et Ford, 2002 ; Paché et Paraponaris, 2006). Cette analyse de la position d'une entreprise dans un réseau est un angle de vue intéressant pour comprendre les différentes opportunités qui s'offrent à elle. Ce type d'analyse permet également à l'entreprise de mesurer combien son importance est bien plus limitée que la représentation qu'elle s'en fait ! Notons par ailleurs qu'une telle perspective est suffisamment puissante sur le plan conceptuel pour permettre de comprendre la dimension réticulaire de l'intermédiation dans des secteurs aussi singuliers que la santé (Angelé-Halgand et Garrot, 2015).

Bien que couramment utilisé dans le contexte des canaux de distribution, le concept de position n'a pas connu de développement majeur jusqu'à ce que l'approche réseau s'y intéresse un quart de siècle plus tard. L'approche canal considère que les relations avec les autres acteurs du canal sont des ressources essentielles pour le développement d'une entreprise, mais elle reconnait aussi que l'inertie des acteurs et leurs intérêts divergents sont des obstacles à ce développement. L'approche canal souligne le rôle que jouent les acteurs externes dans les changements, soit parce qu'ils ignorent les règles du jeu implicites, soit parce qu'ils choisissent de ne pas les respecter. Ce n'est que bien plus tard que cette interaction paradoxale entre des acteurs, à la fois sources de changement et obstacles potentiels, sera redécouverte par l'approche réseau (Håkansson et Ford, 2002). L'approche réseau pousse toutefois le raisonnement plus loin et postule que les ressources dont dépend une entreprise ne sont pas détenues par celle-ci, mais sont en réalité réparties, développées et exploitées dans ses relations avec les autres. Ainsi, de nouveaux modes de fonctionnement peuvent être développés au sein de relations existantes, ou de nouvelles relations établies. Les deux approches ont ceci en commun qu'elles envisagent les évolutions internes et externes comme résultant autant d'événements imprévus que de comportements analytiques et planifiés.

Les cadres théoriques utilisés pour analyser la réalité reflètent les principales caractéristiques de cette dernière. Les premières recherches en distribution sont apparues à une époque dominée par la production de masse : les produits étaient développés dans une logique spéculative, et il fallait ensuite les distribuer et les vendre. Les travaux publiés dans ce contexte reflètent donc les préoccupations dominantes de l'époque : les fabricants devaient développer des canaux de distribution efficaces pour écouler leurs produits, les intermédiaires devaient établir des relations commerciales tout aussi efficaces avec un certain nombre de fabricants spéculatifs afin de répondre aux attentes de leurs clients. Le développement de l'approche réseau, au contraire, coïncide avec une période de grande instabilité, pendant laquelle un grand nombre d'entreprises s'organisent en réseau pour élargir leur offre, qui repose de moins en moins sur l'échange de biens physiques. Du fait de cette diversité croissante, les distinctions traditionnelles entre fabricant, grossiste et détaillant ne sont plus pertinentes et l'idée d'un seul canal de distribution pour distribuer un produit développé *spéculativement* ne s'applique plus. Par conséquent, l'approche réseau est beaucoup plus adaptée à l'analyse d'une période caractérisée par la différenciation retardée et la flexibilité de la production et de la distribution (Bucklin, 1965 ; Lampel et Mintzberg, 1996).

3. Nouveaux développements dans la recherche en distribution

La vision aldersonienne de la distribution n'a jamais eu l'impact qu'elle méritait. Les raisons de cet insuccès ne sont pas claires et dépassent l'objectif de ce chapitre. Il semble qu'avec l'essor des théories économiques néoclassiques, les recherches en marketing et en distribution se soient détournées des apports antérieurs, ancrées dans une vision institutionnelle de l'économie. Les nouvelles perspectives s'éloignent progressivement d'une vision englobante de la distribution et du marketing pour s'intéresser, à la place, simplement « *à la manière dont le capitaine du canal doit se comporter pour assurer une distribution efficace de ses produits* » (Gripsrud, 2004).

De plus en plus d'études adoptent une vision articulée autour du fabricant, dans laquelle la gestion du canal de distribution « *fait partie de la stratégie marketing adoptée par les fabricants* » en permettant « *d'acheminer le produit du lieu de fabrication à l'utilisateur final* » (Rosenbloom, 2011).

Malgré les évolutions ultérieures des recherches en marketing, l'unité d'analyse adoptée va rester principalement de nature dyadique. Les contributions réunies par Stern (1969) proposent des concepts et des modèles d'analyse comportementale des échanges interentreprises. Ces modèles mettent en avant les dimensions de pouvoir, de contrôle et de conflit dans les échanges commerciaux et sont couramment utilisés dans la littérature des canaux de distribution, ce qui n'a pas encouragé les études sur le principe de coopération qu'Alderson (1965) avait appelé de ses vœux. Par ailleurs, l'essor de la perspective des coûts de transaction vient encore renforcer l'approche dyadique fournisseur / client. De même, les problématiques physiques de la distribution vont passer au second plan, tandis que les recherches en marketing s'intéressent aux aspects légaux et psychologiques des échanges commerciaux (Gripsrud, 2004). Les questions relatives aux dimensions physiques de la distribution sont désormais l'objet d'une nouvelle discipline : la logistique. Bartels (1988) parle ainsi des deux pans du marketing, les aspects sociaux de l'échange (étudiés par la branche traditionnelle du marketing) et les dimensions physiques de l'échange (étudiés par la logistique). Depuis, les deux disciplines se sont développées de manière indépendante, malgré quelques tentatives pour les rapprocher (Drucker, 1962 ; Rosen et Manrodt, 1995 ; Gripsrud, 2004).

Les deux disciplines prennent ensuite des trajectoires distinctes et s'intéressent à des questions différentes. Pour Jüttner *et al.* (2010), la branche de la logistique et du SCM s'intéresse principalement à des problématiques d'efficacité et de coûts, alors que la branche du marketing étudie la génération de revenus par rapport à la création de la demande. L'une des conséquences de ce changement est la disparition de la vision holistique des premières contributions de la discipline, une évolution d'autant plus malheureuse qu'elle conduit à négliger certaines problématiques de la distribution. Certains auteurs s'accordent donc à dire que la distribution a besoin de nouvelles perspectives en complément des approches existantes. L'approche réseau résulte au final des efforts de chercheurs issus de divers courants de recherche, parmi lesquels le SCM (Christopher, 2011), la théorie de l'agence (Rokkan et Haugland, 2002) et celle des coûts de transaction (Wahtne et Heide, 2004), pour suggérer un renouveau de la vision holistique.

4. Les évolutions dans les pratiques de distribution

L'argument principal en faveur d'une approche réseau de la distribution est lié à l'évolution de la réalité de la distribution vers un fonctionnement réticulaire au cours des dernières décennies. Ainsi, dans une série d'études sur les innovateurs de la distribution menées aux États-Unis, les entreprises identifiées comme étant au sommet de leur art sont décrites comme des « *réseaux de capacités dynamiques formant une entreprise étendue* » (Narus et Anderson, 1996). Ce constat a été inspiré par le fait qu'un grand nombre de ces entreprises dépendaient de ressources contrôlées par d'autres. D'autres travaux ont décrit l'évolution des structures de la distribution comme des « *réseaux de partenariats à valeur ajoutée qualifiés de "confédérations de spécialistes"* » (Alderson *et al.*, 1997). Les partisans d'une perspective holistique ont mis en avant le fait que les entreprises ne peuvent plus opérer en mobilisant uniquement les ressources auparavant assemblées à l'intérieur de leurs frontières organisationnelles. Au contraire, les entreprises ont de plus en plus souvent recours aux ressources détenues par d'autres et « *doivent ainsi être capables de recombiner les ressources autrement, d'obtenir des ressources additionnelles et de se débarrasser des ressources superflues* » (Wilson et Daniel, 2007).

L'une des raisons de cet intérêt croissant pour l'accès aux ressources contrôlées par d'autres tient à l'évolution de la configuration des activités au sein des circuits de distribution, qui sont passées d'une logique spéculative à une logique de différenciation retardée. Auparavant, le système était caractérisé par la production et la distribution de masse, nécessitant des stocks importants, dans une logique spéculative déterminée par la technologie de production. Par conséquent, les améliorations du système de distribution consistaient principalement à augmenter le rendement des unités de production. Progressivement, cependant, les entreprises clients ont exigé des offres plus adaptées et ne se sont plus satisfaites d'une distribution standardisée des services et des produits. Il a donc été nécessaire pour les solutions de distribution de s'adapter en fonction des attentes des utilisateurs. Certaines entreprises clientes préfèrent des systèmes de distribution conçus pour garantir les prix les plus bas, alors que d'autres préfèrent des solutions plus sophistiquées (et plus coûteuses) mais qui leur permettront, au bout du compte, de réaliser des économies dans d'autres domaines. Parmi ces stratégies différenciées, on compte le JàT et l'ECR. Ces transformations ont rendu possible – et nécessaire – la prise en compte de l'efficacité des opérations d'approvisionnement du point de vue des entreprises clientes. Par conséquent, la technologie d'utilisation est devenue la logique dominante de la configuration des systèmes de distribution. Ce changement stratégique a attiré l'attention des chercheurs sur le principe de différenciation retardée. Ce principe repose sur l'idée qu'en retardant la différenciation produit au plus près du moment de l'achat, on réduit d'autant l'incertitude, et donc, les coûts (Bucklin, 1965). Cette configuration permet de servir une clientèle très diverse et dont les attentes évoluent constamment. La forme la plus poussée de ce mode opératoire est la fabrication à la demande où c'est le client qui déclenche la mise en production en passant sa commande.

Les évolutions technologiques dans les domaines de la production, de la logistique et des systèmes d'information ont permis aux fournisseurs de s'adapter à ces nouvelles configurations en développant des solutions de distribution basées sur la personnalisation, le JàT, la fabrication à la demande, etc. Ces activités ont en commun de renforcer l'interdépendance entre les différentes opérations de distribution. Auparavant, les systèmes de distribution reposaient sur des stocks importants qui faisaient tampon, ce qui permettait des relations assez souples entre les différentes activités. En revanche, lorsque les stocks sont réduits, les relations d'interdépendance exigent une coopération accrue entre les différents opérateurs ainsi que l'intégration des processus. Très souvent, l'intégration des activités de distribution est transversale dans le sens où elle dépasse les frontières organisationnelles. L'efficacité et la fluidité des opérations requiert des ajustements entre les entreprises impliquées, ce qui se traduit par des partenariats établis au cas par cas, pour convenir des modalités d'acheminement des matériaux, prévoir les infrastructures logistiques et adopter des systèmes d'information partagés. Pour exploiter ces nouvelles opportunités, les entreprises « *sont poussées à coopérer en formant de nouvelles alliances afin de poursuivre leurs efforts constants pour réduire les coûts tout en améliorant constamment la qualité et le service* » (Wagner *et al.*, 2002).

Ces changements dans les pratiques de la distribution montrent à quel point les entreprises sont devenues dépendantes de ressources contrôlées par d'autres. Narus et Anderson (1996) observent d'ailleurs qu'une des caractéristiques dominantes des entreprises qui innovent en matière de distribution est qu'elles « *ont réalisé que le par-*

tage de leurs ressources et de leurs capacités dynamiques à travers de nouvelles configurations générait des opportunités qu'ils n'auraient pas pu exploiter seuls ». Ainsi, « *les entreprises sont passées d'une logique verticale hiérarchisée à une intégration de la chaîne logistique par le biais de réseaux de partenariats stratégiques avec des entités externes* » (Bitran *et al.*, 2007). L'interdépendance accrue qui caractérise la distribution aujourd'hui est due en partie à la spécialisation croissante des acteurs de la distribution. Chaque membre du réseau renforce sa position sur une ou des fonctions spécifiques de la distribution. Ainsi, les spécialistes du stockage (Faber *et al.*, 2002), les prestataires de services logistiques (Fulconis *et al.*, 2011), les fournisseurs d'information (Clarke et Flaherty, 2003), les distributeurs *online* (Tamilia *et al.*, 2002), etc., sont désormais des acteurs essentiels des processus de distribution. Ces entreprises spécialisées ont remplacé le distributeur industriel traditionnel qui assumait un grand nombre d'activités différentes. Par exemple, l'une des responsabilités du distributeur traditionnel était de « *contacter les clients et de leur donner accès au produit, en mettant à leur disposition tous les services nécessaires à cette fin, comme la livraison, le crédit, les conseils techniques, le service après-vente, l'assemblage et la promotion* » (Herbig et O'Hara, 1994).

Les bénéfices d'une spécialisation accrue sont expliqués par la théorie du changement « *non proportionnel* » (Boulding, 1962). Les développements des technologies d'information et de transport ont permis d'optimiser l'efficacité des opérations de distribution. Or, les entreprises souhaitant bénéficier de ces opportunités doivent investir dans des équipements sophistiqués. Dans ce contexte, la spécialisation est nécessaire à la performance opérationnelle car elle permet de réaliser chaque opération à son échelle optimale. Autant de conditions difficiles à réunir dans une entreprise intégrée qui doit gérer un grand nombre d'activités différentes à des échelles variables. Les réseaux dynamiques permettent de réunir des ressources et des compétences provenant d'un grand nombre d'acteurs différents, dont il faut coordonner et intégrer les activités. L'évolution de la réalité de la distribution influence ainsi les perceptions relatives au contrôle et au partage des ressources. Alors que les recherches antérieures soulignaient la nécessité de détenir les ressources afin de les contrôler, les études récentes prônent désormais une approche plus nuancée en insistant plutôt sur l'accès aux ressources contrôlées par d'autres. Selon Weber (2001), le partage des ressources en distribution est crucial pour générer un avantage concurrentiel durable. Dans ce contexte, la quantité de ressources accessibles à une entreprise donnée augmente, tout comme leur flexibilité. Ce mode de fonctionnement requiert par ailleurs la coopération accrue qu'Alderson (1965) avait appelée de ses vœux.

5. Une approche réseau de la distribution

Au regard des différentes évolutions de la distribution, telles que décrites précédemment, une approche réseau peut permettre de mieux comprendre quatre problématiques essentielles. Elles sont relatives à la diversité des attentes clients, aux problèmes liés au concept de canal (ou de circuit), à la redéfinition du concept de l'intermédiaire et à la notion de vente directe.

5.1. La diversité des attentes clients

Les systèmes de distribution doivent être en mesure de gérer simultanément des logiques de différenciation retardée et des logiques spéculatives, la production de masse et la personnalisation, des activités faiblement connectées et d'autres fortement interdépendantes, etc. La nécessité croissante de combiner diversité et différenciation dans les modalités de distribution est attestée dans de nombreuses études, comme l'illustre le postulat suivant : « *Les systèmes de distribution devraient être configurés en fonction de la proposition de valeur pertinente pour le client que l'entreprise souhaite servir, ce qui peut nécessiter de combiner plusieurs des divers moyens évoqués plus haut* » (Payne et Frow 2004). Cette observation est un bon point de départ pour étayer notre postulat selon lequel les stratégies de distribution devraient être déterminées à partir de la technologie de l'utilisation au lieu de la technologie de production.

Pourtant, la plupart des études sur le sujet semblent enfermées dans le construit canal[2]. En effet, les questions de différenciation sont souvent ancrées dans des perspectives appartenant au courant de ce que l'on appelle le marketing multicanal (Arikan, 2008). Malgré l'essor des études sur les attentes des clients, la gestion de la distribution continue d'être abordée du point de vue de l'entreprise fournisseur, c'est-à-dire « *selon le point de vue des services marketing des entreprises de production* », et en fonction de la « *trajectoire suivie par le*

2 Notons cependant que la configuration de la distribution implique presque toujours, à quelques exceptions près, une combinaison de caractéristiques qui relèvent à la fois à l'approche des « canaux » et de celle des « réseaux ».

produit dans son acheminement du producteur au client » comme le souligne Rosenbloom (2011). Cette observation est confirmée par les problématiques abordées dans différents articles, comme l'alignement entre le choix du canal et le marché (Wilson et Daniel, 2007), le développement d'une stratégie multicanal (Payne et Frow, 2004), ou encore comment développer les actions multicanal (Weinberg *et al.*, 2007). Ces réflexions semblent engagées sur la mauvaise voie, si l'on part du principe que toute stratégie de personnalisation et de différenciation retardée doit commencer avec le client (Holweg et Pil, 2001).

5.2. Les problèmes liés au concept de canal ou de circuit

Un autre paramètre en faveur d'une approche réseau de la distribution concerne l'inadéquation du concept de canal à l'analyse des configurations actuelles des systèmes de distribution. Envisager le système de distribution en tant que réseau permet de remettre en question le bien-fondé de l'approche multi-canal traditionnelle et de sa pertinence pour l'analyse des configurations actuelles (réelles) de la distribution, dans un contexte caractérisé par des stratégies de différenciation retardée et d'offres personnalisées. La notion de canal ou de circuit paraît adaptée à un contexte de production de masse dans une logique spéculative. Dans ce type de contexte, ce sont les technologies de production qui déterminent la configuration d'une distribution performante, selon une logique d'optimisation des coûts et des équipements. La coordination des activités de distribution est donc assujettie à l'organisation des opérations de production et d'acheminement des produits finis standardisés. Cette configuration a un point de départ identifié – l'entreprise de production (le fabricant) – mais elle n'a pas de destination finale prédéterminée, car l'utilisateur final est inconnu tant qu'il n'a pas effectué son achat.

Le construit canal est donc inadéquat lorsque la distribution est basée sur un principe de différenciation retardée et de personnalisation. Dans ce cas, les biens fabriqués spéculativement ne sont pas distribués sur une base spéculative à leur sortie de l'usine. Au contraire, des offres moins standardisées et plus complexes sont personnalisées en fonction des attentes de l'utilisateur final, l'exemple le plus poussé de cette configuration étant la production à la demande. Dans ce contexte, la destination du produit distribué est connue alors que l'identification et la localisation des éléments nécessaires à le produire ne le sont pas encore. De nouvelles configurations des systèmes de distribution doivent donc être pensées en fonction de l'application à laquelle l'utilisateur final destine le produit. Lorsque des logiques de personnalisation et de différenciation retardée remplacent la production spéculative de masse, la configuration du système de distribution ne peut pas être déterminée en amont, car elle est déterminée par rapport aux attentes du client. La question qui se pose alors concerne la meilleure façon d'exploiter le réseau de ressources disponibles, c'est-à-dire « *les ressources logistiques présentes dans l'environnement, telles que les entrepôts, les services de transport, d'expédition, les plateformes logistiques, les itinéraires de transport existants, etc.* » (Hulthén et Gadde 2007). Cette façon d'envisager les choses permet de partager des ressources avec d'autres acteurs et explique également la spécialisation croissante qui caractérise les dispositifs de distribution.

5.3. Redéfinition du concept d'intermédiaire

L'une des caractéristiques de la distribution actuelle est une spécialisation et une interdépendance croissantes des acteurs. Cette reconfiguration de la réalité de la distribution nécessite de reconsidérer le concept d'intermédiaire en tant que sous-catégorie des dispositifs de distribution. Les réseaux reposent sur des relations d'échange qui sont connectées les unes aux autres (Cook et Emerson, 1978). Par conséquent, chaque acteur est en relation avec d'autres acteurs, verticalement, horizontalement, transversalement et dans toutes les directions. Les différents acteurs impliqués sont autant d'agents d'intermédiation les uns par rapport aux autres. Par ailleurs, la diversité des connexions et des relations d'interdépendance dans le réseau signifie qu'il est impossible d'établir des catégories homogènes, même en apparence, sur la base des fonctions occupées dans le réseau, qu'il s'agisse des fabricants, des distributeurs, des utilisateurs, etc. Il est donc important de souligner combien la perception des intermédiaires est différente entre l'approche canal et l'approche réseau. La littérature des canaux considère l'intermédiaire comme un moyen de connecter un grand nombre de fournisseurs avec un grand nombre de clients. Sa mission principale est de réduire le nombre de contacts au minimum afin d'améliorer l'efficience économique du processus. Par opposition, dans l'approche réseau, l'intermédiation ne désigne pas uniquement le processus permettant de connecter deux entreprises entre elles, mais le processus *global* qui permet de connecter l'ensemble des relations de ces deux entreprises et de l'inter-médiateur. A cet égard, l'approche réseau met en avant l'idée qu'un réseau se définit comme un ensemble d'interactions plutôt que de simples échanges.

Cette représentation en réseau de l'intermédiation est également liée aux mutations du paysage économique. Les entreprises se spécialisent de plus en plus pour se concentrer sur un nombre limité d'activités et externalisent celles qui ne leur semblent pas essentielles, y compris au niveau des achats (Tchokogué et Nollet, 2015). Cette tendance à la spécialisation accrue a des implications pour les opérations d'assemblage, de fabrication et de distribution qui, à leur tour, conduisent à des changements importants pour l'intégration et la coordination des opérations. Traditionnellement, la préoccupation principale des intermédiaires était la distribution de produits finis, des produits dont les caractéristiques physiques étaient déjà déterminées à l'issue de la production et qui les conservaient *peu ou prou* au cours de leur acheminement à travers le canal de distribution. Dans un système actuel très fragmenté, reposant de plus en plus sur la différenciation retardée et la personnalisation, les caractéristiques physiques d'un produit sont obtenues en plusieurs étapes successives qui impliquent divers acteurs situés en divers endroits du réseau. On trouve une bonne illustration de ce type de configuration dans l'industrie des micro-ordinateurs. Selon la perspective canal, Dell appartient à la catégorie des fabricants. Pourtant, la stratégie de différenciation retardée et de personnalisation adoptée par Dell repose sur des capacités qui, auparavant, étaient considérées comme relevant de la distribution. Ainsi, les opérations permettant de modifier les caractéristiques physiques des produits sont accomplies par des entreprises que les perspectives traditionnelles assimileraient à des intermédiaires ou à des distributeurs. Les prestataires de services logistiques, par exemple, sont de plus en plus souvent associés aux processus d'assemblage final des produits, au plus près des clients (Fulconis *et al.*, 2011).

5.4. La notion de vente directe

Enfin, une perspective réseau de la distribution entraîne la réinterprétation du concept de vente directe. Jusqu'à récemment, le système de distribution de Dell Computers était assimilé à de la *vente directe* (Erevelles et Stevenson, 2006), ce qui revenait à dire qu'il n'y avait aucun intermédiaire. Il est vrai que dans le système Dell, le produit ne change de propriétaire à aucun moment avant d'arriver dans les mains des clients. Pourtant, le fameux modèle de commercialisation directe mis en œuvre par Dell dépend d'un grand nombre de partenaires commerciaux, comme par exemple les prestataires de services logistiques, les intégrateurs de systèmes et les assembleurs finaux. Le nombre d'entreprises impliquées dans ce dispositif de vente en direct est au moins équivalent à celui des systèmes spéculatifs traditionnels impliquant grossistes et détaillants (Hulthén et Gadde, 2007). La raison pour laquelle le système de distribution de Dell est assimilé à de la vente directe est que l'approche canal exclut les entreprises qui ne sont pas légalement propriétaires du produit. Cette exclusion montre combien l'approche canal des systèmes de distribution est irréaliste dans un environnement caractérisé par l'intermédiation électronique, les centres de distribution physique, des intégrateurs de systèmes, et des prestataires de services logistiques. Au demeurant, Roveillo *et al.* (2012) voient ces derniers comme des pivots de réseaux, plus que comme de simples exécutants d'activités opérationnelles pour le compte de différents canaux de distribution.

Conclusion

Dans ce chapitre, nous avons évoqué les apports potentiels d'une approche réseau appliquée aux recherches concernant la nature de la distribution. Plus fondamentalement, nous avons tenté de rapprocher deux courants de la littérature, divergents en apparence, mais en fait fortement liés, afin de mettre en lumière ce que leurs points de convergence peuvent nous apprendre sur la nature des échanges commerciaux et l'avenir des recherches dans ce domaine. Nous avons remarqué qu'un certain nombre de questions auxquelles sont confrontés les chercheurs aujourd'hui s'étaient déjà posées pour leurs prédécesseurs. Nous avons également pu voir que les précurseurs du champ avaient développé un cadre conceptuel cohérent pour étudier celles-ci. Notre réflexion nous amène donc à soulever la question suivante : ce que nous considérons comme des découvertes et des approches nouvelles sont-elles réellement nouvelles ou ne consistent-elles pas plutôt en des redécouvertes de concepts antérieurs ? La pertinence de ces construits précurseurs pour faire sens de la réalité actuelle semble suggérer que le contexte dans lequel nous évoluons est caractérisé par des variables fondamentales ou des situations d'expérimentation similaires à celles de l'époque. L'existence de ces données historiques et de ces analyses conceptuelles ouvre de nouvelles voies de recherche à explorer. Elles représentent également l'opportunité de réexaminer certaines idées préconçues sur la nature des échanges commerciaux (Gadde et Araujo, 2007).

L'évolution des recherches en distribution offre une étude de cas particulièrement intéressante en ce qui concerne l'influence des courants de recherche, du choix des unités d'analyse et des perspectives adoptées sur les connaissances produites. Les recherches en distribution sont passées d'une vision englobant l'ensemble du système à des perspectives fragmentées, articulées autour d'une entreprise ou d'un canal unique, selon une logique managériale et normative. Cette orientation des recherches a finalement réduit le concept de distribution à une problématique de fabricant : l'entreprise fabrique des produits standardisés qu'il faut ensuite distribuer. Ce qui conduit à ne considérer le système de distribution et les acteurs qui le composent que du seul point de vue de son pilotage par l'entreprise. On peut voir un parallèle entre cette évolution et celle qui semble être en train de se produire dans le contexte de l'approche réseau où les recherches se focalisent de plus en plus sur le pivot d'un réseau donné, ou encore sur certaines relations spécifiques au sein de celui-ci. Ces nouvelles orientations sont en contradiction avec les approches pionnières de la distribution qui envisageaient l'identité de l'entreprise par rapport à l'ensemble du système.

Les chercheurs du champ sont confrontés au fait que tout échange commercial ne concerne jamais une seule entreprise à la fois. Il s'agit d'un processus impliquant de nombreux acteurs, différents mais interdépendants, sur lequel aucun acteur particulier n'a le contrôle. Les échanges commerciaux ne consistent pas en une agrégation d'activités indépendantes et distinctes, mais en un processus inscrit dans le temps, dont chaque épisode peut influencer et être influencé par les autres épisodes, passés et futurs. Nous avons également souligné à quel point une discipline scientifique peut devenir prisonnière de ses propres stéréotypes, jusqu'à être qualifiée par certains de ses représentants de marque (Arnould et Thompson, 2007). Ce type d'évolution, hélas, contribue à la formation d'œillères qui empêche de remettre en question les postulats dominants pour intégrer des dimensions qui débordent les limites des thématiques courantes (Cunningham, 2008). Une analyse des travaux de recherche sur les réseaux, articulés autour du modèle IMP, indique une forte orientation vers les externalités des entreprises industrielles et les relations et interactions qui les caractérisent. Il semble, hélas !, ne pas y avoir d'orientation comparable en ce qui concerne les acteurs individuels du réseau, telle qu'elle existait pourtant dans les travaux précurseurs du domaine.

Ce chapitre nous rappelle également que nous sommes tous, chercheurs et/ou praticiens, confrontés au même problème de vision restreinte, aux mêmes difficultés lorsqu'il s'agit de prendre la pleine mesure du paysage économique complexe dans lequel nous évoluons. C'est l'une des raisons pour lesquelles nous avons tendance à nous concentrer sur des unités d'analyse plus évidentes, mesurables et vérifiables, telles que les produits et les entreprises, les transactions et les flux matériels. Il est également tentant de recourir à des hypothèses simplificatrices : nos variables explicatives sont basées sur des notions de coût et de prix, nos variables structurelles sur des notions naïvement définies de marché(s) et de processus, et nous nous concentrons sur les transactions individuelles. *A contrario*, une approche réseau nécessite de prendre en compte des variables moins apparentes comme les connexions entre acteurs et les relations d'interdépendance qui caractérisent la structure des réseaux ainsi que leurs modalités d'interaction, c'est-à-dire leurs processus d'action. Une perspective réseau permettrait de compenser les simplifications observées dans certaines contributions récentes et de porter un regard neuf sur les concepts proposés par Alderson (1965). C'est d'ailleurs la voie qu'empruntent Hulthén et Gadde (2007) qui reprennent les concepts de *sorting* et de *transvection* dans leur étude sur les nouvelles configurations des réseaux de distribution.

L'approche réseau permet d'éviter un autre piège : celui d'une approche trop normative dont le but serait de faire des recommandations relatives à la « bonne » manière de gérer la distribution. En effet, dans l'approche réseau, les ressources et les activités sont envisagées dans le contexte global des processus qui composent le réseau et qui impliquent de nombreux facteurs d'influence et un grand nombre d'acteurs interdépendants. L'approche réseau met en avant le caractère variable des entreprises et de leurs relations avec les autres, ainsi que l'absence d'une finalité prédéterminée des activités commerciales et donc, l'impossibilité de prédire les effets de telle ou telle action menée dans le réseau, ni d'attribuer précisément la réussite ou l'échec des actions individuelles. Une approche réseau de la distribution permet aussi d'éviter la focalisation sur un flux unique d'un produit unique, puisque chaque activité est envisagée dans le contexte plus large des processus qui définissent le réseau. Etudier la distribution dans une perspective réseau confirme que les ressources et les activités sont réparties entre différents acteurs, et que chaque produit, entreprise ou flux de produits est pris dans un réseau d'acteurs multiples interdépendants. Une approche réseau privilégie une vision holistique, et met l'accent sur le fait que les échanges commerciaux reposent sur de multiples processus de résolution de problèmes qui nécessitent la contribution de multiples acteurs, et ne sont pas le résultat d'une stratégie de résolution unique pilotée par une entreprise unique.

Que nous enseigne finalement l'approche réseau sur la réalité de la distribution actuelle ? Tout d'abord, elle permet de comprendre que cette réalité est un simple instantané d'un processus en évolution constante, dans lequel les ressources sont de plus en plus diffuses et réparties entre de nombreux acteurs, souvent nouveaux et éloignés les uns des autres. L'approche réseau met également en lumière l'augmentation de la diversité et du coût des ressources nécessaires pour répondre de manière appropriée et individualisée aux problématiques des clients. Elle nous apprend que les initiatives de changement trouvent leur origine en plusieurs points du réseau, dans des relations existantes, ou entre celles-ci, contribuant ainsi au positionnement et au repositionnement conscient et/ou inconscient des acteurs. Dans l'approche réseau, le changement n'est pas considéré comme résultant d'un phénomène externe ou global, mais comme le résultat des interactions entre de multiples acteurs individuels, ce qui élimine de fait toute possibilité que ce dernier soit prévisible ou linéaire. L'approche réseau appliquée à la distribution évite les perspectives simplificatrices et n'a pas de réponses toutes prêtes à apporter aux diverses problématiques de la distribution. Au contraire, elle s'appuie sur les travaux des premiers chercheurs en distribution en soulignant la nature réticulaire des connexions diverses, des relations d'interdépendance et des processus d'interaction caractérisant les systèmes de distribution.

Chapitre 3.
Une approche triadique de la distribution BtoB

Catherine Pardo

La notion de distribution impose rarement à nos esprits l'image d'un « jeu à trois ». Au contraire, elle se traduit presque toujours par la prise en compte, d'un côté, du couple « fournisseur / distributeur », et de l'autre, du couple « distributeur / client ». Le premier de ces couples (fournisseur / distributeur) est largement présent dans l'approche du *marketing management* qui a ramené le statut de la distribution à celui d'un élément du *marketing mix* (la « place », dernier des « 4P »), c'est-à-dire d'un levier entre les mains d'un fournisseur qui décide de la longueur et de la nature de « son » canal de distribution. Le second de ces couples (distributeur / client) est particulièrement bien mis en scène dans la discipline marketing, quand le client est le consommateur final du commerce de détail, le chaland ou encore le *shopper*. Mais ce second couple n'existe plus quand le client est un client professionnel (une entreprise, un artisan, une collectivité, un autre distributeur), ou bien il n'apparait que de façon anecdotique. Quant à la « rencontre » de ces deux couples, elle est peu l'objet de questionnements. La distribution BtoB, celle qui est le fait de distributeurs s'adressant à des clients professionnels, est donc souvent abordée de façon tronquée, en privilégiant un point de vue qui est soit celui des clients, soit celui des fournisseurs, mais jamais (ou rarement) celui des distributeurs eux-mêmes. On peut avancer que l'hétérogénéité des distributeurs BtoB, qui se traduit entre autres par une grande diversité d'appellations (intermédiaires, grossistes, négociants, revendeurs, etc.), n'a pas facilité l'émergence d'une perspective adaptée à ces situations de distribution. On peut regretter plus généralement l'absence de cadres théoriques spécifiques pour lire ces situations, en particulier quand l'objectif est de ne pas figer la perspective dans un point de vue particulier, celui du fournisseur, celui du client ou bien même celui du distributeur, mais de privilégier une approche multi-acteurs.

C'est le champ du marketing BtoB – et en particulier, dans ce champ, les travaux de l'Industrial Marketing & Purchasing (IMP) Group – qui est le lieu d'une problématisation nouvelle de la situation de distribution BtoB, notamment à travers le concept de réseau (Ford et Gadde, 2015). Plusieurs des auteurs qui s'intéressent aux perspectives triadiques ont un lien avec le groupe IMP (Smith et Laage-Hellman, 1992 ; Havila, 1996 ; Ritter, 2000 ; Havila *et al.*, 2004 ; Dubois et Fredriksson, 2008 ; Dubois, 2009 ; Salo *et al.*, 2009 ; Holma, 2010, 2012 ; Vedel, 2010 ; Harrison *et al.*, 2012). Pour les promoteurs d'une approche triadique, la triade vient utilement s'insérer entre les deux piliers conceptuels du groupe IMP que sont les concepts d'interaction et de réseau, jugés insuffisamment adaptés pour rendre compte des situations de distribution. En effet, l'approche interactive focalise par trop l'observation, et par suite l'analyse, sur la relation entre deux acteurs et « rabat » la situation de distribution à une série de dyades : fournisseur-distributeur, distributeur-client et, éventuellement, fournisseur-client. Quant à l'approche réseau, qui sous-entend la possibilité d'une influence de l'ensemble des relations d'une entreprise sur celle-ci, elle dilue la situation spécifique de distribution dans un environnement interconnecté. La triade devient alors, pour ses promoteurs, l'entité « confortable » (pas trop grande pour ne pas se perdre dans les influences multiples) et suffisamment pertinente (pas trop petite pour pouvoir saisir les influences importantes) en vue de regarder le phénomène de distribution. Toutefois, comme le rappellent Madhavan *et al.* (2004), si la triade est l'objet d'un important courant de recherche dès lors qu'elle est considérée au niveau des relations interpersonnelles, et même si Caplow (1968) intégrait déjà le cas possible de relations entre organisations dans sa réflexion, les triades organisationnelles[1] restent un objet d'étude peu développé.

En quoi le passage d'une perspective dyadique à une perspective triadique est-il de nature à éclairer d'un jour nouveau les situations de distribution BtoB ? Que modifie fondamentalement ce changement de perspective ? L'objectif du chapitre est précisément de contribuer à apporter des éléments de réponse à ces interrogations. En particu-

1 Par triade organisationnelle, nous entendons ici une triade dont les acteurs sont des organisations, souvent des entreprises.

lier, il s'agit de souligner l'importance de la possibilité offerte par l'approche triadique d'analyser l'influence réciproque des relations au sein de la situation de distribution : comment la relation entre un fournisseur et un distributeur influence, et est influencée en retour, par ce qui se passe entre ce distributeur et les clients ? Dans certains cas, comment la relation entre un fournisseur et les clients influence, et est influencée en retour, par les relations de ce fournisseur avec son distributeur, mais aussi par les relations entre son distributeur et les clients ? Ces jeux relationnels, ou plus précisément *interrelationnels*, nous semblent, lorsqu'ils sont mis au jour, pouvoir soutenir une vision renouvelée des situations de distribution. Nous aborderons d'abord la nature d'une triade organisationnelle et préciserons comment la perspective triadique s'articule aux perspectives dyadiques et réseaux plus communément utilisés dans le cadre des échanges BtoB. Nous proposerons ensuite une adaptation aux situations de distribution de trois types de travaux triadiques, ce qui nous amènera à qualifier des dynamiques de transformations à l'œuvre dans ces situations, à repérer les impacts croisés des relations au sein de ces situations et, enfin, à y identifier des éléments de stabilité / instabilité. Nous conclurons en mettant en évidence en quoi ces perspectives théoriques sont de nature à stimuler la réflexion managériale sur la distribution BtoB.

1. Qu'est-ce qu'une triade ?

La triade qualifie une configuration spécifique d'acteurs. Simmel (1950) a largement mis en avant dans ses travaux que le passage d'une configuration à deux (la dyade) à une configuration à trois ne devait pas se comprendre seulement comme une modification quantitative (un acteur en plus) mais comme une profonde modification de nature. La question du rôle joué par le « troisième » se pose notamment avec acuité.

1.1. Différentes façons d'être trois

Les triades ont été et identifiées et décrites selon l'existence de liens directs entre tous les membres, ou seulement entre certains d'entre eux. Des triades fonctionnent ainsi comme des « groupes » : c'est le cas lorsque des liens directs existent entre les trois acteurs ; dans ce cas, on parle aussi de triades « unitaires » (Havila, 1996 ;

Holma, 2009). Madhavan *et al.* (2004) utilisent le terme de triades « transitives » pour désigner les situations où chacun des trois acteurs a des relations avec les deux autres. On pourra dès lors parler d'une triade « unitaire » de distribution pour rendre compte d'une situation de distribution où le fournisseur est en relation avec le distributeur, qui est en relation avec le client organisationnel (relations constitutives de la situation même de distribution...), mais où il existe *aussi* une relation directe entre le fournisseur et le client. Dans une triade « unitaire », les trois relations établies sont considérées comme étant d'une *intensité comparable,* et fournisseur et distributeur remplissent au final des rôles assez similaires : le distributeur fait seulement le lien entre le fournisseur et le client.

Havila *et al.* (2004) analysent des situations où une entreprise distribue à l'étranger ses produits (produits semi-finis, composants et biens d'équipement) par l'intermédiaire d'un distributeur implanté dans le pays (ou la zone géographique) du client. Dans ces situations de distribution internationale, les auteurs mettent en avant des « triades unitaires » où les produits transitent directement entre le fournisseur et le client, et où le distributeur négocie, en collaboration avec le fournisseur, les termes du contrat avec le client. A un niveau national, on retrouve ces situations dans le cas de distribution auprès de très grands clients (grands comptes) ou de distribution soumise à des exigences particulières (nécessité d'homologation directe du fournisseur par le client dans la filière nucléaire, par exemple). Dans ce cas, et différemment de la situation décrite par Havila *et al.* (2004), la négociation du contrat peut se faire entre le fournisseur et le client avec la participation du distributeur, et c'est ce distributeur qui pourra assurer la distribution physique des produits auprès des différents sites du client.

D'autres triades vont en revanche fonctionner « en série ». Dans ce cas, les interactions relationnelles ont majoritairement lieu au sein d'une dyade, par exemple entre le fournisseur et le client, et de façon plus marginale, au sein des deux autres dyades, entre le fournisseur et le distributeur et entre le distributeur et le client, mais surtout, fournisseur et client se « *partagent le travail* » (Holma, 2010), en prenant en charge chacun des « *tâches spécifiques* » dans leur relation au client (Havila *et al.*, 2004). Par exemple, Havila *et al.* (2004) décrivent une situation où le distributeur prend en charge le service après-vente des produits du fournisseur. En bref, qu'il s'agisse de triades « unitaires » ou « en série », il y a toujours présence d'interactions directes (certes avec des intensités différentes) entre les trois acteurs, justifiant, selon les auteurs la présence d'une perspective triadique. Holma (2010) précise la typologie de Havila *et al.* (2004) en introduisant un troisième type de triade dite « pont » dans lequel l'un des acteurs de la triade « sépare » les deux autres acteurs. C'est le cas lorsque le distributeur a des interactions avec le fournisseur et le client – ce qui fonde la situation même de distribution – mais sans que ces deux derniers acteurs aient des interactions directes entre eux.

1.2. Le rôle du « troisième »

Les travaux proposant une approche triadique des relations inter-organisationnelles trouvent leur origine théorique dans le travail de Simmel (1950). Considéré comme l'acteur central de la sociologie formelle, Simmel (1950) n'a pourtant jamais utilisé le terme de triade, en lui préférant différentes expressions allemandes qualifiant ces configurations à trois acteurs. Notons au demeurant que la sociologie formelle ne s'intéresse pas prioritairement au contenu des interactions entre individus (leur état, leurs buts, etc.), mais à leur forme, c'est-à-dire leur mode d'action. Toutefois, c'est bien le terme de triade qui a été retenu dans les traductions des textes originaux, en particulier telles qu'elles apparaissent dans l'*American Journal of Sociology*. De cette triade simmelienne, c'est surtout la qualification du rôle de la troisième partie que l'on retient.

Le « tiers simmelien » est celui qui, par sa présence, influence la relation entre les deux autres ; un prestataire de services logistiques (PSL) peut par exemple jouer ce rôle (Fulconis et Saglietto, 2015). Selon Simmel (1950), le troisième élément peut être : (1) un juge impartial (médiateur ou arbitre) dont le rôle est d'objectiver les conflits entre deux parties ; (2) un *tertius gaudens* qui tire profit d'un conflit existant pour satisfaire un intérêt personnel ; ou (3) un *divide et impera* qui suscite intentionnellement un conflit dans son intérêt personnel. Les travaux de Caplow (1968) s'inscrivent dans la lignée de ceux de Simmel (1950) ; ils mettent en exergue l'existence tout à la fois des rapports entre individus mais aussi entre organisations (entreprises, administrations, partis politiques, etc.). Ces travaux visent à approfondir la nature des rapports de force dans les configurations à trois acteurs. Selon Caplow (1968), une caractéristique propre aux triades est qu'elles favorisent l'émergence de coalitions de deux acteurs contre le troisième.

2. Triades, interconnexions et réseaux

Dans la plupart des travaux préconisant une approche triadique, la triade est présentée comme le système adapté pour permettre la prise en compte de l'influence non pas seulement d'un acteur sur un autre (ce qui est possible dans la dyade), mais bien d'une *relation* sur une autre relation. La triade offre donc la double possibilité non seulement de pouvoir repérer les interactions *inter-organisationnelles* (comment une entreprise influence une autre entreprise), mais aussi *inter-relationnelles* (comment une relation entre deux organisations influence une autre relation).

2.1. Interactions d'acteurs et interactions de relations

Les interactions inter-relationnelles, ou interconnexions de relations selon Ritter (2000), sont une composante importante des échanges inter-firmes. En effet, les relations qu'une entreprise entretient avec d'autres entreprises, ses clients, ses fournisseurs, ses partenaires, etc., ont un statut particulier. Elles ne sont pas seulement des activités de l'entreprise, elles en sont aussi ses ressources. Autrement dit, la relation qu'une entreprise entretient avec un client n'est pas uniquement un « tube » ou un *pipe-line* par lequel des produits ou services sont adressés au client, mais également un moyen d'accéder à toute une constellation de ressources : celles que détient directement le client et celles qu'il détient indirectement par les relations qu'à son tour, il entretient avec d'autres acteurs. Dans les situations de distribution BtoB, les relations que le distributeur a avec ses clients professionnels ne sont pas seulement constituées de transferts de produits ou de services. Leur substance est aussi celle d'une information sur les marchés aval, sur les utilisateurs et sur les usages. De la même façon, la relation d'un distributeur avec ses fournisseurs va au-delà de la constitution d'un assortiment. Elle est un lieu d'apprentissage des marchés de l'offre, des technologies de production, etc. Or, la valeur d'une ressource ne s'exprime que dans sa combinaison avec une autre ressource.

Le distributeur BtoB se place ainsi dans une position idéale pour combiner les ressources « relations avec les fournisseurs » avec les ressources « relations avec les clients ». La triade, en focalisant l'attention sur ce jeu à trois, permet d'appréhender de façon adaptée le rôle combinatoire que remplit le distributeur BtoB. Elle peut dès lors être considérée comme le plus petit arrangement permettant d'étudier l'impact d'une relation sur une autre relation, c'est-à-dire, dans un contexte de distribution BtoB, l'impact de la relation entre le fournisseur et le distributeur grossiste d'un côté sur la relation entre le distributeur et le client professionnel de l'autre. *En-deçà* de la triade, la dyade permet d'observer des interactions inter-organisationnelles, mais il faut au moins deux dyades pour pouvoir observer l'impact de l'une sur l'autre. *Au-delà* de la triade, des jeux à trois seront forcément repérables, mais ils risquent d'être plus difficiles à analyser du fait de la multiplicité des interactions créées par le quatrième acteur, puis par les suivants.

2.2. Triades ou réseaux ? A la recherche de la bonne unité de lecture

Pour autant, promouvoir la triade comme perspective d'observation adaptée n'est pas une tâche aisée. Preuve en est le débat ouvert en 2009 dans le *Journal of Purchasing & Supply Management* entre Choi et Wu (2009b), promoteurs d'une approche triadique, et Dubois (2009), qui en souligne les limites. Dans l'échange qu'ont ces auteurs, ce qui est en jeu, c'est l'entité pertinente à considérer pour rendre compte des phénomènes notables du BtoB. Toutefois, il ne s'agit pas seulement pour Choi et Wu (2009b) de montrer l'avantage d'une perspective triadique. Ils veulent faire entendre leur point de vue selon lequel la « plus petite partie » d'un réseau n'est pas la dyade, mais bien la triade. Seul l'élargissement de la dyade à la triade permet la prise en compte des phénomènes inter-organisationnels autant qu'inter-relationnels. C'est néanmoins au nom de ce même « élargissement » de la perspective, c'est-à-dire de la sensibilité de la dyade à ce qui se passe autour d'elle, que Dubois (2009) construit sa contre-argumentation. Si la dyade a besoin du « troisième » pour que soit éclairée sa dynamique, rien ne nous empêche de penser qu'elle a besoin du quatrième, du cinquième, etc., c'est-à-dire finalement… du réseau ! Si Dubois (2009) reconnait l'intérêt d'une triade – comme elle reconnait celle d'une dyade – c'est pour promouvoir l'analyse des deux formes dans un contexte de réseau. Tout au plus la triade est-elle un cas particulier de réseau ; et ce n'est que dans de très rares cas que les dynamiques les plus importantes d'une triade seront expliquées par la triade elle-même.

Ce que Dubois (2009) propose par conséquent, c'est de reconnaitre à la triade une vertu *méthodologique* en en faisant un outil adapté pour regarder certains types de relations. Elle se refuse cependant à lui donner une signification *théorique* ou *conceptuelle* spécifique. Hunter (1998), dans son étude des concurrences possibles entre distributeurs, utilise un argument similaire à celui de l'intérêt méthodologique reconnu par Dubois (2009) pour soutenir l'utilisation d'une approche triadique. La triade y est présentée comme un « *réseau dans le réseau* » (Hunter, 1998), plus important qu'une dyade mais plus petit que le réseau ; en tout cas, suffisamment grand pour saisir la nature même du réseau, mais suffisamment petit pour être confortablement décrit. De façon assez proche, Ritter (2000) défend l'idée qu'un réseau peut toujours se *déconstruire*, à des fins d'analyse, en une ou plusieurs triades, et que cette configuration permet de saisir les « *effets réseau* », à savoir l'influence d'une entreprise sur l'autre, mais surtout d'une relation sur l'autre.

2.3. Le cas de la triade de distribution

Plusieurs types de relations à trois ont été l'objet de recherche dans le champ des échanges inter-organisationnels. Ces relations mettent en scène un client et deux fournisseurs (Choi et Wu, 2009a ; Wu *et al.*, 2010), une entreprise et deux distributeurs (Hunter, 1998), ou encore trois entreprises (Hunter, 1998). Mais à notre connaissance, c'est Havila (1996) qui, la première, va poser les bases d'une lecture triadique d'une situation de distribution. C'est elle aussi qui donne à la triade de distribution (fournisseur / distributeur / client) un statut spécifique en la distinguant d'autres triades organisationnelles (fournisseur / deux clients ou client / deux fournisseurs). Havila (1996) invite, en effet, à noter le caractère *spécifique* de l'intermédiaire distributeur. Le distributeur ne se définit pas seulement par le fait d'être « entre deux parties », car cela est le fait de toute entreprise par nature située entre des fournisseurs et des clients… Ce qui caractérise le distributeur, c'est qu'il n'est pas indispensable, en tant qu'acteur, à la relation fournisseur / client. Cette spécificité de l'activité de distribution, parce qu'elle ne change pas « en nature » les produits dont elle a la charge, construit la spécificité de la triade de distribution.

Comprenons bien cette spécificité : elle ne remet pas en cause la légitimité de la distribution, mais bien au contraire, elle souligne le fait que si les tâches de distribution sont indispensables, en assurant le lien entre un univers de production et un univers de consommation grâce à des utilités de temps, de lieu de forme et de possession (Alderson, 1954, 1957 ; Fernie *et al.*, 2015 ; Ford et Gadde, 2015), elles peuvent néanmoins être prises en charge par des types d'acteurs différents : le distributeur, bien évidemment, mais aussi le client (centrales d'achat et plates-formes de la grande distribution), le fournisseur (déployant son propre réseau de revendeurs), voire d'autre acteurs (logisticiens enrichissant leurs prestations de services). De fait, la relation de distribution devient nécessairement triadique. Le distributeur n'est pas présent comme un client (vis-à-vis du fournisseur) ou un fournisseur (vis-à-vis du client), il est présent comme un acteur « à part entière ». La situation de distribution ne peut pas s'appréhender correctement si on la considère comme deux dyades « fournisseur / client ». En connectant deux parties, le distributeur connecte en fait deux relations et la possibilité d'influence de l'une sur l'autre.

Havila *et al.* (2004), étudiant des cas de distribution internationale, soulignent combien l'approche triadique permet d'éclairer les phénomènes en jeu. Les auteurs montrent que les situations qu'ils observent (fabricant / intermédiaire / client) fonctionnent comme des triades « fermées », où chacun est en lien avec les deux autres, et que l'on y retrouve les caractéristiques d'une triade sociologique, à savoir le fait que plus l'interaction est forte dans la dyade intermédiaire-client, moins elle est forte dans la dyade fournisseur-client. Holma (2010), en appliquant cette fois-ci une approche triadique à la triade compagnie aérienne (fournisseur) / agence de voyage (distributeur) / entreprise (client), met en évidence des résultats similaires : quand la relation entre la compagnie aérienne et l'entreprise cliente se renforce, la relation entre la compagnie aérienne et l'agence, et la relation entre l'agence et le client, s'affaiblissent.

3. La triade pour repérer des dynamiques de la distribution BtoB

La triade dispose par conséquent d'un potentiel explicatif réel de certaines configurations relationnelles, et en particulier des situations de distribution, mais aussi de logistique (Fulconis et Saglietto, 2015). Non seulement l'approche triadique permet de qualifier *statiquement* ces situations, mais elle offre surtout, en autorisant une lecture des phénomènes d'interconnexions relationnelles, la possibilité de repérer, décrire et discuter les *dynamiques* à l'œuvre dans les configurations de distribution. Les travaux qui sont présentés ici n'ont pas forcément directement traité des triades de distribution, même si la plupart ont envisagé cette situation comme un cas important des perspectives triadiques. C'est donc parfois à une adaptation à la situation de distribution BtoB des concepts proposés que nous procèderons.

3.1. Dynamiques à l'œuvre dans les triades de distribution

L'intérêt du travail de Smith et Laage-Hellman (1992) est d'avoir fourni non seulement une typologie descriptive des transformations qui peuvent se produire dans une triade, mais aussi d'avoir explicité ces transformations dans le cas spécifique d'une situation de distribution. Dans ce dernier cas, les auteurs s'intéressent en particulier aux mouvements du fournisseur vis-à-vis du client et à l'impact de ces mouvements sur les relations avec le distributeur. Ainsi, Smith et Laage-Hellman (1992) décrivent l'*évitement* comme une dynamique où un fournisseur cherche à accéder directement au client qu'il sert par ailleurs à travers un distributeur (l'évitement peut aussi être le fait du client qui cherche un contact direct avec le fournisseur en même temps qu'il achète auprès d'un distributeur). Un fournisseur justifie le contact direct avec le client par l'information qui lui est nécessaire de posséder pour penser une offre performante. Ce contact direct ne se fait pas forcément au détriment de la relation avec le distributeur et, au final, les trois acteurs, fournisseur, distributeur et client, peuvent tirer profit du contact direct entre fournisseur et client : le fournisseur innove mieux, le client reçoit des produits plus adaptés, et le distributeur dispose d'assortiments de produits jugés pertinents.

Dans certains cas, l'évitement est davantage justifié par la recherche d'économie de coûts, pour un fournisseur, et parfois pour un client, qui voit le distributeur comme un « *surcoût inutile* » (Smith et Laage-Hellman, 1992). Le fournisseur vient alors « *braconner sur les terres du distributeur* ». En retour, redoutant une telle situation, le distributeur peut être amené à conserver, pour son seul usage, l'information dont il dispose sur ses propres clients et à ne surtout pas la communiquer aux fournisseurs. L'évitement, enfin, peut aussi être un moyen pour un fournisseur de faire évoluer un distributeur qui aurait des liens par trop « privilégiés » avec des fournisseurs concurrents. Affaiblir un distributeur devenu trop puissant en choisissant d'accéder directement au client (quand on est fournisseur) ou au fournisseur (quand on est client) peut donc aussi constituer le principal ressort d'une dynamique d'évitement au sein d'une triade de distribution.

Smith et Laage-Hellman (1992) décrivent d'autres mouvements au sein de la triade, qui rendent compte de dynamiques parfois plus complexes. Ainsi, un mouvement d'*encadrement* qualifie, de façon plus nuancée, une situation où un fournisseur établit un contact direct avec le client afin que ce dernier « *fasse pression sur le distributeur pour changer sa façon de faire* » (Smith et Laage-Hellman,

1992). Les fournisseurs qui disposent d'une marque forte et qui ont les moyens d'une communication directe auprès des clients peuvent amener ceux-ci à avoir certaines exigences vis-à-vis des distributeurs en matière d'accompagnement (conseil, formation), et de services (maintenance, réparations, etc.). Un mouvement de *combinaison* va qualifier lui, au contraire, une situation où deux acteurs dans une triade de distribution vont mettre ensemble leurs ressources, et vont combiner leurs actions dans le cadre d'une relation conjointe vis-à-vis du troisième acteur. Smith et Laage-Hellman (1992) parlent ainsi des efforts conjoints d'un fabricant et de son distributeur pour faire accepter une hausse des prix des produits auprès des clients, par exemple à travers des actions conjointes de communication.

Les mouvements de *déplacement* recouvrent des cas où une situation de distribution est remplacée par une autre situation de distribution. On passe d'une triade à une autre : un fournisseur choisit un nouveau distributeur pour accéder à son marché, ou bien un distributeur « *trouve des sources alternatives de production ou fabrication* » (Smith et Laage-Hellman, 1992), voire des clients changent de distributeurs. Ces mouvements de déplacement sont souvent, en première analyse, interprétés comme les manifestations de l'absence de fidélité entre les acteurs d'un canal de distribution. Il convient toutefois de pouvoir aussi les regarder comme les dynamiques du changement dans ces filières. Chacun de ces déplacements fait rentrer dans le jeu de nouveaux acteurs, parfois de nouvelles activités et de nouvelles combinaisons de ressources qui sont les ingrédients de l'innovation.

Enfin, dans les mouvements de *séparation* ou de *blocage*, il s'agit de mettre en évidence la volonté d'un fournisseur (ou d'un client) de passer par un distributeur afin de se maintenir à distance des risques d'une relation directe. Un fournisseur en relation directe avec des clients, désormais dispersés géographiquement, ou encore un client confronté à un marché de l'offre devenu extrêmement hétérogène et instable, vont ainsi faire le choix d'une ré-intermédiation. Smith et Laage-Hellman (1992) nous invitent à considérer qu'il ne s'agit pas ici d'avoir recours à un distributeur pour accéder à un marché (comme dans un phénomène d'intermédiation classique), car le point de départ est déjà la relation directe ; il s'agit, bien au contraire, d'une mise à distance. Dans ce genre de mouvements, la valeur du distributeur est donc à identifier dans son rôle complexe de « pont » ou de « porte » qui, comme l'indiquait Simmel (1950), relient autant qu'ils partagent. Bien que théoriques, ces « images » du distributeur sont d'une grande utilité pour la compréhension des phénomènes de distribution, et en particulier pour toucher du doigt la richesse de la figure du distributeur.

3.2. Impacts des interconnexions relationnelles au sein des triades de distribution

Ritter (2000) s'intéresse précisément à la notion d'*interconnexion*, c'est-à-dire à l'influence d'une relation inter-organisationnelle sur une autre relation inter-organisationnelle. Il retient la triade comme configuration appropriée pour l'observation de ce phénomène. L'auteur propose de repérer les différents types d'impact qu'une relation (une dyade) peut avoir sur les deux autres relations (dyades) d'une triade dans laquelle elle est insérée. Appliquée aux situations de distribution, la typologie de Ritter (2000) vient utilement compléter les travaux antérieurs en qualifiant cette fois-ci, non plus la *nature* des mouvements à l'œuvre au sein d'une triade, mais bien leurs *conséquences*.

Une situation de distribution *neutre* qualifie ainsi une situation où les relations distributeur / fournisseur et distributeur / client sont totalement indépendantes l'une de l'autre, c'est-à-dire que l'une n'a aucune sorte d'influence sur l'autre. Cette situation « théorique » est difficile à identifier dans la pratique. En effet, la finalité même des distributeurs est de « connecter » fournisseurs et clients. Les produits achetés auprès des fournisseurs par le distributeur constituent l'assortiment mis à disposition des clients. Enrichi de l'ensemble des services que le distributeur met à disposition des clients, il constitue l'offre du fournisseur et donc structure la relation entre le distributeur et le client. Les deux relations, distributeur / fournisseur, d'un côté, et distributeur / client, de l'autre, sont donc *naturellement* dépendantes l'une de l'autre. La relation du distributeur au fournisseur permet au premier de constituer l'offre qui va sous-tendre sa relation au client. A l'inverse, la relation que le distributeur développe avec les clients permet à l'offre du fournisseur d'atteindre le marché des clients. A travers la proposition de Ritter (2000), une telle situation de distribution est « neutre » dans la mesure où, par-delà la mise à disposition de produits par le fournisseur auprès du distributeur et la mise à disposition d'un accès au marché par le distributeur auprès du fournisseur, rien d'autre n'est exploité dans l'interconnexion. Une distribution « neutre » est une situation où le fournisseur n'imagine pas que son implication auprès des équipes de son distributeur, par exemple en les formant sur les produits développés, puisse avoir un impact sur la satisfaction des clients. A l'inverse, la connaissance que le distributeur a pu développer des comportements précis de ses clients n'est pas utilisée pour informer le fournisseur et l'aider à progresser dans la mise au point de produits toujours plus adaptés aux clients.

Dans une situation *supportée* de distribution, au contraire, les expériences et les apprentissages développés dans le cadre de la relation fournisseur / distributeur alimentent la relation distributeur / client (ou bien la relation distributeur / client alimente la relation distributeur / fournisseur). Ici, le distributeur, au contact quotidien de ses clients, fait remonter une information riche et structurée auprès de son fournisseur voire, dans certains cas, il s'associe au fournisseur dans un co-développement de produits nouveaux plus adaptés aux clients. Si le « support » est mutuel, c'est-à-dire si la relation distributeur / fournisseur et la relation distributeur / client s'enrichissent mutuellement, c'est une situation *synergique* de distribution qui se construit. Au final, les trois parties sont gagnantes : le distributeur élargit son assortiment et intègre facilement les offres nouvelles, susceptibles d'attirer de nouveaux clients ; le client trouve des offres plus adaptées à ses usages ; le fournisseur développe ses ventes grâce à des distributeurs plus impliqués ; et, au final, les clients sont plus nombreux et plus satisfaits. Dans le canal de distribution des fruits & légumes frais (Pardo et Michel, 2013), les grossistes ont ainsi participé à la mise au point de produits plus adaptés à la restauration hors foyer en faisant remonter leurs très bonnes connaissances des usages auprès des producteurs et en s'engageant sur des volumes d'achat auprès de ceux qui mettraient en culture des produits plus adaptés.

Une situation *entravée* de distribution rend compte, quant à elle, d'une situation où la relation fournisseur / distributeur est une source de problèmes et de dysfonctionnements pour la relation distributeur / client, ou inversement, la relation distributeur / client est la source de problèmes et de dysfonctionnements dans la relation distributeur / fournisseur. La relation « entravée », en revanche, ne génère en retour aucun dysfonctionnement pour l'autre relation. Bref, une relation dans la triade de distribution gêne l'autre… mais n'est pas gênée en retour ! Cette « entrave » n'est pas forcément volontaire de la part de l'un des acteurs de la triade ; elle peut simplement résulter des mouvements dans une filière. Par exemple, un client peut ne plus utiliser un produit, il ne l'achète plus auprès de son distributeur qui, à son tour, ne le commande plus (ou en moindre quantité) auprès de son fournisseur. Lors des grandes crises alimentaires on voit ainsi comment le retournement rapide des habitudes alimentaires affecte toute une filière.

Ritter (2000) envisage aussi que les deux relations fournisseur / distributeur et distributeur / client puissent s'affaiblir mutuellement. Dans cette situation dite *concurrentielle* de distribution, tous les acteurs impliqués (fournisseur, distributeur et client) sont en concurrence pour les mêmes ressources et sur les mêmes activités. A première vue, une telle situation parait improbable si l'on considère que les activités, et les ressources nécessaires pour les assumer, sont strictement réparties entre les différentes acteurs : le fournisseur produit ou fabrique, le distributeur distribue et le client professionnel achète pour installer, utiliser, voire revendre. Néanmoins, des glissements (partiels) des acteurs sur ces différentes activités sont toujours possibles. La grande distribution, qui intègre la fonction de gros à travers ses centrales d'achat et ses plates-formes logistiques, devient un concurrent direct des grossistes en produits frais. Des grossistes en fournitures industrielles, qui créent leurs propres marques et font fabriquer leurs produits, intègrent les activités auparavant prises en charge par les fournisseurs. Sans aller jusqu'à une concurrence directe, la problématique d'efficacité énergétique dans la filière électrique pose la question de « *qui s'occupe du consommateur final ?* », c'est-à-dire du client du client. Si le client final devient la *ressource clé* de la mise en place des solutions d'efficacité énergétique, la question de l'acteur le mieux placé pour le gérer se posera : le fournisseur, à travers des produits plus « conviviaux » ? Le grossiste, qui peut « *packager* » une solution d'efficacité énergétique avec des produits de différents fournisseurs ? Le client professionnel (électricien ou autre), en interaction directe avec le consommateur final ? Cette situation *concurrentielle* de distribution, aussi théorique soit-elle, devient alors un bon outil de questionnement sur l'état d'équilibre ou de déséquilibre dans une filière.

Ritter (2000) identifie enfin une situation *instable* de distribution. Il s'agit d'une situation déséquilibrée *par essence*, puisqu'elle pose l'idée que la relation fournisseur / distributeur impacte positivement la relation distributeur / client, mais qu'en retour, cette dernière impacte négativement (en l'affaiblissant ou en la faisant dysfonctionner) la relation distributeur / fournisseur. La situation inverse relèverait aussi d'une situation *instable* de distribution avec une relation distributeur / client impactant positivement la relation distributeur / fournisseur, en retour cette dernière impactant négativement (en l'affaiblissant ou en la faisant dysfonctionner) la relation distributeur / client. En résumé, dans ces situations « instables », une relation sert l'autre mais est desservie en retour. Seule l'absence d'alternatives (autres fournisseurs, distributeurs ou clients possibles) explique que de telles situations puissent exister. Ainsi, comme on l'a indiqué, certaines innovations dans le canal de distribution des fruits & légumes frais sont développées au sein d'une relation étroite entre grossistes et producteurs, les premiers s'engageant sur des volumes d'achat, les seconds s'engageant à cultiver de nouvelles espèces. Ces innovations influencent positivement la relation distributeur / client en permettant, par l'élargissement des gammes des grossistes, une plus grande variété de l'offre disponible auprès du client professionnel.

Toutefois, si le client est particulièrement puissant, comme peut l'être la grande distribution, il va tout à la fois permettre la valorisation de l'offre par l'importance du marché qu'il sert (il devient incontournable) et imposer des conditions tarifaires très exigeantes : la relation fournisseur / distributeur « sert » alors positivement la relation distributeur / client, mais en retour, cette dernière fait peser de lourdes contraintes sur la première. La triade est déséquilibrée mais contrainte par le poids de certains acteurs. Il faudra alors des efforts particuliers de certains acteurs de la filière pour mettre fin à cette situation. Cela peut être le cas avec des grossistes faisant le choix de délaisser la clientèle des grandes et moyennes surfaces (GMS) pour s'orienter vers des acteurs de la restauration collective et/ou hors foyer qui, à terme, peut permettre un volume d'affaires aussi important avec des contraintes moins fortes à ce jour. Une fois encore, le « modèle théorique » permet de rendre compte d'évolutions structurantes dans les canaux de distribution.

3.3. Stabilité et instabilité des triades de distribution

Choi et Wu (2009a) ne s'intéressent pas spécifiquement à la triade de distribution, mais leur travail est néanmoins repérable pour l'utilisation qu'ils font de la théorie de l'équilibre de Heider (1958). Cette théorie, issue de la psychologie sociale, est dite de « consistance », c'est-à-dire qu'elle considère que les individus cherchent toujours l'ordre, l'équilibre et la cohérence dans leur environnement. La triade de Heider considère deux individus et un événement *x*. Les deux individus peuvent être soit en relation d'attirance, soit en relation d'aversion, et peuvent avoir envers l'objet *x* soit une attitude positive, soit une attitude négative. Partant de là, Heider (1958) s'intéresse à la façon dont la triade, déséquilibrée par un évènement, va pouvoir se rééquilibrer. Choi et Wu (2009a) proposent d'appliquer ce raisonnement à une triade organisationnelle pour qualifier des triades « équilibrées » et des triades « déséquilibrées ».

Une relation entre deux acteurs est considérée comme « positive » quand elle est *coopérative, basée sur la confiance et l'engagement* (Choi et Wu, 2009a). Elle est négative quand elle est un lieu *d'affrontement, de défiance et d'injustice* (Choi et Wu, 2009a). La typologie proposée par Choi et Wu (2009a) indique qu'une triade équilibrée présente toujours trois relations positives, ou deux relations négatives avec une relation positive. Une triade déséquilibrée, à l'inverse, est constituée de trois relations négatives ou de deux relations positives et d'une relation négative. En effet, dans le cas d'une triade avec deux relations positives et une relation négative, la seule relation négative met en péril l'harmonie de toute la triade qui doit alors être ramenée à une situation d'équilibre. En revanche, dans le cas d'une triade avec deux relations négatives, il y a de fait un acteur qui est « clairement » un adversaire, celui qui entretient des relations négatives avec les deux autres acteurs (Choi et Wu, 2009a). Cette clarté dans la distribution des rôles contribue à assurer une certaine stabilité à la triade. Ces typologies ne valent que dans le cas de triades « fermées », que nous avons aussi qualifiées précédemment d'unitaires ou de groupes, c'est-à-dire dans lesquelles les trois parties entretiennent des interactions régulières.

Lorsque les triades sont ouvertes (triades « *ponts* »), la théorie de l'équilibre de Heider (1958) ne peut plus être mobilisée. C'est alors vers la théorie des trous structuraux de Burt (1992) que se tournent Choi et Wu (2009a) pour qualifier trois nouveaux types de triades. Quand l'acteur en position de trou structural a des relations positives avec les deux autres acteurs, il bénéficie d'une position de pouvoir. Au cas où la triade se fermerait (les deux acteurs déconnectés établissant une relation directe entre eux), les auteurs font l'hypothèse que cette troisième relation sera positive et ramènera à une situation stable de triade fermée. Si la partie en position de trou structural a une relation positive avec une deuxième partie et une relation négative avec une troisième, alors sa position est un peu moins assurée que dans la situation précédente ; en effet, la partie qui a une relation positive avec l'acteur en position de trou structural ne voit pas ce que ce trou peut lui apporter dans la mesure où il a une relation négative avec le troisième acteur. Enfin, dans le cas où le trou structural a des relations négatives avec les deux autres acteurs, le trou structural n'est vu comme un « tiers » intéressant par aucun des deux autres acteurs.

Une telle analyse, pour conceptuelle qu'elle soit, est riche d'implications pour la réflexion managériale. Les triades équilibrées de Choi et Wu (2009a) font la promotion des comportements collaboratifs. Collaborer avec les fournisseurs et avec les clients est source de stabilité pour un distributeur car ces collaborations sont, par exemple, de nature à favoriser la mise au point d'offres parfaitement adaptées au client. A l'inverse, ne collaborer qu'avec ses clients (ou ses fournisseurs) et entretenir avec ses fournisseurs (ou clients) une relation de défiance ne permettra pas de parvenir à ses offres créatrices de valeur. Le distributeur qui établit des relations de confiance avec ses clients est idéalement placé pour les amener à évoluer vers des offres nouvelles qu'il saura accompagner de conseil et de formation. Encore faut-il qu'il trouve auprès de ses fournisseurs de quoi alimenter cette bonne relation client. Les équilibres de Choi et Wu (2009a) montrent combien la relation que le distributeur a avec son fournisseur est de nature à alimenter la relation qu'il a avec ses clients, et *vice versa*.

Madhavan *et al.* (2004) avancent, quant à eux, que le jeu à trois peut être vu tout à la fois comme une pratique d'affrontement et de compétition que comme une pratique de coopération. Si les auteurs s'intéressent essentiellement aux triades pour décrire des coalitions d'entreprises, leur réflexion reste tout à fait applicable aux triades de distribution. Quelle interprétation faire de la triade de distribution comme lieu d'interaction ? Madhavan *et al.* (2004) nous invitent à considérer deux interprétations. La première, la plus intuitive, est que cette interaction entre les trois acteurs réduit les asymétries de ressources et d'information et favorise par conséquent la coopération. La seconde, beaucoup moins intuitive, est que cette interaction, qui réduit les asymétries, bloque par là-même les tentatives d'appropriation de valeur par certains acteurs. C'est parce qu'il s'agit ici d'un jeu à trois que la facette « compétitive » de l'interaction est moins directement visible. Quand un distributeur réclame (et obtient) une plus grande collaboration avec ses fournisseurs et ses clients dans une filière, cela peut aussi être un moyen d'éviter que le fournisseur seul n'accapare la valeur créée collectivement. La collaboration devient alors la meilleure façon de contenir l'autre.

4. Implications managériales

L'analyse d'une situation de distribution BtoB s'impose rarement d'emblée comme celle d'un jeu à trois, et encore moins comme celle d'un jeu à *trois relations*. Les approches triadiques proposées par un petit groupe d'auteurs sont de nature à faciliter la mise en œuvre d'une réflexion en partie renouvelée des situations de distribution.

Elles encouragent les managers, confrontés à des situations de distribution (qu'ils soient dans la position du fournisseur, du distributeur ou du client professionnel) à se représenter leurs actions dans le cadre élargi des relations qui les lient avec les autres acteurs de la triade de distribution. Nous pouvons plus précisément évaluer la contribution à la réflexion et à l'action managériales de ces approches à plusieurs niveaux.

Les approches triadiques de la distribution contribuent à ancrer l'idée qu'aucune relation ne peut être considérée comme isolée des autres relations dans une situation de distribution. En conséquence, chaque acteur doit *a minima* imaginer en quoi les changements qui se produisent dans une relation avec les autres acteurs de la triade vont influencer les autres relations de cette triade : quand je suis fournisseur, en quoi ce que mon distributeur fait avec les clients influence-t-il ce que je fais (ou pourrais faire) avec lui ? En quoi ce que je fais avec mon distributeur (ce que je lui impose, ce que je lui permets) influence ce qu'il pourra mettre à son tour en place dans ses relations avec les clients ? Comment la relation directe que j'ai, en tant que distributeur, avec les clients peut-elle être utilisée pour développer une relation avec mes fournisseurs plus riche, plus créatrice de valeur, et véritable lieu d'innovation ?

Toutes ces questions, qui peuvent fonder des stratégies innovantes pour les acteurs d'un canal de distribution, reposent sur l'idée clé des approches triadiques, à savoir l'interconnexion des relations. La triade met donc en scène l'idée clé des tenants des approches réseau qu'une entreprise, quelle qu'elle soit, est dépendante de ce que les autres entreprises font. Dans une approche réseau, ce ne sont pas seulement les trois acteurs clés (fournisseur, distributeur et client) qui sont à considérer, mais l'ensemble des acteurs directement et indirectement connectés, pouvant avoir une influence sur l'entreprise focale (instances de réglementations, financeurs, prescripteurs, etc.). La triade ne remet absolument pas en question la nécessité de ce « regard réseau » ; elle en autorise simplement une mise en œuvre accessible en discutant « le réseau minimum à considérer » (triade) pour comprendre les enjeux d'une situation de distribution.

Ces types stylisés de situations de distribution sont également de nature à interroger les managers sur leurs *représentations* en matière de distribution BtoB. Ritter (2000) fait le constat que, très souvent, les managers impliqués dans des situations de distribution sous-estiment l'interconnexion des relations et minimisent en conséquence les influences mutuelles des relations. Ce faisant, les managers ne sont pas en mesure d'anticiper efficacement certaines conséquences de leurs actions, en même temps qu'ils ne repèrent pas correctement les opportunités possibles de création de valeur au sein de certaines relations sur la base de ce qui se fait dans d'autres relations. La connaissance qu'un distributeur a (ou peut développer) de sa clientèle est une source précieuse d'information pour construire une relation de co-innovation avec un fournisseur. Une relation fournisseur / distributeur fondée sur une solide formation par le fournisseur du distributeur permet à ce dernier, à son tour, de favoriser une montée en compétence des clients professionnels, et potentiellement d'entraîner toute une filière vers l'acceptation de nouvelles solutions.

Les visions triadiques, en soulignant l'importance d'une prise en compte des interconnexions relationnelles pour la compréhension et l'action au sein des situations de distribution, mettent finalement en avant le rôle central de l'information. L'information devient une ressource clé qui doit pouvoir circuler harmonieusement d'une relation à l'autre, par exemple de la relation distributeur / client à la relation distributeur / fournisseur pour alimenter une politique d'innovation produits basée sur les usages. Les outils sont-ils prêts à supporter cette circulation ? Les problèmes de confidentialité de certaines données se posent-ils et des solutions sont-elles apportées ? Il reste que le développement de relations collaboratives potentiellement synergiques au sein de la triade de distribution nécessite que soient adaptée la structure de l'organisation, et en particulier la définition de certaines fonctions. Par exemple, si la fonction de *key account manager* est désormais courante dans les entreprises quand les comptes considérés sont des clients, elle est moins systématiquement mise en place pour des clients distributeurs. De la même façon, penser une relation collaborative avec ses clients professionnels lorsque l'on est distributeur, pour alimenter en retour en information la relation que l'on a avec ses fournisseurs, nécessite de repenser une fonction commerciale, chez le distributeur, plus à l'écoute des usages des clients, voire des clients des clients.

Conclusion

La lecture triadique des échanges inter-organisationnels qu'a proposé le présent chapitre reste largement conceptuelle, en définissant des lignes force pour une meilleure compréhension de situations de distribution BtoB. Toutefois, comme nous avons tenté de le mettre en évidence, cette conceptualisation nous semble pouvoir, en retour, contribuer assez directement à la réflexion et à l'action managériale dans un monde, celui de la distribution BtoB, peu investi par la recherche académique. D'autres aspects des travaux relatifs aux agencements triadiques pourront être mis à profit dans le cadre de l'observation et de la compréhension des phénomènes inter-organisationnels, par nature complexes. Les travaux de Simmel (1950) sont ainsi loin d'avoir livré tout leur potentiel en termes de renouvellement de notre regard sur les échanges relationnels, en général, et sur les situations de distribution BtoB, en particulier.

Chapitre 4.
Intermédiation et innovations logistiques : éléments pour un débat

Gérard Roveillo, Gilles Paché et Falk Wagenhausen

Dans un article de synthèse sur l'intermédiation dans les canaux de distribution, Filser (2012) réintroduit des modèles fondateurs pour expliquer le recours possible à un ou plusieurs intermédiaires entre l'industriel et le consommateur. Pour cela, il se réfère à deux modèles connus, celui de McInnes (1964) et celui de Mallen (1973). L'apport majeur de McInnes (1964) est de mettre en lumière l'existence de « séparations » entre offre et demande, autrement dit entre production et consommation. La gestion performante du canal doit par conséquent conduire à surmonter au mieux lesdites séparations, le cas échéant avec l'aide d'un ou de plusieurs intermédiaires : (1) La *séparation spatiale* entre le lieu de production (une usine) et le lieu de consommation (un magasin) exige le recours à des modes de transport adaptés pour acheminer les produits ; (2) La *séparation temporelle* entre le moment de la production et le moment de la consommation exige le recours à un stockage intermédiaire de produits pour éviter les ruptures ; (3) La *séparation perceptuelle* entre la production de grandes quantités standardisées et la consommation de petites quantités fractionnées exige la constitution d'un assortiment plus ou moins large de produits ; (4) La *séparation juridique* entre le vendeur (industriel) et l'acheteur (consommateur) d'un produit exige l'organisation efficace d'un transfert du titre de propriété lui étant attaché. Comme le note Filser (2012), surmonter ces séparations conduit à réfléchir sur la prise en charge des fonctions liées à l'intermédiation

Le second modèle évoqué par Filser (2012) est celui de la délégation fonctionnelle, ou encore *functional spin-off*, de Mallen (1973). Ce dernier propose un cadre théorique général expliquant les choix de délégation de fonctions aux intermédiaires en fonction du volume des opérations. La finalité du modèle est d'aider à mieux comprendre et anticiper les changements qui pourraient se produire au sein d'un canal de distribution lorsqu'il se développe. Les changements vont alors concerner le nombre de niveaux d'intermédiation au sein du canal de distribution, le type d'intermédiaires, et leur éventuelle spécialisation (négociation, achat et vente d'un côté, logistique de l'autre). Mallen (1973) arrive ainsi à expliquer l'organisation et la structure du canal de distribution en termes de combinaison des fonctions entre membres, justifiant l'existence simultanée de plusieurs types de canaux de distribution pour un même produit et pour un même industriel. Paché (1994) suggère une application aux PSL en indiquant qu'au fur et à mesure que le volume des transactions croît, autrement dit que les flux traités par le PSL augmentent, trois zones successives apparaissent : une zone de coûts décroissants, une zone de coûts constants, et une zone de coûts croissants, permettant de tracer une ligne de partage entre intégration et délégation des activités logistiques.

De façon paradoxale, Frazier (2009) indique que la prise en compte de l'intermédiation logistique dans la littérature sur les canaux de distribution n'a pas donné lieu à des travaux significatifs. Il se propose ainsi, à partir d'un cadre conceptuel adapté, d'impulser des recherches sur l'importance relative des activités et fonctions logistiques selon les secteurs d'activité et les entreprises. Les éléments essentiels du cadre conceptuel proposé sont relatifs au transfert des connaissances entre membres du canal de distribution *via* l'intermédiation logistique, et à l'intégration entre ces mêmes membres pour renforcer les capacités inter-organisationnelles d'adaptation aux transformations de l'environnement. Il en ressort que lorsque les connaissances devant être partagées pour permettre un fonctionnement efficace du canal de distribution sont centrées sur le traitement et l'exécution des commandes de produits, l'importance de l'intermédiation logistique s'avère relativement élevée. En d'autres termes, dès lors que la performance d'un canal de distribution dépend directement de l'efficacité des processus logistiques, savoir comment s'exerce l'intermédiation logistique devient une question centrale.

En règle générale, la démarche logistique renvoie de manière restrictive au traitement, à la gestion, au stockage et au transport de matières et marchandises. Une telle vision étroite trouve ses origines dans l'art militaire, mais ne peut plus couvrir sa réalité contemporaine. En effet, trop longtemps confinée à une vision instrumentale privilégiant l'analyse d'outils dédiés au pilotage des flux, la logistique a su progressivement s'émanciper de sa « *gangue opérationnelle* », pour reprendre l'heureuse expression de Colin (2005), afin de nous donner à comprendre plus finement des processus managériaux et technologiques qui participent à la création de valeur. Désormais, il est entendu que la logistique, et singulièrement l'intermédiation logistique, s'inscrit dans une démarche globale, innovante et transfrontières dédiée à la maîtrise de la circulation des flux de marchandises et d'information associés, à l'intérieur d'une entreprise mais aussi et surtout entre des partenaires d'affaires impliqués dans le fonctionnement d'une chaîne d'activités, qu'il s'agisse d'industriels, de distributeurs, de grossistes ou encore de prestataires logistiques.

1. Aux origines de la logistique

Le terme logistique provient du grec ancien *logistikos*, qui signifie « relatif au raisonnement » ou « art du calcul ». Il est courant d'attribuer au philosophe Platon son premier usage, qui se fonde selon lui sur une opposition entre le calcul pratique (logistique) et l'arithmétique théorique. Le mot « logistique » sera employé la première fois dans la langue française en 1590, comme un adjectif signifiant « qui pense logiquement ». A partir de cette approche calculatoire très prégnante, les applications concernent rapidement l'art militaire, à la recherche d'une optimisation des processus de ravitaillement des troupes au combat. Ainsi, Alexandre le Grand va-t-il porter une attention spéciale à l'organisation du ravitaillement de ses armées puisqu'il décide de faciliter l'avancée des troupes en les débarrassant d'une partie de l'*impedimenta*, transportée indépendamment des hommes (Engles, 1978). C'est toutefois à Jules César que l'on doit une avancée significative en termes de logistique militaire (Le Bohec, 2001). Il intègre en effet la fonction de *logista* au sein de ses légions conquérantes, en chargeant un officier de constituer un dépôt dans chacune des villes soumises à Rome. Cet officier a pour mission de s'occuper des mouvements de l'armée pour pouvoir organiser le campement et l'approvisionnement en nourriture dans lesdits dépôts.

Les traces de ce que l'on peut apparenter à une véritable fonction logistique vont ensuite se retrouver entre le XIIIe siècle et le XVIIIe siècle dans le cadre du génie militaire vu comme l'ensemble des techniques d'attaque et de défense des places, et de construction des infrastructures nécessaires aux armées au combat. La logistique militaire sera, au fil du temps, une source continue d'innovations techniques et industrielles pour optimiser le soutien des troupes au combat, et défendre des territoires possédés ou conquis. Ainsi, Colin (2013) souligne brillamment de quelle façon la Marine Royale française a su forger au XVIIe et XVIIIe siècles un exceptionnel outil « militaro-industriel » pour déstabiliser la puissante marine de guerre anglaise, en s'appuyant pour cela sur ce qui allait devenir plus tard des *archétypes logistiques* en termes d'approvisionnement auprès d'un réseau de fournisseurs mondiaux, de mise au point de nomenclatures et de gammes de production, mais aussi de construction d'entrepôts pour assurer une disponibilité optimale des stocks.

Le premier théoricien de la logistique militaire est le général Jomini. Servant successivement sous les ordres de la Suisse, de la France et de la Russie, il observe méticuleusement toutes les campagnes napoléoniennes dont il se sert grandement pour rédiger en 1838 son ouvrage *Précis de l'art de la guerre*. Pour lui, la stratégie est l'art de penser la guerre sur la carte, la tactique est celui de combattre sur le terrain et la logistique est la science de préparer et d'assurer l'application des deux premiers. En d'autres termes, il existe un lien étroit entre le bon déroulement des opérations militaires et la conduite d'une logistique efficace. Comme le note Colin (1996), « *dans un premier temps, Jomini envisage la logistique ou "l'application pratique de l'art de mouvoir les armées" comme un point de vue secondaire, avant de lui assigner des ambitions beaucoup plus larges [...]. Il pose le problème que se posent encore aujourd'hui de très nombreux chercheurs et professionnels qui s'intéressent à la logistique, civile ou militaire : la logistique est-elle une "science du détail", faite de considérations subalternes et de rationalisations aussi parcellaires que disparates ou est-elle une "science générale et des plus essentielles" ?* ». Question centrale qui va organiser toute l'évolution de la logistique d'entreprise jusqu'à nos jours...

Le tournant de l'évolution de la logistique, dont l'impact sera exceptionnel, y compris pour le management des organisations publiques et privées, a lieu durant la Seconde Guerre mondiale, et plus précisément pendant les préparatifs du débarquement de Normandie (dite « opération Overlord ») (Ruppenthal, 1990). Contrairement aux

Allemands qui vont échouer dans l'invasion de la Grande-Bretagne faute d'une préparation minutieuse des opérations, les Alliés décident de planifier avec une extrême rigueur la logistique accompagnant la libération du continent européen occupé, et défendu pour la partie française par des troupes bien équipées. Ainsi, les équipements logistiques nécessaires à la réussite du débarquement vont être mis en place, à la fois au niveau de l'entreposage et au niveau du transport : d'un côté, avec la création de ports artificiels équipés de moyens de manutention, remorqués depuis l'Angleterre et ancrés devant les plages de débarquement, et de dépôts implantés dans le Sud de l'Angleterre, eux-mêmes réapprovisionnés par des dépôts de la côte Est des Etats-Unis ; de l'autre, avec la construction *ad hoc* de barges à fond plat et à porte-avant rabattable pour les troupes, et de cargos à fond plat et à étrave ouvrante pour les équipements lourds et les approvisionnements. Aujourd'hui encore, l'opération Overlord est considérée comme la plus importante réalisation en matière de logistique militaire de toute l'histoire de l'Humanité.

L'opération Overlord marque en effet le triomphe de la logistique en tant qu'art du calcul et science du raisonnement. Dès la fin des années 1940, aux Etats-Unis, la possible application de la démarche d'optimisation des opérations logistiques liées à l'approvisionnement des marchés en produits finis se trouve alors posée. Comme le souligne Paché (2014), de grandes entreprises manufacturières américaines vont appliquer avec succès un certain nombre de méthodes de résolution de problèmes de nature logistique rencontrés lors de l'opération Overlord. Les distances considérables à parcourir pour soutenir les troupes en vivres et en matériels avaient obligé à régler dans les moindres détails de multiples activités de transport, de manutention et de stockage. Pour les entreprises, le défi logistique à relever s'avère d'une nature comparable : se donner les moyens et les méthodes de satisfaire au mieux un marché de consommation. Il en ressort ainsi un nombre important d'outils dont l'objectif est l'optimisation séquentielle d'activités logistiques, qu'il s'agisse des tournées de livraison pour le transport, de la gestion des stocks, ou encore de la localisation des entrepôts de distribution. L'approche qui en résulte se fonde sur une rationalité purement instrumentale et cloisonnée qui cherche à gérer au mieux le mouvement et la manutention de marchandises du point de production au point de consommation ou d'utilisation.

2. Une progressive extension au domaine de l'entreprise

C'est à partir des contributions majeures de Magee (1968), puis d'Heskett *et al.* (1973), qu'émerge une vision moderniste de la logistique, fondée sur l'idée de « chaîne » d'activités, et sur le fait qu'il est nécessaire de développer une vision globale des choix effectués par une entreprise : retenir un système de transport générateur de faibles coûts d'acheminement peut, à l'inverse, se traduire par une augmentation des coûts d'entreposage. Un arbitrage s'avère donc nécessaire pour accroître la performance de la chaîne, plutôt que chacun de ses maillons pris indépendamment l'un de l'autre. On peut donc parler de rupture progressive sur la manière d'envisager la réalité de la logistique, mais la perspective retenue reste toujours à dominante économique, dans la volonté de chercher une solution optimale ou satisfaisante pour un fonctionnement efficace et efficient de la chaîne. Dans des économies de plus en plus mondialisées, cette dernière peut s'étendre d'ailleurs sur plusieurs continents, comme l'indique la représentation de la chaîne logistique multi-acteurs de Acme Portable Corp. tirée de Fender et Pimor (2013), dont les activités de conception, d'assemblage et de distribution s'établissent en Asie du Sud-Est (Taïwan), en Amérique du Nord et en Europe (voir la Figure 4.1).

Figure 4.1 : La chaîne logistique multi-acteurs de Acme Portable Corp.

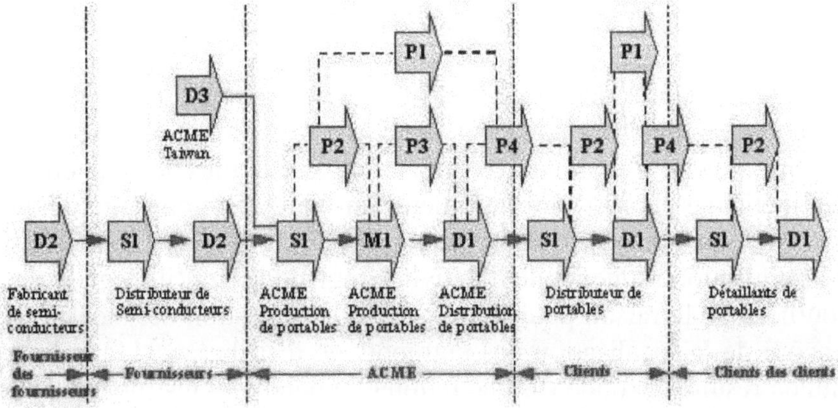

Source : d'après Fender et Pimor (2013)

2.1. Deux modèles explicatifs de l'intermédiation logistique

Sur un plan conceptuel, il est possible de comprendre la nature du paradigme logistique dominant en référence à l'analyse économique mobilisée dans le cadre des canaux de distribution (Filser, 2015), canal de distribution et chaîne logistique étant d'ailleurs des systèmes d'échange inter-organisationnels aux évidentes affinités théoriques si l'on suit Poirel et Bonet Fernandez (2007). En effet, « *tous deux ont en commun de représenter une suite organisée d'entreprises mettant à disposition d'un consommateur final un produit ou un service [...]. Les relations qu'elles nouent entre elles permettent d'obtenir une organisation à part entière, collective, s'ajoutant en quelque sorte aux organisations individuelles que constitue chacune d'elles* » (Poirel et Bonet Fernandez, 2007). Deux modèles économiques d'analyse des canaux de distribution faisant autorité dans la littérature académique, celui du dépôt et celui de décalage-spéculation, peuvent ainsi être ici mobilisés pour une application possible aux chaînes logistiques multi-acteurs.

Le *modèle du dépôt*, formalisé par Aspinwall (1962), puis affiné par Bucklin (1965), explique l'organisation (et l'éventuelle réorganisation) d'un canal de distribution à partir de la notion centrale d'utilité. L'analyse conduite vise à trouver une adéquation possible entre les attentes des consommateurs et la mise en marché proposée par l'ensemble des membres du canal de distribution. Contrairement à une vision étroite fondée sur une seule baisse du coût des fonctions transactionnelles et logistiques, le modèle du dépôt évoque la création d'utilité pour le client sous contrainte d'un coût minimal. Pour Aspinwall (1962), l'organisation du canal de distribution, ou plus précisément la répartition des fonctions entre ses membres, doit amener à une réduction du niveau de rupture, source de désutilité pour ledit client. Dans le but d'éviter ces ruptures, il peut être opportun de recourir à un intermédiaire qui va accepter de prendre le risque de constituer des stocks, et sera pour cela rémunéré par une marge, appelée profit de distribution. Dans la continuité de la contribution d'Aspinwall (1962), Bucklin (1965) intègre l'influence de la satisfaction perçue du client dans l'analyse économique du canal de distribution, en estimant que la *raison d'être* de l'intermédiaire est principalement la maximisation de l'utilité, autrement dit le service lui étant offert (Filser *et al.*, 2012 ; Filser, 2015).

Le *modèle de décalage-spéculation*, formalisé par Alderson (1950) puis par Bucklin (1965), part du principe que les consommateurs ont des attentes singulières, en particulier en matière de disponibilité, de délai de livraison ou de personnalisation des produits. La minimisation des risques de sur-stockage ou, inversement, de rupture, conduit dès lors les membres du canal de distribution à retarder (décaler) la mise à disposition des produits au plus tard, idéalement lorsqu'une demande ferme s'est exprimée. Le décalage sous-tend ainsi l'idée d'une forte aversion pour le risque, dont l'idéal serait l'organisation d'un système de production et de distribution sur commande dans lequel n'existe aucun stock de produits finis. Mais dans le même temps, certaines incitations au sein du canal de distribution poussent ses membres à anticiper (spéculer sur) la demande et à constituer des stocks, notamment en vue de réaliser des économies d'échelle par massification des opérations. La spéculation met ainsi en avant une logique de réduction des coûts grâce à une production à grande échelle et une réduction du nombre de transactions. Un équilibre doit par conséquent être trouvé entre décalage et spéculation, afin de répondre aux différentes natures de demandes (personnalisation attendue par le consommateur) et d'intérêts (réduction des coûts attendue par les entreprises).

Les modèles économiques du dépôt et de décalage-spéculation trouvent incontestablement des applications pertinentes dans le cadre du fonctionnement des chaînes logistiques multi-acteurs. Le modèle du dépôt, tout d'abord, pose clairement la question de la présence souhaitable ou non de l'intermédiaire logistique, par exemple entre un industriel et un grand distributeur, afin de gérer aux interfaces le pilotage des flux entre points d'expédition (usine) et points de destination (magasin, *drive*, domicile du consommateur). Un intermédiaire du type PSL pourrait ici trouver sa légitimité, parfois en concurrence avec d'autres acteurs du type grossiste (Fulconis et Saglietto, 2015). Quant au modèle de décalage-spéculation, il renvoie toujours à l'intermédiaire logistique, mais en s'interrogeant sur sa capacité à retarder l'exécution d'un certain nombre d'activités de différenciation tout en massifiant les flux pour générer un niveau suffisant d'économies d'échelle. Le débat est très connu en logistique. Il porte sur les techniques de différenciation retardée, ou encore de *postponement*, qu'il est possible d'implémenter pour arbitrer au mieux entre décalage et spéculation.

2.2. Le SCM, une rupture paradigmatique

La fin des années 1980 et le début des années 1990 marquent une profonde rupture dans le fonctionnement des économies développées, dont les effets en termes d'intermédiation logistique sont d'une ampleur inconnue jusqu'alors. Effets en termes d'organisation et de pilotage des flux, tout d'abord, avec un processus de globalisation qui, à l'instar des analyses de Braudel (1979), donne naissance à des économies-monde ignorant de plus en plus les frontières. Effets en termes de prise en compte de nouvelles exigences environnementales, ensuite, pour aller vers un développement plus « soutenable » et préserver le cadre de vie des générations futures. Sans doute voit-on ici sonner le glas des comportements égoïstes, voire opportunistes, conduisant chacun des acteurs à se référer à son seul intérêt individuel. Les conduites de solidarité occupent progressivement le devant de la scène, en mettant en lumière le destin commun d'entreprises impliquées dans le fonctionnement d'une même chaîne logistique, et qui ne peuvent alors faire l'économie d'une coordination entre elles. La prise de conscience progressive des effets néfastes d'une absence de coordination au niveau de la gestion des flux est à l'origine des évolutions les plus récentes en matière de management intégré de la chaîne logistique, ou *supply chain management* (SCM).

L'idée de départ consiste effectivement à envisager la logistique en tant que processus intégratif dont le but est de maximiser le profit global dégagé par le fonctionnement d'une chaîne multi-acteurs orientée client. Un tel but ne sera atteint qu'à la condition de considérer la chaîne comme un tout où des décisions concertées sont prises pour réduire le niveau total des stocks et accélérer la vitesse de réaction aux demandes à servir. Pour Christopher (2011), le SCM est capital pour comprendre les formes nouvelles de la compétition dans les économies occidentales. Aujourd'hui, ce ne sont plus des firmes individuelles qui sont en concurrence frontale, par exemple Peugeot contre Renault, mais des chaînes logistiques, ici la chaîne logistique de Peugeot contre la chaîne logistique de Renault (chacune d'entre elles comprenant des unités d'assemblage, des fournisseurs de matières et composants, des PSL, des concessionnaires, etc.). Ainsi, si l'une des deux entreprises accroît ses parts de marché vis-à-vis de l'autre, c'est sans doute en grande partie parce qu'elle aura su mieux coordonner sa chaîne logistique en vue de réduire les coûts et améliorer le service au client. En reprenant Halley (2004), le SCM renvoie dès l'instant à une triple dimension administrative, tactique et stratégique (voir la Figure 4.2).

Figure 4.2 : Les trois dimensions du SCM

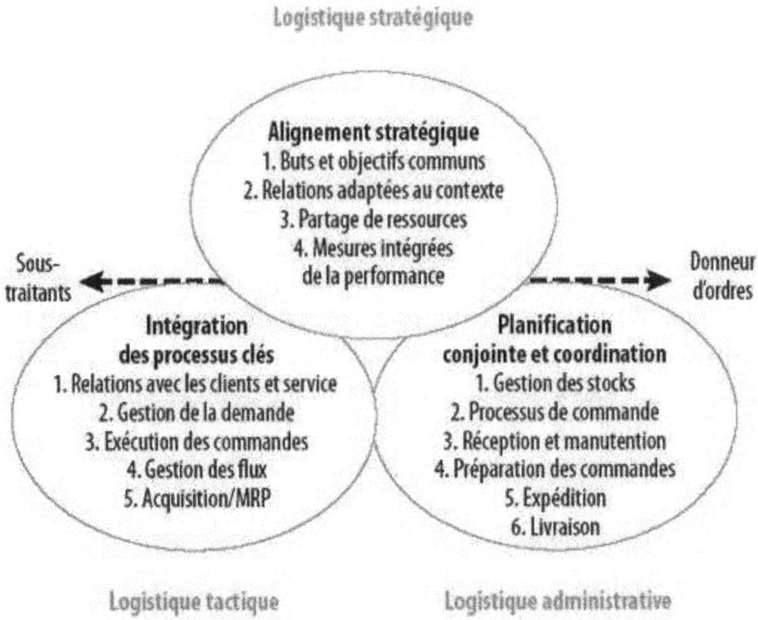

Source : d'après Halley (2004).

La perspective SCM a pour vertu de souligner comment des entreprises industrielles, commerciales et de services solidairement liées au sein d'un flux de marchandises et d'information associé peuvent trouver dans l'autre partie les sources renouvelées de leur propre compétitivité, tout en travaillant de concert pour une satisfaction accrue du client. C'est le cas, par exemple, de la gestion mutualisée des approvisionnements (GMA), mise en place par certains distributeurs et leurs fournisseurs industriels. Pour le distributeur, cette démarche consiste à déléguer au fabricant le soin de livrer ses magasins, et pour cela, de prendre les décisions de réapprovisionnement (quoi, quand et combien) les plus adéquates en vue d'éviter toute rupture. Afin de mener à bien les opérations de réapprovisionnement, le fabricant reçoit en temps réel les données de sorties aux caisses, référence par référence et magasin par magasin. Elles lui permettent à la fois de gérer les stocks au plus juste sur les entrepôts du distributeur et, en amont, de mieux planifier son activité de production. La GMA, en tant qu'innovation technologique et organisationnelle, indique bien comment deux acteurs se sont donné en commun les moyens de mieux « coller » à la demande volatile du consommateur, dans des conditions satisfaisantes de coût, notamment en intégrant plus efficacement leurs systèmes de gestion. Nul doute que l'intermédiation logistique est porteuse d'innovation au service de chaînes à la fois *lean* et agiles.

3. L'innovation au cœur de la démarche logistique

Selon l'Association Française de Normalisation, la logistique peut être définie comme une démarche « dont la finalité est la satisfaction des besoins exprimés ou latents, aux meilleures conditions économiques pour l'entreprise et pour un niveau de service déterminé. Les besoins sont de nature interne (approvisionnement de biens et de services pour assurer le fonctionnement de l'entreprise) ou externe (satisfaction des clients). La logistique fait appel à plusieurs métiers et savoir-faire qui concourent à la gestion et à la maîtrise des flux physiques et d'information ainsi que des moyens ». Sans remettre en cause la pertinence d'une telle approche, l'évolution de la logistique montre que deux dimensions inextricablement liées doivent être prises en compte pour en saisir tous les enjeux :

- La première dimension correspond à une *approche technique* où la question essentielle est d'optimiser des opérations physiques liées à la mise à disposition des produits aux consommateurs : lancement de fabrication, entrée et sortie de stock, préparation de commandes, transport, etc. La logistique d'entreprise, d'abord réduite à l'organisation de la distribution physique des marchandises, s'étend ensuite à la gestion de production puis à l'organisation des approvisionnements de matières premières et de composants, autant de maillons d'une même « chaîne ». L'objectif est cependant de trouver pour chacun d'eux des solutions individuelles jugées satisfaisantes, et censées aboutir à une solution d'ensemble elle aussi satisfaisante.
- La seconde dimension correspond à une *approche managériale* qui met en avant l'importance d'une gestion globale de la chaîne logistique pour améliorer les performances en termes de coût et de qualité de service. Celles-ci seront d'autant plus grandes que les opérations physiques seront déclenchées *juste-à-temps* en fonction de la demande à servir, grâce à des systèmes d'information sophistiqués, en évitant ainsi les ruptures comme les engorgements. Cela sous-entend une meilleure coordination inter-fonctionnelle, mais aussi inter-organisationnelle, car les

chaînes logistiques sont constituées de plusieurs acteurs impliqués dans le processus de mise à disposition de produits, et ces acteurs devront se concerter *a minima* pour éviter tout blocage.

3.1. Trois directions pour appréhender les innovations logistiques

Tant dans l'approche technique que dans l'approche managériale, la logistique, et singulièrement l'intermédiation logistique, ont été porteuses d'innovations majeures depuis plusieurs décennies, en contribuant à la réduction des prix, à l'augmentation de la valeur ajoutée ou au raccourcissement des délais de livraison. Levinson (2011) a notamment narré l'impact sans commune mesure du conteneur sur les chaînes logistiques internationales, ouvrant la voie à une globalisation des marchés désormais aux mains de puissants intermédiaires logistiques, au premier rang desquelles les compagnies maritimes. Il serait fastidieux de dresser un catalogue exhaustif des innovations logistiques, qu'elles concernent les flux d'information (outils d'aide à la traçabilité totale des flux, comme la RFID), ou les flux de marchandises (outils d'accélération des flux, comme le *cross docking*). De manière synthétique, et évidemment incomplète, les innovations logistiques contemporaines peuvent être étudiées dans trois grandes directions complémentaires :

- *La mise en œuvre d'un système d'information inter-organisationnel.* S'il est parfois malaisé de déployer un système d'information à l'intérieur d'une entreprise, compte tenu d'un certain nombre de freins humains liés aux processus d'adoption et d'appropriation, la difficulté est encore plus importante lorsqu'il doit être partagé entre plusieurs partenaires tout au long de la chaîne logistique (Fulconis et Saglietto, 2015). Le risque est évidemment de voir filtrer des données confidentielles pouvant nuire à l'un des partenaires. La question de processus innovants pouvant faciliter la protection des données, question relativement comparable à celle qui se pose pour les individus, s'avère ici cruciale.
- *Le mixage entre flux poussés et flux tirés.* Les flux poussés renvoient à un modèle de pilotage selon lequel les matières premières, les pièces et composants ou les en-cours sont introduits dans la chaîne logistique suivant un programme ou un calendrier établi en prévision de la demande, tandis que dans le modèle des flux tirés, la fabrication et la distribution du produit en amont de la chaîne logistique sont déclenchés uniquement par

une commande du poste situé en aval. Or, depuis les travaux séminaux d'Heskett (1977), nous savons que les deux modèles ne s'opposent pas mais se complètent. L'identification d'un point de découplage entre flux poussés et flux tirés constitue une réflexion de première importance, notamment pour savoir si un intermédiaire logistique est mieux placé qu'un autre pour s'en charger.

- *La mesure de la performance inter-organisationnelle.* Gérer une intermédiation logistique n'a de sens qu'au travers de la performance qu'elle peut apporter à un réseau de partenaires, tout particulièrement en réduisant les coûts de mise en contact et de transaction. Or, force est d'admettre que les outils de contrôle de gestion ne permettent pas d'apporter en l'espèce de réponse satisfaisante (Fulconis *et al.*, 2012). Les indicateurs de mesure demeurent plutôt individuels alors même que le processus de création de valeur est collectif. Par-delà la mesure de la performance, il restera en outre à redistribuer de façon équitable le gain issu du « faire ensemble ».

3.2. L'intermédiation logistique à la lumière du triptyque R2CD

Si la problématique de l'innovation logistique s'avère par conséquent vivace en termes instrumentaux et managériaux, il serait maladroit de ne pas tenir compte d'aspects plus stratégiques liés à la gestion d'une relation ago-antagonique dans la mesure où une chaîne logistique rassemble plusieurs acteurs dont les objectifs peuvent être pour partie convergents et pour partie divergents. Il en résulte des tensions et des rapports de force, voire des conflits dysfonctionnels, qui pourraient nuire à la performance du collectif. Comprendre le jeu de l'intermédiaire logistique ne peut donc s'envisager en dehors d'un paradigme béhavioriste, initié notamment par les travaux de Stern (1969). En effet, se contenter de définir l'intermédiaire comme un agent économique qui « pilote » le marché entre acheteur et vendeur (Spulber, 1996), ignore l'impact des comportements stratégiques des acteurs sur l'organisation de la chaîne logistique. Certes, un intermédiaire tient un triple rôle qui justifie sa rémunération : acheter au fournisseur dans le but de revendre à l'acheteur ; organiser et animer la rencontre entre les deux parties en présence ; concrétiser les transactions en s'appuyant sur des ressources matérielles et humaines. Spulber (1996) propose ainsi une approche économique de la croissance puis du déclin du grossiste aux Etats-Unis, mais sans examiner en profondeur en quoi la volonté prédatrice des autres acteurs de prendre le contrôle de l'intermédiation peut expliquer les évolutions en œuvre. Capo (2006) a pu pourtant démontrer, dans sa recherche sur les grossistes au Japon, combien leur expertise et leur légitimité les protègent efficacement des assauts des industriels et des distributeurs.

L'innovation technologique, organisationnelle ou stratégique se présente ainsi comme un levier de première importance pour déployer un avantage concurrentiel, tout en rendant l'offre des compétiteurs obsolète tant qu'ils ne pourront pas l'imiter. Depuis les années 1980, une abondante littérature en management stratégique cherche à clarifier les moyens à la disposition d'une entreprise, ou d'un réseau d'entreprises, pour pérenniser l'avantage concurrentiel précité (Le Roy et Yami, 2009). Elles peuvent éclairer les cartes dont disposera un intermédiaire logistique en la matière. Les éléments clés à prendre en considération sont de trois ordres, autour des ressources, des compétences et des capacités dynamiques, autrement dit le « triptyque R2CD » :

- Une *ressource* est un actif disponible utilisé pour faire aux opportunités ou aux menaces du marché, sachant que certaines combinaisons de ressources permettent aux entreprises de développer un avantage concurrentiel (par exemple un système d'information et une relation partenariale avec ses fournisseurs pour l'américain Walmart). Les ressources de l'intermédiaire logistique peuvent autant résider dans ses entrepôts et plates-formes, que dans ses équipements de manutention ou son personnel.
- Une *compétence*, le plus souvent issue d'un apprentissage organisationnel intense, se définit comme la faculté de mobiliser au mieux les ressources, en permettant à l'entreprise de réaliser une activité et l'utiliser comme base de son futur développement. Les compétences de l'intermédiaire logistique correspondent à un ensemble de savoir-faire liés à la gestion et l'optimisation des stocks, à la préparation des commandes, à la livraison terminale vers les clients, etc.
- Une *capacité dynamique* décrit l'aptitude de l'entreprise à intégrer, construire et reconfigurer des compétences internes et externes en vue de répondre à un environnement changeant, étant donné une contrainte de « dépendance de sentier ». Les capacités dynamiques de l'intermédiaire logistique recouvrent son aptitude à développer de nouveaux services pour ses clients, ou nouer des alliances pour accéder à des ressources manquantes, par exemple en contexte de logistique urbaine, quitte à s'ap-

puyer sur une intermédiation institutionnalisée de type marché d'intérêt national (Sirjean, 2015).

4. De l'innovation aux ressources / compétences humaines

Penser l'innovation au sein de l'intermédiation logistique sous-entend ainsi que les entreprises disposent de ressources et de compétences suffisantes pour impulser de nouveaux *process* ou de nouvelles démarches de management porteurs d'un avantage concurrentiel durable. Comme le note en effet la troisième édition du *Manuel d'Oslo* (2005), l'innovation correspond à « *la mise en œuvre – la commercialisation ou l'implantation – par une entreprise, et pour la première fois, d'un produit (bien ou service) ou d'un procédé (de production) nouveau ou sensiblement amélioré, d'une nouvelle méthode de commercialisation ou d'une nouvelle méthode organisationnelle dans les pratiques d'une entreprise, l'organisation du lieu de travail ou les relations avec l'extérieur* ». Comme on l'a indiqué au-dessus, les ressources peuvent être assimilées à des actifs possédés ou contrôlés par une entreprise en vue de concevoir et de mettre en œuvre sa stratégie, tandis que les compétences désignent la capacité à déployer lesdites ressources pour atteindre un objectif donné.

4.1. Clarifier l'approche en termes de ressources logistiques

S'intéressant au cas singulier des ressources logistiques, Hunt et Davis (2008) les présentent comme les entités corporelles et incorporelles à disposition d'une organisation qui lui permettent de produire et de distribuer de manière efficace et/ou efficiente une offre marchande ayant de la valeur aux yeux de clients. Il ressort de cette approche qu'une ressource peut être tangible ou intangible, c'est-à-dire se référer à une existence matérielle ou non : les ressources tangibles concernent tous les éléments d'une entreprise ayant une existence physique ; les ressources intangibles sont fondées sur l'information et les savoirs (Métais, 2004). Si l'on se réfère à l'intermédiation logistique, un entrepôt est une ressource tangible tandis qu'un partage d'information entre entreprises est une ressource intangible, et tout l'intérêt est de savoir comment des ressources tangibles et intangibles s'enchâssent mutuellement (Wong et Karia, 2010). Les ressources immatérielles peuvent être classées en deux groupes, comme indiqué dans le Tableau 4.1 :

- Les savoirs organisationnels constituent un ensemble de ressources intra-organisationnelles, principalement développées par apprentissage ; ils correspondent aux connaissances collectives accumulées, qui dépassent la somme des connaissances individuelles ;
- Les ressources intangibles « marginales » sont issues des liens entre l'entreprise et son environnement, telles que la fidélité du consommateur ou les savoirs issus de partenariats ; les ressources intangibles marginales dépassent les frontières de l'organisation, par opposition au savoir organisationnel.

Tableau 4.1 : Classification générale des ressources

Ressources tangibles	**Ressources intangibles**	
	Organisationnelles	**Marginales**
Installations, machines Hommes Capital financier et comptable Brevets, licences, contrats	Savoir organisationnel Savoir technologique Savoir managérial Systèmes d'information Process	Client : réputation, image Fournisseurs Réseaux

Source : d'après Métais (2004)

Fort naturellement, les travaux conduits sur l'intermédiation logistique ont cherché à étudier la manière dont les ressources tangibles et intangibles se déploient grâce à une compétence particulière, notamment en termes de gestion des relations. C'est toute l'ambition d'une vision plus managériale qu'instrumentale de l'intermédiation logistique, essayant de comprendre comment des tâches se partagent (ou se disputent) entre intermédiaires potentiels pour améliorer la performance des processus de création de valeur. Longtemps mésestimée, sauf dans certains travaux précurseurs de Camman-Ledi et Livolsi (2000), la question des ressources tangibles fondées sur les Hommes ne peut être négligée. En d'autres termes, si l'innovation se présente comme un élément clé de dynamisation de l'intermédiation logistique, elle s'appuie sur des ressources humaines et sur des compétences à les déployer. D'ailleurs, dans son étude sur les stratégies collectives développées autour de projets de développement durable, Da Fonseca (2013) souligne avec vigueur que les facteurs humains semblent constituer la barrière principale à la mise en application des ressources et compétences échangées entre partenaires. Ce sont bien les ressources humaines d'une entreprise qui en font la force, la réactivité et le dynamisme, au travers d'une *intelligence collective* fondée sur une capacité à disposer au bon moment de la bonne information.

4.2. Quelles compétences humaines pour l'intermédiation logistique ?

En bref, le succès de l'intermédiation logistique repose sur une alchimie de compétences dont une partie significative est certes de nature intangible (que l'on pense ici aux systèmes d'information de pilotage...), mais aussi de nature tangible, notamment au niveau des Hommes. Mais de quoi parle-t-on exactement en l'espèce ? Pour clarifier le propos, nous nous appuierons sur l'étude ancienne, mais toujours d'actualité, conduite par Bironneau et Le Roy (2008). Cette étude s'intéresse aux compétences techniques, managériales et humaines de preneurs de décision impliqués dans le déroulement de l'intermédiation logistique. Les logiques de circulation des marchandises à l'échelle de la planète, le développement rapide des technologies d'information et de communication ainsi que de l'externalisation croissante des activités logistiques auprès de prestataires spécialisés font naturellement évoluer ces compétences, qui doivent en outre faire face à de nouvelles formes de relation client-fournisseur, dans un contexte de fortes contraintes environnementales.

Pour définir les compétences clés actuelles et futures d'un manager chargé d'organiser une intermédiation logistique, Bironneau et Le Roy (2008) ont procédé à une revue extensive de la littérature scientifique. Les compétences identifiées ont alors été soumises à un comité de pilotage ainsi qu'à plusieurs membres de l'Association Française pour la Logistique (ASLOG). Les 82 compétences en résultant au final ont été soumises au jugement de responsables logistiques et de *supply chain managers*. Les 82 compétences en question comprennent à la fois des dimensions purement techniques, logistiques ou de gestion, et des dimensions humaines fondées sur une capacité de dialogue avec les collaborateurs et avec les interlocuteurs des partenaires. L'étude de Bironneau et Le Roy (2008) confirme les résultats d'autres enquêtes, menées entre autres aux Etats-Unis, en démontrant que le modèle français ne présente pas de caractère atypique. Les compétences managériales sont cruciales pour un manager chargé de l'intermédiation logistique, même si sa formation technique doit elle aussi être excellente. En effet, sur les 20 compétences jugées les plus importantes par les répondants, 18 sont des compétences humaines.

Ainsi, notons que certaines compétences sont tout particulièrement valorisées : la capacité à travailler en équipe, l'aptitude à déléguer et à organiser le travail d'équipe, l'aptitude à convaincre en interne et en externe, et enfin, la capacité à prendre des décisions. Les compétences historiques (de nature technique) du manager chargé de l'intermédiation logistique demeurent toutefois importantes, notamment en termes de gestion de la production, de gestion des stocks, de gestion des entrepôts et d'achat / approvisionnement. En référence à la classification de Métais (2004), on peut donc parler de forte connexion au sein des ressources tangibles, au niveau des installations et machines d'un côté, au niveau des Hommes de l'autre. Toutefois, le lien avec des ressources intangibles, notamment organisationnelles, n'est pas à mésestimer. Il ressort de l'étude de Bironneau et Le Roy (2008) que la maîtrise du SCM est conduite à occuper une place significative, transformant progressivement le responsable de l'intermédiation logistique en stratège, totalement ouvert sur son environnement pour y mobiliser des innovations technologiques et managériales aptes à consolider des avantages concurrentiels.

Conclusion

Pendant de très nombreuses années, dès lors qu'il était question d'intermédiation logistique, la plupart des observateurs tournaient uniquement leur regard vers les opérations de commerce international. En effet, lors de leur acheminement entre deux continents, les marchandises suivent un itinéraire composé d'une succession de séquences de transport, de manutention et de stockage qui mettent en jeu un réseau complexe d'intervenants. Chaque point de transit, caractérisé par une rupture de charge ou de traction, voit intervenir des intervenants multiples qui prennent en charge la marchandise, y assurent la manutention et le stockage transitoire, et réalisent les différentes formalités de transit conformément aux instructions reçues (formalité de déclaration en douanes, obtention de certificats et autorisations, etc.). Ainsi, une chaîne logistique internationale se structure autour de transitaires, commissionnaires, entrepositaires et autres transporteurs, autant d'intermédiaires du commerce international dont l'objectif est d'assurer une mise en contact efficace entre offre et demande. S'il est hors de propos de critiquer la pertinence de l'analyse, force est d'admettre que l'intermédiation logistique renvoie à une vision plus large, celle d'une démarche SCM dont la mission est d'éviter que se manifestent des « forces de frottement » synonymes de perte d'efficacité dans les chaînes logistiques.

Le présent chapitre a ainsi souhaité souligner, tant sur le plan théorique que sur le plan managérial, combien l'intermédiation logistique soulève nombre de questions, notamment dans la perspective de l'adoption d'innovations technologiques et organisationnelles. En nous référant à des concepts aussi centraux que les ressources, les compétences et les capacités dynamiques, il est possible de voir que la légitimité de l'intermédiaire se fonde sur la maîtrise d'un certain nombre d'actifs tangibles et intangibles dont l'étude doit être approfondie pour mieux comprendre les mouvements stratégiques en œuvre. En effet, loin d'une vision purement économique de l'intermédiation logistique, l'heure est venue d'opter pour une perspective béhavioriste qui place sur le devant de la scène des jeux de pouvoir, de contrôle / captation de ressources et d'affrontements transactionnels. N'est-ce pas le sens que l'on doit donner, par exemple, aux luttes que se livrent PSL et grossistes dans la distribution pharmaceutique contemporaine, comme le note Roveillo (2015) ? Un pan nouveau de recherche se dessine, et nul doute qu'il devrait offrir un vaste agenda pour les prochaines années.

Chapitre 5. Intermédiation logistique et pilotage des *supply chains* : de nouvelles responsabilités pour les PSL ?

François Fulconis et Laurence Saglietto

Depuis les usines des fournisseurs jusqu'aux linéaires des magasins, en passant par les sites d'assemblage, les prestataires de services logistiques (PSL), dits de « nouvelle génération », correspondent aux acteurs qui agissent dans le secteur du 3PL et/ou dans celui du 4PL. Ils jouent un rôle d'intermédiaire de plus en plus important, varié et stratégique, dans le pilotage des flux physiques et d'information. Parmi les plus dynamiques en Europe, se trouvent actuellement des sociétés comme Geodis, Kuehne+Nagel, Norbert Dentressangle, Deutsche Post, Stef, ID Logistics, FM Logistic ou encore, apparu tout récemment, le pôle Viapost. En moins de trente ans, en proposant un spectre d'activités toujours plus large et en étant capables de créer de la valeur pour leurs clients chargeurs (industriels et distributeurs), certains d'entre eux sont devenus des acteurs incontournables du BtoB. Tout au long des *supply chains* ou au sein de *supply chain networks* (Christopher, 2011), ces PSL s'affichent désormais comme de réels « *pilotes aux interfaces* » (Roveillo *et al.*, 2012). Pour la plupart issus du secteur du transport, ils ont su élargir leur offre de services à forte valeur ajoutée allant jusqu'à exercer des activités quasi-industrielles (*co-manufacturing*) dans l'automobile, l'agro-alimentaire ou l'informatique. Ils ont aussi développé des activités de conseil en stratégie *supply chain*, conduisant certains d'entre eux à penser un système d'offre pour le compte de leurs clients, parfois eux-mêmes en concurrence directe sur un même marché.

Face à cette réalité, la principale question qui nous préoccupe n'est pas celle de leurs métiers ou de leurs missions, mais celle, beaucoup moins débattue, et pourtant d'une brûlante actualité, de leurs responsabilités vis-à-vis des parties prenantes au sein même du système d'offre. En effet, le pilotage des *supply chains* est de plus en plus orienté vers la qualité, mais aussi vers la sécurité et la sécurisation de données massives, que ce soit dans leur stockage, leur échange inter-entreprises ou leur mobilisation dans la mise en œuvre de stratégies logistiques innovantes. Les enjeux que cette réalité sous-entend peuvent tout d'abord être abordés par l'étude des origines de l'intermédiation logistique qui puise ses fondements dans la structuration de l'intermédiation marchande. Seront alors précisés les rôles traditionnels et les responsabilités nouvelles des PSL en tant qu'intermédiaires pourvoyeurs de solutions de plus en plus spécialisées et créatrices de valeur pour leurs clients. Enfin, l'attention sera tout particulièrement portée sur l'une de ces nouvelles responsabilités que les PSL sont amenés à assumer en termes de gestion et de sécurité / sécurisation des flux massifs d'information inter-entreprises.

1. De l'intermédiation marchande à l'intermédiation logistique

L'intermédiation marchande a fait l'objet de nombreuses transformations et, selon les périodes, a été utilisée à des fins différentes dans des transactions tantôt à dominante économique, financière ou commerciale. A titre d'exemple, lors de la Révolution Industrielle, « *c'est pour élargir leurs marchés, en contournant le monopole d'exportation des commissionnaires parisiens, et soutenir ainsi leur activité productive, que les manufacturiers de Sedan se sont mis à employer des commis-voyageurs* » (Bartolomei *et al.*, 2012). Bien que ses contours demeurent mal identifiés, en raison notamment de ses nombreuses transformations, Bartolomei *et al.* (2012) soulignent que l'intermédiation marchande a joué un rôle clé dans la dynamique globale des sociétés industrielles occidentales. La réflexion sur l'intermédiation marchande nous éclaire sur l'intermédiation logistique *via* l'étude du rôle du commis-voyageur et de la « *théorie de l'intermédiation de la firme* ».

1.1. Quelques repères historiques et rôle clé du commis-voyageur

L'intermédiation marchande est un phénomène séculaire, aussi ancien que les relations de commerce qui prospéraient dans toute l'Europe au Moyen Age, de l'Espagne à l'Allemagne, en passant par la France et l'Italie. Le développement de la Toscane en témoigne par son activité d'intermédiation commerciale florissante qui regroupait alors un ensemble d'agents spécialisés dont le *commissaria*, « *marchand ou société à qui on s'adressait avec une certaine fréquence* ». Il opérait pour le compte d'une société ou d'un autre marchand à partir d'un contrat définissant les tâches respectives de chacun (Orlandi, 2012). Ce *commissaria* n'est autre que le précurseur du commis-voyageur dont la présence remonte à la seconde moitié du XVIIIe siècle. En se déplaçant au nom d'une entreprise pour réaliser des transactions, le commis-voyageur occupe alors une place prépondérante dans le commerce. Son activité va bien au-delà de celle de représentant de commerce. Par sa fonction, son rôle et son autonomie, il se différencie, dès lors, selon Barrière (2012), d'autres intermédiaires : les intermédiaires indépendants, les salariés et les intermédiaires au statut juridique imprécis (voir le Tableau 5.1).

Ainsi, pour les historiens et les géographes économistes, les différentes figures de l'intermédiation marchande seraient au cœur de la dynamique économique et sociale, du XVIIIe au XXe siècle. L'accélération et la densification des échanges, la modernisation des moyens de transport et de distribution ont, entre autres, contribué à l'émergence d'acteurs spécifiques d'intermédiation marchande aux multiples fonctions comme le commis-voyageur. Si son appellation reste floue et son statut juridique encore débattu (Bartolomei *et al.*, 2012), le métier de commis-voyageur est des plus intéressants car il offrait des services à moindre coûts par rapport aux négociants et, surtout, des informations précieuses sur les marchés et les clients potentiels pour son donneur d'ordres. Au fil du temps, et selon sa nationalité, le commis-voyageur développe son expertise commerciale et sa fonction à l'étranger afin d'aider les entreprises à exporter. Si, au XIXe siècle, le « *commis-voyageur allemand* » cherche « *à offrir un service global face aux multiples spécialisations qui sont apparues, comme le commissionnaire, l'expéditeur* » (Marin, 2012), au XXe siècle, son rôle est remis en cause, notamment par le développement des expositions permanentes et des agences commerciales implantées sur les marchés étrangers (Marin, 2012). Dès lors, la communauté des commis-voyageurs s'affaiblit au profit d'autres agents intermédiaires spécialisés comme les agents commerciaux.

Tableau 5.1 : Typologie des principaux intermédiaires du XIXe au XXe siècle

Intermé-diaires	Définitions
Intermédiaires indépendants	**Professions libérales ou commerciales indépendantes qui assurent par leur réputation un rôle dans la vente ou le placement des produits d'une maison, tout en gardant leur personnalité juridique.**
Courtier	« *Intermédiaire entre les parties mises par lui en présence [...], il atteste la convention, sans obligation personnelle puisqu'il ne contracte pas, en principe ; il est rémunéré par les deux parties, mais n'agit pas pour son propre compte* ».
Commissionnaire	« *Il fait l'opération commerciale pour le compte d'un commettant, que l'autre partenaire ignore le plus souvent, ce qui suppose que le commissionnaire intervient comme vendeur ou acheteur, mais aussi parfois assureur [...] ; dès lors, il se retrouve dans la situation de celui qui opère pour son compte* ».
Intermédiaires salariés	**Salariés d'une entreprise qui ont un rôle particulier de représentant de leur patron absent, empêché ou leur confiant une mission précise et ponctuelle impliquant l'entreprise dans la limite de la volonté de l'employeur.**
Commis	« *Employé subalterne chargé d'exécuter les ordres de vente [...] ou d'achat, et il demeure pour l'essentiel dans l'établissement qui l'emploie* ».
Fondé de pouvoir	Salarié de niveau supérieur, il est « *doté de responsabilités souvent fortes dans la conclusion des contrats [...], lié par un contrat de travail à un seul employeur* ».
Chef de succursale (ou directeur de *factorerie*)	« *Il dispose de fortes responsabilités, souvent associées à un mandat précis donné par l'employeur pour le représenter et appelé "procuration" (procès, marchés spécifiques, notamment avec l'administration, appels d'offres, etc.)* ».
Inspecteur (ou contrôleur)	« *Sa firme l'utilise pour réaliser des tournées d'inspection auprès de ses agents* », s'il peut passer des contrats sur lesquels il perçoit une commission, il reste salarié.
Intermédiaires au statut juridique imprécis	**La pratique commerciale et les variantes régionales utilisent, parfois indistinctement, des termes qu'unifie assez mal le vocable de « représentant ». Ci-après figurent quatre grandes acceptions, parmi les plus courantes au début du XXe siècle, classées par ordre d'autonomie croissante.**
Placier	« *Cet intermédiaire se situe dans la "place" (au sens de place de marché ou de fabrique) où se trouve le siège de la société concernée, dont il est trop proche pour bénéficier d'une réelle autonomie : chaque jour, il en reçoit les instructions avec la liste des clients à voir* ». Il est payé essentiellement par un fixe.

Intermé-diaires	Définitions
Commis-voyageur	« *Intermédiaire sans assignation géographique permanente [...]. Il reçoit comme le précédent la liste des clients à visiter dans une zone déterminée pour chaque tournée et en rend compte à la fin [...]. Il touche une commission (en pourcentage de l'ordre de vente ou d'achat), parfois complétée par un fixe* ».
Représentant de commerce	Intermédiaires dont le « *domicile habituel se situe dans une région éloignée du siège de la firme qui les emploie [...]. Souvent adossés à plusieurs entreprises* », ils répartissent les risques et sont plus autonomes vis-à-vis de chacune d'elles.
Représentant (ou agent) de fabrique	« *Représentant attaché à une entreprise industrielle, surtout dans la vente de matières premières* ».

Source : d'après Barrière (2012).

Notons que les questions qui préoccupaient alors la jurisprudence sur les commis-voyageurs sont toujours d'actualité (Centre de la Méditerranée Moderne et Contemporaine, 2010 ; Bartolomei *et al.*, 2012 ; Lemercier, 2012), et peuvent éclairer les recherches sur l'intermédiation logistique, plus précisément sur les acteurs de l'industrie de la prestation logistique : quelle est la durée de leur contrat ? Quelle est leur forme de rémunération (fixe, commission, pourcentage de réussite) ? Quel est leur degré d'autonomie (choix des itinéraires, choix des clients, détermination des prix ou des conditions de vente, etc.) ? Quelles sont les règles de patrimonialité de la clientèle ? Comment apprécier la valeur exacte des services non directement commerciaux qu'ils ont rendus (augmentation de la notoriété de l'entreprise, consolidation des liens de confiance, résolution de contentieux, etc.) ? Quelle confiance leur accorder ? Quelle est l'étendue de leurs responsabilités ? Voire, comment contrôler leurs actions ? Etc. Ces questions sont d'autant plus prégnantes que les commis-voyageurs, comme les PSL, sont des agents subordonnés extérieurs qui gravitent autour des entreprises et dont la présence n'est requise que pour une durée contractuelle limitée. Plus récemment, la position « d'agent intermédiaire » a été développée en micro-économie des marchés par le célèbre modèle de l'intermédiation de Spulber (1996, 1999) qui, *in fine*, donne lieu à la « *théorie de l'intermédiation de la firme* » (Spulber, 2003).

1.2. Les apports de la théorie de l'intermédiation de la firme

Le modèle de l'intermédiation de Spulber (1996, 1999, 2003) dépasse le modèle classique principal-agent de la théorie de l'agence, en s'appuyant sur trois types d'agents : les *consumers* (consommateurs), les *market-taking firms* (producteurs) et les *market-making firms* (intermédiaires qui créent et exploitent le marché). Selon Spulber (1996), « *un intermédiaire est un agent économique qui achète auprès de fournisseurs pour revendre à des acheteurs ou qui aide les acheteurs et les vendeurs à se rencontrer pour effectuer des transactions* ». Les intermédiaires sont ainsi supposés être la voie exclusive des échanges. L'émergence des intermédiaires est due à une concurrence imparfaite des marchés et aux imperfections informationnelles existant sur ces marchés. L'incertitude conduit les intermédiaires à remplir quatre fonctions : (1) fixer des prix et des compensations de marchés ; (2) fournir de la liquidité et de l'immédiateté ; (3) coordonner les acheteurs et les vendeurs ; et (4) garantir la qualité et le suivi des performances (Spulber, 1996). Dès lors, les intermédiaires sont en mesure de réduire les coûts pour leurs clients et, en combinant la gestion traditionnelle des transactions à d'autres apports, ils accroissent la valeur de la prestation. Selon Spulber (1996), les intermédiaires créent de la valeur lorsqu'ils apportent des éléments supplémentaires aux produits tels qu'une optimisation du transport ou du stockage, un reconditionnement, un nouvel assemblage et l'ajout de nouvelles informations et garanties.

Lorsque les entreprises agissent comme des intermédiaires, elles ont non seulement une obligation d'arbitrage entre les acheteurs et les vendeurs, mais aussi une obligation de coordination des transactions par le biais des prix. Spulber (1996) illustre ces obligations en démontrant le pouvoir que peut obtenir un intermédiaire, détaillant ou grossiste, lors de la fixation des prix. Ce pouvoir est acquis par sa position, puisqu'il peut agir sur deux marchés en même temps : celui des clients et celui des fournisseurs. Cependant, le plus souvent, les intermédiaires doivent rivaliser avec l'échange décentralisé, dans lequel les consommateurs et les fournisseurs négocient directement les prix (Mahnke *et al.*, 2008). L'intermédiation logistique connait le même phénomène. Le PSL acquiert un pouvoir important lorsqu'il gère pour une même entreprise focale à la fois la distribution de ses produits finis (gestion amont) et sa plate-forme modulaire (gestion aval), puisque l'entreprise se trouve alors isolée aussi bien de ses fournisseurs que de ses distributeurs. La théorie de l'intermédiation de la firme connait actuellement des prolongements. Les travaux d'Hagiu et Jullien (2011) soulignent l'importance de la notion de neutralité, et ceux de Mahnke *et al.* (2008) présentent une application de cette théorie aux marchés du travail externe (voir l'Encadré 5.1).

Encadré 5.1 : Evolutions de la théorie de l'intermédiation de la firme

La notion de neutralité dans le domaine du commerce électronique

Hagiu et Jullien (2011) remettent en cause un point essentiel du modèle de Spulber (1996), à savoir « *l'une des fonctions les plus importantes des intermédiaires de marché est de réduire les coûts de recherche pour les parties qu'ils servent et qu'ils créent une valeur plus grande que celle générée par la réduction de coûts* ». Hagiu et Jullien (2011) avancent que les intermédiaires traditionnels *brick & mortar* (par exemple les détaillants, les courtiers, etc.) et ceux de la « nouvelle économie » (par exemple Amazon, eBay, Google, iTunes, Yahoo!) arrivent à réaliser les deux simultanément (diminution des coûts et augmentation de la valeur), grâce à des pratiques dépourvues de neutralité. Par exemple, dans le commerce électronique, les intermédiaires détournent l'utilisation première de leur plateforme afin d'influencer le consommateur. C'est-à-dire que les systèmes de recommandations et la publicité contextuelle qui, traditionnellement, aident les consommateurs dans leurs recherches, sont de plus en plus utilisés comme tactique de diversion. Ils attirent l'attention sur des produits avec une marge bénéficiaire plus élevée, bien que ces produits ne soient pas nécessairement les meilleurs. Hagiu et Jullien (2011) ont identifié deux principales motivations pour expliquer cette absence de neutralité de la part de l'intermédiaire. La première : « *en raison d'une défaillance du théorème de Coase, les consommateurs n'intériorisent pas ex ante toutes les externalités que leurs activités de recherche génèrent* ». La seconde : un intermédiaire peut utiliser le détournement comme un instrument pour influencer les choix stratégiques effectués par les magasins affiliés (tarification en particulier). Les auteurs estiment qu'un tel contrôle indirect est souhaitable pour l'intermédiaire « *parce que les magasins individuels n'intériorisent pas entièrement l'effet de leurs décisions stratégiques sur la demande totale des consommateurs pour le service de l'intermédiaire* » (Hagiu et Jullien, 2011).

Extension de l'intermédiation aux marchés du travail externes

Mahnke *et al.* (2008) avancent que le modèle d'intermédiation de Spulber (1996) permet de comprendre les responsabilités des intermédiaires œuvrant sur les marchés du travail hors des frontières des entreprises. Traditionnellement, les intermédiaires respectent les fonctionnalités énoncées par le modèle : « *coordination de l'offre globale et de la demande, assurance de la transparence du marché et des liquidités, atténuation de l'aléa moral et de la sélection adverse par la compensation des opérations et financement du commerce (par les stocks et la gestion d'un portefeuille à travers de multiples fournisseurs)* » (Mahnke *et al.*, 2008). Dès lors, l'externalisation délocalisée de fonctions hors des frontières, par les entreprises, vers l'Inde ou la Chine (le coût de main d'œuvre y est plus faible et les niveaux de compétences et de spécialisation élevés) peut être gérée par des intermédiaires. En effet, pour gérer l'accès à ces marchés du travail à moindre coût et relever le défi socio-culturel que cela représente, les entreprises font de plus en plus appel à des intermédiaires particuliers, nommés les « *offshore middlemen* » (Mahnke *et al.*, 2008 ; Gregory *et al.*, 2009 ; Lacity et Rottman, 2009 ; Gonzalez *et al.*, 2013). Mahnke *et al.* (2008) avancent que plusieurs types de sociétés sont capables d'endosser ce rôle, comme les consultants ou les fournisseurs de services tels qu'IBM Global Services ou encore PriceWaterhouseCoopers. Pour ces auteurs, cette forme moderne d'intermédiation « *offre un ensemble de capacités spécifiques pour l'approvisionnement des services de forte intensité de connaissances dans toutes les régions internationales* ». Les intermédiaires *offshore* sont responsables des relations avec le marché local et ont pour responsabilité de réduire les coûts de transaction d'un ordre un peu particulier : l'arbitrage intellectuel. A cet égard, ils ont développé des bases de données d'ensemble de compétences dans différentes régions du monde. Ils proposent à leurs clients ces compétences lorsque la décision a été prise d'externaliser hors des frontières. Leur souci principal est de créer un « *dialogue technologique structuré* » qui permette « *aux clients de spécifier leurs exigences et aux vendeurs de retracer les interdépendances et les impacts sur les performances globales du système* » (Mahnke *et al.*, 2008). Ainsi, l'une des tâches clés de l'intermédiaire à l'*offshore* est de développer un « *capital social et intellectuel interentreprises* » (Mahnke *et al.*, 2008).

La théorie de l'intermédiation de la firme examine donc, d'un point de vue à la fois économique et managérial, la flexibilité permise par cette position d'intermédiaire, que certains préfèrent nommer tierce partie (Benghozi et Paris, 2003). L'intermédiaire est alors au cœur d'une relation triangulaire, voire triadique au sens de Pardo (2015) :

- Nommée en théorie des réseaux « *tertius gaudens* » (Simmel, 1950 ; Burt, 1992), si l'intermédiaire maintient une distance entre deux ou plusieurs parties aux attentes incompatibles, voire concurrentes, en garantissant la réalisation effective des engagements ;
- Nommée « *tertius iungens* » (Baker et Obstfeld, 1999 ; Obstfeld, 2005), si l'intermédiaire réalise une action médiatrice et non intéressée qui unit deux ou plusieurs parties, en s'appuyant sur les relations de confiance réciproque.

La théorie de l'intermédiation de la firme et ses évolutions récentes permettent de comprendre l'intérêt de faire appel à un intermédiaire, que se soit dans le domaine économique, commercial ou logistique. Quelle que soit la transaction, grâce à l'intermédiaire, elle s'effectue sur une gamme de prix négocié individuellement, résultat d'un processus coûteux. Ce processus, mis en place par l'intermédiaire, s'appuie sur des échanges d'information et de biens ; il contribue à la fois aux respects de règles et d'obligations, et à un équilibre de marché. *In fine*, la posture qu'acquiert l'intermédiaire le rend indispensable à l'exécution des transactions entre acheteurs et vendeurs. Il est alors porteur d'une expertise certaine (Curchod, 2008), qui fait de lui un créateur de valeur et le responsable de la sécurité des flux d'information qui sont générés. Ainsi, les questions sur l'intermédiation de la firme, par leur aspect généraliste, trouvent tout naturellement un écho dans le champ de la logistique et concourent à une meilleure compréhension de l'évolution des responsabilités qui animent l'intermédiation logistique.

2. L'intermédiation logistique au cœur des systèmes d'offre, vers de nouvelles responsabilités pour les PSL

De la fin des Trente Glorieuses à nos jours, conformément aux fonctions de l'intermédiation énoncées par Spulber (1996), les intermédiaires dans les relations BtoB ont vu peu à peu leurs activités s'affirmer. Ils présentent des enjeux de plus en plus importants pour leurs clients et, de ce fait, apparaissent comme de véritables acteurs force de propositions innovantes en matière de gestion des relations inter-entreprises, de développement de services et de pilotage des flux logistiques. Dans le secteur du commerce de gros, c'est le cas du Groupe FDG qui, de simple grossiste dans les années 1970, a su rapidement enrichir son offre de services et devenir l'intermédiaire quasiment incontournable pour certains industriels qui devaient accéder aux grandes et moyennes surfaces (GMS). FDG est aujourd'hui un intermédiaire plus que reconnu en vente et distribution, merchandising, marketing produits. Il affiche sa volonté de renforcer son développement à l'international et son offre marketing et logistique en intégrant de nouvelles gammes de produits non alimentaires pour la grande distribution. Dans le domaine du commerce international, c'est aussi le cas des acteurs de la logistique internationale que sont les auxiliaires de transport. Ce métier, qui regroupe des savoir-faire, des statuts juridiques et des responsabilités différents, a également beaucoup évolué au cours des dernières décennies en développant, en particulier, des compétences en logistique, gestion des stocks, conditionnement à façon, etc. Mais, entre ces deux catégories d'intermédiaires, les PSL dits de « nouvelle génération » n'apparaissent-ils pas comme les intermédiaires par excellence pour piloter des *supply chains* en élargissant sans cesse leur offre de services à valeur ajoutée et en assumant de nouvelles responsabilités ?

2.1. Le PSL, intermédiaire logistique acteur majeur de la dynamique des supply chains

Soulignant la disparité du métier de PSL, Dornier et Fender (2007) rappellent qu'un « *grand nombre de prestataires logistiques sont issus du secteur des transports, caractérisé par une structure bipolaire comprenant des micro-entreprises avec quelques salariés et des entreprises de taille considérable représentant plusieurs milliards d'euros de chiffre d'affaires* ». Le terme lui-même de PSL est souvent utilisé de manière trop généraliste, pouvant décrire des prestataires très différents au regard du service apporté. Cette recherche de distinction n'est pas sans rappeler celles des historiens concernant les intermédiaires marchands. Par exemple, si dans son *Lexique des termes de la logistique* publié annuellement, la revue *Logistiques Magazine* donne une définition générale des PSL : « *entreprises assurant la réalisation d'activités logistiques pour le compte d'un industriel ou d'un distributeur* », elle s'empresse de les classer, en fonction de l'offre de services proposée, selon trois familles : (1) les PSL classiques, issus pour la plupart du secteur des transports routiers : ils assurent la simple exécution d'opérations physiques liées au transport, à la manutention et au stockage des produits intermédiaires ou finis de l'entreprise cliente ; (2) les PSL à valeur ajoutée : ils intègrent en sus la gestion d'opérations à caractère industriel ou commercial (par exemple la différenciation retardée), à caractère administratif (par exemple la facturation) et à caractère informationnel (par exemple le *tracking-tracing*) ; (3) les PSL dématérialisés : ne disposant quasiment pas de moyens physiques propres, ils construisent leur prestation en mobilisant des ressources auprès de sous-traitants spécialisés et en assurent la cohérence par une totale maîtrise des flux d'information.

Généralement, l'activité de 3PL (*third party logistics*) regroupe les deux premières familles évoquées précédemment (PSL classiques et PSL à valeur ajoutée) ; quant à l'activité de 4PL (*fourth party logistics*), elle renvoie à celle des PSL dématérialisés. Perçus comme les plus créateurs de valeur ajoutée, ces derniers ont pour objectif majeur de concevoir et de vendre des solutions logistiques sur mesure (notamment en matière de systèmes d'information), en créant un réseau de compétences qui associe différents acteurs sur une même *supply chain*. En termes d'intermédiation logistique, les 4PL sont les PSL qui interpellent le plus, non seulement parce qu'ils sont les plus récents et de ce fait les moins développés, mais aussi parce qu'ils offrent des prestations à caractère purement informationnel de pilotage des flux en s'intercalant, comme intermédiaire, entre le client chargeur, ses divers prestataires (transport, logistique, etc.) et son marché. L'encadré 5.2 rappelle dans quel contexte particulier les 4PL sont apparus et quelles sont leurs principales caractéristiques. Fernie *et al.* (2015) en donnent une illustration avec le cas Clipper Logistics au Royaume-Uni, même si ce dernier ne se positionne pas comme un 4PL « pur » selon les auteurs.

Encadré 5.2 : Définition, contexte et caractéristiques d'un prestataire 4PL

Le cabinet de conseil Accenture (ex-Arthur Andersen) propose en 1996 la définition suivante d'un 4PL : « *intégrateur qui assemble ses propres ressources, capacités et technologies et celles d'autres prestataires pour concevoir et piloter des supply chains complexes* ». L'essor des 4PL s'inscrit dans un contexte particulier : suite à la mondialisation des marchés et à la croissance des flux internationaux, les *supply chains* sont devenues de plus en plus complexes. La multiplication des acteurs pose des problèmes de pilotage, de coordination et de responsabilité. Les 4PL sont des intervenants qui exercent une activité de coordination entre le client chargeur, le client final et, parfois, d'autres PSL de type 3PL. L'apparition de l'offre 4PL est la conséquence directe de cette complexification. Ce type de prestation permet à un client chargeur, producteur ou distributeur, de bénéficier d'une prestation globale et intégrée des flux de marchandises et d'information. Elle propose un service complet organisé par un interlocuteur unique. Les 4PL peuvent être soit des 3PL diversifiant leur offre, soit des cabinets de conseil en management ou spécialisés en *supply chain* (gestion de la *supply chain* globale) ou encore des SSII (société de services et d'ingénierie en informatique).

Les 4PL « purs » se caractérisent en englobant des fonctionnalités qui peuvent être d'ordre technique, commercial, financier, organisationnel et administratif. Pouvant être sans moyens de production, entrepôts ou camions, ils mobilisent leurs compétences d'ingénierie logistique afin d'optimiser les flux et de recourir aux meilleurs prestataires. Leur rôle est de mobiliser et de coordonner des acteurs hétérogènes en gérant à la fois les systèmes d'information, le transport, l'entreposage, la manutention, la distribution et les risques pour satisfaire les demandes de leurs clients. Les 4PL impliquent de nouvelles formes de collaboration et donc de contractualisation liant clients chargeurs, 3PL et clients avec une obligation de résultat (notamment en matière de réduction des coûts, d'innovation et d'organisation). Les 4PL peuvent à la fois jouer un rôle de conseil permettant une optimisation de la *supply chain*, mais aussi de maître d'ouvrage en pilotant la mise en œuvre des préconisations aussi bien opérationnelles que stratégiques.

Source : d'après DGITM (2010).

C'est le registre contractuel et relationnel qui impulse finalement le 4PL avec ses fournisseurs de services et qui dynamise la *supply chain* dont le 4PL a, pour un temps, la responsabilité. En effet, le constat de base est simple : le 4PL assume une fonction d'intermédiation, de management des interfaces, entre un client et des fournisseurs de services spécialisés sur des activités de transport, de manutention, de packaging, etc. Bien évidemment, le client est fortement impliqué dans le processus de servuction dans la mesure où sa parfaite exécution conditionne directement la qualité de service perçue par ses clients intermédiaires ou finaux. Si le client choisit un 4PL, c'est pour réduire le nombre de points de contact entre lui-même et ses différents fournisseurs de services (Hosie *et al.*, 2007), mais pas au prix d'une dégradation de la prestation achetée faute d'un assemblage défaillant. Autrement dit, la gestion de la complexité transactionnelle est au cœur d'une démarche stratégique, et cela d'autant que les *supply chains* réclament des investissements hautement spécifiques. Pour un client chargeur, évaluer et contrôler chacun de ses fournisseurs de services pourrait alors générer des coûts de surveillance exorbitants que le 4PL, en s'appuyant sur sa compétence relationnelle et son expertise, peut plus aisément maîtriser. Voilà pourquoi, selon Bourlakis et Bourlakis (2005), le 4PL se positionne comme un intermédiaire logistique réducteur d'incertitude qui développe une forte capacité d'absorption des aléas que peut subir une *supply chain*, et qui contient à un niveau acceptable les coûts de transaction supportés par le client. Dès lors, ce positionnement singulier conduit le 4PL à assumer de nouvelles responsabilités qui se présentent comme autant de nouvelles opportunités d'affaires à saisir. De façon plus générale, il endosse des responsabilités contractuelles complexes, de moyen et long terme, et des responsabilités informationnelles de haut niveau de sécurité. Ce sont ces responsabilités qui le différencient des autres PSL.

2.2. Le PSL, manager d'interfaces aux nouvelles responsabilités

En tant que manager d'interfaces inter-entreprises, le PSL apparaît clairement comme un intermédiaire aux compétences élargies, capable de s'insérer efficacement dans les nouvelles architectures organisationnelles, non pas uniquement en s'adaptant aux besoins des industriels et des distributeurs, mais en étant pourvoyeur de solutions sur mesure, de plus en plus spécifiques et créatrices de valeur ajoutée (Fulconis *et al.*, 2011). Dans le secteur de la distribution pharmaceutique, les PSL aux compétences élargies constituent ainsi une menace crédible pour les grossistes-répartiteurs traditionnels (Roveillo, 2015). A titre d'illustration, la DGITM (2010) insiste sur les avantages et les inconvénients que procure, par exemple, le recours à un 4PL (voir le Tableau 5.2).

Tableau 5.2 : Avantages et inconvénients du recours à un 4PL

Avantages	Inconvénients
• Interlocuteur unique • Expertise métier • Gestion globale et intégrée des flux • Réduction de coûts • Réseau étendu de dimension mondiale • Veille technologique	• Contenu de l'offre parfois flou • Vision partielle de la demande du client • Perte de savoir-faire pour le client • Prise de pouvoir par le PSL • Investissements lourds en systèmes d'information • Risques informationnels élevés

Source : d'après DGITM (2010)

Ces avantages permettent aux 4PL, et plus généralement aux PSL, de développer une maîtrise de la complexité de leurs nouvelles responsabilités en termes d'obligations contractuelles et juridiques, d'expertise mais aussi de gestion des systèmes d'information inter-organisationnels (SIIO). Quant aux inconvénients, issus notamment de l'ampleur et de l'évolution rapide du commerce électronique et des compétences logistiques qu'il requiert, tout particulièrement en termes de pilotage de flux « capillaires », ils ont conduit les PSL, et tout particulièrement les 4PL, à être plus attentifs à la sécurité informationnelle. Ils se sont alors orientés vers la qualité, la sécurité et la sécurisation de l'information inter-entreprises en mettant en place des systèmes de protection contre les cyber-attaques et en se dotant d'assurances plus adaptées pour couvrir les risques liés à ces nouvelles situations. Les trois principales responsabilités des PSL peuvent être synthétisées comme suit :

– *Responsabilités juridiques et contractuelles.* La relation d'agence, soulignée par la théorie de l'intermédiation de la firme, permet de se concentrer sur la structure de la propriété et le contrôle. Elle permet de saisir les responsabilités juridiques des intermédiaires. L'intermédiaire (l'agent) et le principal (l'entreprise) sont liés par un contrat de moyen ou long terme. Le principal engage l'agent pour accomplir (externaliser) un service sur mesure et complexe nécessitant une délégation de prise de décision et de pouvoir. Selon le secteur, le 4PL, par exemple, endosse une responsabilité juridique pour les expéditeurs et toutes les parties prenantes de la *supply chain.* A ce propos, l'*US Customs and Border Protection* (CBP) remarque que l'incapacité *« à la conformité » (compliance management)* des PME importatrices impose, de fait, les 4PL pour remplir cette responsabilité à la place des courtiers en douane, qui ont de plus en plus de mal à l'assurer. La demande de sous-traitance de gestion de la conformité par les importateurs auprès des 4PL s'explique par des années d'expertise professionnelle de leur part (Alston, 2011).

- *Responsabilités d'expertise.* En proposant une offre de services élargie, le PSL apparaît comme un nouvel entrant dans les *supply chains*. S'ensuit alors, en sa faveur, une nouvelle répartition du pouvoir au sein de la *supply chain*, mais qui va s'accompagner d'une plus grande responsabilité lui incombant envers les parties prenantes. C'est le cas du 4PL qui, dans un contexte de développement durable, va utiliser l'existence de pressions légales pour proposer un service global de conformité réglementaire à destination de ses clients. Il devra évidemment faire évoluer son métier en formalisant une expertise spécifique, en matière de tri, de recyclage ou de réduction de l'empreinte environnementale de leur activité, alors que dans le même temps l'implication de ses clients dans ces évolutions s'avère indispensable. De nombreuses entreprises requièrent ainsi des experts externes dans des domaines impliquant des problèmes difficiles à résoudre, n'ayant pas les compétences en interne pour les solutionner à moindre coût, comme c'est le cas pour les missions logistiques assurées par les 4PL. Par cette expertise, le 4PL augmente son pouvoir en tant que fournisseur de ressources critiques inaliénables qui comprennent le talent de ses employés et leur expertise (Cézanne et Saglietto, 2015).
- *Responsabilités des SIIO, de la sécurité et de la sécurisation des flux d'information.* Selon l'analyse économique, par opposition aux *market-makers*, le PSL est un véritable match-maker dans la mesure où il est considéré comme le nœud d'un réseau de *supply chains* assumant une prise de risque pour les différentes parties impliquées. Au-delà de la distribution physique d'un produit, le PSL pilote l'ensemble d'une (ou plusieurs) *supply chain(s)* et exerce pour cela une coordination des flux d'information. Il offre ainsi un service de nature ingénierique fondé sur un conseil en matière d'organisation d'un système logistique. Le PSL doit alors acquérir des informations spécifiques, chez les clients et les fournisseurs de prestations, et être capable de mobiliser des actifs logistiques de qualité. D'une simple obligation de moyens, le PSL endosse finalement une réelle obligation de résultat comme c'est le cas pour les commissionnaires de transport. Afin de remplir sa mission de « médiateur », le PSL crée des liens électroniques solides entre les membres d'une

même *supply chain*. Ces liens constituent le fondement de son activité et lui permettent de proposer une offre de services complète : des services de conseil et d'ingénierie, le suivi permanent des flux physiques et surtout d'information et, plus spécifiquement pour le 4PL, le développement de solutions logicielles dédiées (Fulconis *et al.*, 2007). De ce point de vue, les activités d'intermédiation du PSL peuvent être assimilées à celles qui sont assignées aux SIIO. Ainsi, le rôle d'intermédiaire que joue le PSL tend désormais à être renforcé par le développement de solutions logicielles SCM, mais aussi, plus récemment, par les nouvelles technologies (*cloud*, plates-formes d'échange, outils de traitement des *Big Data*, etc.), censées faciliter l'interconnexion de systèmes d'information hétérogènes au sein d'une même *supply chain* ou d'un même *supply chain network*, ce qui pose la délicate question de la sécurité et de la sécurisation des flux d'information.

3. La maîtrise des *Big Data*, nouveau visage de l'intermédiation logistique

Au sein des *supply chains*, le PSL devient de plus en plus responsable. Il est au cœur du pilotage des interfaces inter-entreprises qui génèrent une masse de données toujours plus importante, au point qu'elle est aujourd'hui qualifiée de *Big Data*. A l'échelle planétaire, cette masse de données à gérer interpelle autant le monde des technologies de l'information que les Conseils d'Administration de très nombreuses entreprises. Davenport *et al.* (2012) soulignent que, pour beaucoup, sa maîtrise peut libérer de nouvelles capacités organisationnelles et créer de la valeur. Du côté du pilotage des *supply chains*, on peut alors se demander comment les entreprises peuvent capitaliser sur les apports et les enjeux des *Big Data*. Dès lors, n'y a-t-il pas là des opportunités d'affaires à saisir pour le PSL, voire des nouveaux rôles à jouer en endossant de nouvelles responsabilités par la prise en charge de la sécurité de ces *Big Data* pour le compte de leurs clients et en se prémunissant, par exemple, contre des cyber-attaques ?

3.1. Les supply chains menacées

L'étendue et la sophistication de la logistique, suite à la multiplicité des marchés et à la croissance du nombre de clients, expliquent le changement significatif du type de données. Les flux d'information logistiques, auparavant principalement axés sur les statistiques des entreprises, se sont complexifiés pour englober les données concernant les visiteurs qui se connectent au site Internet de la société, toutes les informations personnelles des clients, les données de l'entreprise sur ses produits, ses prix, ses indicateurs de pilotage, etc. Ces données, au travers des nombreux fichiers créés, placent les entreprises d'une même *supply chain* dans un environnement hautement risqué (voir la Figure 5.1).

Figure 5.1 : Flux d'information dans la supply chain

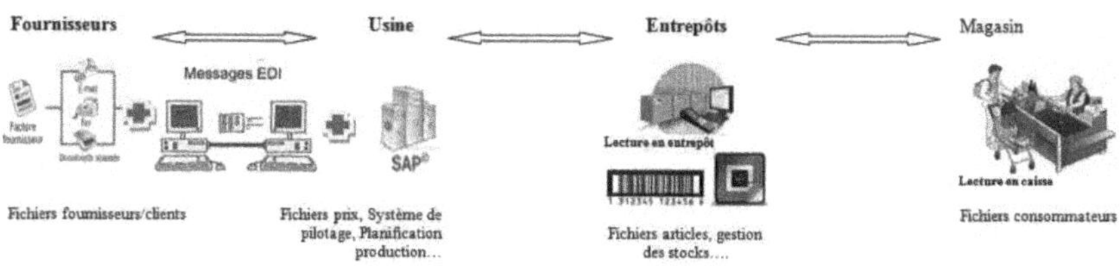

L'ensemble de ces éléments procure un gain d'efficacité et des gains financiers sans précédent qui attirent toutes les convoitises. Ceci est d'autant plus marquant lorsque les entreprises ont confié à des intermédiaires la gestion de leur *supply chain*, augmentant ainsi le volume des données échangées. Au travers de l'analyse des données qu'ils recueillent, les PSL acquièrent une meilleure compréhension des tendances et des habitudes de leurs clients. Ils enrichissent leur expérience sur plusieurs années, développent une expertise et des outils spécifiquement dédiés à leurs clients fondés sur des paramètres scientifiques. Un tel processus est rendu possible grâce à la montée en puissance des échanges de données transitant par Internet. Or, s'il a fallu de nombreuses années pour que les entreprises aient confiance dans les PSL et dans leur rôle d'intermédiaire, cette confiance pourrait être remise en cause si les entreprises craignent que « *les données qu'elles partagent puissent être utilisées en dehors de leur usage prévu* » (Kerschbaum *et al.*, 2011). Par exemple, « *les partenaires commerciaux doivent connaître les coûts de production les uns des autres afin de planifier de façon optimale la production, l'entreposage* » (Kerschbaum *et al.*, 2011). Selon ces auteurs, cette collaboration pourrait finalement se transformer en guerre concurrentielle si les informations permettent de manipuler les négociations sur les prix futurs.

Dès lors, il importe de repenser les relations partenariales informationnelles entre les entreprises et leurs intermédiaires. Aussi, peut-on s'interroger sur l'impact de l'externalisation, par des industriels ou des distributeurs, de la gestion de leur *supply chain* auprès de PSL : cette externalisation permet-elle un partage du risque informationnel ou amplifie-t-elle ce risque ? Aujourd'hui, les attaques informatiques dans le domaine de la *supply chain* sont en forte augmentation. Selon leur violence, elles sont considérées comme des cyber-attaques. A cet égard, pour Kaspersky Lab (2013) « *les cybercriminels n'hésitent plus à s'attaquer au cœur technologique de la supply chain et des installations industrielles pour exfiltrer les données clés qu'ils convoitent* », en s'appuyant pour cela sur des outils de cyber-espionnage. Ceci est d'autant plus aisé et le risque d'autant plus élevé « *qu'il existe de nombreux points d'entrée pour atteindre les systèmes d'exécution et de pilotage des flux* » (Kaspersky Lab, 2013).

Les entreprises visées appartiendraient en priorité aux secteurs clés de la défense, de la construction navale et du transport maritime, de l'informatique et du développement de logiciels, ou bien seraient des laboratoires de recherche, des opérateurs de télécommunications et de satellites, les médias et professionnels de la télévision. Ceci s'explique par la nature des données échangées hors du périmètre des entreprises, entre elles et leurs partenaires (fournisseurs, sous-traitants, PSL, clients), mais aussi en interne, les données visées concernant le pilotage de la logistique (*listings* clients, inventaires, prévisions de ventes, prix, *warehouse management system*, etc.). L'ensemble de ces données souligne donc la présence des *Big Data* au cœur de la *supply chain* (voir la Figure 5.2). Kerschbaum *et al.* (2011) donnent des illustrations concrètes des flux de données gérés en logistique et, plus particulièrement, pour Robak *et al.* (2013), par un 4PL. Les *Big Data*, dont Chen *et al.* (2012) proposent un état de l'art, se retrouvent dans de nombreux secteurs : finance, télécommunications, technologies de l'information, santé, secteur public, commerce de détail, tourisme, etc. Selon les experts dans ce domaine, les *Big Data* peuvent générer beaucoup de valeur en améliorant la prise de décision, en facilitant la segmentation des clients, produits et services, voire en mettant en place des stratégies d'innovation (Manyika *et al.*, 2011). Les *Big Data* seraient ainsi le nouvel enjeu de « *la concurrence* » et de la « *croissance* » (IBM, 2013).

Figure 5.2 : Big Data et supply chain

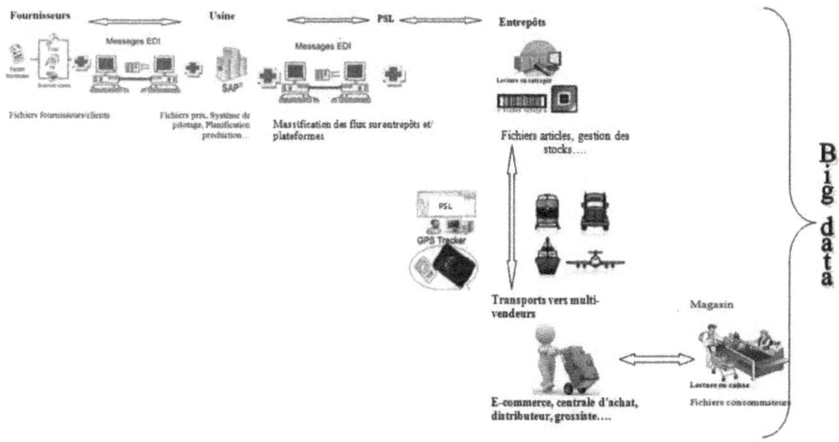

3.2. Le pilotage des supply chains face aux Big Data : un nouveau défi à relever

Les *Big Data* sont des données informatives revêtant un certain nombre de caractéristiques. On peut les résumer par les points suivants, désormais bien connus par les spécialistes (Dougherty, 2013 ; IBM, 2013 ; Robak *et al.*, 2013) :

- *Le volume* : ce sont des données de très gros volumes (en pétaoctets), ce qui pose de redoutables questions de mémorisation et de traitement ;
- *La vélocité* : ce sont des données ayant une vitesse élevée, souvent sensibles au facteur temps, en flux continu, et qui doivent donc être utilisées continuellement afin de maximiser leur valeur pour l'entreprise ;
- *La variété* : ce sont des données qui s'étendent au-delà des données structurées, y compris en termes de données non structurées de toutes variétés : texte, audio, vidéo, fichiers journaux, etc. ;
- *La vérification* : ce sont des données pour lesquelles il est nécessaire de s'assurer la bonne visualisation ;
- *La valeur* : ce sont des données qui participent fortement à la création de valeur selon les secteurs d'activité.

A titre d'exemple, Walmart s'appuie sur un système RFID puissant, concernant plus de 10 000 de ses fournisseurs, avec une technologie de pointe qui « *peut fournir une rapidité et une précision sans précédent dans la gestion de la supply chain* » (Lin, 2010). Pour

Cottrill et Rice (2013), la mise en place de tels systèmes résulte d'une démarche de *supply chain innovation* qui constitue, selon eux, la source clé de l'avantage concurrentiel d'entreprises comme Walmart ou Zara, et explique leur position dominante sur leur marché. Les codes-barres et *tags* de la RFID facilitent en quasi temps réel la centralisation, l'identification et le suivi automatisé des produits et des stocks à toutes les étapes de la *supply chain*, ainsi que le contrôle, le comptage des produits en entrée comme en sortie, la modification dynamique des prix, etc. (Garrido Azevedo et Carvalho, 2012). Ainsi, selon IBM (2013), « *une telle approche de collecte automatique de données présente de nouveaux défis qui peuvent se résumer dans les dimensions horizontale et verticale. La dimension horizontale indique la dynamique des Big Data, ce qui signifie l'interaction et la fonctionnalité transversales des données entre la fabrication, la logistique et les phases de vente au détail. La dimension verticale décrit les caractéristiques des Big Data dans les supply chains, à savoir le "5V" : volume, vitesse, variété, vérification et valeur* ».

Les *Big Data* nécessitent donc de nouvelles formes de traitements informatiques pour permettre des analyses toujours plus pointues et une meilleure prise de décision. Elles représentent, au quotidien, un défi en termes de sécurité. Plusieurs problématiques s'enchevêtrent les concernant au cœur de la *supply chain* : (1) la conciliation de deux objectifs contradictoires anime les relations inter-entreprises (entreprises / PSL) par le partage de l'information, d'une part, et la protection de la confidentialité, d'autre part ; et (2) les cyber-attaques que subissent les entreprises et les PSL. Dès lors, une organisation repensée des PSL, gérant la *supply chain* étendue de nombreuses entreprises plus axée sur la sécurité, s'avère indispensable ; d'ores et déjà, des travaux étudiant le lien 4PL-*Big Data* voient le jour (Robak *et al.*, 2013).

Cette nouvelle organisation ne peut se faire que simultanément avec une prise de conscience des entreprises (responsabilité, choix relatifs à la vie privée, la sécurité et la propriété intellectuelle), et un renforcement de la sécurité informationnelle de leur part. Il s'agit alors, dans un premier temps, de sécuriser la collecte et l'accès aux données, de déterminer les niveaux de confidentialité des données, d'identifier et classifier les données les plus sensibles, de décider où les données critiques devront être localisées, d'établir des modèles d'accès sécurisés, tant pour les données que pour les analyses (pare-feux, cryptage, etc.). Dans un deuxième temps, pour maintenir une confiance mutuelle, les entreprises et les PSL peuvent mettre en place dans leurs relations des pratiques normalisées de sécurité et de gestion de l'information (ISO / CEI 27000) et prendre une police d'assurance de cyber-responsabilité. Dans un troisième temps, les PSL peuvent aller plus loin dans leur démarche en suivant, par exemple, le « *Secure SCM Project* » (Kerschbaum *et al.*, 2011)[1]. Ce projet développe des solutions de protections informatiques sécurisées (concernant la confidentialité des données privées) pour les collaborations multi-parties en ligne.

Conclusion

Remonter le temps pour capturer, au fil des derniers siècles, quelques extraits de vie des différentes acceptions de l'intermédiation est un défi passionnant que nous espérons avoir pour partie relevé. Durant tout ce temps, « l'intermédiation » a passionné tour à tour les historiens, les géographes, les économistes et, plus récemment, les gestionnaires. L'intermédiation marchande a accompagné, parfois précédé, l'émergence de l'intermédiation logistique, les transformations des relations BtoB et le pilotage des *supply chains*. Le développement des *supply chain networks* contemporains, associé à un phénomène d'externalisation logistique, fait émerger de nouvelles responsabilités pour les PSL. Aujourd'hui, résultant de nombreuses innovations en matière de *supply chain*, ces responsabilités s'articulent principalement autour des activités de pilotage d'interfaces inter-entreprises, mais aussi d'analyse et de sécurité / sécurisation de masses de données en mobilisant de nouvelles technologies. En effet, selon de récentes recherches menées par Cottrill et Rice (2013) au sein du MIT, l'innovation en *supply chain* est la combinaison originale et la mise en œuvre de plusieurs inventions, processus existants et technologies permettant la réalisation de changements souhaités en termes de coûts, de qualité et/ou de services.

Toutefois, s'il semble incontestable qu'en assumant des responsabilités de plus en plus larges les PSL se trouvent au cœur du pilotage et de la performance des *supply chains*, de nombreuses questions restent entières. Les responsabilités mises en avant dans ce chapitre, concernant à la fois les dimensions économiques, sociales / sociétales et environnementales de leurs activités et de celles de leurs clients, ne pourraient-elles pas, par exemple, être partagées ? Telle est la conclusion d'une étude effectuée par Robak *et al.* (2013). Ces auteurs avancent l'idée selon laquelle il est important que la prise

1 Consulter également le site http://www.securescm.org.

en charge des nombreuses transformations de données, au cours des différentes étapes des processus de production et/ou de distribution, soit partagée par tous les acteurs de la *supply chain*. Ils estiment qu'un format commun à tous les acteurs pourrait faciliter la mise en correspondance de données équivalentes dans le cadre de leurs activités respectives. En partageant ces données, il serait alors possible d'obtenir plus de transparence, plus de sensibilité aux problèmes de sécurité / sécurisation et d'améliorer la communication entre tous les acteurs de la *supply chain*. Ces affirmations et suppositions viennent encore questionner, non seulement sur les compétences que les PSL se doivent de développer, mais aussi sur les nouvelles responsabilités qu'ils seraient alors amenés à assumer, ce qui constitue autant de pistes de recherche de toute première importance à explorer.

Chapitre 6.
Le recours à l'intermédiation en gestion des achats : savoir passer de la nécessité au choix stratégique

André Tchokogué et Jean Nollet

Plusieurs études montrent qu'au cours de la dernière décennie, le nombre d'entreprises qui ont délégué à des tiers la gestion au moins partielle de leurs achats n'a cessé de croître (Manikandan, 2003 ; Accenture, 2007 ; Everest Group, 2013). En fait, cette tendance recouvre plusieurs phénomènes, dont le recentrage des organisations sur leurs compétences distinctives, la gestion différenciée des catégories d'achats et l'optimisation de la fonction achats. Par exemple, de plus en plus d'entreprises considèrent que la gestion des achats non stratégiques (ou achats à faible valeur ajoutée) représente un gisement de productivité qui peut être davantage exploité en recourant à l'expertise de certains intermédiaires spécialisés. D'une certaine manière, un raisonnement proche s'applique désormais aux activités logistiques, avec l'émergence des PSL (Fulconis et Saglietto, 2015), et témoigne de profondes transformations dans l'organisation et le pilotage de la chaîne de valeur des entreprises.

L'importance de l'intermédiation en gestion des achats s'est considérablement accrue avec le développement de l'approvisionnement global. En effet, parmi les entreprises qui optent pour un approvisionnement à l'échelle mondiale, ou à tout le moins dans les pays à faibles coûts, certaines se dotent conséquemment des processus d'approvisionnement et d'achats tout à fait appropriés, alors que d'autres font le choix de s'appuyer uniquement sur les compétences des prestataires de services spécialisés en gestion des achats à l'international. Pourquoi est-ce ainsi ? Dès lors qu'une entreprise opte pour l'approvisionnement global, les gestionnaires des achats doivent notamment consacrer du temps à découvrir les us et coutumes dans les pays considérés comme sources potentielles d'approvisionnement ; acquérir une compréhension de leur culture économique et de la qualité des produits qui y sont fabriqués, et cerner le niveau de fiabilité des fournisseurs actuels et potentiels qui y sont localisés. Ceci représente des coûts indirects qui peuvent s'avérer très importants. Autrement dit, dans un tel contexte, les coûts de mise en place et de mise en œuvre des processus d'achats peuvent être très élevés. Il semble d'ailleurs que dans de nombreuses entreprises, cet élément soit une des principales variables à la base de la décision de « faire » ou « faire faire » en ce qui concerne la gestion des achats.

Dans la mesure où le recours aux prestataires externes en gestion des achats recouvre différents types de décision de « faire faire », il est nécessaire de bien saisir les enjeux stratégiques associés aux principales formes du recours aux intermédiaires, et d'examiner le processus décisionnel qui sous-tend un tel choix, ainsi que la gestion de la relation de l'entreprise avec les prestataires de services retenus. C'est pourquoi le présent chapitre comprend les deux principux développements suivants : d'une part, l'intermédiation en gestion des achats : nature et enjeux stratégiques ; d'autre part, le recours aux intermédiaires en gestion des achats : décision et gestion.

1. L'intermédiation en gestion des achats : nature et enjeux stratégiques

Il existe encore aujourd'hui des gestionnaires qui ignorent le potentiel d'apport du secteur de l'intermédiation en gestion des achats. Ceux-ci n'ont certainement pas connaissance des principales catégories d'intermédiaires dans le domaine de la gestion des achats, et encore moins de leurs champs d'expertises spécifiques ; tenant compte de cet état de fait, il s'avère urgent d'étudier les principales formes du recours à l'intermédiation en gestion des achats et sur les différentes catégories de prestataires de services avec lesquels les entreprises peuvent faire affaire. Mais il est aussi fort probable que des gestionnaires qui suivent les tendances en gestion soient tentés de recourir à l'intermédiation en gestion des achats, sans préalablement analyser rigoureusement les avantages stratégiques qui en découleraient, ni les risques que comporterait un tel choix. C'est donc dire qu'il y a besoin de souligner qu'en la matière, chaque gestionnaire devrait savoir faire un choix cohérent avec les considérations stratégiques de son organisation, en fonction des avantages visés.

1.1. Une diversité de types de relation entreprise / prestataire de services

Indépendamment du secteur d'activité de l'entreprise, la bonne gestion des processus d'achats requiert la mobilisation de compétences d'ordre technique, économique et juridique. Les ressources qui doivent être mises en œuvre afin d'assurer l'efficience et l'efficacité de l'ensemble des processus d'achats peuvent donc apparaître comme difficiles à obtenir et à mettre en place. Dans un tel contexte, le choix de « faire faire » peut apparaître comme une alternative très pertinente. D'ailleurs, l'émergence d'un véritable marché de la prestation de services en gestion des achats incite davantage d'entreprises à se demander si elles doivent même encore garder à l'interne l'ensemble de leurs activités de gestion des achats. L'émergence des « *super-intermédiaires* », qui assurent pour le compte de grands distributeurs la liaison entre les produits d'importation et les marchés domestiques, souligne d'ailleurs toute l'actualité du sujet (Fernie *et al.*, 2015).

En gestion des achats, le recours à l'intermédiation est généralement abordé sous les vocables d'impartition et d'externalisation (Calvi, 1999 ; Guiennet et Sauvage, 2009). Toutefois, on ne peut s'en tenir uniquement à ces deux concepts lorsqu'on s'intéresse à l'intermédiation en gestion des achats. Alors que l'externalisation consiste à « *confier à un prestataire externe une activité qui était jusqu'alors internalisée* » (Barthélémy et Donada, 2007), dans les faits, certains dirigeants décident de confier la gestion de leurs achats à un prestataire de services dès la création de leur entreprise. Autrement dit, il serait plus approprié de dire que l'intermédiation recouvre différentes formes de relations entreprise / prestataire de services, lesquelles découlent du choix de « faire faire » d'une entreprise en matière de gestion des achats. On peut donc dire que le recours à l'intermédiation matérialise la décision consistant à renoncer à l'exécution en interne des activités du processus d'achats, soit parce qu'elles sont jugées non essentielles ou non stratégiques, soit parce que l'entreprise n'a pas la compétence suffisante à l'interne pour les exécuter.

Une telle décision donne lieu à un contrat, soit l'acte par lequel l'entreprise transfère à un prestataire de services, en tout ou en partie, la gestion des processus achats auparavant confiée au service achats ou à d'autres services et, éventuellement, la gestion des infrastructures correspondantes. En réalité, les contrats de prestation de services peuvent porter soit sur des activités préalablement réalisées à l'interne par l'entreprise, soit sur la délégation de l'exécution ou de la gestion de certaines des activités nouvelles de l'entreprise aux prestataires de services. Il est assez difficile de déterminer l'importance des ententes annuellement conclues entre les entreprises et les intermédiaires spécialisés en gestion des achats. Toutefois, selon Everest Group, l'intermédiation en gestion des achats représente un marché international d'environ 105 milliards d'euros et le taux de croissance annuel serait de l'ordre de 20 % (Menzigian et Gupta, 2010). Certains analystes estiment d'ailleurs que pour la période 2012-2016, le volume des contrats d'intermédiation en gestion des achats devrait croître à un rythme avoisinant 23 % par an (Research & Markets, 2012).

La réduction significative des coûts pour les entreprises, que rend possible le recours aux intermédiaires, semble être l'un des principaux moteurs de la croissance de ce secteur. Plusieurs études soulignent également qu'au cours des dernières années, les principaux prestataires de services en gestion des achats ont su faire évoluer leurs modèles d'affaires compte tenu à la fois de la conjoncture économique, des attentes des entreprises et de la dynamique concurrentielle associée à l'offre de plus en plus différenciée de nouvelles catégories d'intermédiaires (Remoué, 2004 ; Aberdeen Group, 2007 ; Alm *et al.*, 2010). Certes, par le passé, les grandes entreprises ont été les premières à solliciter davantage les prestataires de services en gestion des achats ; aujourd'hui, ce sont les pratiques auxquelles s'adonnent même les PME (Remoué, 2004 ; Duffie, 2005 ; Research & Markets, 2012). Une étude portant sur un échantillon de 219 directeurs des achats dans les entreprises européennes et nord-américaines en fournit d'ailleurs une illustration (voir le Tableau 6.1).

Grosso modo, il existe deux grands courants d'études portant sur l'intermédiation en gestion des achats. Alors que certains auteurs se sont surtout intéressés aux types d'achats dont la gestion est souvent confiée aux prestataires de services, d'autres ont essentiellement examiné les différentes activités du processus de gestion des achats qui sont généralement externalisées. Relativement aux types d'achats, les études de Accenture (2007), Alm *et al.* (2010) et Menzigian et Gupta (2010) montrent que les entreprises recourent aux prestataires de services davantage pour les achats indirects (aussi appelés achats hors production), que pour les achats directs (matières premières, pièces et sous-ensembles qui entrent dans la fabrication des produits finis). En effet, il semble que des entreprises sont plus portées à faire le choix de ne pas se doter de ressources appropriées pour la gestion de certaines catégories d'achats qui n'entrent pas dans la fabrication des produits finis (par exemple les services de maintenance et d'entretien des machines, l'entretien des locaux et des espaces verts, ou encore les voyages d'affaires et les consommables de toutes sortes : fournitures administratives, bureautiques, reprographie, etc.) ; ceci explique pourquoi la gestion de ces catégories d'achats est de plus en plus confiées aux prestataires de services. Selon plusieurs estimations (Accenture, 2010 ; Alm *et al.*, 2010), le taux de croissance de l'externalisation de la gestion des catégories d'achats telles que les technologies d'information, les achats de services professionnels et des voyages d'affaires, se situent entre 40 et 60 %, alors que l'externalisation des achats stratégiques (aussi désignés par achats directs) reste assez marginale (Manikandan, 2003 ; Menzigian et Gupta, 2010).

Tableau 6.1 : Un aperçu de l'importance du recours à l'intermédiation en gestion des achats

	CA < 0,5 milliards d'euros ou nombre d'employés < 1000	**CA > 0,5 milliards et < 10 milliards d'euros ou nombre d'employés > 1000 et < 50000**	**CA > 10 milliards d'euros ou nombre d'employés >50000**
Pourcentage d'entreprises	17 %	61 %	22 %
Entreprises recourant aux prestataires de services en gestion des achats	15 %	21 %	31 %
Entreprises projetant de recourir aux prestataires de services en gestion des achats	34 %	43 %	67 %

Source : d'après Accenture (2003).

S'en tenir seulement aux types d'achats qui sont externalisés n'offre qu'une vue restrictive qui ne permet pas de véritablement saisir les formes d'intermédiation en gestion des achats. C'est pourquoi il est approprié de s'intéresser aux activités du processus d'achats qui sont souvent externalisées. En effet, pour nombre d'entreprises qui recourent à l'intermédiation en gestion des achats, il s'agit de rechercher et de nouer des ententes avec des partenaires ayant des meilleures expertises afin de créer un ou des avantages compétitifs, notamment en allant capter l'innovation ou un savoir-faire pointu que l'on ne possède pas soi-même (Bernard et Salviac, 2009). Les types de relations que les entreprises peuvent ainsi nouer avec les prestataires de services sont assez variés, compte de la nature des activités dont la gestion peut être confiée aux prestataires de services. Sans prétendre à l'exhaustivité, on peut notamment souligner que la relation entreprise / prestataire de services peut correspondre à l'une ou l'autre des situations suivantes :

- Le recours à une centrale d'achats (le prestataire de services massifie les achats et crée des synergies pour obtenir de meilleures conditions commerciales auprès des fournisseurs) ;
- L'externalisation du processus de gestion de certaines catégories d'achats (par exemple, les achats hors production) ;
- L'externalisation de certaines activités du processus d'achats (par exemple, la recherche des fournisseurs ou le traitement des commandes) ;
- L'externalisation totale de la fonction achats ;
- La mise en place d'une alliance stratégique (les deux parties mettent en commun leurs infrastructures, leurs ressources et partagent les gains réalisés) ;
- La gestion des achats spot non catalogués (par exemple, grâce à l'aide et/ou aux conseils du prestataire de services) ;
- Les missions de conseil opérationnel (par exemple le *coaching* ou l'accompagnement du service achats de l'entreprise[1]).

Il ressort de ce qui précède que deux perspectives doivent être considérées pour analyser les principales pratiques d'intermédiation en gestion des achats : d'une part, les responsabilités transférées au prestataire de services, et d'autre part, le niveau de contrôle exercé par l'entreprise sur les ressources qui doivent être mobilisées par le prestataire de services pour assumer les responsabilités qui lui sont déléguées. En nous appuyant sur ces deux perspectives, nous proposons ci-après un cadre permettant de mieux situer les types de

1 On pourrait également signaler la mise à la disposition des ressources par le prestataire de services pour identifier les sources d'inefficacité et pour mettre en place les meilleures pratiques, ou encore la mise en œuvre par le prestataire de services d'une démarche d'optimisation des coûts de la fonction achats de l'entreprise.

relations entre entreprise et prestataires de services en gestion des achats (voir la Figure 6.1).

Figure 6.1 : Un cadre d'analyse des formes d'intermédiation en gestion des achats

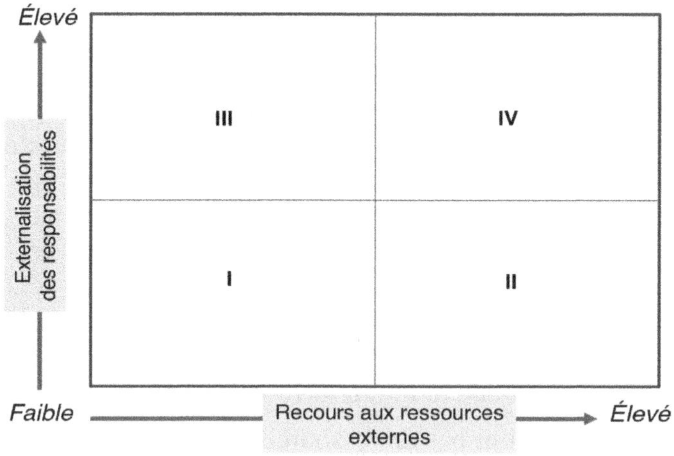

Telle qu'illustrée par la Figure 6.1, l'intermédiation recouvre différentes formes de relations entreprise / prestataire de services et les types de responsabilités et d'engagements du prestataire de services y sont variables. A titre d'exemple, une entreprise pourrait solliciter périodiquement des intermédiaires pour leur expertise en gestion de changement ou au niveau de l'identification des meilleures pratiques d'achats. Même une entreprise dont la fonction achats est assez mature pourrait recourir aux intermédiaires comme les centrales d'achats pour la gestion des processus d'achats de certaines catégories d'articles. Autrement dit, l'externalisation totale de la gestion des achats est la forme extrême du recours à l'intermédiation. Ceci dit, tout au long du continuum internalisation / externalisation, il est possible pour les gestionnaires de choisir différentes formes d'intermédiation en gestion des achats.

Par exemple, bien qu'il soit assez difficile de traduire son importance en termes statistiques, le recours aux services des cabinets de conseils en gestion des achats constitue sans aucun doute une des formes d'intermédiation les plus répandues en gestion des achats. Dans ces cas, il s'agit habituellement de missions opérationnelles sur des périodes relativement courtes et avec des objectifs précis ; le niveau de responsabilité du prestataire de services peut alors être considéré comme peu élevé (cas I et II de la Figure 6.1). Certains cas de consulting en gestion des achats nécessitent une faible mobilisation des ressources internes à l'entreprise (notamment dans le cas des missions d'interventions réalisées par le prestataire de services), alors que d'autres exigent une forte implication de celles-ci (cas d'accompagnement ou de *coaching* par exemple). Les deux exemples ci-après en sont l'illustration :

- Certaines entreprises qui ont un département achats relativement peu développé ont parfois de la difficulté à identifier et à implanter les bonnes pratiques en matière de gestion des achats. Dans de telles situations, les gestionnaires peuvent s'engager à éliminer les dysfonctionnements ou incohérences qui ont pu être identifiés, Pour ce faire, ils peuvent recourir aux prestataires de services afin de mettre en place des actions nécessitant des compétences en conduite du changement ; ces actions devant être appuyées par un plan de communication pour lequel l'entreprise n'a pas non plus d'expertise. Ceci correspond notamment au cas I de la Figure 6.1.
- Lorsqu'elles n'ont pas de ressources ou de compétences à l'interne, certaines entreprises recourent aux services des prestataires spécialisés en achats afin de bénéficier de leur expertise notamment en termes d'approches méthodologiques, d'observatoire du marché, ou encore de connaissance des meilleures pratiques. Ceci correspond au cas II de la Figure 6.1.

L'externalisation de certaines activités du processus d'achat (par exemple, le traitement de commandes, la gestion des relations avec les fournisseurs, ou la gestion des contrats) sont d'autres exemples correspondant au cas II de la Figure 6.1. En effet, certains gestionnaires estiment qu'il s'agit là d'activités à faible enjeu stratégique et décident donc de les externaliser partiellement ou intégralement. Le prestataire de services spécialisé peut alors regrouper les informations disponibles, établir des indicateurs de performance, interpréter les résultats des actions opérationnelles sur tel ou tel poste en matière d'achats et de consommation, mais aussi accompagner la direction achats dans ses négociations avec ses principaux fournisseurs.

Comme l'illustre aussi la Figure 6.1, dans certains cas d'intermédiation (par exemple, externalisation de certains processus d'achats ou de la fonction achats), le prestataire de services assure la responsabilité totale de la conduite des activités qui lui sont déléguées. Autrement dit, il devient de sa responsabilité de mettre tout en œuvre afin d'atteindre les objectifs visés par les gestionnaires. Plus les responsabilités du prestataire de services sont importantes et étendues (soit « élevées » sur la Figure 6.1), plus ses engagements sur les résultats devront être significatifs. Il faut toutefois tenir compte ici des ressources qui sont mobilisées, celles-ci pouvant être dans une forte proportion, soit internes à l'entreprise (cas III de la Figure 6.1), soit propres au prestataire de services (cas IV de la Figure 6.1). La recherche et l'évaluation des sources d'approvisionnement (*strategic sourcing*) par le biais d'un prestataire de services constituent un exemple du cas III de la Figure 6.1. La mise en place d'une alliance stratégique permettant à une entreprise de pouvoir utiliser les infrastructures technologiques (*e-procurement* ou *e-sourcing*) sous le contrôle du prestataire de services représente pour sa part un exemple du cas IV de la Figure 6.1.

1.2. Le recours aux intermédiaires et les avantages stratégiques visés

L'une des questions que les gestionnaires sont en droit de se poser est celle de savoir si le recours à l'intermédiation en gestion des achats est un phénomène de mode ou une réelle opportunité pour les organisations. Cette question est d'autant plus pertinente que certains observateurs estiment que le recours à l'intermédiation est assez sensible aux fluctuations de la conjoncture économique. Il convient d'ailleurs de rappeler que le marché de la prestation de services en gestion des achats se caractérise par la présence d'acteurs de plus en plus qualifiés pour des opérations globales d'externalisation. Ceci est dû à la fois à l'apparition de différentes catégories d'intermédiaires en gestion des achats, ayant une envergure nationale ou internationale, mais aussi à la stratégie agressive de ces derniers, certains d'entre eux s'étant spécialisés sur les problématiques d'optimisation, de maîtrise ou de rationalisation des dépenses. Ceux-ci interviennent généralement sur la base des contrats pluriannuels ou sur des missions ponctuelles de quelques mois avec des objectifs chiffrés à atteindre. D'autres se sont spécialisés dans la gestion des approvisionnements, soit par exemple dans l'identification des fournisseurs (tant au niveau national qu'international, le tout pouvant mener jusqu'à la négociation des contrats), soit dans la gestion du processus des achats non productifs, soit encore dans la recherche et la qualification des fournisseurs.

Par ailleurs, le développement des nouvelles technologies d'information et de la communication s'étant accompagné d'une baisse des coûts de la coordination inter-organisationnelle, le recours à l'intermédiation est devenu une alternative intéressante pour des activités qui ne pouvaient pas être externalisées dans le passé. En fait, tant que les coûts de la communication avec les prestataires de services étaient trop élevés, il était préférable de réaliser la plupart des opérations à l'intérieur de l'entreprise ; tel n'est plus le cas aujourd'hui. Cette réalité en cache une autre de « taille » : des études montrent que la croissance du secteur de l'intermédiation est surtout le fait des acteurs que l'on pourrait qualifier de « poids lourds mondiaux du *consulting* », par exemple Accenture, CSC, IBM et Cap Gemini (Remoué, 2004 ; Ernst &Young, 2005 ; Huber et Minahan, 2012 ; Everest Group, 2013). Parmi ces derniers, certains ont su consolider leur position et enrichir leur offre grâce, entre autres, à des acquisitions d'entreprises spécialisées en prestation de services. C'est le cas, par exemple, de Cap Gemini qui a notamment racheté IBX, ce qui lui permet aujourd'hui d'offrir une solution intégrée de type *e-procurement* destinée à la gestion des achats, depuis l'identification des fournisseurs jusqu'à la négociation des contrats.

D'autres acteurs majeurs de ce secteur sont issus du monde des logiciels d'*e-procurement* (gestion du processus des achats non productifs) et/ou d'*e-sourcing* (recherche et qualification des fournisseurs). C'est le cas, par exemple, de Bravo Solutions qui propose à ses clients une suite logicielle dédiée à la chaîne logistique, ainsi que des missions de conseil pour optimiser les relations client-fournisseur. La concentration du marché aidant, les contrats portent sur des transactions dont le montant est de plus en plus élevé. Il y a dix ans de cela, les gros contrats portaient sur quelques dizaines de milliers d'euros ; aujourd'hui, les montants s'élèvent parfois à plusieurs dizaines de millions d'euros (Research & Markets, 2012). En somme, la diversité des entreprises qui y opèrent (au regard de leur taille et de leurs domaines de compétences) se traduit par une myriade d'offres de services qui peuvent être classées en trois principales catégories (Carter *et al.*, 2007 ; Brewer *et al.*, 2013) :

- Transactionnelle et technologique (commandes, réapprovisionnement, paiement, codification, catalogues et gestion des systèmes informatisés des achats) ;
- Achats stratégiques (gestion par catégories et commodités, sélection des fournisseurs) ;
- Gestion des services et rapports (évaluation des fournisseurs, développement et certification des fournisseurs).

Lorsqu'une entreprise recourt à l'une ou l'autre de ces trois catégories de services, elle peut en tirer de substantiels avantages stratégiques (économies à l'achat, économies de conformité et d'opérations, visibilité et contrôle) (Manikandan, 2003).On constate ainsi que les entreprises qui optent pour l'intermédiation pour la gestion de leurs achats visent l'atteinte d'objectifs d'ordre stratégique, tactique ou opérationnel. En nous appuyant sur la Figure 6.2, on peut notamment dire que lorsque les gestionnaires réalisent qu'il y a dans leur organisation un manque de compétence et d'expertise dans la gestion de certaines catégories d'achats, ou que certaines lacunes organisationnelles représentent un frein à l'optimisation de la fonction achats, il est alors préférable de privilégier l'intermédiation en gestion des achats. Ainsi, la complexité et le coût de gestion de certains processus d'achats, ainsi que la nécessité d'avoir un volume important d'achats permettant de négocier de bonnes conditions, amènent certaines entreprises à externaliser la gestion, soit de certaines catégories d'achats, soit de certains processus d'achats, soit même de la fonction achats.

Figure 6.2 : Les avantages concurrentiels visés par les entreprises

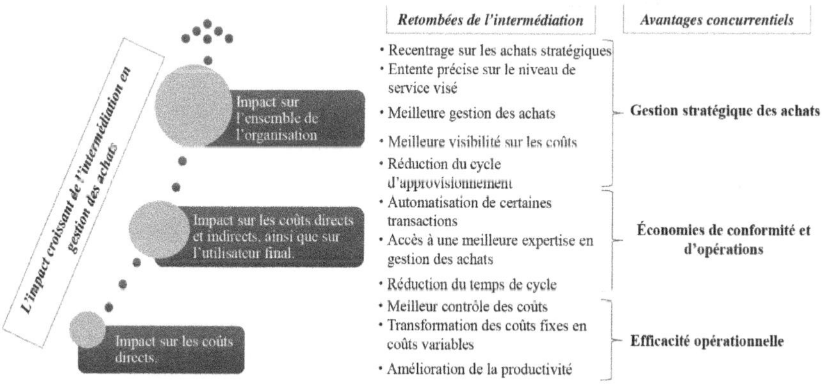

Source : d'après Everest Group (2007).

Dans l'ensemble, les prestataires de services ont amélioré leur capacité à réaliser des économies d'échelle, entre autres en regroupant les achats de différentes entreprises et en s'appuyant sur une infrastructure technologique assez performante ; ceci se traduit par de faibles coûts de transaction. Ainsi, en recourant à l'externalisation de leurs achats, les entreprises visent à atteindre des niveaux plus élevés d'efficacité, surtout pour les achats non stratégiques. De même, pour certaines entreprises, l'externalisation de la gestion des achats de certaines catégories d'articles considérés comme non critiques constitue une alternative pour obtenir des services d'achat efficaces avec moins de responsabilités de gestion. Selon certaines estimations, les économies découlant de l'externalisation de la gestion des achats peuvent représenter jusqu'à cinq fois celles que peut générer l'externalisation d'autres fonctions comme la finance et la comptabilité, ou même les ressources humaines (Everest Group, 2007). Il n'est donc pas surprenant de constater que pour nombre d'entreprises, des quatre objectifs prioritaires associés au recours aux intermédiaires, à savoir la réduction des coûts directs et indirects, la réduction du capital utilisé, une qualité constante et un approvisionnement continu (voir la Figure 6.3), c'est celui de réduction des coûts qui importe le plus.

Figure 6.3 : Recours à l'intermédiation en gestion des achats : résultats visés vs. réalisés

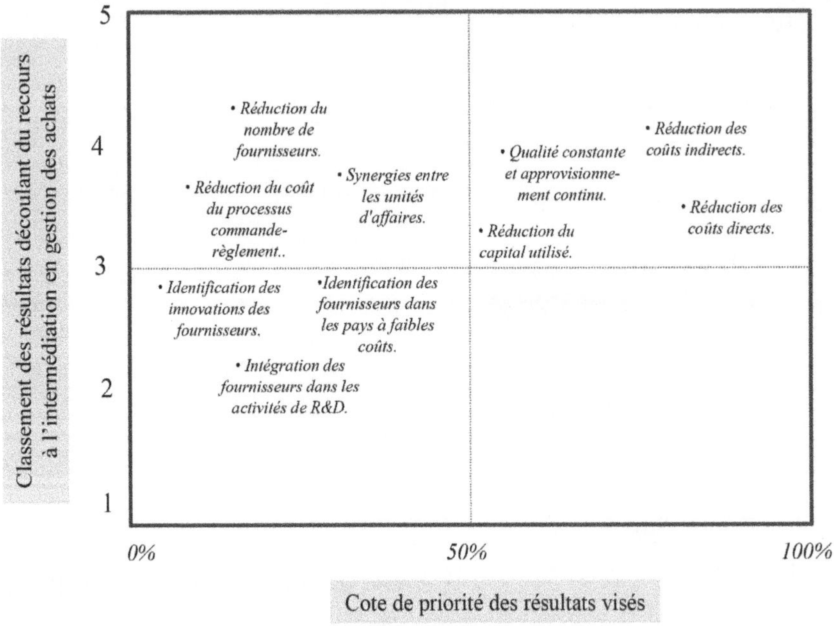

Source : d'après Accenture (2003).

En fait, la Figure 6.3 indique que c'est parce que les entreprises tirent de substantiels avantages stratégiques de l'intermédiation qu'elles y recourent. Selon certaines estimations, 15 % des contrats d'intermédiation en gestion des achats sont de type *offshore* ou international, alors que 85 % sont de type national (Everest Group, 2007). Cette proportion est respectivement de 63 % et 37 % pour les fonctions finance et comptabilité (Everest Group, 2007). Il semble d'ailleurs que le marché de l'intermédiation en gestion des achats ne représente qu'à peine 2 % des activités externalisées (Alm *et al.*, 2010). Autrement dit, bien que la croissance actuelle et projetée de l'intermédiation en gestion des achats semble tout à fait remarquable, il reste que le niveau de maturité de ce secteur est en deçà de celui des autres secteurs comme les ressources humaines, la finance et la comptabilité, et les services informatiques. C'est donc dire que les gestionnaires qui sauront développer leur compréhension des spécificités du secteur de l'intermédiation en gestion des achats seront en mesure d'en tirer de véritables avantages concurrentiels. Toutefois, on ne saurait perdre de vue les risques associés au recours à l'intermédiation en gestion des achats. Par exemple, il n'y a qu'à considérer le risque de perdre le contact direct avec les fournisseurs. Ceci peut avoir un impact négatif sur l'avantage concurrentiel, entre autres dans les industries où les fournisseurs contrôlent la technologie, ou encore dans un environnement concurrentiel qui requiert un niveau élevé de coordination des relations de coopération (O'Brien, 2002 ; Brewer *et al.*, 2013).

2. Le recours aux intermédiaires en gestion des achats : décision et gestion

S'il est vrai que les gains découlant du recours aux intermédiaires en gestion des achats peuvent parfois être impressionnants, il reste que c'est un choix très risqué sur les plans opérationnel (par exemple, le risque de sous-performance ou de défaillance du prestataire de services ne sont pas à négliger) et stratégique (par exemple, le risque de dépendance envers le prestataire de services est à prendre en considération). C'est pourquoi les gestionnaires doivent fonder leur décision de recourir ou non à l'intermédiation sur une démarche rigoureuse, mais aussi piloter avec doigté la relation avec les prestataires de services choisis.

2.1. Recourir à l'intermédiation : la nécessité d'une approche systématique

Tout d'abord, il est clair qu'il faut éviter de déléguer la gestion de certaines activités d'achats à un prestataire de services lorsqu'il s'agit d'activités fondamentales de l'organisation, soit celles constituant le « cœur de métier » de l'organisation, ou celles qui apportent un réel avantage concurrentiel à l'entreprise. En fait, comme pour toute décision de « faire faire », le choix devrait logiquement être basé sur des critères stratégiques et économiques (Carter *et al.*, 2007 ; Brewer *et al.*, 2013). Par exemple, il ne serait pas stratégiquement compréhensible qu'une entreprise puisse confier à un prestataire de services la gestion du processus d'achat d'articles présentant les caractéristiques suivantes :

- Les articles porteurs d'informations sur les choix technologiques et stratégiques de l'entreprise (Brewer *et al.*, 2013) ;
- Les achats financièrement risqués et à fort potentiel d'impact sur la compétitivité de l'entreprise (Manikandan, 2003) ;
- Les achats ayant un degré de complexité technologique élevé et/ou nécessitant une proximité étroite avec le client interne et une implication de l'acheteur dans le processus de formalisation de l'expression du besoin et d'élaboration du cahier des charges (Menzigian et Gupta, 2010) ;
- Les achats stratégiques, représentant une part importante du coût de revient des produits finis (Huber et Minahan, 2012).

En réalité, lorsqu'une entreprise envisage de recourir à l'intermédiation en gestion des achats, elle doit préalablement définir une approche systématique qu'elle mettra en œuvre. En la matière, plusieurs démarches ont déjà été proposées (Calvi, 2002 ; Carter *et al.*, 2007 ; Guiennet et Sauvage, 2009 ; Brewer *et al.*, 2013) ; alors que certaines comportent trois étapes (Carter *et al.*, 2007), d'autres en comptent soit sept (Guiennet et Sauvage, 2009), soit neuf (Calvi, 2002). Sans nier la pertinence de chacune de ces démarches, nous proposons avec la Figure 6.4 une représentation synthétique des principales étapes menant au choix des prestataires de services et à la gestion de la relation avec ces derniers.

Figure 6.4 : De la réflexion stratégique à la mise en œuvre de la relation entreprise / prestataire de services

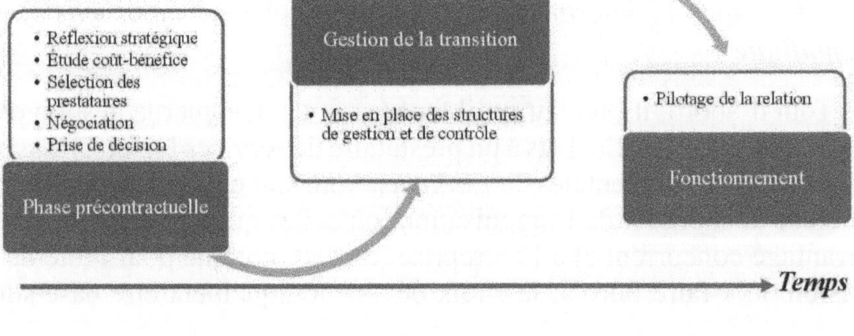

Lorsqu'au terme d'une réflexion stratégique, le recours à l'intermédiation apparaît comme une alternative cohérente avec la stratégie de l'organisation, l'opportunité d'un tel choix peut être analysée à l'aide de différents critères d'appréciation. Les principaux critères peuvent être regroupés en cinq catégories :

- *Le risque fournisseur.* L'intermédiation peut s'avérer possible et souhaitable s'il existe une offre concurrentielle de qualité (Arthur Andersen, 2001 ; Dubiel, 2013).
- *L'impact sur les ressources humaines.* L'intermédiation peut présenter un grand intérêt pour une entreprise, soit parce que le personnel affecté à l'activité ou aux processus concernés diminue de manière significative, soit parce que le potentiel d'économies induit par le recours à l'intermédiation est au moins égal à un certain seuil (par exemple, 20 %), soit encore parce que le potentiel de résistance au changement n'est pas très important, notamment si les profils de compétences des personnes réalisant actuellement les activités en interne permettent un reclassement au sein de l'organisation, moyennant éventuellement d'une formation complémentaire (Arthur Andersen, 2001 ; Manikandan, 2003).
- *Les coûts et difficultés rattachés à la gestion de la transition.* Le recours à l'intermédiation est d'autant plus pertinent lorsque la période de transition peut être courte, que les coûts qui y sont liés s'avèrent raisonnables et que le niveau de qualité du service pendant la période de transition sera au moins égal à celui avant cette dernière (Huber et Minahan, 2012 ; Chanson, 2013).
- *L'impact du recours à l'intermédiation sur la qualité au cours des périodes à venir.* L'intermédiation apparaîtra comme une option intéressante dans les cas où elle est susceptible d'améliorer la qualité du service rendu par le prestataire de services ou, à tout le moins, de la maintenir (Carter *et al.*, 2007 ; Brewer *et al.*, 2013).
- *Les compétences requises pour assurer le contrôle et le suivi des services rendus par les prestataires de services.* L'intermédiation est pertinente lorsque les compétences exigées sont présentes en interne (ou peuvent être acquises en interne, éventuellement après formation et reclassement), ou lorsque la perte de savoir-faire liée au recours à l'intermédiation ne nuit pas à l'exécution de certaines tâches essentielles dans l'organisation, et lorsque le suivi de la qualité du service rendu par les prestataires de services est possible notamment par la mise en place d'indicateurs de suivi (Guiennet et Sauvage, 2009 ; Brewer *et al.*, 2013).

L'analyse faite sur la base de ces critères peut être synthétisée sous la forme d'un rapport coût / bénéfice de l'intermédiation. Comme l'illustre le Tableau 6.2, une telle analyse permet d'évaluer la pertinence du recours à l'intermédiation. En fait, l'analyse coût / bénéfice comporte deux phases : la première phase concerne l'analyse de la situation actuelle (l'identification des tâches effectuées, l'identification des moyens utilisés et leur traduction en budget de fonctionnement, l'appréciation du niveau de service actuel) ; la seconde phase concerne l'appréciation de la situation où il y aurait externalisation et porte sur l'évaluation des volets suivants : coûts de personnel, risques fournisseurs, coûts de transition et coût de fonctionnement en période post-contractuelle.

Tableau 6.2 : Analyse coût / bénéfice : une application en contexte du recours à l'intermédiation en gestion des achats

	Situation actuelle *(1)*	**Recours à l'intermédiation** *(2)*	**Ecart** *(2) – (1)*	**Ecart** *(%)*
Coût du personnel interne (y compris l'effectif requis pour le contrôle et le suivi des prestataires de services, et le maintien du savoir-faire)				
Coût des infrastructures spécifiques				
Coût de l'intermédiation				
Autres coûts				
Total des coûts directs				
Risque fournisseurs (annualisé)				
Coût de la transition (annualisé)				
Coût total (A)				
Qualité du service				
Délais				
Qualité des produits				
Prix des produits				
Satisfaction des utilisateurs				
Fiabilité du suivi des stocks				
Bénéfices (B)				
Rapport coût / bénéfice (A) / (B)				

Source : d'après Arthur Andersen (2001).

De manière concrète, la structure de coût et la qualité du service dans la situation actuelle sont comparées à celles proposées par les prestataires de services. Sont également comparés le rapport coût / bénéfice de la situation actuelle et celui de la situation de l'externalisation. En fait, avec le recours à l'intermédiation, le coût du personnel interne est évalué sur la base d'un effectif statutaire devant être conservé en interne pour assurer la définition de la politique, le contrôle et le suivi des prestataires de services et le maintien d'un savoir-faire au sein de l'organisation (Arthur Andersen, 2001 ; Menzigian et Gupta, 2010 ; Brewer *et al.*, 2013). De même, selon l'offre concurrentielle existante, le risque fournisseurs peut être faible ou élevé. Le Tableau 6.2 suggère que pour chaque activité (ou processus) de gestion des achats considérée comme susceptible d'être confiée à un prestataire de services, on devrait avoir une fiche synthèse qui récapitule : (1) le gain potentiel en coût de personnel ; (2) le gain potentiel en termes de coût total ; et (3) l'accroissement ou la réduction du rapport coût / bénéfice.

2.2. Sélection des prestataires de services et pilotage de la relation

Il serait ardu de proposer une liste exhaustive de tous les critères à retenir pour sélectionner un prestataire de services en gestion des achats. Toutefois, au nombre des principaux facteurs qui doivent être considérés par chaque entreprise, il y a la capacité du prestataire de services à réaliser un service de qualité. Selon Everest Group (2013), cette capacité comporte cinq dimensions :

- La taille du prestataire de services (mesurée en termes, soit de revenus annuels, soit d'effectif employé) ;
- L'envergure des services proposés par le prestataire de services relativement aux différents segments de marchés, aux différentes industries, et à différentes régions géographiques, etc. ;
- Le degré de maîtrise des outils et des technologies (considérés comme essentiels pour assurer un meilleur niveau de service) par le prestataire de services ;
- L'empreinte écologique de la prestation dans les différentes régions et de la provenance des fournisseurs ;
- Le degré de satisfaction des acheteurs pour le résultat global, la prestation du service et la gestion de la relation.

On peut ainsi dire que c'est lorsque les gestionnaires disposent des informations relativement précises sur ces cinq dimensions pour chacun des prestataires de services potentiels, qu'ils sont en mesure de sélectionner celui présentant le profil le plus approprié. Dubiel (2013) suggère pour sa part de s'appuyer sur les attributs relatifs à deux principales perspectives pour sélectionner un prestataire de services : la capacité opérationnelle et la capacité d'innovation du prestataire de services. Le Tableau 6.3 doit ainsi être vu comme un cadre que les gestionnaires peuvent adapter à chaque cas de recours à l'intermédiation en gestion des achats. Par exemple, la pondération allouée à chacun des attributs identifiés dans le Tableau 6.3 devrait traduire l'importance qui lui est accordée par les gestionnaires.

Tableau 6.3 : Appréciation de la capacité opérationnelle et d'innovation d'un prestataire de services en gestion des achats

Perspectives	**Dimensions**	**Attributs**	**Pondération**
Capacité opérationnelle	Qualité de la relation client	Qualité de l'équipe de gestion du compte	
		Façon dont les prestataires de services motivent les clients, au point d'en faire une communauté	
		Comment les prestataires de services intègrent les commentaires des clients	
	Solutions réalistes	Prestation pour chacun des sous-processus	
		Empreinte écologique	
		Utilité du service pour des clients de toute taille	
Capacité d'innovation	Vision du cycle de vie dans sa totalité	Plans spécifiques pour une prestation non axée seulement sur les coûts et investissements dans les ressources futures	
		Intégration de la technologie dans les processus d'affaires	
		Méthodologie et capacité de mise en place de l'amélioration continue	
	Capacité d'utiliser des leviers externes pour accroître la valeur	Utilisation des leviers appropriés de nouvelles technologies, de sécurité, des médias sociaux, de mobilité et de clouds	
		Incorporation rapide et proactive des exigences légales	

Source : d'après Dubiel (2013).

Une fois le prestataire de services sélectionné, les gestionnaires doivent s'organiser pour bien gérer la transition. Selon quelques études (Ernst &Young, 2005 ; Grant Thornton, 2006), les coûts de transition apparaissent parmi les principaux freins à la mise en œuvre de l'externalisation des fonctions comptables et financière. En l'absence d'informations sur les cas d'externalisation de la fonction achats, on peut admettre que plusieurs coûts peuvent survenir au début du contrat ; ces coûts sont rattachés soit au temps passé par les employés de l'entreprise à aider le prestataire de services lors de la mise en place de la nouvelle structure de gestion, soit aux ajustements dans les processus de mise en œuvre, soit encore découler des difficultés du prestataire de services à véritablement réagir aussi rapidement et convenablement que ne l'aurait fait l'entreprise en cas de gestion à l'interne, soit aussi au reclassement ou au transfert du personnel vers le prestataire de services et au développement d'interface avec le système informatique du prestataire de services.

En s'appuyant sur la structure des coûts de transition proposé par Chanson (2013), on peut dire que lorsqu'une entreprise recourt à l'intermédiation en gestion des achats, le coût de transition comporte deux composantes : les coûts pour mettre fin à la réalisation à l'interne de l'activité (ou du processus) d'achats qui est externalisée et ceux relatifs à la mise en place de la relation entreprise / prestataire de services. Les premiers découlent des engagements contractuels qu'une entreprise a pris à l'égard de ses employés et/ou de ses fournisseurs (Guiennet et Sauvage, 2009). Une étude réalisée par Chanson (2013) montre par exemple que les conflits sociaux, le reclassement ou le transfert du personnel s'inscrivent dans cette catégorie, et qu'il en est de même en ce qui concerne les mesures de rétorsion qu'une entreprise peut subir de la part des fournisseurs dans une telle situation. Pour leur part, les coûts de mise en place sont occasionnés entre autres par des changements dans les procédures et plus généralement par la mise en place d'une structure de gouvernance de la relation entreprise / prestataire de services, soit précisément les coûts de développement d'interface ou le changement d'applicatifs et/ou les coûts d'organisation de nouvelles procédures (Geyer, 1996 ; Chanson, 2013).

A bien regarder, certains coûts de transition correspondent à des charges (par exemple, les coûts associés à un licenciement) et d'autres à des investissements (par exemple, le développement d'interface informatique permettant d'échanger des données avec le prestataire de services). Certains sont spécifiques à la transaction (par exemple, le temps nécessaire pour expliquer au prestataire de services le fonctionnement de l'entreprise), alors que d'autres ne le sont pas (par exemple, la mise en place des éléments infrastructurels). Sur cette base, on peut dire qu'en gestion des achats, le recours à l'intermédiation s'apparente à un investissement avec une dépense initiale (coûts de transaction) engagée pour migrer vers une solution moins coûteuse. Toutefois, même après que la transition ait été bien menée, il est nécessaire de piloter la relation entreprise / prestataire de services afin de faire évoluer le niveau de service dans le temps tout en réduisant les décalages qui peuvent se créer entre les besoins, le contrat et la réalisation. En ce sens, l'analyse de la valeur et le retour d'expériences sont des atouts indispensables pour faire converger ces trois perspectives au fil du temps.

Conclusion

Des études montrent que les plus gros contrats signés par les entreprises et les principaux intermédiaires spécialisés en gestion des achats représentent environ 4 % du potentiel du marché (Research & Markets, 2012). C'est donc reconnaître qu'en gestion des achats, l'intermédiation représente une véritable source d'opportunités pour les entreprises intéressées par ce segment de marché. Quand on sait par ailleurs que l'intermédiation en gestion des achats ne représente qu'à peine 2 % des activités externalisées (Alm *et al.*, 2010), on imagine aisément le développement que pourrait connaître le secteur dans les années à venir. Bien évidemment, la qualité de l'offre des prestataires de services et les compétences internes des entreprises demeureront deux des principaux facteurs influençant la croissance du dit secteur. A la suite de Pardo (2015), une perspective triadique peut ainsi être envisagée, en complément de celle envisagée pour la distribution BtoB.

Malgré cela, les gestionnaires devraient se garder d'opter pour l'intermédiation en gestion des achats uniquement par effet d'imitation ou pour suivre une tendance. Autrement dit, seule la prise en compte des critères stratégiques et économiques devrait permettre de prendre une décision qui soit cohérente avec la stratégie de l'organisation, qu'il s'agisse de l'externalisation de la gestion de certains types d'achats, de certains processus d'achats, ou même de la fonction achats. Le choix du prestataire de services et la mise en place d'une structure de gouvernance de la relation entreprise / prestataire de services représentent deux des principaux volets que les gestionnaires doivent traiter avec rigueur afin, entre autres, de minimiser non seulement les coûts de transition, mais aussi ceux qui seront récurrents pendant la durée du contrat de l'intermédiation. S'ils n'agissent pas ainsi, alors ils devront faire face à des conséquences qu'ils n'auront pas prévu.

Chapitre 7.
Intermédiation et clusterisation

Bernard Dussuc et Sébastien Geindre

Le commerce dit « de gros » et ses acteurs, à savoir les intermédiaires du BtoB, restent un objet encore peu étudié dans le domaine des sciences de gestion (Gadde, 2012 ; Giraud et Pardo, 2012 ; Paché, 2012). Nous sommes dans le monde « du milieu » entre les fournisseurs (souvent fabricants) et leur « noble » activité de production, d'une part, et la distribution BtoC en prise avec le consommateur final et les dernières tendances des marchés, d'autre part. Cette activité d'intermédiation développée par les organisations relevant du BtoB évolue fortement dans son contenu au cours de l'histoire (Michel et Pardo, 2012), et en particulier ces dernières années : les acteurs considérés se doivent désormais d'être de véritables créateurs de valeur au sein de la filière qu'ils occupent, dans un environnement dynamique et turbulent où les positions sont instables et les remises en cause permanentes. Pour faire simple, il s'agit de réduire les coûts tout en améliorant la qualité de service au client (Gadde, 2012).

Pour répondre à ces profondes mutations évoquées, que nous développerons ci-dessous, différentes voies stratégiques paraissent possibles. A simple titre d'illustration, nous pouvons rappeler le nombre important d'opérations de croissance externe développées par différentes organisations. Par exemple, le groupe Sonepar, distributeur de matériel électrique (Ferrand et de Villers, 1998), a réalisé de nombreux rachats depuis plusieurs dizaines années, tant en France qu'à l'international, qui lui permettent d'atteindre une certaine taille et d'assurer un élargissement conséquent de son périmètre géographique. Son principal concurrent, à savoir le groupe Rexel, en fait de même, certaines opérations mettant d'ailleurs simultanément aux prises les deux organisations (achat de la société Hagemeyer).

En considérant la « panoplie » des options stratégiques possibles (Mintzberg *et al.*, 2000), une piste, sans doute moins envisagée de prime abord, pour relever les défis soulevés par Pardo (2014), pourrait être la mise en œuvre par les acteurs du BtoB d'un processus de clusterisation (c'est-à-dire, dans une première approche, d'une dynamique générée par la participation à un cluster). Tel est l'objet de réflexion envisagé dans le chapitre. Nous évoquerons, dans un premier temps, les enjeux que la distribution BtoB devrait avoir à gérer dans un futur proche (Pardo, 2014), puis nous définirons de façon plus précise, dans un deuxième temps, ce qu'il convient de comprendre par les termes de « cluster » et de « clusterisation ». Enfin, nous envisagerons, dans un troisième temps, la pertinence éventuelle que pourrait présenter une telle dynamique de clusterisation pour les organisations œuvrant dans le domaine du négoce inter-entreprises compte tenu des défis auxquels elles sont et seront appelées à faire face.

1. Des défis à relever pour l'intermédiation dans le BtoB

Selon Pardo (2014), les transformations à venir, et donc les défis stratégiques à relever, pour le commerce BtoB sont nombreux. Elle propose de les résumer autour des six points suivants :

- Améliorer l'offre avec une prise en compte des usages des clients (et donc des « clients des clients »). Il convient que les acteurs « du milieu » proposent non pas un simple bien mais une véritable offre, réfléchie et à forte valeur ajoutée (une vente « relationnelle » pour Barth [2009]). Ils doivent devenir de véritables « acteurs du service » avec une proposition de valeur customisée qui prenne réellement en compte la diversité des clients professionnels. Le distributeur BtoB doit devenir un « aidant » tant en amont qu'en aval.
- Repenser le statut de l'intermédiaire (spécialiste, multi-spécialiste ou généraliste) dans le souci de créer de la valeur. Il semble qu'il n'y ait pas de réponse unique et préétablie. Ainsi, la spécialisation peut permettre de répondre à la complexité, de mettre en avant une expertise et d'être la base de cette création de valeur. Par exemple, le groupe Sonepar, distributeur généraliste de matériel électrique développe un réseau NRA dédié à

l'éclairage architectural haut de gamme avec une équipe de spécialistes et des bureaux d'études en propre à même de satisfaire des demandes très spécifiques. D'autres sociétés font un choix très différent, à savoir élargir l'offre (devenir multi-spécialiste, voire généraliste) pour que le client dispose d'une offre assez large pour répondre à l'ensemble de ses besoins. Ainsi, dans les enseignes du réseau Algorel, le client artisan trouvera, en plus des articles de chauffage et de sanitaire, le nécessaire en termes de carrelage et d'électricité (Pardo, 2014).

- Atteindre une taille (critique), notamment au regard du dimensionnement en amont des fournisseurs, de celui en aval des clients, autrement dit les entreprises dites de détail (Filser, 2012), sans oublier les investissements requis en termes de logistique, par exemple (Gadde, 2012 ; Michel et Pardo, 2012). Dans un environnement qui, souvent, se concentre tant en amont qu'en aval, le distributeur BtoB se doit le plus souvent de ne pas rester isolé ou « petit », sous peine de compromettre sa pérennité (Pardo, 2014). Pour différentes industries, la concentration n'est évidemment pas requise, compte tenu de l'environnement (clients locaux et absence de clients internationaux).
- S'internationaliser. La dimension géographique apparaît, sans que cela soit systématique, comme un défi à relever avec le processus de l'internationalisation du périmètre d'action, en amont et/ou en aval (Filser, 2012). Ainsi, les groupes concurrents, Sonepar et Rexel, réalisent désormais une grande partie de leur chiffre d'affaires à l'international. Le groupe IPH (ex-OREFI) se déploie à l'international, ce qui lui permet, entre autre, de suivre ses « grands comptes ».
- Intégrer la révolution digitale. Cette dernière remet fortement en cause de nombreuses pratiques encore (plus ou moins) en vigueur et interpelle les acteurs du BtoB. A ce niveau, il est évidemment indispensable de bien distinguer les flux physiques des échanges d'information (canal logistique *vs.* canal transactionnel), même s'ils restent essentiels et complémentaires. Les technologies de l'information devront s'intégrer dans une perspective *cross canal* de plus en plus adoptée par le client professionnel, qui « navigue » entre passage sur le point de vente, échange avec un commercial, consultation du catalogue, utilisation du web, etc. Il convient également de considérer avec attention les stratégies développées par la concurrence que représentent les *pure players* et le nombre astronomique de références proposées (notamment le site BtoB d'Amazon, avec plus

de deux millions de références !). Enfin, le *Big Data* peut être une voie de performance pour les acteurs qui maitriseront et utiliseront à bon escient les données dont ils disposeront.

– Tirer parti des transformations induites, tant au niveau intra- qu'au niveau inter-organisationnel, comme le découplage, c'est-à-dire la recherche de *« nouvelles répartitions entre membres du canal en remettant en cause les séquences d'opérations traditionnellement reproduites »* (Filser, 2012). Les conséquences à envisager des enjeux énoncés sont multiples pour les distributeurs BtoB. Evoquons quelques points illustratifs : par exemple, comment imaginer l'agence physique BtoB de demain et son fonctionnement ? Quelles compétences attendre, notamment pour les commerciaux et les managers ? Comment mettre en œuvre et gérer ces changements pour l'ensemble des collaborateurs d'une entreprise BtoB ?

Bien évidemment, ces six points n'affecteront pas de la même façon tous les acteurs du BtoB, qui restent très divers (structures de gouvernance et stratégies mises en œuvre, secteurs d'activité, taille, périmètre d'action, etc.). Néanmoins, il nous semble pertinent de retenir ces six axes comme autant de défis à relever, sachant que d'autres approches auraient sans doute été aussi possibles, notamment avec un prisme plus « logistique » ou « *supply chain management* » que celui adopté (Roveillo *et al.*, 2015), dont la teneur est davantage commercial / marketing. Nous restons bien évidemment convaincus, à l'instar de Gadde (2012), que la gestion de la chaîne d'approvisionnement et celle de la demande, au sens large, restent indissociables. Comme évoqué précédemment, au nombre des options stratégiques envisageables (Mintzberg *et al.*, 2000), figurent des stratégies dites « relationnelles ». Parmi celles-ci, la clusterisation au sens de Porter (1990, 2000) retiendra particulièrement notre attention.

2. La clusterisation : un état des lieux

A la différence de l'intermédiation dans le BtoB, qui reste peu étudiée, les stratégies de coopération inter-entreprises focalisent largement l'attention des managers, des chercheurs, tout comme des acteurs publics (Favoreu *et al.*, 2008). Qu'il s'agisse d'améliorer la performance des organisations, d'étudier un terrain considéré comme prometteur sous différents angles (gestion, économie, sociologie, géographie, etc.) ou de (re-)dynamiser le territoire, la coopération attire de toute évidence les projecteurs (Dyer et Nobeoka, 2000 ; Gulati et *al.*, 2000 ; Calvi *et al.*, 2014).

2.1. Les clusters : une longue histoire

Les clusters renvoient aux travaux de Marshall (1890), cités par Porter (2000). Mais ils sont véritablement popularisés par Piore et Sabel (1984), et surtout Porter (1990). Ce dernier met en exergue le paradoxe d'une prise en considération de la dimension de proximité dans une compétition de plus en plus globale : « *Clusters are geographic concentrations of interconnected companies, specialized suppliers, service providers, firms in related industries, and associated institutions (e.g., universities, standards agencies, trade associations) in a particular field that compete but also cooperate* » (Porter, 2000). Plus simplement, « *un cluster est un groupe d'entreprises et d'institutions associées dans un champ particulier, géographiquement proches et liées par des attributs communs* » (Duranton *et al.*, 2007), ou « *une concentration partielle ou totale d'entreprises dans une région spécifique [...] qui tirent avantage de la présence les unes des autres* » (Belleflamme *et al.*, 2000). La proximité, dans ses dimensions géographiques, culturelles et institutionnelles (Jacquet et Darmon, 2007), fait que, dans un cluster, « *le tout vaut plus que la somme de ses parties* ».

Pour Porter (2000), les clusters représentent une réponse pertinente à la globalisation et offrent schématiquement trois voies prometteuses aux organisations concernées, à savoir :

- *L'amélioration de la productivité.* Par exemple, le cluster autorise l'accès à des ressources spécifiques à des conditions plus avantageuses. Il améliore l'accès à l'information et permet la mise en œuvre de complémentarités de différentes natures (commerciales, marketing, organisationnelles) ;
- *L'augmentation du potentiel d'innovation.* L'appréhension des attentes des acheteurs potentiels se fait plus précisément et plus rapidement. Il en va de même pour la mise en pratique de ces innovations. Notons tout de même que Porter (2000) tempère cette affirmation, en certaines circonstances, lorsque des phénomènes de group think deviendraient des sources de rigidité et d'immobilisme ;
- *La stimulation de l'activité commerciale.* Les opportunités de développement sont plus facilement identifiées et développées.

Pour la réflexion menée, nous faisons le choix d'entendre les clusters, et donc par la suite la clusterisation, de façon élargie. Cette option (discutable) offre l'avantage de ne pas avoir à arbitrer par la suite entre les auteurs et/ou les définitions qui ne sont pas stabilisées et ne font pas l'unanimité. D'autres travaux retiennent la même position, à savoir un terme générique et englobant, tout en adoptant parfois un vocable différent, par exemple celui de « *réseaux territorialisés d'organisations* » pour Ehlinger *et al.* (2007). Les marchés d'intérêt national (MIN), d'une certaine manière, obéissent à un ancrage territorial qui présente certaines similitudes (Sirjean, 2015). Nous retiendrons donc sous le terme de cluster trois figures différentes de l'organisation productive :

- Les districts industriels, souvent associés à l'Italie (Jacquet et Darmon, 2005), mais aussi aux Etats-Unis, les travaux de Porter (1990) et le cas emblématique de la *Silicon Valley* n'y étant sans doute pas étrangers. Ils regroupent uniquement des entreprises et ne sont pas *« forcément labellisés par les Pouvoirs publics »*, comme le note Retour (2009).
- Les systèmes productifs locaux (SPL), notamment étudiés par Duranton *et al.* (2007), Jacquet et Darmon (2007) et Retour (2009). Selon ces auteurs, les SPL relèvent d'une politique de cluster ayant précédé les pôles de compétitivité, avant d'être institutionnalisés par l'Etat français. Sur le plan administratif, les SPL ont désormais disparu en France, relayés (de façon non systématique) par les pôles de compétitivité.
- Les pôles de compétitivité. Retour (2009) les définit comme *« une combinaison, sur un espace géographique donné, d'entreprises, de centres de formation et d'unités de recherche publiques et privées, qui s'engagent à travailler ensemble au sein d'une même structure, afin de dégager des synergies autour de projets communs à caractère innovant »*. Notons que ces pôles, en majorité, *« s'inscrivent dans le prolongement d'une dynamique de collaboration pré-existante »* (DIACT, 2008). Comme pour les clusters, il existe plusieurs types de positionnement : « filières », « technologiques », « marchés ».

2.2. La clusterisation : une dynamique

Pour Favoreu *et al.* (2008), la clusterisation est une dynamique affectant le cluster et qui peut être appréhendée de différentes façons. Elle peut ainsi être entendue comme la mise en œuvre de

« *mécanismes spontanés et naturels d'adaptation au marché et aux évolutions technologiques* » (Favoreu *et al.*, 2008). Nous sommes en présence de phénomènes « *idiosyncratiques* » impossibles à reproduire de manière planifiée. A titre d'illustration, il nous semble que l'origine du système industriel localisé d'Oyonnax, « sur » lequel va apparaître par la suite un SPL puis le pôle de compétitivité Plastipolis, relève de cette « mécanique » processuelle (Raveyre et Saglio, 1984 ; Ganne, 1991 ; Saglio, 1991). Une telle dynamique peut être considérée comme relevant d'une création *ex nihilo* mise en œuvre par une intervention exogène (Favoreu *et al.*, 2008). Les institutions publiques planificatrices sont alors appelées à un rôle essentiel lors des « *phases de création et institutionnalisation* » du cluster. Il s'agit d'une logique qualifiée de « *top-down* » (Calamel *et al.*, 2011), c'est-à-dire que la structure de gouvernance oriente, voire impose, une certaine logique stratégique et de fonctionnement au cluster considéré.

Un courant « intermédiaire » considère que, d'une part, les acteurs privés et le marché sont « *les principaux vecteurs d'émergence, de croissance et d'organisation* » des clusters, mais que, d'autre part, les politiques publiques sont appelées sous certaines conditions et lors de certaines phases à contribuer à l'émergence d'un cadre propice. La dynamique en œuvre au sein de différents pôles évoqués par Porter (2000) nous semble être de ce type. Signalons cependant que les avis divergent en ce qui concerne la pertinence et à la nature de l'intervention de la sphère publique durant les processus de clusterisation (Favoreu *et al.*, 2008), certains auteurs affichant ouvertement leur scepticisme à ce propos (Duranton *et al.*, 2007) ou émettant pour le moins des réserves quant à une mise en œuvre trop systématique de ce type de démarche (Steinle et Schiele, 2002). Mais les différents travaux pris en considération s'accordent sur un point : la clusterisation est bien un processus, à l'instar du réseautage ou *networking* pour un réseau, mettant aux prises différentes organisations « proches » les unes des autres dans des relations complexes (compétition et coopération), et dont les parties prenantes espèrent que la dynamique ainsi créée fera que le tout (cluster) « performera » plus que la somme des composantes considérées de façon isolée (Porter, 1990, 2000).

Soulignons avec Talbot (2013) que la clusterisation peut apparaître, selon une « *lecture purement géographique* », comme « *contradictoire* » avec deux logiques simultanément présentes : d'une part, l'ancrage local vise à bénéficier d'effets favorables liés à la proximité entre acteurs ; d'autre part, la mobilité spatiale pourrait laisser à penser qu'il est possible de s'affranchir de ce type de proximité. Evidemment, il n'en est rien et nous observons empiriquement que la réussite de nombre de clusters, très différents, s'inscrit dans cette double logique d'ancrage territorial et de mobilité spatiale. L'exemple des vins de Bordeaux, décrit par Lapassouse-Madrid (2015), en constitue une excellente illustration.

3. La clusterisation : un processus au service de l'intermédiation ?

De prime abord, la position des acteurs du BtoB peut sembler fragile, ou pour le moins remise en cause, tant en aval qu'en amont. Ainsi, par exemple, des clients détaillants en viennent à prendre à leur compte des activités dites de gros (Giraud et Pardo, 2012) ; des industriels sont de plus en plus enclins à « court-circuiter » les distributeurs BtoB pour commercialiser plus directement leur offre (les « clients des clients » devenant des clients) ; les PSL, enfin, sont des acteurs de taille dont les stratégies peuvent « contrarier » les distributeurs BtoB, compte tenu du large éventail des prestations offertes (Fulconis *et al.*, 2011 ; Pardo, 2014 ; Fulconis et Saglietto, 2015). Face à ces contestations de leur rôle, voire de leur statut, les intermédiaires du BtoB en viennent à envisager différentes options stratégiques, au sein desquelles figure la clusterisation (Porter, 1990, 2000).

3.1. La clusterisation : différents avantages au profit des acteurs du BtoB

En première partie, nous avons évoqué les enjeux et mutations attendus pour ce qui concerne l'intermédiation dans le BtoB (Pardo, 2014). Les points essentiels à retenir sont finalement l'identification des attentes des partenaires (amont et aval) et la mise en œuvre de stratégies visant à inventer et à développer des services prenant en charge les attentes des tiers et en premier lieu des clients (Giraud et Pardo, 2012). Nous en sommes naturellement venus à évoquer les clusters et la dynamique les caractérisant, à savoir la clusterisation. Ces clusters présentent l'avantage d'ouvrir le champ des relations à leurs membres, en fonction de leur implication. Des acteurs de différents horizons s'y côtoient mais mus par des préoccupations communes (au moins en partie). Chaque cluster est un cas bien particulier mais nous pouvons imaginer la présence de fournisseurs de matières premières ou de machines-outils, de fabricants de produits finis, voire d'installateurs, en passant bien évidemment par les intermédiaires que sont les acteurs du BtoB. Pour illustrer nos propos, le *cluster lumière* basé à Lyon regroupe, sans souci d'exhaustivité : des laboratoires, centres techniques et établissements de formation ; des fabricants de composants tels que les LED, de solutions d'éclairage intérieur et extérieur, de logiciels de gestion, sans oublier les sous-traitants issus d'horizons très divers comme la plasturgie et la tôlerie ; des bureaux d'études (concepteurs « éclairagistes » par exemple) ; des distributeurs BtoB de solutions d'éclairage ; des installateurs (« électriciens », spécialistes des réseaux, groupes de TP, etc.) ; des collectivités territoriales ; des fournisseurs d'énergie, etc.

La participation aux activités mises en œuvre par le cluster est source d'une meilleure prise en compte des évolutions technologiques et économiques pour ce qui relève de l'environnement spécifique, voire de l'environnement global. Ainsi, le distributeur BtoB en vient à échanger avec des acteurs avec qui il n'a jamais de relations marchandes. Il peut donc mieux appréhender les attentes des différents marchés et tenter de répondre aux mutations en cours et à venir. Il s'agit d'une voie possible pour parvenir à augmenter la valeur ajoutée en réponse aux attentes exprimées, et ne pas se contenter de distribuer purement et simplement une marchandise (Giraud et Pardo, 2012). Des ajustements organisationnels, en premier lieu concernant la force commerciale et le *back office* sont ainsi mis en œuvre dans cette perspective afin de mieux « coller » aux attentes du marché, en partie identifiées *via* le cluster et/ou les relations formelles et/ou informelles qu'il contribue à développer.

Par ailleurs, la clusterisation peut permettre à un distributeur BtoB d'accéder à certaines ressources, et de mettre en œuvre certaines actions qui n'auraient pas été possibles en dehors du réseau considéré. Par exemple, en aval, des marchés peuvent s'ouvrir *via* les actions de prospection engagées par le cluster ; en amont, des sources d'approvisionnement et des alternatives, entre autres technologiques, peuvent apparaître. Le cluster se révèle également un lieu privilégié pour le distributeur dans la mesure où un certain nombre d'organisations, telles que les PSL, qui peuvent être en mesure de prendre à leur compte différentes fonctions qui sont les siennes historiquement (transport, stockage, courtage d'informations, stockage de données, intermédiation électronique), ne sont *a priori* pas parties prenantes dudit cluster. Il s'agira donc pour le distributeur de faire en sorte que cette réalité d'appartenance au cluster soit pour lui un véritable avantage concurrentiel pour les fonctions qui pourraient lui être contestées.

L'un des intérêts de la dynamique de clusterisation est la « *création d'une vision et d'une identité collective* » (Favoreu *et al.*, 2008), permettant le « *passage à des logiques de pilotage et stratégies collectives* ». Cela n'est pas sans rappeler le constat fait par Filser (2012) qui prend appui sur les désillusions engendrées par les places de marché électroniques (enchères inversées) : celles-ci mettent en évidence « *les limites de l'orientation transactionnelle à court terme par rapport à l'orientation relationnelle* ». « *Au-delà des bénéfices économiques de court terme, les membres du canal cherchent avant tout à développer un climat de confiance favorable à la stabilisation des relations à long terme* ». La confiance devient ainsi le « ciment du canal relationnel » (Filser, 2012). La clusterisation peut donc enclencher l'instauration d'un « état d'esprit » favorable aux organisations membres (Barth, 2009). Le rôle de la structure de gouvernance du cluster est ici essentiel car elle peut initier et favoriser le développement du capital social des parties prenantes dans ses trois dimensions (Dussuc et Geindre, 2014) :

- La dimension *structurelle* (le cluster permet aux organisations membres de développer de nouveaux liens, d'étoffer leur réseau au plan quantitatif).
- La dimension *relationnelle* (le cluster promeut un état d'esprit, impacte les comportements mis en œuvre sur un plan qualitatif).
- La dimension *cognitive* (le cluster modifie les représentations et les systèmes de pensée partiellement partagés par les organisations membres et leurs représentants).

Ainsi, la clusterisation peut sans aucun doute autoriser une dynamisation favorable du capital social détenu par les distributeurs BtoB, et par là même réduire le conflit de rôle que vit le commercial, entre la pérennisation d'une relation véritablement partenariale avec son client récurrent et l'exploration de nouveaux territoires (Giraud et Pardo, 2012). Il ne faudrait pas pour autant oublier les limites inhérentes aux clusters (Porter, 2000), qui ne sont pas la panacée universelle.

3.2. La clusterisation : des limites affichées et des situations contrastées ?

Même si nous constatons, à l'aune de divers travaux, l'intérêt pour certains distributeurs BtoB de participer à des dynamiques de clusterisation, nous devons souligner également différentes limites. Celles-ci tiennent à l'impossible identification d'un cluster adapté et pertinent pour le distributeur BtoB ou à la gouvernance en vigueur au sein du cluster, sachant que toutes les industries ne sont pas sujettes à des dynamiques de clusterisation (Steinle et Schiele, 2002). Les clusters sont (souvent) très « sectoriels » et cela pose la question de l'identification d'un cluster à potentiel pour un intermédiaire multi-spécialiste, voire généraliste qui serait tenté par un processus de clusterisation. Ainsi, un distributeur de solutions d'éclairage, voire de matériel électrique, repérera facilement l'intérêt que peut représenter pour lui le *cluster lumière*. Mais un distributeur généraliste, dont les clients sont électriciens, maçons, charpentiers, etc., ne pourra *a priori* pas s'inscrire dans une logique de clusterisation. Rappelons que le positionnement d'un cluster peut être de différentes natures (approches « filières », « technologiques » ou « marchés »). Et même si un cluster possible et pertinent est identifié, encore faut-il que les préoccupations de la structure de gouvernance et la stratégie mise en œuvre correspondent aux attentes exprimées par le distributeur.

Les clusters peuvent être très différents et ne répondent pas tous aux mêmes logiques de gouvernance (Bocquet *et al.*, 2009), entendue comme « *mode de régulation entre une pluralité d'acteurs [...] en situation d'interactions selon différents modes (plus ou moins hiérarchiques, marchands, non marchands ou contractuels), à différentes échelles (du local à l'international)* ». Schématiquement, pour Ehlinger *et al.* (2007), la gouvernance pourra se faire sous la houlette d'une firme focale (ou pivot), de façon « associative » (typique du fonctionnement des districts industriels), ou encore sous la forme « territoriale » (plus formalisée que la précédente). Certains clusters seront à forte dominante PME, par exemple Arve Industries, spécialisé en Haute-Savoie dans le décolletage, avec un fonctionnement plutôt collégial ; d'autres seront plutôt dans une logique de firme-réseau, avec un acteur dominant assumant différentes fonctions de type *brokering* (Miles *et al.*, 1992). La question posée est celle de l'orientation et des choix stratégiques de la structure de gouvernance en place. Le cluster, tel qu'il est pensé et orienté, répond-il aux attentes du distributeur BtoB ? Lui permettra-t-il de relever (partiellement au moins) les défis qui se posent à lui ?

Enfin, il faut évoquer le fait que certains distributeurs BtoB ne pratiquent pas la clusterisation au sens strict mais mettent en œuvre des actions voisines. Par exemple, un distributeur de melons de Cavaillon pourra répondre aux nombreux défis posés par son environnement en étant par exemple partie prenante de l'action des « *melonniers de Cavaillon* » (http://melondecavaillon.com/), voire à un niveau un peu plus large au niveau de « *l'inter-profession du melon* » (http://

lemelondenosregions.fr/). Nous ne sommes pas ici en présence de clusters, mais les retombées possibles générées par un réseautage (ou *networking*) actif mis en place par un dirigeant volontaire ne sont pas, pour autant, très éloignées de celles issues de la clusterisation (meilleure connaissance des attentes des clients, promotion, actions en faveur de l'innovation, lobbying, etc.).

Conclusion

Au terme du chapitre, il apparaît que la clusterisation est une option envisageable pour un distributeur BtoB. Il en existe d'autres sur le spectre stratégique, la croissance externe par exemple, qui sont également à même de l'aider à faire face aux défis qui se posent et se poseront à lui. La clusterisation présente de nombreux avantages. Elle élargit le réseau, permettant une requalification de l'offre proposée vers plus de valeur ajoutée grâce à une amélioration du capital social pour ses différents éléments constitutifs (structurel, relationnel et cognitif). Ce faisant, la clusterisation peut permettre d'enclencher une réflexion stratégique sur le devenir du métier et/ou sur le positionnement à privilégier. Même si, juridiquement, la taille des membres du cluster n'est pas affectée par la dynamique de clusterisation, le champ des possibles se trouve élargi dans la mesure où des actions deviennent envisageables alors qu'elles ne l'étaient pas en l'absence de cette dynamique (prospection commerciale, présence sur un salon, accès à des plates-formes d'innovation, développement international, etc.).

Il n'en reste pas moins que la clusterisation n'est pas toujours réalisable. Les causes de cette impossibilité peuvent être multiples et variées : absence de cluster identifié comme idoine, impossibilité de prendre part à la clusterisation pour différentes raisons (barrières à l'entrée trop élevées, investissements spécifiques à consentir, etc.), gouvernance de cluster en inadéquation avec les attentes du distributeur BtoB, etc. Néanmoins, nous restons convaincus que le *networking*, dont la clusterisation n'est finalement qu'une modalité, reste, dans tous les cas, une option de choix pour les intermédiaires du BtoB. Encore faut-il que les organisations mettent en œuvre les moyens qui permettront aux différents acteurs d'améliorer ainsi leur capital social pour relever les défis qui leur sont posés.

DEUXIÈME PARTIE

L'intermédiation : une diversité d'applications

Chapitre 8.
Les compétences clés des grossistes en fruits & légumes et leur mobilisation par les chefs de rayon

Florent Saucède, Sophie Michel et Hervé Fenneteau

« La GMS, je pense que c'est quelque chose d'important pour nous. Moi, je pense que si on existe encore c'est que la GMS, elle a encore un peu besoin de nous. On a un rôle à jouer. »

(Extrait d'entretien, Directeur Général, grossiste à service complet)

La mise en place de puissantes centrales d'achat et le contournement des intermédiaires sont l'une des caractéristiques du modèle de la grande distribution qui a permis aux principales enseignes de dominer le paysage commercial français (Filser et Paché, 2008). Dans le secteur des fruits & légumes (F&L), l'instauration des centrales a été initiée par Auchan dès 1978 et leur développement s'est généralisé au début des années 1990. Les grossistes en F&L ont souffert de cette centralisation : leur nombre est passé de 3 700 en 1979 (Vernin, 1998), à environ 1 200 aujourd'hui. Ils ont cependant résisté et sont parvenus à infirmer les prévisions qui annonçaient leur disparition (Olsson *et al.*, 2013). En France, ils génèrent actuellement 5,3 milliards d'euros de chiffre d'affaires pour 3,5 millions de tonnes commercialisées. Ce volume d'affaires repose en partie sur un élargissement de leurs activités, mais la grande distribution représente encore 39 % de leur clientèle[1].

1 Les informations relatives aux grossistes français en F&L sont tirées du site http://www.uncg-fl.fr/presentation-uncgfl-union-national-du-commerce-de-gros-en-fruits-et-legumes [consulté le 15 juillet 2014].

Les grossistes en F&L ont su trouver une nouvelle place auprès des distributeurs, notamment dans les réseaux composés d'associés ou d'indépendants (Saucède, 2010). Certains chefs de rayon effectuent en effet aujourd'hui une part de leurs approvisionnements en dehors de leur centrale, auprès de producteurs locaux ou de grossistes (Saucède, 2010). Cela correspond à un modèle organisationnel mixte dans lequel certaines opérations sont assurées simultanément par les structures centrales, les managers de rayon et les grossistes. Pour comprendre le fonctionnement de ce modèle, il convient d'explorer le rôle que les grossistes en F&L jouent actuellement auprès des managers de rayon (McLaughlin, 1995). Cette exploration constitue l'objet du présent chapitre.

Nous interrogeons dans un premier temps la littérature pour analyser le processus de centralisation des approvisionnements puis définir les concepts (compétences et ressources) que nous utilisons pour étudier le rôle actuel des grossistes en F&L. Nous poursuivons en présentant les résultats d'une enquête comportant deux volets : des entretiens réalisés auprès de grossistes, afin de cerner leurs atouts par rapport aux centrales, et une étude de cas multiples comparant quatre modes d'approvisionnement contrastés des rayons F&L. Les résultats font ensuite l'objet d'une discussion centrée sur l'examen des facteurs qui permettent aux grossistes de jouer un rôle majeur auprès des managers des rayons F&L.

1. L'émergence des modèles de distribution mixtes et l'évolution du rôle des grossistes

Les entreprises de la grande distribution, adoptant un positionnement généraliste axé sur des prix bas (Daumas, 2006), ont fondé leur développement sur la création de structures centrales qui leur permettent de comprimer les charges d'exploitation (Filser, 1989). En amont, la centralisation du référencement des fournisseurs et des achats renforce leur pouvoir de négociation vis-à-vis des producteurs ; en aval, la prise de contrôle du canal logistique facilite l'optimisation de l'approvisionnement des magasins (Paché, 1998). Désormais, toute décision qui influe sur la compétitivité des distributeurs est centralisée (Filser et Paché, 2008). Une telle mutation en profondeur interroge sur le rôle désormais dévolu au grossiste.

1.1. Apports et limites de la centralisation dans la grande distribution

Si les avantages de la centralisation sont connus, et largement exposés dans la plupart des manuels, elle présente cependant des inconvénients en matière d'adaptation locale et de management (Mintzberg, 1982 ; Filser, 1989). Elle limite le potentiel de différenciation de l'offre en magasin et la réactivité face aux aléas locaux (Chabaud et Codron, 2005), tend à susciter le désintérêt des managers pour les produits imposés par la centrale (Commeiras et Loubès, 2002), entraîne la disparition des relations entre les managers de rayon et les fournisseurs locaux, et restreint les possibilités d'action des managers sur la performance des rayons (Fournier et Loubès, 2001 ; Chabaud et Codron, 2005). Ces inconvénients conduisent certains distributeurs à tâtonner en procédant à des ajustements, dans un mouvement pendulaire entre les deux extrémités du continuum centralisation / décentralisation (Mintzberg, 1982 ; Tchokogué et Nollet, 1998). On constate que chaque distributeur développe une préférence pour un certain degré de centralisation (Boss *et al.*, 1988), qu'il cherche parfois à combiner avec les avantages de la décentralisation en adoptant des formes mixtes de coordination (Amine *et al.*, 1997). Dans les réseaux contractuels, par exemple, les structures sont généralement moins centralisées que chez les distributeurs intégrés (Corriveau et Tamilia, 2002).

La tendance à rechercher des formes mixtes est plus accentuée pour certaines catégories de produit. C'est le cas, notamment, dans la filière des F&L pour laquelle certains chercheurs affirment que le modèle dominant de la grande distribution centralisée n'est pas parfaitement adapté (McLaughlin, 1995 ; Perosio *et al.*, 2001 ; Chabaud et Codron, 2005). Les F&L possèdent en effet des spécificités importantes (Criner *et al.*, 1997 ; Richards, 2000) : ils sont fragiles et hautement périssables ; ils se prêtent mal à la standardisation car l'offre, très variée, est éclatée et dépendante des conditions climatiques et des terroirs ; la demande varie en fonction des régions et des aléas de la météorologie. La centralisation s'est renforcée au milieu des années 2000 pour permettre le déploiement de nouveaux concepts de rayons F&L (Saucède, 2010), mais, pour ce type de produit, les distributeurs tendent actuellement à privilégier une structure moins centralisée qui accorde une place importante aux centrales régionales (Wilson, 1996 ; Brousseau et Codron, 1998), et laisse aux managers de rayon de plus grandes marges de manœuvre (Beamer et Preston,

1991 ; Chabaud et Codron, 2005). Dans ce contexte, les grossistes en F&L peuvent développer leurs atouts et jouer un nouveau rôle.

1.2. Compétences, ressources et rôles des intermédiaires de la distribution

Le concept de rôle est fréquemment utilisé dans la littérature marketing, mais avec des définitions qui varient d'un auteur à l'autre. La plupart des chercheurs s'accordent toutefois pour reconnaître que le rôle d'un acteur dans un système social résulte des prescriptions et des attentes que les autres membres de ce système développent à son égard (Gill et Stern, 1969 ; Anderson *et al.* 1998). Pour étudier les contributions des grossistes à la gestion des rayons F&L de la grande distribution, nous définissons le rôle des grossistes comme étant constitué par l'ensemble des activités et des fonctions qu'ils prennent en charge pour pouvoir répondre aux exigences des managers de rayon liés à une centrale d'achat. Nous nous concentrons sur les apports que les grossistes en F&L sont seuls capables de délivrer aux managers de rayon et sur les activités qu'ils parviennent à réaliser mieux que les centrales d'achat.

Cela nous conduit à mobiliser la notion de compétence qui reflète la capacité d'une entreprise à prendre en charge une activité donnée (Möller, 2006). Afin de cerner les contributions des grossistes, il est nécessaire d'étudier leurs compétences clés, celles qui leur donnent un atout distinctif par rapport à la concurrence. Les modèles expliquant l'avantage concurrentiel d'une entreprise par les compétences trouvent leurs fondements dans l'approche par les ressources qui stipule qu'une entreprise détentrice de ressources rares et inimitables peut utiliser celles-ci pour acquérir une supériorité durable sur ses concurrents (Penrose, 1959 ; Wernerfelt, 1984). Dans cette approche, les compétences sont définies par Morgan et Hunt (1999) comme des « *ressources d'ordre supérieur* » créées par une combinaison de ressources élémentaires, une ressource pouvant être définie comme « *toute entité, tangible ou intangible, qu'une entreprise a à sa disposition* ».

Il a été souligné, par ailleurs, qu'une entreprise doit établir des relations pour acquérir les ressources dont elle ne dispose pas en interne (Morgan et Hunt, 1999). Pour les chercheurs de l'IMP, les ressources sont créées en interaction dans un réseau et ne génèrent de la valeur que lorsqu'elles sont connectées à d'autres ressources (Håkansson et Snehota, 1995 ; Håkansson *et al.*, 2009). Selon l'IMP, pour réaliser des activités il faut qu'« *un ou plusieurs acteurs combinent, développent, échangent, ou créent des ressources en utilisant d'autres ressources* » (Håkansson et Johanson, 1992). Le raisonnement est d'ailleurs applicable au cas singulier des réseaux de distribution (Ford et Gadde, 2015). Il est possible d'intégrer cette dimension relationnelle en se référant aux différents types de ressources que Håkansson et Waluszewski (2002) distinguent dans leur modèle des 4R : les ressources techniques englobant les équipements et les produits, ainsi que les ressources sociales constituées par les organisations et les relations inter-organisationnelles.

Les professionnels s'accordent pour souligner que la place accordée aux grossistes en F&L est éminemment variable au sein des réseaux de la grande distribution. Dans les enseignes d'indépendants, elle dépend fortement des choix des magasins eux-mêmes : certains managers de rayon les sollicitent fréquemment alors que d'autres s'efforcent de limiter les échanges avec eux. Prenant appui sur ce constat, il semble pertinent de s'interroger sur les différents rôles que peuvent jouer les grossistes au niveau des rayons F&L. L'objectif est double. Il s'agit, d'une part, d'étudier les compétences distinctives qui leur permettent d'assurer ces rôles et les combinaisons de ressources sur lesquelles les compétences sont fondées. Il s'agit, d'autre part, d'analyser la façon dont les managers de rayon mobilisent les ressources des grossistes parallèlement à celles de la centrale.

2. Deux enquêtes de terrain sur les compétences et les rôles des grossistes

Afin d'atteindre ce double objectif, deux séries d'investigations complémentaires ont été conduites. La première repose sur une série d'entretiens menés auprès de grossistes. Elle a pour objectif d'identifier les compétences distinctives des grossistes en F&L et de repérer les ressources sur lesquelles elles sont bâties. La seconde prend appui sur l'analyse approfondie de quatre cas présentant des schémas d'approvisionnement contrastés de rayons F&L. Elle vise à élaborer une typologie des rôles exercés par les grossistes en étudiant la façon dont leurs compétences sont mobilisées par les managers de rayon. La méthodologie est présentée dans le Tableau 8.1.

Tableau 8.1 : Deux études qualitatives complémentaires

Première étude : entretiens avec des grossistes

– *Echantillon* : 46 entretiens en profondeur ont été réalisés auprès de trois grossistes à service complet (G-I, G-II et G-III), acteurs majeurs du commerce BtoB en F&L. Les personnes interrogées occupent les principales fonctions concernées par l'étude, à différents niveaux hiérarchiques ; elles possèdent toutes les caractéristiques d'un informateur clé (Phillips, 1981).

– *Collecte de données* : Les thèmes abordés portent sur les activités des grossistes et leur apport pour les clients. Les données ont été validées par triangulation en prenant appui sur des documents internes, des informations issues de la presse professionnelle et des entretiens d'experts.

– *Traitement* : Les données ont fait l'objet d'une analyse thématique assistée avec le logiciel QSR-Nvivo. Des extraits significatifs mettant en exergue les compétences clés des grossistes sont reproduits dans les Tableaux 8.2 à 8.4.

Seconde étude : analyse de cas multiples (rayons F&L)

– *Sélection des cas* : Afin d'étudier la façon dont les managers de rayon mobilisent les compétences des grossistes, une étude de cas multiples (Yin, 1994) a été effectuée. Une enseigne d'indépendants a été choisie. Quatre rayons F&L ont été sélectionnés en suivant une logique d'échantillonnage raisonné, grâce à l'intervention d'un informateur clé dont la compétence a été préalablement attestée par des experts. Les quatre cas sont liés à une même centrale régionale afin de ne pas introduire de variations liées à la performance de la centrale ou à ses choix. Les cas retenus présentent des caractéristiques contrastées en matière d'approvisionnement. Dans les cas A et B, les managers de rayon sont très proches leur centrale ; dans les cas C et D, ils recourent fréquemment à des grossistes.

– *Collecte de données* : Des répondants occupant différentes fonctions ont été interviewés au niveau de la centrale (5 entretiens, 6 jours d'observation) ainsi que des rayons (37 entretiens, 90 heures d'observation). Différentes techniques de collecte d'information ont été mobilisées (entretiens formels et informels, observation, analyse documentaire).

– *Traitement* : Les données ont été codées et ont fait l'objet d'une analyse thématique assistée avec le logiciel QSR-Nvivo. Des monographies ont été écrites, puis une analyse inter-cas a été réalisée. Une synthèse des résultats est présentée dans le Tableau 8.5.

2.1. Identification des ressources et des compétences clés des grossistes en F&L

L'analyse du discours des grossistes montre qu'ils combinent diverses ressources afin de développer trois compétences clés : vitesse, qualité de l'offre et assistance. La *vitesse* constitue la première compétence développée par les grossistes en F&L (voir le Tableau 8.2). La capacité à gérer le temps est essentielle dans ce secteur du fait du caractère hautement périssable des F&L et de leur dépendance par rapport au climat qui influe à la fois sur leur production et leur consommation. Les équipements des grossistes sont conçus pour fa-

Tableau 8.2 : Les compétences distinctives des grossistes en matière de vitesse

Première compétence distinctive : la vitesse	
Ressources mobilisées	**Illustrations**
Proximité géographique avec les producteurs et les magasins, *souplesse* dans les achats et les livraisons	– « *Il s'avère que finalement on s'en sort parce qu'on est plus proche, les tailles sont plus petites et plus proches de la structure régionale, on colle mieux au marché qu'une centrale qui a besoin pour ses 100 000 magasins de 80 palettes de pêches qui doivent être toutes pareilles, alors que nous, on va en sourcer dix* » (Directeur, G-III) ; – « *En tant que grossiste, nous avons une logistique qui est adaptée et qui permet de répondre à ce souci du 'direct production' (…). Donc on a un rôle à la fois de logistique, on a un rôle de centralisation des produits régionaux. Le magasin ne sait pas faire ça donc on a un réel service aux producteurs. On est capable de rendre un meilleur service au producteur parce qu'on est capable de distribuer la totalité de sa gamme et donc, de donner accès plus facilement au magasin à des produits locaux. Nous, nous disons l'approvisionnement de proximité, ça fait partie de nos savoir-faire (…), nous sommes des opérateurs de proximité* » (Directeur, G-I). – « *Donc nous, les gens nous achètent parce qu'ils y trouvent un intérêt, ce n'est pas une obligation, loin de là. Donc voilà. Très rapidement, notre métier, c'est celui-ci, et sur un site comme celui-là il y a environ 60 personnes, on a 17 tournées, c'est-à-dire qu'on a notre propre flotte de camions, et pour vous dire que l'on est proche : notre zone de chalandise va de R., A. jusqu'à P. Cette espèce de grand triangle. Donc on distribue des produits assez proche de notre centre névralgique de S.* » (Directeur, G-III). – « *Evidemment il y a le dépannage, donc la centrale qui est à 200 bornes se loupe, eh bien nous, on est là* » (Directeur, G-III).
Anticipation et *stockage*	– « *Toujours avoir un temps d'avance sur la centrale* » (Conseiller du Directeur, G-II). – « *Oui [on est] un négociant de proximité qui apporte du service (...). C'est vrai que le [magasin] qui est là à 200 mètres de chez nous, (...) lui, il a forcément un manque parce que le produit frais est un produit de tous les jours et chaque jour est un nouveau jour. Parce que le climat change tout le temps et c'est une science qui a beaucoup d'aléas. Il fait beau, il fait très beau alors vous allez avoir les tomates, le melon, la nectarine et tout ça va se développer, mais les magasins n'anticipent pas* » (Directeur, G-II). – « *Et c'est là où notre métier est difficile aussi. Le risque, c'est nous qui le prenons (...). La marchandise, on la met devant nous (...). Pour vendre, il faut qu'on ait du stock. Alors on ne fait pas n'importe quoi, bien évidemment, mais c'est nous qui anticipons, donc si on se trompe, eh bien... On se trompe* » (Directeur, G-III).

voriser la conservation des produits et limiter leur dégradation durant le stockage et le transport. Le stockage permet de constituer un *slack* nécessaire pour répondre avec beaucoup de réactivité aux commandes qui sont sujettes à de fortes variations. En implantant leur plate-forme à proximité des producteurs et des clients, et en se dotant d'une flotte de camions importante, les grossistes parviennent à livrer rapidement leurs produits. En complément de ces ressources technologiques, les grossistes mobilisent des ressources organisationnelles pour parvenir à être très réactifs. Leurs acheteurs possèdent de grandes capacités d'anticipation pour ce qui concerne les produits et les quantités à commander, ainsi qu'une bonne aptitude à prévoir l'impact des variations climatiques sur les dates de début de campagne et sur les préférences des consommateurs. Ces ressources sont mobilisées dans un contexte inter-organisationnel caractérisé par un volume de commande moins important que celui d'une centrale et par une moindre formalisation. Cela permet aux grossistes de se procurer plus facilement les produits demandés et de livrer leurs clients le jour même où ils ont effectué leur commande, voire plusieurs fois par jour.

La *qualité de l'offre*, deuxième compétence clé des grossistes identifiée dans notre enquête, repose sur une combinaison de ressources technologiques et sociales (voir le Tableau 8.3). Des équipements spéciaux, tels que des chambres de maturation, permettent aux grossistes d'obtenir le degré de maturité optimal en faisant évoluer plus ou moins rapidement les fruits climactériques, ceux dont la maturation se poursuit après la récolte grâce à un apport d'éthylène. Les grossistes disposent également d'autres équipements qui permettent d'assurer le conditionnement des F&L en préservant leur intégrité physique et en favorisant leur conservation, y compris lors du transport. Des méthodes de *sourcing* proactives et flexibles leur permettent par ailleurs de se procurer des produits originaux, peu connus, que les consommateurs ont plaisir à découvrir. En entretenant et développant un réseau diversifié de fournisseurs, ils peuvent proposer à leurs clients des produits locaux bien adaptés à la demande et des F&L ayant des qualités gustatives supérieures. Leur volume de commande étant plus faible que celui d'une centrale, les grossistes parviennent à se procurer des produits différenciants en s'adressant à des fournisseurs qui n'intéressent pas les centrales parce que leurs capacités de production sont restreintes. La filière des F&L est caractérisé par l'existence d'un nombre très important de produits et de variétés qui ont tous des caractéristiques physiologiques particulières dont il faut tenir compte pour obtenir et conserver un ni-

Tableau 8.3 : Les compétences distinctives des grossistes en matière de qualité

	Seconde compétence distinctive : la qualité
Ressources mobilisées	**Illustrations**
Infrastructures spécialisées (chambres de maturation, etc.) permettant d'*optimiser les qualités gustatives des produits*	– « *[Les] gens qui travaillent dans les plates-formes (...), leur logique, c'est la logistique, ce n'est pas le traitement des produits. Alors que nous, notre logique c'est le produit et après on met des services logistiques pour pouvoir traiter le produit. (...). L'atout principal pour le différencier, c'est la qualité gustative* » (Directeur, G-II). – « *Donc on est vraiment, là, sur des choses très différenciantes, il y a un savoir-faire qui est compliqué à mettre en œuvre, c'est la maturité du produit. Toute la filière est organisée pour la grande distribution, qui veut quoi : des produits beaux, colorés, avec lesquels ils vont avoir le moins de casse possible. Pas forcément dans l'attente du consommateur* » (Directeur, G-III). – « *On fait du barquetage, le mûrissage, l'affinage des fruits suivant le type de distribution. On peut regretter aujourd'hui qu'un hypermarché, vu les masses qu'il présente, propose des produits très verts. Ce sont des produits qui sont moins goûteux. Nous, on sait apporter les produits qui conviennent aux types de mise en marché du magasin avec les forces et les faiblesses qualitatives qu'il peut y avoir* » (Directeur, membre de G-I). – « *Nous, on revendique le fait d'avoir des produits qui sont cueillis un petit peu plus mûrs, même mûrs à point, plus mûrs que généralement les autres intervenants, ce qui veut dire que bien évidemment ils seront un peu plus fragiles sur le rayon, mais que si tout le monde fait bien son travail dans la chaîne, le consommateur achètera des produits qui, après 24 heures, seront bons à consommer, ramassés à maturité donc gorgés de sucre(...), il mangera bon, il rachètera. Il y a quand même des gens dans la distribution qui sont intéressés par cette démarche-là* » (Directeur, G-III).
Réseaux diversifiés de fournisseurs permettant de proposer des *produits différenciants*	– « *C'est là où nous, on a des spécificités (...), si [enseigne] [ville] a eu un besoin très particulier que sa centrale ne sait pas faire parce qu'ils sont en grande région, eh bien nous, on saura le sourcer et le lui faire* » (Directeur, G-III). – « *Le jeu maintenant du grossiste c'est de ne pas avoir le même fournisseur que la centrale. On est sans cesse à la recherche de produits différents. Cette année on a remis en place une marque de clémentines et d'oranges qui s'appelle la Llusar. C'est une vieille marque, on travaille avec eux et elle n'est pas implantée dans les magasins. On a réussi malgré tout à en vendre toute la saison. Ce n'est pas du tout le même prix que les centrales. C'est beaucoup plus cher mais ce n'est pas le même produit, cela n'a rien à voir. Et on a eu du succès pour les fêtes de Noël parce que l'on vendait ça dans des sacs à l'ancienne, (...), ça a bien marché !* » (Acheteur G-II). – « *On a toujours été, nous les grossistes, à l'origine des niches, de la découverte de niches. Par contre les centrales ont un temps de réaction de plus en plus rapide. Maintenant si une année vous découvrez un produit qui marche bien dans un magasin, vous pouvez être tranquille que l'année d'après, c'est centralisé* » (Acheteur, G-II).

veau de qualité optimal. Afin de proposer une offre performante, les grossistes en F&L investissent dans les ressources humaines et font appel à des personnels qualifiés pour suivre l'évolution de la qualité des produits, établir des cahiers des charges adaptés aux attentes des clients, et passer du temps à découvrir ou à redécouvrir des variétés, des fournisseurs ou des marques.

L'*assistance* est la troisième compétence clé qui apparaît dans les entretiens avec les grossistes (voir le Tableau 8.4). Dans les atouts des grossistes, à la proximité géographique s'ajoute la proximité relationnelle qui se construit au fil du temps dans les interactions avec les clients. Afin de renforcer cette proximité, les grossistes en F&L multiplient les visites en magasin et adoptent des modes de communication moins formels qui favorisent le développement d'une relation interpersonnelle avec les managers de rayon. Les grossistes acquièrent ainsi une connaissance très fine de leurs clients et peuvent leur proposer des solutions adaptées aux problématiques locales, ce qu'une centrale ne peut réaliser que très difficilement. En combinant cela avec une bonne maîtrise des techniques de marketing et de merchandising des F&L, les grossistes parviennent à établir des relations de *trade marketing* profitables pour les managers de rayon ; ils les aident à maîtriser les contraintes locales et à renforcer la dynamique commerciale et promotionnelle de leur rayon.

L'analyse des entretiens réalisés avec des grossistes indique clairement qu'ils différencient leurs prestations de celles des centrales en prenant appui sur les trois compétences clés qui viennent d'être présentées. Mais les entretiens montrent également que ces compétences sont mobilisées de façon variable par les managers des rayons. Le développement de ces trois compétences ne suffit pas pour asseoir la place des grossistes en F&L auprès de la grande distribution et leur conférer un rôle à la mesure de leurs ambitions. Certaines conditions complémentaires doivent être remplies pour que cet objectif soit atteint.

2.2. Les différents rôles des grossistes en F&L

En étudiant quatre cas correspondant à des configurations d'approvisionnement contrastées, il est possible de faire apparaître les différents rôles que les grossistes peuvent jouer auprès des managers de rayon F&L et de repérer les facteurs qui favorisent l'appropriation des compétences des grossistes par ces managers. Dans le cas B, les grossistes ne sont pas présents. Le chef de rayon, totalement

Tableau 8.4. : Les compétences distinctives des grossistes en matière d'assistance

Troisième compétence distinctive : l'assistance	
Ressources mobilisées	**Illustrations**
Diagnostic in situ et conseil personnalisé (assortiment, merchandising, animation en magasin, etc.)	– « *On a des outils en interne qui nous permettent de faire des diagnostics rayon, de bien comprendre sa problématique, c'est-à-dire de savoir où il veut aller, sa problématique, c'est-à-dire est-ce qu'il y a des problèmes de quotas, est-ce qu'il y a des problèmes de marge, est-ce qu'il y a des problèmes de propreté, de profondeur de gamme, d'affichage. Bon. Donc nous, on a des outils qui permettent de faire des diagnostics rayon, des check-lists, puis de vérifier avec lui que tout est à peu près au vert, et puis d'intervenir chez lui, et c'est nous (...), nous qui réalisons généralement le changement. Et après, le dernier travail c'est de mesurer l'apport pour lui faire toucher du doigt que ce qu'on a fait, ça a été porteur* » (Directeur, G-III). – « *Quand on voit la manière dont fonctionnent les centrales d'achats, elles peuvent réapprovisionner plusieurs dizaines de magasins dans une zone de chalandise très large. Par contre, la réponse locale pour donner un coup de main au magasin qui est attaqué par un concurrent, ce n'est pas évident. Une centrale régionale ne pourra pas forcément apporter une réponse sur mesure, promotionnelle, et d'ailleurs, quand il s'agit d'une promotion, il n'y a pas que le prix, il y a tout ce qui est PLV [publicité sur le lieu de vente], animations, donc une réponse appropriée de terrain qui nécessite une animation dans le magasin. Ça, la centrale ne saura pas le faire alors que le grossiste est capable d'investir le magasin et d'y être présent* » (Vendeur, G-II).
Proximité relationnelle et possibilité de *négociation*	– « *La personne qui vous appelle au téléphone, elle a une centrale d'achat. Donc si vous avez envie qu'elle vous appelle tous les jours, c'est qu'au niveau relationnel il faut bien accrocher et montrer qu'on est là pour lui rendre un service. On est là aussi pour lui faire gagner de l'argent, c'est ce que je lui dis aussi, parce que quand il y a des prix bloqués en centrale et des marges réduites. Il faut qu'il y ait un dialogue avec le client* » (Vendeur, G-II). – « *Il peut y avoir une notion de service, parce qu'on n'a pas de télévendeurs, comme souvent dans les centrales et où les systèmes informatiques dans les centrales... Ils n'ont même plus de contact oral, c'est un cadencier qui défile, ils mettent 10, 2, 3, et ça leur est livré le lendemain. Nous, on a une force de vente au téléphone qui se déplace sur les points de vente, qui fait des diagnostics de la structure : propreté, affichage, sens de circulation, on propose aussi des remodeling, on s'investit, on peut faire aussi des TG [têtes de gondoles]. Bon. Donc on a une palette de moyens que n'a pas une centrale* » (Directeur, G-III).

dépendant de sa centrale, refuse de recourir aux grossistes et ne sait pas gérer cette source d'approvisionnement. Il ne peut éviter d'être en rupture quand les quantités commandées n'ont pu être livrées ou lorsqu'il refuse les produits reçus de la centrale parce que la qualité n'est pas conforme à ses attentes. Dans cette dernière situation, il peut échapper à la rupture s'il choisit d'accepter les produits non-conformes, mais il prend alors le risque de ternir l'image qualité de son rayon et d'augmenter son niveau de démarque. L'examen des trois autres cas, nommés A, C et D, montre que les grossistes ont un rôle à jouer qui peut être *restreint* ou *étendu*. La manière dont les compétences des grossistes sont mobilisées dans chacun de ces cas est synthétisée dans le Tableau 8.5.

Le *rôle restreint*, mis en évidence par l'analyse du cas A, est limité au dépannage. Il correspond à la position dans laquelle les distributeurs ont souhaité confiner les grossistes lorsqu'ils ont développé des centrales d'achat. Le besoin d'être dépanné se manifeste fréquemment dans l'approvisionnement en F&L du fait des spécificités de ces produits. Pour les F&L, la demande au niveau du rayon dépend des aléas climatiques et il est souvent difficile d'évaluer correctement les quantités qu'il convient de commander auprès de la centrale. La production étant elle aussi dépendante des caprices du climat, malgré les efforts déployés par les centrales pour garantir les approvisionnements, des incertitudes persistent également pour ce qui concerne la qualité et les quantités de produits pouvant être livrées. L'analyse du cas A met en exergue la capacité des grossistes à proposer des délais inférieurs à ceux des centrales. En cas de défaillance, le manager de rayon peut se tourner vers son grossiste pour éviter d'être en rupture. Commandés en début de matinée, les produits peuvent être livrés en quelques heures à peine. Le grossiste apporte au manager de rayon une flexibilité que la centrale ne peut lui offrir. La compétence du grossiste en matière de vitesse n'est cependant pas exploitée pleinement par le manager de rayon du cas A, qui déclare n'avoir recours au dépannage qu'occasionnellement. Dans les situations qui nécessiteraient un dépannage, il ne se tourne vers les grossistes que pour les produits qui lui paraissent « incontournables ».

Autrement dit, considérant que le prix d'achat auprès du grossiste ne lui permet pas de réaliser des marges satisfaisantes, le manager de rayon préfère être en rupture sur la journée et modifie son implantation afin de « boucher les trous ». Il mobilise peu les compétences des grossistes, y compris la vitesse avec laquelle ceux-ci peuvent honorer les commandes, car il estime que le besoin d'être dépanné modifie en sa défaveur les relations de pouvoir et permet aux gros-

Tableau 8.5 : Les différents rôles des grossistes et la mobilisation de leurs compétences par les managers de rayon F&L

Rôle du grossiste	Cas	Degré de mobilisation des compétences du grossiste par le manager de rayon		
		Vitesse	**Qualité**	**Assistance**
Rôle restreint : le dépannage	Cas A	*Moyen à faible* – Dépannage possible, mais utilisé uniquement pour les produits incontournables (bananes). Le manager préfère une rupture temporaire à une vente à marges réduites nécessaire pour compenser le coût du dépannage.	Faible – Le grossiste offre un choix supplémentaire mais le manager, qui privilégie la recherche de prix avantageux, n'intègre que très occasionnellement des produits complémentaires à ceux de la centrale.	Faible – Compétence limitée aux promotions de dégagement avec réduction tarifaire proposées par le grossiste (« *pour faire des coups* ») et à l'obtention de conseils sur la conservation de certains produits.
Rôle étendu : un partenariat pour l'amélioration de la qualité du rayon	Cas C	*Faible* – Compétence non exploitée : la fréquence de livraison du rayon est faible (environ deux fois par semaine), sauf lorsque le grossiste prend en charge la gestion du sous-rayon « produits exotiques » et des animations (livraisons jusqu'à deux fois par jour).	Moyen – Le manager de rayon estime que le grossiste offre une variété de produits et un niveau de qualité supérieurs à ceux de la centrale. Cependant il exploite peu cette variété parce qu'il n'est pas en mesure de comparer de façon précise l'offre du grossiste et celle de la centrale.	Fort – Organisation de nombreuses opérations promotionnelles. – Externalisation de la gestion du sous-rayon « produits exotiques » et de l'animation du rayon lors des fêtes de fin d'année. – Echange d'informations et apport de conseils appréciés par le manager de rayon.
	Cas D	*Fort* – Pleinement mobilisée pour organiser des opérations promotionnelles en fonction de la météo (commandes le matin pour livraison avant ouverture du magasin). – Dépannage occasionnel, mais systématique en cas de nécessité pour éviter absolument que le client soit confronté à une rupture de stock.	Fort – Enrichissement progressif de l'assortiment par intégration de produits complémentaires à ceux de la centrale (variétés, qualités gustatives). – Optimisation du rapport qualité / prix (mise en concurrence de la centrale) permettant, pour les produits de qualité équivalente, de réduire les prix de vente en maintenant le taux de marque.	Fort – Adaptation de la qualité des produits achetés par le grossiste pour tenir compte des préférences du manager de rayon. – Dépannage facturé au même prix qu'une livraison normale. – Compétences de vitesse et de qualité mobilisées pour faire des promotions adaptées aux contraintes locales. – Tarif négocié pour permettre au manager de rayon de réaliser ses promotions.

sistes de demander un prix trop élevé. Le manager de rayon du cas A s'efforce de minimiser les approvisionnements réalisés en dehors de la centrale. Il reconnait que le fait d'avoir un grossiste dans sa base de fournisseurs lui permet de bénéficier d'un choix plus étendu pour composer son assortiment, mais il n'intègre que rarement des produits complémentaires à l'offre de la centrale. Il n'opte pour les produits du grossiste que lorsqu'il considère que cela lui permet obtenir un prix plus avantageux.

Dans le second rôle mis en lumière par les études de cas, autrement dit le *rôle étendu*, le grossiste est considéré comme un partenaire pour permettre l'amélioration de la qualité du rayon. Les cas C et D, qui réalisent une part significative de leurs approvisionnements auprès des grossistes, entrent dans cette catégorie. Dans ces deux cas, les managers de rayon sont critiques à l'égard de l'offre proposée par leur centrale. Ils font appel régulièrement aux grossistes et cherchent à profiter de ce que ces derniers peuvent leur apporter en matière d'assistance, mais aussi de qualité et, dans une moindre mesure, de dépannage. Ils se déplacent régulièrement chez leur grossiste habituel pour voir la marchandise dont il dispose et trouver ainsi le moyen d'améliorer leur rayon. Les cas C et D présentent toutefois deux profils différents.

Le manager de rayon du cas C apprécie les recommandations marketing de la centrale, mais il estime que cette dernière présente surtout l'avantage de casser les prix. En dehors des produits basiques à bas prix et des promotions, il préfère s'approvisionner auprès de son grossiste qui, selon lui, fournit des conseils avisés et propose une large gamme de produits dont la qualité lui semble supérieure à celle de la centrale. Le manager de rayon retire des avantages économiques de sa relation avec le grossiste : les promotions proposées par ce dernier lui permettent de renforcer ses marges et le délai de paiement, supérieur à celui de la centrale, lui permet de générer de la trésorerie. Il réalise de nombreuses opérations promotionnelles ou animations avec l'aide de son grossiste ; il lui confie notamment le soin de thématiser le rayon et de gérer le sous-rayon exotique pour les fêtes de fin d'année. En temps ordinaire, le grossiste ne livre que deux fois par semaine, mais il est capable d'effectuer jusqu'à deux livraisons journalières en période de fêtes. Le manager de rayon du cas C délègue à son second de rayon le soin de réaliser les commandes auprès de la centrale, il connait donc assez mal l'offre de produits et d'animations de son enseigne. Il ne perçoit pas toujours que certaines offres de son grossiste, qui lui paraissent originales, sont également proposées par la centrale. Le manager de rayon ne distingue pas clairement ce qui constitue les compétences distinctives des grossistes et il ne profite pas de tout ce que son grossiste pourrait lui apporter.

Le manager de rayon du cas D procède différemment. Il réalise près de la moitié de ses achats sur le marché de gros décrit par Sirjean (2015), et il s'adresse principalement à un grossiste avec lequel il entretient une relation privilégiée fondée sur l'estime mutuelle et sur la volonté de faire perdurer les échanges. Le manager de rayon du cas D fait appel à son grossiste pour sa capacité à lui proposer une offre de qualité en complément de ce qu'apporte la centrale. Il analyse quotidiennement l'offre de cette dernière et commande régulièrement des produits auprès de celle-ci pour évaluer en continu la qualité de ses produits et pour bénéficier des avantages économiques qu'elle apporte. Le grossiste lui permet d'enrichir son assortiment en lui fournissant des niveaux de qualité ou des types de produit qu'il recherche mais que la centrale ne propose pas. Pour aider le manager de rayon du cas D à répondre à la demande locale, le grossiste n'hésite pas à adapter son offre. Il parvient également, dans certains cas, à lui proposer un prix plus intéressant que celui de la centrale.

La compétence du grossiste en matière de vitesse est mobilisée lorsque le manager de rayon du cas D a besoin d'être dépanné ; le grossiste intervient alors avec une grande célérité en s'efforçant de rendre service à son partenaire. Cette compétence est également, et surtout, mobilisée pour permettre au manager du cas D d'ajuster ses promotions aux aléas climatiques locaux : il commande alors le matin même le produit approprié au grossiste qui le livre avant l'ouverture du magasin. Dans le cas D, la compétence du grossiste dans le domaine de l'assistance se manifeste à travers l'adaptabilité de ce dernier, qui répond aux requêtes spéciales ou urgentes du manager de rayon sans surfacturer les services rendus. En retour, le manager de rayon du cas D augmente progressivement la part d'approvisionnement réalisée avec son grossiste pour demeurer un client intéressant et renforcer la relation.

L'analyse des quatre cas étudiés fait émerger deux rôles distincts, l'un restreint, qui intervient dans un contexte transactionnel et repose sur le dépannage, et l'autre étendu, qui se développe dans un contexte relationnel et repose principalement sur l'amélioration de la qualité de l'offre du rayon. Pour que les grossistes en F&L puissent jouer un rôle étendu, il ne suffit pas qu'ils se dotent, comme ils l'ont fait, de compétences distinctives, il faut également que le manager de rayon ait une attitude positive à l'égard des grossistes et puisse nouer une relation de partenariat avec eux. Les développements qui suivent approfondissent l'analyse de cette question.

3. Les facteurs qui facilitent la mobilisation des compétences des grossistes par les managers de rayon F&L

Pour étudier les facteurs qui favorisent ou limitent le rôle joué par les grossistes en F&L, il faut prendre en compte les relations que les managers de rayon entretiennent avec les structures centrales et avec les grossistes.

3.1. Les relations du manager de rayon avec la centrale

La relation du manager de rayon avec sa centrale, et la façon dont il conçoit le positionnement des grossistes par rapport à celle-ci, influent sur le rôle que peuvent jouer les grossistes. Pour que ce rôle puisse être porteur et pérenne, il faut que les managers de rayon aient une certaine autonomie vis-à-vis de leur centrale en termes de latitude décisionnelle et qu'ils perçoivent l'action des grossistes comme complémentaire à celle de la centrale. Ces deux conditions étroitement liées apparaissent clairement dans l'analyse des cas.

On constate que les managers de rayon proches de leur centrale ont des représentations négatives des grossistes et adoptent vis-à-vis de ces derniers un comportement fondé sur une logique d'exclusion. Les mécanismes de contrôle de la centrale, relayés par la hiérarchie des magasins, les confortent dans cette logique. Les managers de rayon des cas A et B sont très proches de leur centrale et ont une attitude globalement négative à l'égard des grossistes. Ils perçoivent ces derniers comme étant mus uniquement par la recherche de la rentabilité économique et considèrent qu'ils feront preuve d'opportunisme si cela sert leurs intérêts. Dans les opérations de dépannage, cet opportunisme risque, selon eux, de se manifester par la livraison de produits manquant de fraîcheur ou par une sur-tarification des produits dont le manager a impérativement besoin.

L'analyse du cas A met en lumière l'influence que peut exercer la hiérarchie du manager de rayon. Dans ce type de magasin, la direction n'encourage pas le dépannage car elle estime que le besoin témoigne principalement d'une incapacité du manager à évaluer correctement le contenu et le volume de ses commandes. Par peur d'être considéré comme incompétent en matière d'approvisionnement, le manager de rayon du cas A limite l'étendue du recours aux grossistes et hésite à les solliciter lorsqu'il a besoin d'être dépanné. Pour les managers de rayon des cas A et B, le recours à un grossiste ne se justifie pas ou ne se conçoit qu'en leur accordant uniquement un rôle restreint centré sur le dépannage. Toute autre forme de sollicitation des grossistes se fait, à leurs yeux, au détriment de la centrale et s'oppose aux intérêts de l'enseigne. Les managers de rayon des cas C et D ne sont pas dans cette situation. Celui du cas C est peu satisfait des prestations de sa centrale et se montre relativement distant vis-à-vis de celle-ci ; celui du cas D fait preuve d'une certaine autonomie vis-à-vis de la centrale car il est conscient qu'elle ne peut pas lui apporter tout ce qu'il recherche pour répondre à la demande locale et optimiser les ventes de son rayon.

L'analyse des cas révèle par ailleurs l'importance de la conception que les managers de rayon ont des relations entre les centrales et les grossistes. Pour certains d'entre eux, le grossiste se substitue à la centrale, pour d'autres il est complémentaire à celle-ci. Cette complémentarité est perçue, avec une intensité différente, par les managers de rayon des cas A et D. Dans le cas A, le manager recourt de façon limitée à son grossiste, mais ce recours est fondé sur la reconnaissance des compétences distinctives des grossistes en matière de vitesse. Le manager de rayon du cas A est conscient que le grossiste peut le dépanner rapidement quand la centrale mettrait trop de temps pour le réapprovisionner. Le manager de rayon du cas D va plus loin. Il mobilise les compétences de vitesse, de qualité et d'assistance de son grossiste privilégié dans une logique de complémentarité avec la centrale. Pour ce manager, les compétences du grossiste sont perçues comme un complément précieux par rapport aux prestations de la centrale et le recours au grossiste s'inscrit dans une logique proactive d'amélioration de la qualité du rayon.

En combinant les deux éléments mis en évidence par l'analyse des cas, on peut établir une classification expliquant les différenciations relevées dans les rôles joués par les grossistes. Cette classification est présentée dans la Figure 8.1. Le manager de rayon du cas D est le seul qui remplit les deux conditions (autonomie vis-à-vis de la centrale et compréhension de la complémentarité des compétences des grossistes et des centrales). Ce cas met en exergue la position la plus favorable, celle qui donne au grossiste un rôle étendu, à la fois porteur et pérenne. Lorsque les deux conditions sont réunies, on voit que le grossiste est perçu comme un partenaire pour l'amélioration du rayon. Sa position est alors pérenne car un tel partenariat s'inscrit dans une dynamique positive. Dans le cas C, le grossiste bénéficie également d'un rôle étendu, mais le manager de rayon justifie le recours au grossiste de façon réactive en mettant en avant son insatisfaction vis-à-vis de l'offre de la centrale. Il ne perçoit pas pleinement la complémentarité avec la centrale et l'analyse du cas montre que cela limite les échanges avec son grossiste. Dans le cas A, le grossiste a un rôle à jouer (le dépannage), mais ce rôle est restreint et n'est guère porteur car le manager de rayon redoute les conséquences que cela pourrait avoir sur l'évaluation de ses performances. Dans le dernier cas, le cas B, aucune des deux conditions n'est remplie et le manager de rayon évite tout recours aux grossistes.

Figure 8.1 : Une classification des rôles des grossistes

Perception de la position du grossiste par rapport à la centrale

Relation du manager avec sa centrale	Substitution	Complémentarité
Relative autonomie	Recours réactif au grossiste pour remplacer la centrale à cause de l'insatisfaction engendrée par celle-ci (cas C)	Recours proactif à l'ensemble des compétences distinctives des grossistes pour améliorer la qualité du rayon (cas D)
Dépendance	Dépendance vis-à-vis de la centrale et absence de recours aux grossistes, perçus comme des concurrents de la centrale (cas B)	Recours au grossiste limité au dépannage (cas A)

3.2. L'aptitude du manager de rayon à piloter le partenariat avec son grossiste

L'analyse des cas fournit par ailleurs des indications sur les aptitudes que le manager du rayon F&L doit posséder pour que la complémentarité avec le grossiste puisse être pleinement exploitée. On observe que ce manager doit être armé pour éviter les comportements opportunistes auxquels il peut être confronté ; il doit également savoir traiter le grossiste en véritable partenaire et veiller à être pour lui un client intéressant, voire privilégié.

Les grossistes étant, comme nous l'avons vu, des experts des F&L, le manager de rayon doit posséder de solides compétences pour dialoguer avec eux sans crainte de se laisser abuser. L'analyse des cas fait apparaitre sur ce point des situations très hétérogènes. Le manager de rayon du cas B, bien que bon connaisseur des produits, a préféré renoncer à tout recours aux grossistes après s'être rendu compte qu'il ne savait pas manager les relations avec eux et n'obtenait pas satisfaction. Dans le cas C, le manager de rayon tend à laisser le contrôle de la relation à son grossiste par manque de connaissance de l'offre (l'élément clé résidant dans son inaptitude à comparer finement l'offre du grossiste et celle de la centrale). Le manager de rayon du cas D, qui confie à son grossiste le rôle le plus étendu, est celui qui possède les connaissances les plus larges dans le domaine des F&L et des relations inter-entreprises.

Les savoirs que les managers de rayon doivent posséder pour travailler efficacement avec les grossistes intègrent des notions techniques sur les F&L, mais ce qui est requis dépasse la seule connaissance des méthodes de conservation des produits ou de présentation sur les rayons. Le manager de rayon doit également être capable d'analyser finement le fonctionnement des marchés des F&L et d'anticiper leurs variations, tant en amont qu'en aval. Toutes ces compétences permettent au manager de se prémunir contre d'éventuels comportements opportunistes du grossiste fondés sur une asymétrie d'information et contribuent au renforcement de la confiance.

Pour que le rôle confié au grossiste soit étendu et pérenne, il faut par ailleurs que les échanges s'inscrivent dans une logique de partenariat. La relation doit être profitable pour chacun des deux partenaires en présence, cela est indispensable pour que les interactions se développent et que la combinaison des compétences complémentaires des deux parties se traduise par une création de valeur (Ford, 2011 ; Baraldi *et al.*, 2012 ; Ford et Gadde, 2015). Deux des cas étudiés présentent sur ce plan un contraste instructif. Dans le cas A, le recours au grossiste étant restreint, ce dernier facture toute utilisation de ses compétences en matière de vitesse lorsqu'il est sollicité pour du dépannage ; en retour, le manager de rayon, soucieux de préserver ses marges, s'efforce de ne faire appel au grossiste que lorsque les circonstances l'y contraignent. La relation entre le manager de rayon et son grossiste est alors limitée et de nature purement transactionnelle.

Il n'en va pas de même dans le cas D où le manager de rayon n'hésite pas à mobiliser pleinement les compétences de son grossiste en matière de vitesse, pour des opérations de dépannage ou pour faire face aux aléas climatiques locaux. Le dépannage s'inscrit alors dans une logique de service. La relation que le manager de rayon du cas D entretient avec son grossiste privilégié est équilibrée et il n'hésite pas à donner à son partenaire un rôle très étendu, en mobilisant toutes ses compétences distinctives (vitesse, mais aussi qualité et assistance). Il veille à rester un client attractif pour son partenaire grossiste : il augmente à intervalles réguliers le chiffre d'affaires qu'il réalise avec lui, en intégrant dans son assortiment de nouvelles références complémentaires à celles que propose la centrale. En développant la relation avec son grossiste en complémentarité avec la centrale, il améliore le système d'approvisionnement de son rayon. Sa hiérarchie, convaincue par les résultats qu'il obtient, soutient les initiatives du manager de rayon innovant qui parvient à développer ses ventes en prenant appui sur son grossiste sans négliger la centrale.

Conclusion

Les grossistes en F&L se sont dotés de compétences clés qui leur procurent de réels atouts face aux centrales d'achat. Ce n'est cependant pas suffisant pour leur permettre de jouer systématiquement un rôle étendu et pérenne dans les rayons de la grande distribution. Il faut également que les managers de rayon auxquels ils s'adressent disposent d'une certaine autonomie du vis-à-vis de leur centrale et qu'ils conçoivent l'intervention des grossistes comme complémentaire à l'action de celle-ci. Lorsque ces conditions sont réunies, le grossiste peut devenir un véritable partenaire pour l'amélioration de la qualité de l'offre en s'associant à un manager de rayon qui dispose de solides compétences en F&L et en management inter-organisationnel.

Les chefs de rayon présentant des profils hétérogènes, le travail de prospection des grossistes devrait s'orienter vers la recherche de managers qui, à l'instar de celui rencontré dans le cas D, sont capables de mobiliser toutes les compétences clés qu'ils ont développées pour se distinguer des centrales (vitesse, qualité, assistance). Il n'est pas simple de repérer de tels managers, les rayons F&L de la grande distribution souffrant, selon les experts, d'un déficit marqué de compétences liées aux produits. L'exploitation de ces insuffisances ternit la réputation du métier de grossiste. L'abandon de ces pratiques opportunistes pour des stratégies de renforcement progressif des compétences des managers de rayon offre de meilleures perspectives. Un manager doté de solides compétences en matière de produit est en effet plus apte à identifier les complémentarités offertes par les grossistes et se montre plus convaincant lorsqu'il plaide en faveur d'un modèle d'approvisionnement mixte auprès de sa hiérarchie. Il est également mieux armé pour assurer la tenue de son rayon en veillant à ce que l'amélioration de la qualité des produits achetés bénéficie au consommateur et se traduise par une amélioration sensible des performances économiques du rayon (Saucède *et al.*, 2014).

Les éléments présentés dans le chapitre soulignent l'importance du travail amorcé par les grossistes en F&L pour renforcer la légitimité sociale de leur activité (Michel, 2014). Cette légitimité semble maintenant reconnue par une fraction significative des managers de rayon, mais elle doit encore être renforcée auprès d'autres parties prenantes. Dans la filière des F&L, l'approvisionnement direct auprès des producteurs, par exemple dans le cadre d'AMAP, représente en effet un idéal pour de nombreux consommateurs qui sous-estiment l'apport des intermédiaires dont ils méconnaissent souvent les activités. Au-delà des managers de rayon, l'effort destiné à mettre en valeur la contribution des grossistes doit donc être poursuivi en direction du grand public.

Chapitre 9.
Le négoce du vin à Bordeaux : enjeux concurrentiels et réponses stratégiques

Catherine Lapassouse-Madrid

Avec une superficie de 110 200 hectares, le vignoble bordelais occupe la première place française, devant celui de Champagne (34 200) et de Bourgogne (28 900). Sa production s'élève à environ 5,2 millions d'hectolitres soit 740 millions de bouteilles, pour une valeur de 4,3 milliards d'euros. A titre de comparaison, pour la même année 2012, le vignoble bourguignon représente 200 millions de bouteilles et 1,46 milliard d'euros, et le vignoble champenois 268 millions de bouteilles et 4,4 milliards d'euros. Dès que l'on s'intéresse aux vins de Bordeaux, que l'on soit amateur averti, œnologue professionnel ou observateur de la commercialisation, le négoce apparaît d'emblée un acteur incontournable et historiquement indissociable de la viticulture. Dès le XIe siècle, en effet, naît à Bordeaux une classe de marchands faisant le commerce du vin vers l'Angleterre et qui se développe avec le rattachement de l'Aquitaine à la Couronne d'Angleterre. Il s'agit là d'une caractéristique fréquente des acteurs de l'intermédiation puisque, comme l'ont fait remarquer Michel et Pardo (2012), l'identification du commerce de gros s'ancre dans une perspective historique.

Depuis lors, les propriétaires bordelais ont délégué la commercialisation de leur vin aux courtiers et négociants dans une transaction où le vigneron confie sa récolte, en vrac ou en bouteilles, au courtier[1]

1 Le rôle du courtier est de mettre en relation des acheteurs et des vendeurs de vins sans en prendre possession. Il assure la fiabilité de la transaction et est rémunéré à la commission (Baritaux et Montaigne, 2005). C'est pourquoi nous ne l'intègrerons pas dans nos analyses de l'intermédiation.

pour qu'il le vende à un négociant en vins, lequel, le vendra à son tour dans son propre circuit (consommation hors domicile, grandes surfaces, hard discount exportation, cavistes, voire clientèle de particuliers). Par comparaison, par exemple en Bourgogne, les négociants achètent généralement du raisin, voire du moût. La place de Bordeaux représente ainsi aujourd'hui une « *véritable force de 3 000 commerciaux* » (interview d'Allan Sichel, Président du Syndicat des Négociants en vins de Bordeaux, en mai 2014). Cette délégation va ainsi au-delà de « l'instrumentation » qui caractérise parfois les relations producteur-distributeur. C'est à cette réalité que s'intéresse le présent chapitre. Il ne cherche pas à décrire le marché, ainsi que l'ensemble de la filière et ses spécificités, au demeurant déjà très bien analysés par la littérature (Réjalot, 2007), mais à proposer une lecture de l'activité actuelle du négoce à la lumière des modèles d'analyse du fonctionnement des canaux de distribution, et ce pour mettre à jour la valeur crée par son rôle d'intermédiation. Nous prendrons ainsi appui sur les courants d'analyse contemporains des canaux qui suggèrent de distinguer la nature des ressources mises en œuvre par les acteurs et les activités réalisées (Filser, 2012, 2015) ; l'acteur considéré est, en l'occurrence, le négociant.

1. Trois situations d'intermédiation à examiner

Le négociant n'est pas l'exécutant de la stratégie de vente du viticulteur. Il y a une réelle séparation historique des compétences à tel point que certains se demandent si « *le vignoble bordelais sait faire du marketing* » (Mora, 2007). Comme l'indique une récente étude descriptive des exploitations viticoles en Gironde d'autres modes de commercialisation peuvent bien sûr être identifiés (voir la Figure 9.1). On relève ainsi d'une part, la livraison de raisins en cave coopératives et, d'autre part, la commercialisation en bouteilles et petit vrac auprès d'une clientèle de particuliers. Ces modes de commercialisation toutefois ne sont pas majoritaires en volume puisque c'est le négoce qui assure actuellement la commercialisation de plus des deux tiers de la production.

L'analyse des enjeux stratégiques associés au négoce de vin bordelais présente donc un premier niveau d'intérêt lié au volume d'affaires en jeu. Un second point d'intérêt provient de la particularité de la marque bordelaise qui génère, pour l'activité d'intermédiation, des situations stratégiques contrastées. Le Bordeaux est en effet un vin de château, ce qui rend les marques commerciales bordelaises peu attractives aux yeux des consommateurs (Réjalot, 2007), à l'exception de quelques cas comme Mouton Cadet. Historiquement, l'offre bordelaise est inscrite dans une logique de marques dite agricoles (Réjalot, 2013), où chaque cru est constitué d'un assemblage de cépages (cabernet, sauvignon, merlot, etc.), dans des pourcentages variables pour chaque propriété. S'ajoute à cela la diversité procurée par les terroirs et les millésimes. Chaque cuvée constitue ainsi un produit différent, pour lequel il va falloir trouver un public (pratiquer un marketing dit de l'offre), contrairement aux marques commerciales de vin définies en fonction des attentes de l'aval. Or, la complexité structurelle de l'ensemble de cette offre la rend difficile à valoriser.

Figure 9.1 : Les modes de commercialisation du vin bordelais

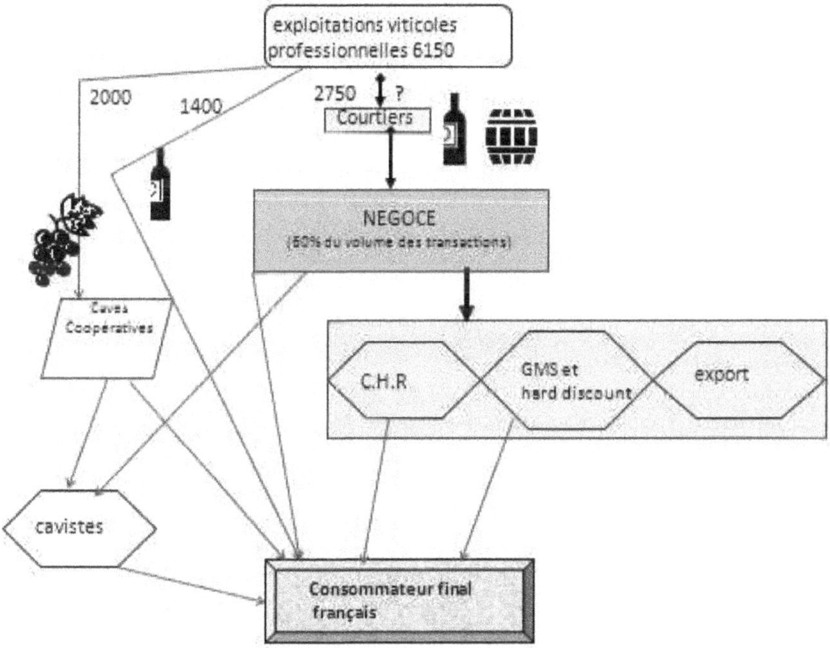

D'un point de vue théorique, les observateurs et les acteurs se réfèrent traditionnellement à la segmentation de la demande mondiale de vins tranquilles en quatre types. Le type « Art » correspond à une offre procurant un fort niveau de prestige, le type « Exploration » est défini par un vin apprécié d'un client autonome dans ses choix, à la recherche d'expérience nouvelle procurant un bon rapport prix / plaisir, le type « Fun » répond aux attentes d'un public plutôt jeune qui cherche à s'initier dans le domaine de la dégustation et, enfin, le type « Basique » cherche à satisfaire un public pour lequel la consommation de vin est inscrite dans une perspective d'habitude. Si l'on trouve des marques « Château » sur les quatre segments, respectivement les types « Art » (3,5 % en volume), « Exploration » (24,5 %), « Fun » (52,7 %) et « Basique » (19,3 %), en pratique, dans la perspective des appellations régionales, voire communales, des vins bordelais comme un Médoc ou un Saint-Estèphe (commune du Médoc), on recense souvent de très nombreux châteaux pour une seule appellation, par exemple plus de 500 pour le Médoc.

Circonstances aggravantes, si l'on considère la propriété viticole en elle-même, on constate qu'une exploitation de 10 hectares commercialise souvent plus de cinq châteaux, respectivement proposés aux différents segments (Roumegoux, 2008). L'une des explications réside dans le fait qu'une appellation spécifique ne s'applique qu'à une seule couleur, rouge pour un Médoc par exemple. Or les exploitations produisent souvent des vins de plusieurs couleurs qui sont commercialisés en appellation régionales (Bordeaux). A titre d'illustration, le seul Château Dillon produit trois vins : Château Dillon (AOC Haut-Médoc), Cru Bourgeois Château Breillan (AOC Haut-Médoc) et Château Linas (AOC Bordeaux Blanc Sec). Cette complexité génère des situations d'intermédiation très différentes selon la renommée du produit (voir la Figure 9.2).

Figure 9.2 : Trois situations d'intermédiation dans la distribution du vin bordelais

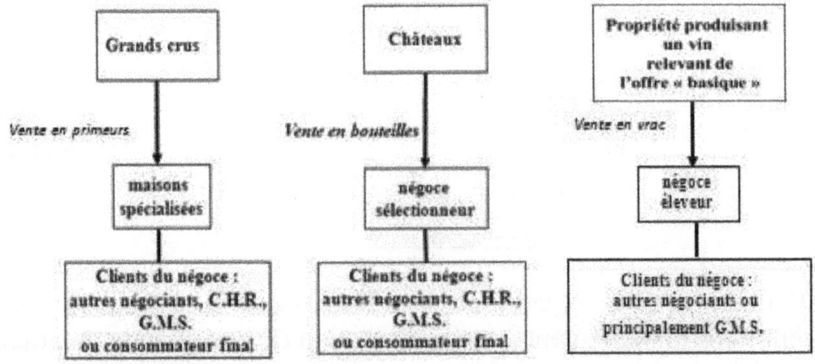

Dans le cas des châteaux de notoriété mondiale (offre de type « Art »), les maisons spécialisées dans la commercialisation des grands crus, selon la terminologie proposée par le Syndicat des Négociants en Vins de Bordeaux, achètent en primeur à la propriété.

En ce qui concerne les autres propriétés suffisamment renommées pour être vendues en bouteilles à un prix satisfaisant (offre de type « Exploration » ou « Fun »), c'est-à-dire au-dessus de 2,50 euros la bouteille prix de vente départ propriété, le négociant, dénommé sélectionneur et distributeur de vins de châteaux, accompagne le propriétaire et apporte sa technologie pour effectuer lui-même les opérations de mise en bouteille « au château ». Selon une étude de la Chambre d'Agriculture, ces deux situations ne concernent pas plus de 250 viticulteurs. Reste l'achat de vins en vrac, qui s'effectue en majorité auprès des propriétés de faible notoriété (offre de type « Basique »). La marque « Château » appartient au viticulteur, et non au négociant, et ce dernier n'a guère de possibilités d'actions promotionnelles pour améliorer la notoriété. Quant au viticulteur, la différenciation de sa production ne suffit pas pour lui permettre de justifier une mise en marché en bouteilles au nom de son château. Ce type d'achat constitue la troisième option stratégique pour le négociant, qualifié d'éleveur de vins de marque, qui procède ensuite à leur assemblage et à leur élevage avant leur mise en bouteilles, habituellement destinée à la grande distribution.

Ces trois situations ne sont pas exclusives l'une de l'autre car la majorité des négociants, à l'exception des maisons spécialisées dans les grands crus, pour préserver leur positions sur les différents marchés, présentent en effet un assortiment généralement représentatif de la diversité, voire de l'atomisation, de l'offre bordelaise. En outre, le négoce bordelais est également propriétaire de vignes[2]. En somme, si l'on avait représenté sur la seule Figure 9.1 l'ensemble du maillage constitué par les trois situations d'intermédiations non exhaustives, nous aurions probablement obtenu un « plat de spaghettis », graphique caractéristique des réseaux de distribution en interindustriel (Gadde, 2012). C'est pourquoi, le négoce bordelais est aujourd'hui considéré comme « *un véritable écosystème, sans doute imparfait, mais [...] qui réussit malgré son extrême complexité* » (Roumegoux, 2008). Certains s'interrogent pourtant sur la capacité du négoce bordelais à conserver sa dimension internationale (Réjalot, 2013). En effet, les turbulences environnementales telles que la pression sur les prix exercée par la grande distribution française, le développement d'une concurrence des vins dits du « Nouveau Monde » (Etats-Unis, Chili, Argentine, Afrique du Sud, Australie et Nouvelle-Zélande), et la financiarisation de leur filière de production et de commercia-

2 Ce vignoble contrôlé représente toutefois une surface très faible (4 % de la Gironde) et le négoce n'incorpore pas sa production dans ses marques commerciales. Il les revend sous forme de château (Réjalot, 2013). Nous n'aborderons donc pas ce mode d'intégration amont dans nos analyses.

lisation remettent en question les caractéristiques historiques d'un négoce d'abord local. D'autres soulignent pourtant, comme Bichsel (2009), que le « *système bordelais déclaré mort bien des fois, n'a jamais aussi bien fonctionné que ces vingt dernières années* ».

Le triangle de positionnement ici utilisé permet de vérifier dans quelle mesure les spécificités d'un produit correspondent aux attentes de son marché et se différencient de manière exclusive de ses concurrents. Il est mobilisé pour décrire les ressources sur lesquelles le négoce est en mesure de s'appuyer afin de formuler une promesse de valeur correspondant aux attentes de ses clients et se différenciant de manière exclusive de ses concurrents, à savoir les autres canaux de commercialisation. Le concept de système de valeur de Porter (1986) est par ailleurs utile pour identifier les activités du négoce et mettre l'accent sur les interrelations sources de valeur avec les activités des acteurs en amont et à l'aval du canal. En cela, nous nous inscrivons à la fois dans la perspective de Gadde (2012), qui souligne que la mission du distributeur industriel consiste à générer de la valeur à la fois pour les producteurs et pour les clients, et dans la perspective des « constellations de valeur », utilisée dans l'analyse contemporaine des canaux de distribution pour identifier les interactions créatrices de valeur entre acteurs (Filser, 2012). Le Tableau 9.1 précise les différents sites Internet utilisés pour illustrer concrètement le propos.

Tableau 9.1 : Sites Internet consultés

http://www.bordeauxpresse.com
http://www.champagne.fr
http://www.franceagrimer.fr
http://www.lejournalduvin.com
http://www.liberation.fr/economie
http://www.lobsoco.com
http://nemesisformationconseil.over-blog.com
http://www.rayon-boissons.com
http://www.vinomedia.fr
http://www.vins-bordeaux-negoce.com
http://www.vins-bourgogne.fr

2. Maisons spécialisées dans les grands crus : des ressources relationnelles incontournables

La commercialisation des grands crus à Bordeaux est un exemple typique de l'explication de la séparation des fonctions entre les acteurs d'un canal par le modèle d'analyse économique des canaux de distribution (Filser, 2012). La responsabilité du viticulteur se concentre en effet sur la culture de la vigne, sa récolte et la vinification. Le propriétaire possède la compétence technique qui permet de garantir la qualité du produit. Le négociant apporte à la production sa connaissance des marchés locaux internationaux, sa capacité de stockage. Cette délégation des fonctions commerciales se justifie par une plus grande compétence des intermédiaires, compétence qui provient de la disproportion existant entre la notoriété, souvent mondiale, de certains châteaux et leur poids économique relatif, qui ne leur permet pas de financer une commercialisation mondiale. Cette répartition des fonctions distributives est tellement cloisonnée qu'elle aboutit fréquemment à une quasi-ignorance, de la part du propriétaire du château, des points de vente dans lesquels seront ultérieurement commercialisés ses produits.

Comme nous l'avons préalablement précisé, la vente des grands crus au négoce s'effectue en primeur, ce qui signifie que les négociants assument le règlement financier au printemps suivant la vendange, et que la livraison est différée, en général deux ans après l'élevage à la propriété. Les châteaux encaissent ainsi de la trésorerie et ne se soucient ensuite plus de la commercialisation. Les négociants pourront, quant à eux, spéculer sur le cours qu'atteindra le millésime lors de sa mise en marché, puisqu'ils l'auront payé moins cher. Cette forme particulière de commercialisation a de fortes incidences sur les forces concurrentielles qui interfèrent sur le négoce. Elle exacerbe principalement la rivalité intra-sectorielle[3]. Cette rivalité est déjà forte, ne serait-ce que par le nombre de négociants. Sur le site du Syndicat des Négociants en Vins de Bordeaux une cinquantaine de maisons spécialisées grands crus peuvent en effet être identifiées. En outre un château commercialise généralement ses vins avec plusieurs d'entre elles (Compadre, 2013), sachant que la logique de spéculations inhérente à la vente de primeur rend stratégiques les capacités financières et logistiques (Compadre, 2010).

3 Ce type de rivalité sera envisagé dans le chapitre mais ne sera pas prise en compte dans la recherche de propositions de valeur. Nous raisonnons en effet à l'échelle du négoce bordelais, et non dans le cas d'une entreprise précise.

La position concurrentielle de type de négoce est extrêmement dépendante de ses fournisseurs : en effet, dans le système bordelais de la vente en primeur, c'est le château qui choisit les négociants commercialisant son vin (Compadre, 2013). Lorsque les prix de vente du château lui paraissent élevés, le négociant n'est pas en mesure de refuser l'achat s'il souhaite préserver ses « allocations de volume » pour les millésimes futurs. Ainsi, la menace de nouveaux entrants n'est pas élevée en raison des barrières à l'entrée que constitue le principe des allocations de volumes. De son côté, la menace de formules de distribution de substitution n'apparaît pas non plus élevée. Les châteaux vendent en effet leur vin en primeur. L'apport de trésorerie pour les propriétaires constitue la principale raison de la stabilité probable de ce mode de distribution Par ailleurs, le climat relationnel induit par ce type de vente renforce la stabilité. Les modèles d'analyse des canaux d'inspiration comportementale ont effectivement souligné que la confiance entre les acteurs pouvait constituer un puissant « *ciment relationnel* » (Filser, 2012).

Cette forme de commercialisation présente un autre avantage pour les châteaux : elle constitue en effet une caisse de résonance mondiale puisqu'elle attire pendant deux mois l'attention de toute la profession sur les vins de Bordeaux, *via* ses négociants (interview d'Allan Sichel). On relève pourtant, dans certains châteaux, une montée en compétence de la structure commerciale, un recours notamment de plus en plus fréquent à des « *brand ambassadors* » susceptibles de représenter leur marque sur des opérations évènementielles. Cela signifie-t-il pour autant que ces châteaux pourraient envisager à terme la vente directe ? La menace parait faible, ceci pour deux raisons (interview d'Allan Sichel). D'une part, le coût d'entretien d'une équipe commerciale implantée au niveau mondial est supérieur à la marge du négoce, de l'ordre de 13 %. D'autre part, dans le cas d'une vente en direct de certains grands crus, tous les négociants de la place de Bordeaux, qui s'efforcent actuellement de promouvoir globalement l'offre bordelaise, n'auraient plus une composition identique de leur offre. Cette évolution pourrait induire à terme une rivalité orientée sur la comparaison des crus et de leur prix.

En ce qui concerne le rapport de force de ce type de négoce avec sa clientèle, il est soumis à la loi de l'offre et de la demande à laquelle répond le marché des grands crus. Selon les années, les fluctuations de prix peuvent être importantes. Depuis le millésime 2005, qui a atteint des prix très élevés, le vin des grands crus est devenu un produit financier (Compadre, 2008). Toutefois, la spécificité reconnue du négoce bordelais est de pouvoir à tout moment trouver un client pour un produit en fonction de l'évolution des prix : « *N'importe quel propriétaire de grands crus peut à tout moment connaître son prix et savoir à qui les céder* » (Antoine-Geny et Roudil, 2013). Au demeurant, l'indice de référence du marché du vin est le *Live–Ex Fine Wine 100*, composé à 75 % de vins rouge de Bordeaux. Cette situation réduit la probabilité de menace de nouveaux entrants. Certes, la menace de l'arrivée d'opérateurs étrangers qui souhaiteraient racheter des entreprise dans une optique de montée en puissance financière n'est pas à écarter.Elle est toutefois freinée par une double contrainte (Mora, 2007), à savoir la difficulté d'adaptation à la culture bordelaise, très attachée à l'indépendance, et l'absence de cotation en bourse de ces entreprises, dont la taille est souvent jugée insuffisante, contrairement à leurs principales concurrentes du Nouveau Monde (Antoine-Geny et Roudil, 2013).

En somme, l'analyse des forces concurrentielle ne révèle pas de menaces importantes pour le négoce des grands crus classés. Bien au contraire, les perspectives liées à la spéculation sont favorables, comme le fait remarquer Georges Haushalter, président du CIVB : « *Les prix des vins d'exception ne cesseront pas d'augmenter, estime, car la demande reste en hausse et l'offre limitée en raison de la taille restreinte des domaines et des parcelles. Sur ce créneau, le seul moyen de régulation, c'est le prix du marché et celui-ci nous est très favorable* » (Moréno, 2012). Par ailleurs, le CIVB prévoit un potentiel de croissance en valeur de l'ordre de 34 % pour l'offre bordelaise de type « Art ». La promesse de valeur des maisons spécialisées dans les grands crus, comme indiqué dans la Figure 9.3, réside dans leur capacité à fournir un accès à un produit rare, devenu pour certain un actif financier alternatif (Cardebat et Figuet, 2009). L'introduction historique du négoce auprès du milieu des grands crus lui procure la ressource relationnelle sur laquelle s'appuyer principalement. La valeur de rachat de ce type d'établissement réside d'ailleurs dans la qualité de ses relations avec les grandes propriétés (Niedercorn, 2012). Par ailleurs, le négoce développe des capacités de stockage adaptées aux exigences des clients en terme de sécurité et fiabilité œnologique, qu'il ne cesse de développer (Compadre, 2010). Il n'y a pas voie de commercialisation comparable susceptible de le menacer. Ajoutons qu'en ce qui concerne les propriétaires de grands crus, la délégation de l'ensemble des fonctions commerciales au négoce n'est pas remise en question. Le rôle du négoce s'appuie sur sa capacité à financer les achats en primeur et sur sa connaissance des marchés à l'international (voir la Figure 9.4)

Figure 9.3 : Le triangle positionnement des maisons spécialisée dans les grands crus : la promesse de valeur vers l'aval

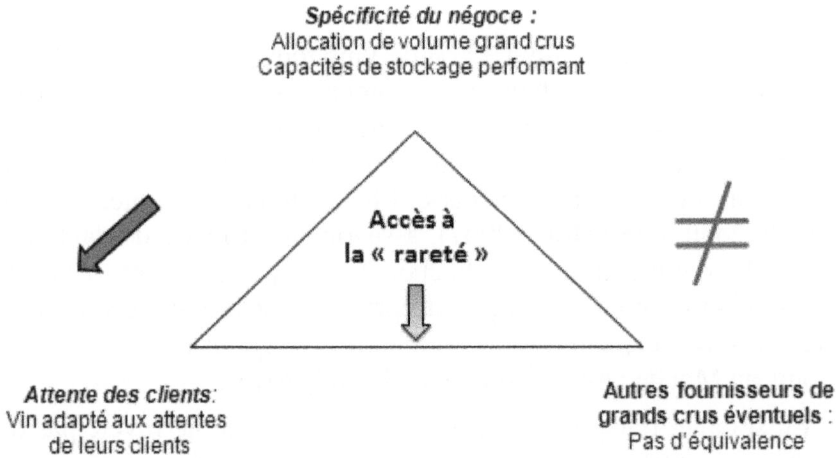

Figure 9.4 : Le triangle positionnement des maisons spécialisée dans les grands crus : la promesse de valeur vers l'amont

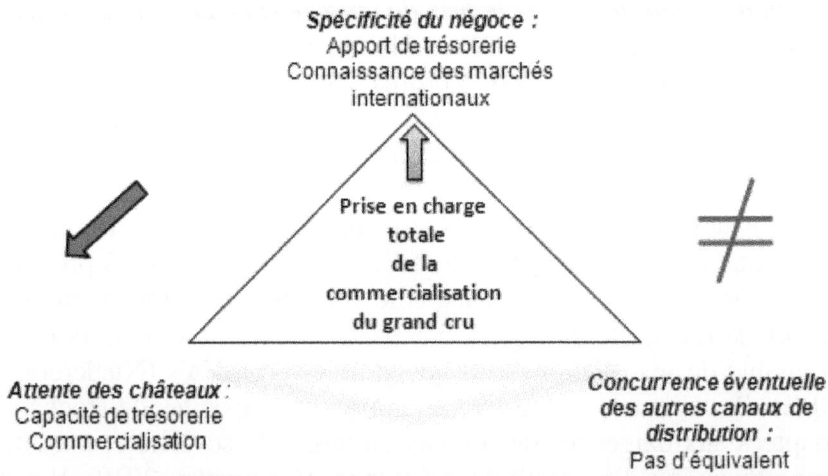

La Figure 9.5 met en lumière les interactions entre les activités du négoce et celles de ses interlocuteurs en amont et à l'aval. De manière générale, ces interactions sont créatrices de valeur parce qu'elles permettent à l'interlocuteur soit de réduire ses coûts, soit

Figure 9.5 : Le système d'offre dans le cas des maisons spécialisées dans les grands crus

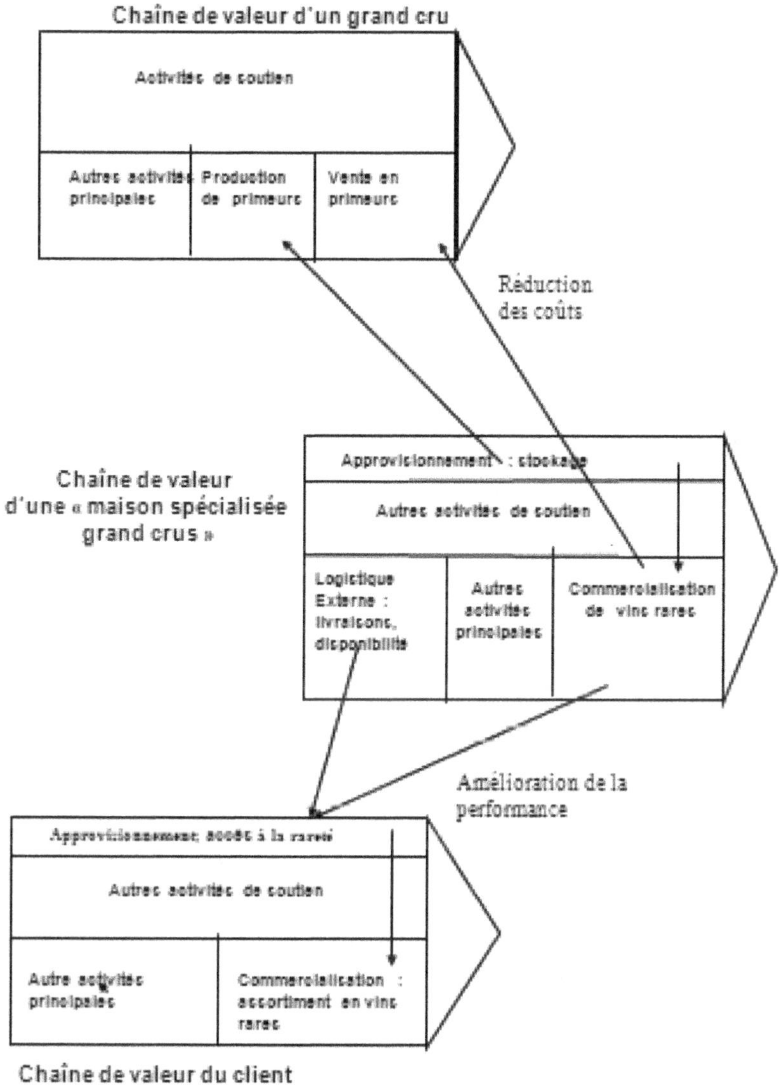

d'améliorer sa performance (Porter, 1986). Dans le cas présent, le rôle du négoce permet aux châteaux de réduire d'une part leurs coûts financiers *via* l'apport de trésorerie dans le cadre de l'achat en primeur, d'autre part leurs coûts commerciaux compte tenu de la prise en charge de la commercialisation finale du vin sur les marchés nationaux et internationaux. L'activité du négoce est également génératrice de valeur ajoutée pour ses clients en leur permettant d'améliorer leur performance sur leur marché, puisqu'ils peuvent ainsi proposer un assortiment riche de produit viticoles rares, reposant sur une fiabilité logistique. Au plan théorique, on retrouve ici le concept de « *liquéfaction* » (Filser, 2012), selon lequel l'information sur un produit physique circule séparément de lui. Dans le contexte de spéculation qui caractérise la commercialisation des grands crus, le négoce possède la capacité de faire circuler très rapidement l'information sur leur côte auprès de l'ensemble des acteurs concernés. Mais les vins peuvent changer de propriétaire et continuer à rester stockés dans les chais du même négociant.

3. Négociants de vins de châteaux : d'une activité de commercialisation de vins à un développement de service pour l'aval

Comme dans le cas précédent, le modèle d'analyse économique explique à l'origine la séparation des fonctions entre les négociants de vins de châteaux et les propriétés. Rares sont celles qui gagnent de quoi rémunérer une force commerciale à la hauteur des enjeux internationaux (interview d'Allan Sichel). La moindre renommée de ces vins modèle différemment les forces concurrentielles qui s'exercent sur les acteurs de l'intermédiation, notamment en ce qui concerne la menace relative aux modes de commercialisation de substitution. Pour comprendre la différence de situation, il faut se reporter à la spécificité bordelaise que constitue la marque « Château ». Cette dernière, à laquelle s'ajoutent sur l'étiquette de multiples informations comme le millésime, l'AOC et le classement, complexifie fortement l'offre, notamment à l'export (Réjalot, 2007). Pendant longtemps, c'est l'origine géographique Bordeaux, remplissant traditionnellement le rôle de marque ombrelle, qui a permis de compenser la différenciation auprès de l'ensemble des marchés. Or, deux facteurs principaux ont remis en question cette différenciation : (1) La montée en puissance des nouveaux entrants étrangers est avérée : les vignobles chiliens, argentins et californiens ont bénéficié de l'implantation de certains grands producteurs bordelais, avec une part dans les échanges mondiaux était de 25 % en 2011 ; (2) Sur les marchés internationaux, l'image des vins de Bordeaux s'est progressivement abîmée (Compadre, 2011).

De ce fait, le succès de la commercialisation de chaque vin de château est désormais conditionné à la propre notoriété du château et non plus à la seule marque ombrelle Bordeaux. Ceci est particulièrement vrai dans le cas des offres de type « Exploration » ou « Fun », qui correspondent généralement au cas des vins dits de « Châteaux ». Or, la promotion de la marque du château est rendu difficile par l'absence de moyens (le prix de vente de la bouteille est compris entre 2 et 3,50 euros départ propriété, selon une étude de la Chambre d'Agriculture), et par le fait que le vigneron bordelais n'a traditionnellement pas l'habitude de mettre en œuvre les actions commerciales. Cette évolution n'est pas sans conséquence sur le niveau des prix et donc sur la rentabilité de la commercialisation. C'est pourquoi, conformément aux modèles d'analyse d'inspiration comportementale, la traditionnelle délégation des fonctions commerciales au négoce est susceptible d'être remise en question si les logiques de répartition de la marge ne sont plus jugées satisfaisantes pour les deux acteurs. Dans le cas où la pression à la baisse sur les prix au détail entraînerait une réduction de la marge globale, ne permettant pas toujours de les rémunérer correctement, les viticulteurs peuvent alors envisager de recourir à une commercialisation plus directe, soit à la propriété, soit *via* un site marchand ou le réseau de cavistes.

Le recours massif à unc commercialisation directe par l'ensemble des châteaux est certes difficilement envisageable dans le contexte bordelais compte tenu du rôle historique du négoce. Il faut également que le viticulteur « *se sente une âme commerciale* », ce qui n'est pas le cas pour tous (interview d'Allan Sichel). Une étude menée au milieu des années 2000 par Krémer et Lapassouse-Madrid (2007) révèle toutefois que certaines initiatives sont susceptibles d'être mises en œuvre par des viticulteurs suffisamment conscients de la crise environnementale pour être proactifs dans leur capacité à développer une démarche marketing. Plusieurs opportunités de l'environnement actuel renforcent cette perspective. D'abord, la vente en ligne de vin est une réalité incontestable. Même si ce canal ne représentait en 2012 que 5 % des ventes en valeur de vin (Xerfi, 2013), le potentiel de développement est important. Le nombre de sites consacrés au vin est estimé à plus de 300 (Xerfi, 2013), mais ils sont de plus en plus concurrencés par les sites généralistes qui ajoutent une offre vin à leur assortiment (C discount, Rue du Commerce), ou par les sites de la grande distribution. Bressoles et Viot (2010) constatent l'arrivée de nouveaux acteurs en ligne dont l'offre est essentiellement composée de produit ne dépassant pas 10 euros. Cette évolution peut justement constituer une opportunité de commercialisation hors négoce traditionnel pour les châteaux relevant du segment « Fun » notamment.

Par ailleurs, la consommation de vin rejoint les tendances générales relatives à la consommation contemporaine. Dans un contexte d'arbitrage des dépenses, le consommateur s'interroge sur ses achats, cherche à leur donner du sens en consommant autrement, et surtout mieux. Or, le choix du canal de distribution peut répondre à cette attente. Picot-Coupey (2013), s'interrogeant sur les voies d'avenir du magasin physique, met l'accent sur le concept de « *tiers-lieu* » selon lequel la finalité sociale du point de vente peut être au moins aussi importante que sa dimension marchande. Le client est invité à se détendre et à échanger avec ses pairs. En somme, le choix d'une distribution qui privilégierait ce mode de vente serait pourvoyeur d'une valeur de nature expérientielle. La vente directe à la propriété et/ou l'appui sur un réseau de cavistes apparaissent alors plus particulièrement dotés de potentialités susceptibles de permettre à l'individu de co-construire des expériences, comme par exemple la découverte d'un vignoble ou la dégustation de vin. Et cette expérience correspond particulièrement aux attentes d'un public auquel sont destinées les offres de types « Exploration » ou « Fun ».

L'analyse des forces concurrentielles est donc différente en ce qui concerne la menace des circuits de substitution. Elle s'écarte également du cas précédent au niveau du pouvoir de négociation avec les clients, à savoir les enseignes de distribution. Bordeaux reste le premier vignoble d'appellation vendu en grandes et moyennes surfaces françaises. En 2012, il représente 29 % des volumes et 34 % de leur chiffre d'affaires, selon le CIVB. Si la grande distribution constitue le débouché principal pour le négoce, ce n'est toutefois pas sans contraintes : elle recherche principalement une offre adaptée aux attentes du consommateur, assortie de conditions de volume et de régularité d'approvisionnement. Or, l'image du vin de Bordeaux doit être renforcée et sa part de marché se dégrade en grande distribution (CIVB, 2010). En outre, le nombre moyen de références dans un linéaire vins est de plus de 700 en hypermarché et de plus de 330 en supermarché selon le Panel Infoscan IRI France. Il est donc difficile pour le négoce de promouvoir une différenciation et de trouver un débouché pour l'ensemble des vins de châteaux. Enfin, le prix moyen du Bordeaux (4,77 euros toutes AOC confondues) est supérieur au prix du marché (3,02 euros). En bref, « *Bordeaux a une image de cherté* », relève un acheteur de l'enseigne Auchan (Compadre, 2014).

La rivalité entre les entreprises, en revanche, est tout aussi intense que dans le cas de l'intermédiation spécialisée dans les grands crus. L'annuaire syndical permet de recenser 90 inscrits mais on estime à 300 le nombre d'acteurs présents sur la place de Bordeaux avec, parmi ces derniers, certaines entreprises qui ont une antériorité de plus d'un siècle. Si le nombre des acteurs en présence est élevé, le chiffre d'affaires traité est concentré à plus de 70 % sur les dix premiers. Par ailleurs, les mouvements de restructuration observés depuis une dizaine d'années, avec l'achat par des opérateurs non girondins ou des fusions, contribuent à renforcer cette disproportion (Belis-Bergouignian *et al.*, 2008 ; Réjalot, 2007). Dans cette logique, la menace de nouveaux entrants parait faible, le nombre d'acteurs en présence et la puissance des réseaux professionnels liés à l'antériorité de certains faisant figure de barrières à l'entrée. L'effet cluster, pour reprendre l'analyse de Dussuc et Geindre (2015), semble ici jouer à fond.

En somme, l'analyse des forces concurrentielles à propos de l'intermédiation dans le cas des vins de châteaux révèle une menace non négligeable à propos des modes de commercialisation de substitution. Quels sont, dans ces conditions, les types de valeur susceptibles d'être procurée par le négoce ? De la même façon que dans le cas des grands crus, la proposition de valeur du négociant sélectionneur repose sur sa connaissance des marchés amont et sa capacité à trouver une clientèle. Comme le souligne justement Roumegoux (2008), « *lorsque l'on sait vendre tout ça [l'offre atomisée], même difficilement, on peut tout vendre* ». Mais cette seule capacité n'est pas suffisante, elle est soumise à l'exigence de rentabilité de la part des viticulteurs (voir la Figure 9.6). Le rôle du négoce apparaît ici plus menacé que dans le cas précédent, car les propriétés viticoles sont susceptibles de se tourner vers d'autres canaux de distribution.

Pour éviter ce choix, la réponse stratégique s'appuie sur la capacité du négoce à négocier avec sa clientèle, en particulier la grande distribution. Or, les attentes de cette dernière sont très précises. La diversité de l'offre bordelaise, combinée avec la variation de qualité selon les millésimes, permet de proposer une offre adaptée à chaque marché. Encore faut-il bien connaître ces possibilités. Les sources de création de valeur pour l'intermédiation se situent précisément à ce niveau. Le négociant peut s'appuyer sur sa vocation de sélectionneur, sa connaissance inégalée de l'offre. Cette proposition de valeur peut également concerner, d'une part, la clientèle des cavistes qui cherchent à s'appuyer sur l'originalité de leur gamme pour se différencier des grandes surfaces (Xerfi, 2013), et d'autre part, les attentes des marchés internationaux (voir la Figure 9.7).

Figure 9.6 : Le triangle positionnement du négociant sélectionneur de vins de châteaux : la promesse de valeur vers l'amont

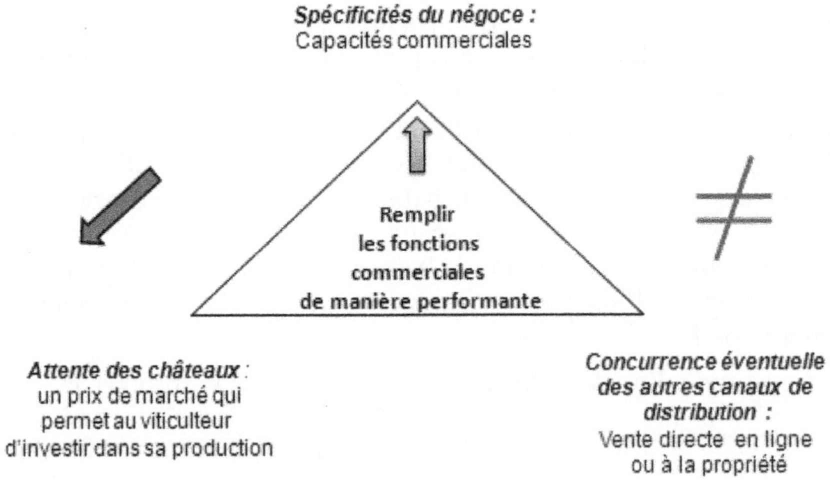

Figure 9.7 : Le triangle positionnement du négociant sélectionneur de vins de châteaux : la promesse de valeur vers l'aval

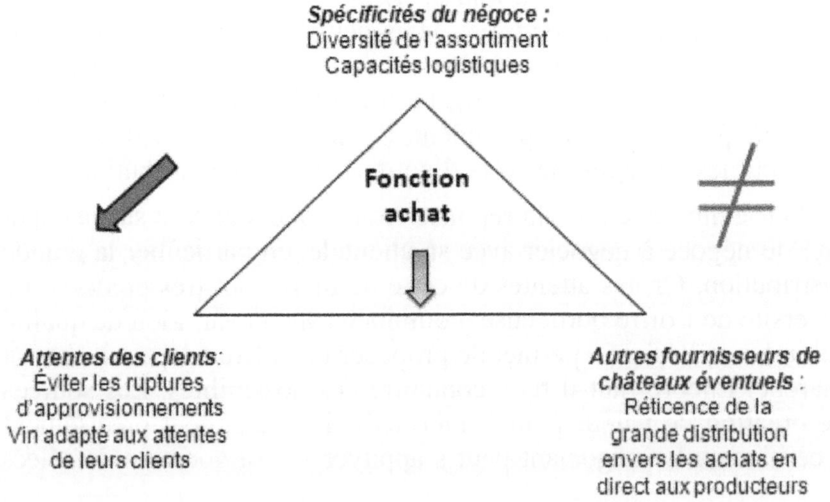

Figure 9.8 : Le système d'offre dans le cas du négociant selectionneur de vins de châteaux

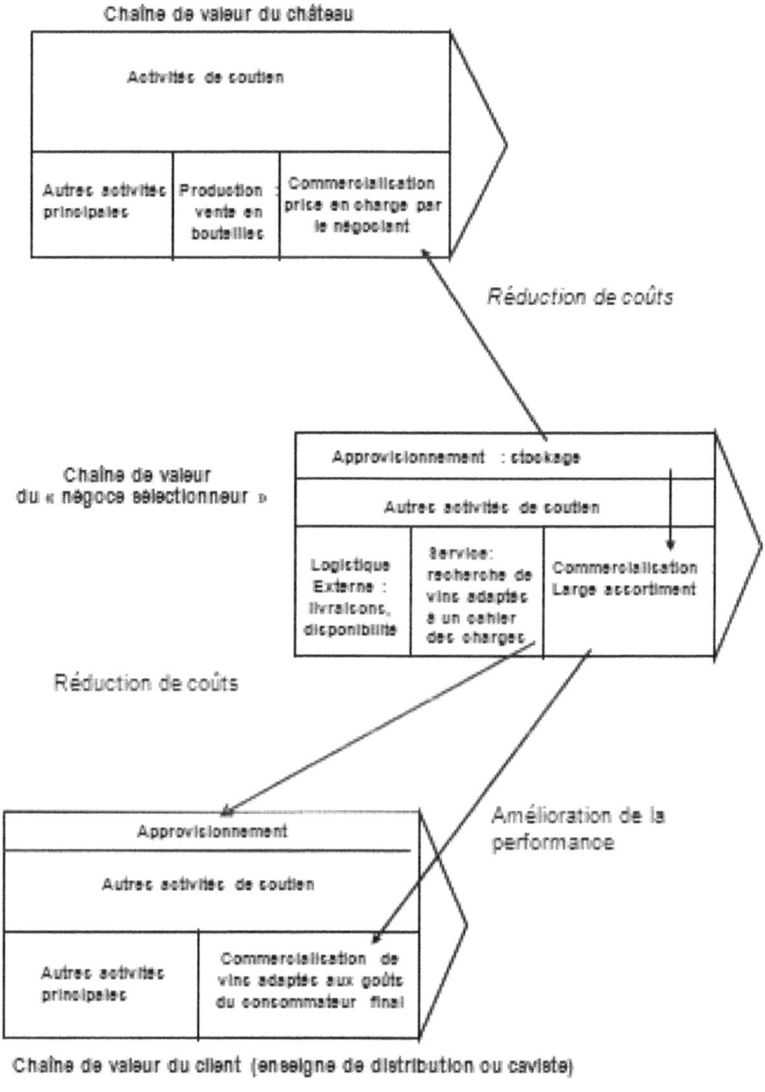

La Figure 9.8 met en exergue les interactions entre les activités du négociant sélectionneur et celles de ses interlocuteurs en amont et à l'aval. Comme dans le cas précédent, le négoce permet aux châteaux de réduire leurs coûts commerciaux compte tenu de la prise en charge de la commercialisation finale du vin sur les marchés nationaux essentiellement. L'activité du négoce est également génératrice de valeur ajoutée pour ses clients en leur permettant aussi de réduire leurs coûts relatifs à la recherche de produits pour constituer un assortiment adapté à leur clientèle. Or, l'assortiment occupe une place cruciale dans la différenciation des enseignes (Filser et Paché, 2008). Au plan théorique, on retrouve ici le principe de l'intermédiaire dit « pourvoyeur », c'est-à-dire jouant en quelque sorte le rôle de l'acheteur pour son client (Gadde, 2012). Le sens amont-aval des logiques relationnelles entre les acteurs d'un canal est ici inversé ; l'intermédiaire ne représente plus l'un des « 4P » de la stratégie commerciale du producteur (en l'occurrence ici le viticulteur), il offre plutôt aux points de vente une activité de service.

4. Négociant éleveur : le développement des activités de co-création

Le marché du vin en vrac concerne les productions dont le prix hors taxe départ propriété oscille entre 80 et 300 euros l'hectolitre selon une étude de la Chambre d'Agriculture. Il représente 52 % des transactions en volume. Dans ce cas, la répartition des fonctions entre le négociant et le viticulteur est différente puisque la marque « Château » n'existe pas. Le négociant élabore lui-même sa marque, assemble, élève et met les vins en bouteille sous sa propre marque. Cette dernière est généralement élaborée en fonction des attentes du consommateur, notamment celles du segment « Fun ». En ce qui concerne la rivalité entre les entreprises présentes, l'analyse est la même que dans le cas précédent car la majorité des négociants présente un assortiment composé de marques commerciales ou issues de propriétés (Cocula et Michel, 2011). La menace de nouveaux entrants semble également faible, pour les mêmes raisons que dans le cas des négociants de vins de châteaux (barrières à l'entrée liées aux spécificités locales et conduisant à un effet cluster).

Le pouvoir de négociation avec les viticulteurs soumis à plusieurs facteurs contradictoires. La fixation des prix d'achat est clairement en faveur du négoce. Il s'agit souvent de viticulteurs qui ont investi (parfois surinvesti) juste avant la crise, et ne disposent pas encore d'un réseau commercial suffisant et doivent vendre en vrac, au coup par coup, au mieux au prix du marché. En revanche, le risque pour le viticulteur de vendre parfois en dessous de son prix de revient constitue pour le négoce une menace de disparition (Roumegoux, 2008), tout au moins de réduction du nombre de fournisseurs. Dans le cas des appellations les moins prestigieuses du bordelais, un viticulteur sur quatre travaille à perte. Le plan « Bordeaux demain », mis en place par le CIVB, prévoit d'ailleurs une réduction de 47 % en volume de l'offre dite « Basique ». Cette évolution passe soit par une requalification de la production, soit par une reconversion des propriétés vers d'autres types d'exploitation que la vigne. Enfin, l'absence de maîtrise de la qualité de ce que le négociant achète constitue un facteur supplémentaire défavorable dans sa relation avec ses fournisseurs.

En ce qui concerne les possibilités de commercialisation de substitution, les places de marchés électroniques destinées à commercialiser le vin en vrac ne représentent pas une menace réelle. En mars 2014, par exemple, le volume de vin proposé sur vinenvrac.com (700 hectolitres) est dérisoire par rapport au volume représenté par l'offre dite « Basique » (1,1 millions d'hectolitres). L'explication tient sans doute à l'absence de possibilité de dégustation liée à cette forme de commercialisation, et au rôle actuellement performant des courtiers, garants de la bonne fin des transactions puisque « *ce qui a été goûté est livré* » (interview d'Allan Sichel). La menace peut en revanche venir des caves coopératives, « *devenues performantes et qui représentent une force de production colossale* ». Mais face à cette évolution le négoce a choisi, de travailler avec les coopératives sans rivalité, en proposant sa force commerciale de manière à traiter avec ces nouveaux acteurs comme avec les propriétaires (interview d'Allan Sichel). Notons au final que le pouvoir de négociation des clients, dans le cas présent la grande distribution, n'est pas favorable au négoce. Les marques de distributeurs représentent 38 % du volume des vins commercialisés en grande distribution et sont conçue de manière à s'adapter aux attentes du consommateur. Dans cette perspective, le positionnement perçu des vins de Bordeaux n'est plus un atout.

Quelles sont, dans ces conditions, les perspectives stratégiques pour le négociant éleveur ? Face à un client, l'enseigne de distribution, réticente envers la multiplication du nombre de ses fournisseurs et soucieuse de traiter avec un interlocuteur fiable sur le plan logistique, sa différenciation repose sur une parfaite connaissance de l'offre bordelaise et ses compétences techniques et logistique pour contribuer à élever et livrer un vin qui correspond au cahier des charges de son client (voir la Figure 9.9). La création de valeur s'exprime ici sous forme de contribution aux activités d'innovation des autres acteurs (Gadde, 2012).

Figure 9.9 : Le triangle de positionnement du négociant éleveur : la promesse de valeur vers l'aval

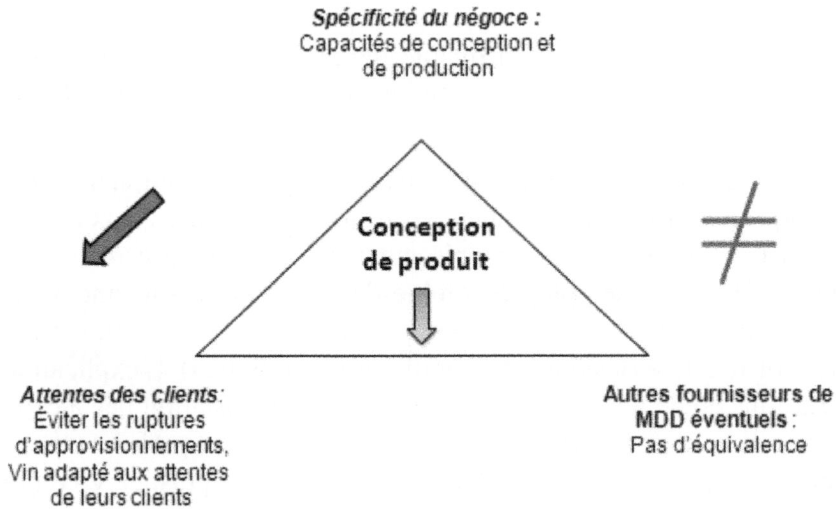

Figure 9.10 : Le triangle positionnement du négociant éleveur : la promesse de valeur vers l'amont

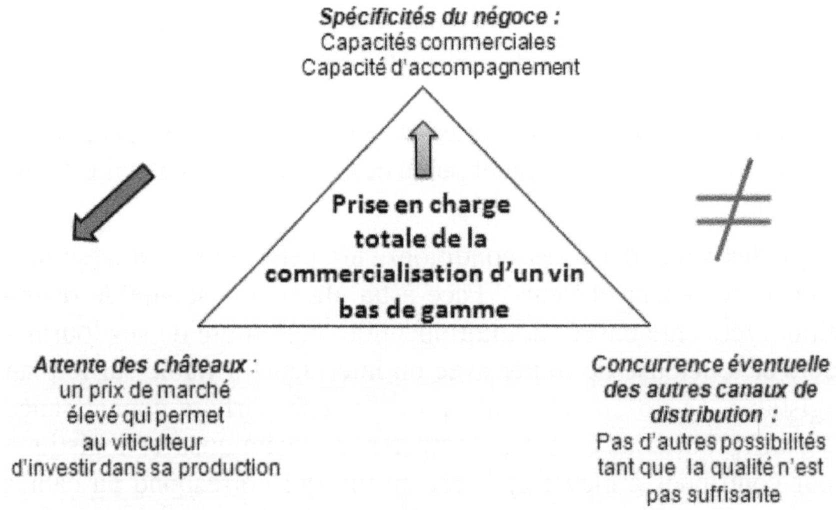

Cette perspective suppose une évolution de la répartition historique des fonctions entre les acteurs du canal puisque le négoce s'implique dans une activité productive. Or, ce dernier ne maîtrise pas actuellement la qualité de ses approvisionnements. La mise en place de partenariat avec les viticulteurs peut constituer une solution. Ce type de coopération est caractéristique des entreprises viticoles des Etats-Unis et des pays de l'hémisphère Sud (Montaigne *et al.*, 2007). A Bordeaux, certains négociants ont instauré des partenariats, tels que le pionnier Ginestet, dès le début des années 1990, partenariats qui représentaient en 2002 20 à 25 % des surfaces girondines (Réjalot, 2007). Hélas, en l'absence de statistiques, il est difficile d'avoir accès à des données plus récentes. La particularité bordelaise porte sur le fait que l'achat porte rarement sur du raisin mais sur un produit semi-fini, le vin en vrac, qui permet au négociant de mieux connaître ses caractéristiques qualitatives (Montaigne *et al.*, 2007). Pour le viticulteur, le contrat s'accompagne d'un prix de vente supérieur, 1 400 euros le tonneau quand le prix moyen de marché dépasse rarement 1 000 euros, voire d'une garantie de débouchés (voir la Figure 9.10).

Les échanges portent non seulement sur des aspects techniques mais également sur les perspectives commerciales ; le négociant indique au propriétaire des informations sur les marchés concernés par son produit. Il s'agit d'un « *état d'esprit caractérisé par l'échange* » (interview d'Allan Sichel). Ces contrats pluriannuels (de trois ans) ont pour objectif de fidéliser les flux entre opérateurs et de répondre par exemple aux attentes des coopératives qui reprochent au négoce de ne pas proposer de perspectives commerciales stables. Leur développement se manifeste toutefois « *petit à petit* » (interview d'Allan Sichel). En effet, malgré le soutien de l'environnement institutionnel *via* le plan « Bordeaux 2010 » du CIBV, la culture locale constitue sans aucun doute un frein à leur développement car elle remet en question la répartition historique des rôles vignoble / négoce. Pour certains, le négoce va même jusqu'à abandonner sa vocation en jouant la carte de la facilité (Niedercorn, 2014). La répartition des fonctions entre les acteurs peut encore évoluer de manière plus radicale si le négociant investit dans un centre de vinification. Dans ce cas, le propriétaire doit respecter un strict cahier des charges en matière de viticulture et le négociant passe radicalement du rôle de « conseilleur » à celui de « producteur ». Ce choix suppose toutefois de très lourds investissements en matière de logistique et rencontre des freins culturels encore plus importants (Réjalot, 2007). La mise en œuvre d'un strict cahier des charges est par ailleurs difficile dans la mesure où « *la viticulture n'est pas une science exacte* » (interview d'Allan Sichel).

Figure 9.11 : Le système d'offre dans le cas du négociant éleveur

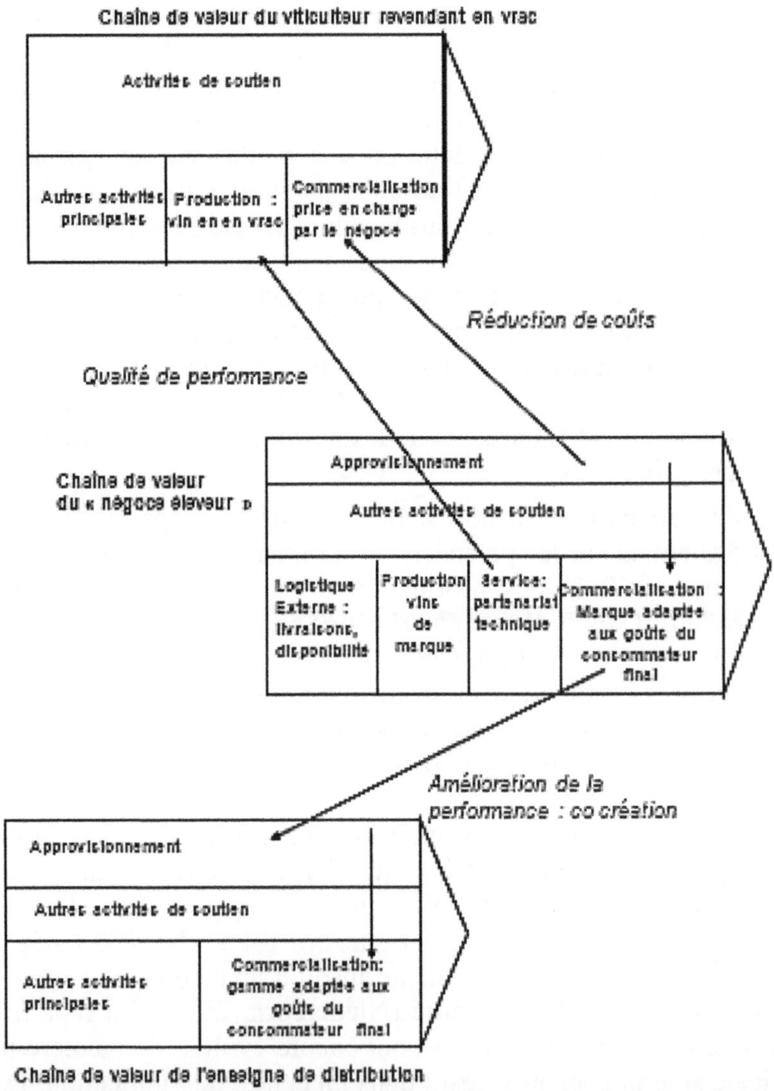

La Figure 9.11 souligne les interactions entre les activités du négociant sélectionneur et celles de ses interlocuteurs, en amont et à l'aval. Comme dans les cas précédents, le négoce permet aux châteaux de réduire leurs coûts commerciaux grâce à la prise en charge de la commercialisation finale du vin sur les marchés nationaux essentiellement. Par l'aide technique qu'il est susceptible d'apporter dans le cadre d'un partenariat, il est également source d'amélioration de la qualité vinicole. L'activité du négoce est également génératrice de valeur ajoutée pour ses clients en s'engageant dans un véritable processus de co-création de vin de marque adapté aux goûts du consommateur final, par exemple une boisson aromatisée à base de vin, telle que le rosé pamplemousse. Au plan théorique, on retrouve ici le principe de découplage qui consiste à modifier la répartition des fonctions entre les membres d'un canal (Filser, 2012). Les activités de définition du produit et de production sont ici reprises en main par l'intermédiaire.

Conclusion

A travers les développements contenus dans le chapitre, nous espérons avoir contribué à une meilleure connaissance du rôle du négoce, acteur historiquement et économiquement associé à la commercialisation des vins de Bordeaux. Pour les trois situations d'intermédiation identifiées, en plaçant le négociant au centre de l'analyse, nous avons identifié les principales menaces concurrentielles auxquelles il est confronté et mis en lumière les modes de création de valeur lui permettant d'y faire face. Nos observations rejoignent les conclusions de Giraud et Pardo (2012) à propos de la nature relationnelle des ressources d'un intermédiaire. En effet, au-delà des capacités de stockage inhérentes à son métier, ce sont finalement des ressources de type relationnel qui lui confèrent la possibilité de faire face aux enjeux commerciaux contemporains. Ceci est particulièrement vrai à propos des maisons spécialisées dans les grands crus pour lesquelles les allocations de volume en primeur auprès des châteaux le rendent incontournable, sans même avoir besoin de développer de nouvelles activités, pour qui souhaite acquérir ce type de vins. Mais ceci est également vrai pour ses relations avec les différents châteaux que le négociant sélectionneur peut s'appuyer pour identifier l'offre correspondant au cahier des charges de la grande distribution et qui lui permettra ainsi de développer une véritable activité d'acheteur. La nature nouvelle de sa relation avec l'interlocuteur aval est ici créatrice de valeur pour l'ensemble du canal. Enfin, c'est sa connaissance de l'offre dite « Basique », associée à ses compétences techniques, qui offre au négociant éleveur l'opportunité de s'engager dans une relation de co-création avec son interlocuteur aval.

L'interrogation sous-jacente à nos développements – quel est le rôle du négoce bordelais et quelle est sa légitimité actuelle ? – trouve finalement une réponse favorable : le négoce bordelais possède des ressources spécifiques pour justifier d'une activité d'intermédiation créatrice de valeur. D'autres questionnements surgissent cependant. Dans la mesure où négociants éleveurs et négociants sélectionneurs sont confrontés aux exigences de la grande distribution, jusqu'où vont-ils pousser leur logique d'adaptation en abandonnant leur culture historique ? Peut-on envisager un recours généralisé aux prestataires de services logistiques, comme c'est le cas dans d'autres secteurs économiques (Roveillo *et al.*, 2012) ? Certaines initiatives locales peuvent d'ores et déjà le suggérer. Ainsi, le négociant Eric Dulong a investi récemment 6,5 millions d'euros dans un centre de vinification, tandis que le groupe Dartness, implanté aux portes du Médoc, se positionne en France comme le leader de la logistique des vins et des spiritueux.

Des trois situations d'intermédiations que nous avons mises en avant, le négociant sélectionneur de châteaux est finalement le plus menacé par le risque de voir des viticulteurs se tourner vers d'autres canaux. Tant que la grande distribution reste majoritaire dans la commercialisation des vins de Bordeaux, cette menace est mesurée. Mais quelles seront demain les attentes du consommateur ? La montée en puissance de la recherche d'authenticité et d'expérience favorise le choix de points de vente pouvant relever de réseaux de cavistes ou de l'achat à la propriété. En outre, le vin est un produit particulier, empreint de valeurs culturelles et affectives. Jusqu'à quel point ces valeurs peuvent-elles être un frein à l'achat de vins de plus en plus « *marketés* » en grande distribution ? La question reste posée et la réponse constitue un élément d'analyse de la dynamique des canaux de distribution des vins de Bordeaux.

Chapitre 10.
L'intermédiation en santé ou la voie de l'intégration des soins

Nathalie Angelé-Halgand et Thierry Garrot

Le mouvement des « soins intégrés » (*integrated care*) s'est développé sous l'impulsion de l'Organisation Mondiale de la Santé (OMS) dans les années 1990. Aujourd'hui, il est porté par le programme de « Santé 2020 », nouvelle politique cadre européenne conjointement élaborée par l'OMS et les institutions européennes. L'objectif consiste à « *améliorer de manière significative la santé et le bien-être des populations, réduire les inégalités de santé, renforcer la santé publique et mettre en place des systèmes de santé universels, équitables, durables, de qualité et axés sur la personne* » (OMS, 2014). La France semble accuser un retard significatif dans ce mouvement. Même si le discours devenu incontournable du « parcours » de santé, de soins ou de vie, atteste d'une prise de conscience en la matière, rares sont les expériences concrètes qui s'y apparentent, à l'exception notable des *maias*, structures de coordination des acteurs du soin autour des malades Alzheimer.

L'intégration en santé apparaît comme la petite sœur de l'intermédiation. Ces deux courants ont émergé en marge de la pensée dominante. Comme le note Filser (2015), l'intermédiation est insuffisamment prise en compte par les théories micro-économiques ou par le marketing, qui pourrait l'appréhender à travers la variable distribution. De même, c'est à travers des expériences concrètes de terrain, principalement développées dans le Nord de l'Europe et Outre-Atlantique, que les soins intégrés se sont développés sur le lit de la fragmentation induite par les politiques inspirées du Nouveau Management Public ; le cas français de la santé est illustratif de cette dernière situation (Angelé-Halgand et Garrot, 2014). Défragmenter devient ainsi le maître mot de l'intégration en santé. Les programmes qui s'en prévalent sont habituellement initiés dans le double but d'améliorer l'efficience et la qualité des soins, la littérature étant unanime sur ce point. Sachant que l'école du *supply chain management* (SCM) se concentre sur les deux objets que sont l'élimination des gaspillages et les gains de performance obtenus en travaillant la coordination des chaînes logistiques (De Vries et Huijsman, 2011), il n'est pas surprenant de voir l'intérêt croissant qu'elle développe pour les problématiques d'intégration des services de soins de santé.

Fabbe-Costes et Jahre (2008) notent qu'au-delà de la diversité des approches à l'origine des définitions du SCM, dont celles en réseau et celles centrées sur le *lean* et *agile management*, la plupart d'entre elles sont liées à l'intégration. Le modèle qu'elles proposent caractérise l'intégration de la chaîne logistique (*supply chain integration*) en niveaux, étendues et degrés. Les niveaux caractérisent l'objet de l'intégration en termes de flux, de processus et activités, de technologies et systèmes et d'acteurs. L'étendue définit la nature et le nombre d'organisations ou de participants concernés, distinguant les formes dyadiques limitées en amont ou en aval, de celles qualifiées de triadiques (articulant amont et aval), des formes étendues à plus de trois maillons de la chaîne. Enfin, le degré croise les deux précédentes pour qualifier si elles s'appliquent à un (mono) ou plusieurs (multi) des participants à l'intégration. L'analyse comparée des deux phénomènes d'intermédiation et d'intégration met en lumière des problématiques partagées que le courant du SCM a approfondies : les travaux qui s'y apparentent invitent à considérer l'intégration des soins comme une opportunité stratégique à exploiter et ouvrent des pistes de recherche nouvelles en appliquant l'approche processuelle aux flux de patients.

1. Intermédiation et intégration : des problématiques partagées

Après avoir indiqué comment l'intégration constitue une contextualisation au domaine de la santé du phénomène d'intermédiation, nous souhaitons montrer en quoi elle invite à revisiter le rôle des professionnels de santé et du patient.

1.1. L'intégration des soins comme intermédiation des services au patient

L'analyse met en lumière deux dimensions importantes. Elles sont relatives, d'une part, à des définitions qui se rejoignent, d'autre part, à des implications organisationnelles communes poussant vers la prééminence de formes réticulaires.

Des définitions convergentes

L'étude attentive de l'intermédiation et l'intégration révèle une approche globale commune, articulant des entités distinctes dans de multiples dimensions. Gadde et Ford (2015) redéfinissent l'intermédiation comme une mise en relation, verticale, horizontale et transversale, de différents acteurs impliqués dans des relations d'interdépendance, de sorte qu'il devient difficile de catégoriser de façon homogène les fonctions assumées par chacun au sein d'un même réseau. Ainsi, l'intermédiation devient le processus global par lequel l'entreprise productrice et sa cliente forment un tout interdépendant avec leurs intermédiaires. Kodner et Spreeuwenberg (2002) approfondissent la notion d'intégration avant de la transposer à la santé : l'idée de globalité se chevauche avec celle d'intégration. Il s'agit de comprendre une situation dans toute sa complexité, comprenant les relations entre les différents éléments. L'intégration apparait comme le processus par lequel des éléments s'interconnectent dans des relations de coopération. Gröne et Garcia-Barbero (2001) distinguent deux formes d'intégration : horizontale et verticale, selon que les niveaux d'intervention sont ou non différents.

Dans un effort de synthèse, Valentijn *et al.* (2012) dégagent une définition de l'intégration dans la santé mettant l'accent sur la diversité des protagonistes et un mode d'organisation laissant peu de place aux processus de fusion, tels que les connaît le monde industriel. Ils notent que « *l'intégration des soins cherche à connecter le système de santé (soins aigus, médecins généralistes et spécialistes, etc.) avec les services sociaux (soins de long séjour, éducation thérapeutique, aide à domicile, aide à l'emploi, etc.), afin d'améliorer les impacts (clinique, satisfaction et efficience)* ». Dans le contexte français, une myriade de professionnels libéraux de la santé, d'établissements sociaux, médico-sociaux et sanitaires, est concernée, relevant de tutelles multiples : les collectivités territoriales, les Agences Régionales de Santé et le ministère. Il semble donc que l'intégration réponde aux mêmes objectifs dans le secteur de la santé que l'intermédiation en général.

L'importance des formes réticulaires

L'ambitieuse politique de l'OMS du programme de « Santé 2020 » convoque les aspects politiques, économiques, sociaux et environnementaux pour améliorer l'équité d'accès à la santé. Sa mise en œuvre nécessite de ré-analyser l'organisation de la santé. Concernant la médecine, Plochg *et al.* (2009) concluent que l'organisation la plus courante, centrée sur les spécialités médicales, n'est efficace qu'auprès de patients mono-pathologiques. Un tableau clinique poly-pathologique requiert une solide coordination, qui appelle des structures moins bureaucratiques. A défaut, les actes inutiles se multiplient, contribuant à la croissance galopante des dépenses de santé que nous connaissons depuis plusieurs années (Cour des Comptes, 2013).

Dans le domaine de l'intermédiation, les attentes de personnalisation des produits ou de livraisons ultra-rapides ont été satisfaites grâce à des évolutions technologiques dans la production, la logistique ou encore les systèmes d'information, par exemple à travers la personnalisation de masse et la différenciation retardée des produits. L'incertitude croissante de l'environnement ainsi induite a contribué à accroître le besoin de renouveler les structures existantes (Gadde et Ford, 2015). Ces auteurs suggèrent d'utiliser les grilles de lecture des réseaux pour appréhender les phénomènes d'intermédiation. Or, la forme réticulaire est reconnue comme la norme pour l'organisation des soins, notamment de premier niveau, dans les processus d'intégration (Boerma et Rico, 2006).

Une traduction du phénomène apparaît dans la réorganisation d'un hôpital au Danemark. En intégrant les soins, les acteurs de la réorganisation ont appréhendé le flux de patients jusqu'à l'extérieur de l'institution. Dans une perspective inter-organisationnelle, les prises en charge assurées par le centre social municipal ou par le médecin généraliste ont été coordonnées avec le séjour à l'hôpital, récupérant des informations en amont et assurant une prise en charge améliorée en aval. Ce changement met un terme à la fragmentation de l'organisation : des spécialités médicales habituellement éloignées, voire concurrentes, comme les urgences et la traumatologie, se trouvent regroupées dans un même département hospitalier. La réorganisation comporte une dimension intersectorielle, puisque la prise en charge coordonnée inclut une aide au retour à l'emploi ou à la reconversion professionnelle (Axelsson *et al.*, 2014). Cette observation fait écho à la caractérisation des organisations réticulaires par Fulconis (2000), avec des cas d'école chez les acteurs de l'intermédiation (FDG) ou dans la téléphonie mobile (SFR), qui renouvelle les interfaces entre producteurs, consommateurs et intermédiaires.

Ce changement touche aussi au système entier auquel s'intéressent l'intermédiation et l'intégration. Armitage *et al.* (2009) parlent d'intégration systémique, avec une approche holistique mettant au cœur du système les besoins d'une population satisfaits grâce à un *continuum* de soins. Shortell *et al.* (1994) développent l'idée d'intégration fonctionnelle autour de la coordination de fonctions supports comme la gestion financière, les ressources humaines ou les systèmes d'information. Cette démarche implique la définition de politiques partagées concernant l'ensemble des partenariats et des acteurs à l'intérieur d'un système. Ceci fait écho aux souhaits formulés par Alderson et Cox (1948) en faveur d'une théorie du marketing englobant les différents intermédiaires, les consommateurs, les canaux de distribution, les industriels, dans un système économique envisagé comme un tout.

1.2. Revisiter les rôles des professionnels et du patient

L'impact du renouvellement des systèmes de santé est significatif, mais il n'a encore été évalué à sa juste mesure. Il appelle à redéfinir à la fois les modes d'exercice des professions de santé et le rôle joué par les patients.

Vers des soignants réticulés ?

Savage (2004) analyse l'évolution de la profession médicale aux Etats-Unis, et conclut qu'elle s'inscrit désormais dans un ensemble de relations réticulaires inclus dans des formes hybrides d'organisations. Aborder le phénomène de l'intermédiation sous l'angle de l'intégration permet de révéler les relations entre les structures en réseau et les professions. Le fait d'observer le cas des professions réglementées met en lumière l'évolution des métiers et les perturbations concomitantes au changement de logique organisationnelle. Valentijn *et al.* (2012) présentent l'intégration professionnelle comme s'intéressant à la dynamique des professions dans sa double dimension intra et inter-professionnelle. Ainsi, les professionnels se doivent d'assumer solidairement la responsabilité collective d'un *continuum* de soins à une population.

Observant un programme de télé-réadaptation au moyen de technologies innovantes pour des patients atteints d'une maladie chronique[1] au Danemark, Dinesen *et al.* (2011) mettent en évidence les difficultés des médecins à inventer ou à concevoir leurs actions en dehors des frontières de leur métier. De même, ils notent les problèmes de confiance des infirmières spécialisées dans le traitement de la maladie vis-à-vis des compétences de leurs consœurs des centres de soins locaux. Les médecins généralistes étudiés se disent débordés par les nouvelles informations reçues pour chacun de leurs patients. Le travail au sein de ce réseau d'innovation en santé oblige chaque professionnel à anticiper au moins six semaines à l'avance : du centre de santé municipal chargé du programme personnel de réadaptation, en passant par les infirmières de proximité et par le médecin généraliste, jusqu'au service hospitalier hautement qualifié, chacun planifie son travail pour les patients afin d'organiser les routines quotidiennes. Dans le cas de l'hôpital danois, Axelsson *et al.* (2014) décrivent le travail en équipe au niveau du département clinique, avec des groupes de compositions multidisciplinaires centrés sur des patients, qui contribuent à l'émergence d'une nouvelle « inter-professionnalité ». De nouvelles professions apparaissent, comme celle de directeur adjoint en charge du flux de patients, dont le rôle est de coordonner notamment le travail des médecins.

Ces deux expériences nous montrent comment les professionnels de santé sont appelés à travailler différemment et à acquérir de nouvelles compétences pour devenir des soignants réticulés, comme Savage (2004) le montrait pour les médecins américains. Ces relations entre les professions et les changements organisationnels semblent moins étudiées dans le domaine des réseaux : seules quelques études sont consacrées aux relations entre les structures et la dynamique des professions. Pourtant, les prestataires logistiques, décrits en profondeur par Fulconis *et al.* (2011) dans leur ouvrage consacré aux nouveaux acteurs de l'intermédiation, ne sont pas sans rappeler les directeurs adjoints chargés des flux de patients. Ainsi, l'intégration invite-t-elle à développer les recherches sur la gestion des compétences, les dynamiques professionnelles et les relations humaines, ce qui nous amène naturellement à intégrer le patient comme client final.

---

1 Il s'agit de la broncho-pneumopathie chronique obstructive (BPCO), gravement handicapante pour la vie quotidienne des patients car elle requiert des soins très réguliers et très variés.

Un patient client final

L'OMS (2014) développe une conception des soins intégrés focalisée sur la personne et centrée sur la population. Ainsi, la personne se définit non seulement par ses constantes biologiques (le malade), mais aussi par ses besoins psychologiques et sociaux (l'individu). Or, Dinesen *et al.* (2011) mettent en avant deux difficultés des soignants vis-à-vis des patients. Comme ces derniers disposent d'informations sur leur état de santé et qu'ils les comprennent, les médecins s'interrogent sur les attitudes attendues par les patients quand une situation anormale survient : doivent-ils laisser toute son autonomie à la personne pour gérer sa maladie, en courant le risque de voir leur responsabilité engagée, ou peuvent-ils invoquer la co-responsabilité des patients ? L'intermédiation, à travers l'élargissement du concept de marketing, apporte de possibles solutions. Marion et Portier (2006) affirment que la consommation d'un bien ou d'un service peut être considérée comme une production, où la valeur est définie par le client en co-création avec le producteur de l'*output*. L'utilité d'un service est perçue et déterminée par le consommateur, lequel recherche ses propres réseaux de valeur. Cette approche ouvre à l'intégration des soins un cadre interactionniste capable de saisir les relations entre les concepteurs des prises en charge et leurs bénéficiaires.

Une telle co-responsabilité est d'autant plus fondamentale pour comprendre les enjeux en présence quand on réintroduit la deuxième caractéristique des soins intégrés : le centrage sur une population. En matière de santé, certains comportements, individuellement satisfaisants, ont des effets négatifs sur la population, à l'instar de certaines pratiques addictives ou de non-observance des traitements avec leurs risques de contagion. Apparaît ici une illustration du dialogue entre la vision élargie du marketing et l'intégration normative dont le rôle est, selon Contandriopoulos *et al.* (2003), d'assurer la cohérence des systèmes de valeurs, des méthodes et des parcours cliniques entre les différents acteurs. Ces problématiques, et les pistes ainsi ouvertes, relatives aux organisations, aux rôles des professionnels et du patient, ont été approfondies par le SCM, dont nous adoptons à présent l'angle d'attaque.

2. L'intégration en santé vue par le SCM : une opportunité à exploiter

En référence à des travaux récents issus du SCM et de l'intermédiation logistique, il est possible d'indiquer que le sanitaire constitue une belle opportunité à investir, tant le secteur accuse un retard notoire. Il s'avère toutefois important d'exposer les freins qui semblent pertinents de souligner pour éclairer le cas français.

2.1. Retard notoire dans l'intégration du secteur de la santé en France

De Vries et Huijsman (2011) proposent une synthèse du processus intégratif intervenant dans un champ d'activité donné (voir la Figure 10.1). Si cette matrice est calquée sur les expériences du secteur manufacturier, elle fait sens pour le secteur sanitaire. La grille analyse le secteur dans son ensemble en articulant les deux niveaux de la régulation des marchés, et celui, organisationnel, de ses intervenants. Le cas de la santé en France se situe vraisemblablement entre les phases 1 et 2 de la Figure 10.1. Ainsi, la régulation est-elle partagée entre les agences régionales de santé et le ministère, d'une part, l'Assurance-Maladie, son financeur, d'autre part.

Figure 10.1 : Les phases d'intégration en santé sous l'angle du SCM

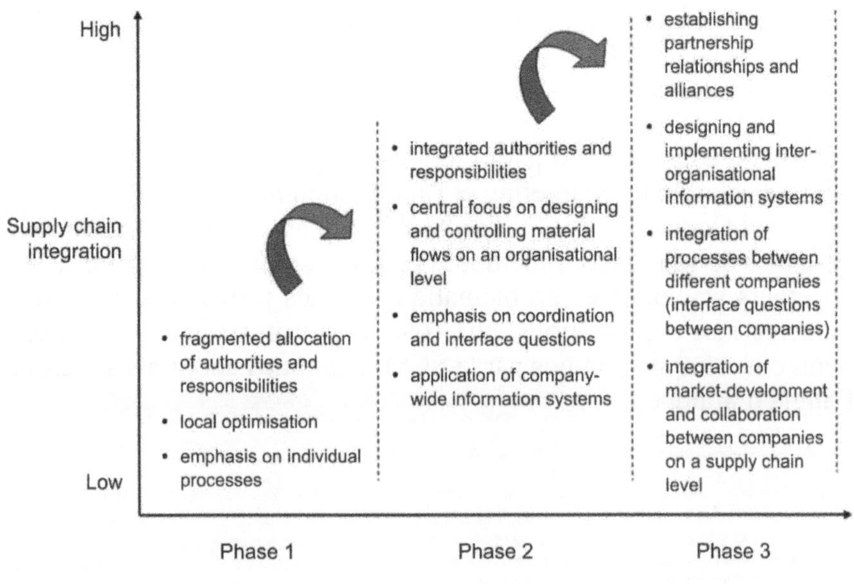

Source : De Vries et Huijsman (2011).

Les champs d'intervention sont nettement segmentés malgré les efforts de la dernière loi HPST votée en 2009. Celle-ci tente en effet d'étendre la responsabilité des établissements au-delà du temps durant lequel le patient séjourne en leurs murs. La fonction en charge de la logistique et des achats, ainsi la pharmacie, ont désormais intégré les outils d'optimisation des stocks permettant de minimiser le niveau de ceux-ci, tout en évitant les ruptures d'approvisionnement. Des études ont été conduites sur le fonctionnement des blocs opératoires (Fredendall *et al.*, 2009 ; Gentil, 2012), et sur leur pilotage (Fiore et Sampieri-Teissier, 2010). Les approches développées sont cependant rarement globales et se concentrent sur certains processus bien identifiés. Toutefois, certains CHU initient des démarches visant, par exemple, une meilleure interface entre les blocs opératoires et les services de soins (Angelé-Halgand et D'Andreamatteo, 2012). D'autres établissements réfléchissent à des centrales de réservation des blocs, avec pour objectif d'intégrer le processus jusqu'à l'amont du donneur d'ordres, qui peut être le spécialiste en cabinet de ville.

Cependant, nous sommes loin des systèmes d'information intégrés de type ERP des grandes entreprises interconnectant des données issues de la production avec des informations de gestion, présents dans la phase 2 de la Figure 10.1. En témoignent les difficultés rencontrées depuis des années par les projets tendant à partager les informations contenues dans le dossier médical du patient entre les différents acteurs de la chaîne du soin. L'intégration des informations médicales et administratives constitue l'un des défis du XXIe siècle pour le management de la santé, et ceci, même si certains CHU se lancent aujourd'hui dans l'aventure des ERP du côté administratif. En somme, la France constitue un cas emblématique du retard de développement du SCM dans la santé, comme le soulignent les auteurs de la grille présentée ci-dessus. Il est probable que cet écart soit encore plus grand dans notre pays, notamment au plan hospitalier, comme le constataient de longue date Aptel et Pourjalali (2001) dans leur recherche comparative franco-américaine. De manière plus positive, cela signifie également que le SCM est porteur de réelles potentialités, encore largement inexplorées.

2.2. Freins au développement du SCM dans la santé en France

Dans leur revue de littérature, complétée par une série d'entretiens, McKone-Sweet et Hamilton (2005) identifient les freins au développement du SCM dans la santé en se focalisant sur les centrales d'achats hospitaliers, les établissements de santé et les distributeurs.

En référence à ce travail de synthèse et d'actualisation de la littérature, nous retenons plusieurs des facteurs ressortant avec force et entrant en résonance avec les caractéristiques du cas français. Le premier d'entre eux réside dans le manque de soutien hiérarchique des initiatives relevant du SCM, souvent perçues en haut lieu comme n'impliquant que les niveaux opérationnels, et donc confinées par les directions à ce seul stade. La méconnaissance des apports d'une approche par les processus nous semble particulièrement évidente en France. Les hôpitaux publics disposant dans leur équipe de direction d'un responsable du management par les processus sont peu nombreux. L'un des rares CHU français ayant déployé une démarche relevant du *lean management* fournit un contre-exemple sur ce point. C'est en effet un expert de cette approche doté d'une expérience de conseil dans le secteur industriel, qui a proposé de l'introduire dans l'établissement, créant ainsi son poste de directeur (Angelé-Halgand et D'Andreamatteo, 2012). Cette méconnaissance ne se limite pas aux *staffs* de direction. Elle se trouve renforcée par une image extrêmement négative entourant le *lean management* chez les soignants, et tout particulièrement leurs syndicats ; ceci au point que le directeur en charge de l'approche dans le CHU en question revêt la casquette de « directeur de la qualité ».

Un deuxième frein ressort fortement de la recherche, celui des incitations. Les auteurs citent le cas d'un hôpital américain ayant allié une introduction réussie du SCM à un double changement incitatif visant les médecins : premièrement, la direction a accordé du temps à ces derniers pour qu'ils puissent réfléchir aux conditions de mise en œuvre du SCM ; deuxièmement, une part des gains générés par ces réflexions a été attribuée aux médecins sous la forme d'un fond partagé. Ce principe d'intéressement semble particulièrement important puisqu'il s'agit d'impliquer les principaux acteurs de l'hôpital que sont les médecins, et sans lesquels le changement ne peut passer. Sachant que l'objectif du SCM est d'améliorer l'efficience et l'efficacité (qualité des soins, sécurité des patients), cet exemple couronné de succès invalide l'argument, couramment avancé par les *staffs* de direction en France, selon lequel l'intéressement prévu par la nouvelle gouvernance hospitalière ne peut avoir lieu au motif que l'établissement est en déficit. Il nous semble qu'il y a matière ici encore à travailler le rapport au pouvoir des équipes dirigeantes, dont la vision du pilotage de la performance ne laisse souvent guère de place à un partage avec le corps médical, avec des conséquences négatives décrites par ailleurs (Angelé-Halgand, 2014). Ce point fait écho à un autre frein identifié dans le chapitre, à savoir la fragmentation de la chaîne décisionnelle, dont on comprend aisément qu'elle s'accroît avec le nombre de niveaux hiérarchiques impliqués dans une décision.

Un autre facteur étroitement lié à celui-ci, ainsi qu'au manque de soutien hiérarchique, réside dans l'ambiguïté du lien entre le SCM et la stratégie. Le cas des hôpitaux publics français est exemplaire de ce point, les opérationnels vivant souvent une fracture nette entre « le terrain », c'est-à-dire les services de soins en contact direct avec les malades et leurs familles, et « l'administration », souvent considérée comme coupée des réalités. Enfin, le retard dans le développement de systèmes de mesure de la performance, qui est identifié comme un frein majeur au développement du SCM dans la santé paraît pertinent dans le cas français. Il semble en effet difficile d'évaluer les impacts d'une initiative si l'on ne dispose pas d'un dispositif adéquat issu d'une problématisation de la situation et de l'identification d'indicateurs pertinents et documentables en termes de routine. C'est l'essence même du management des performances, selon une vision moderne qui vise à assister l'apprentissage organisationnel à tous les niveaux de l'organisation, favorisant ainsi le changement. Ceci suppose de développer des systèmes d'information susceptibles de répondre à ces besoins, et les hôpitaux publics français sont particulièrement en retrait sur ce point.

Plus fondamentalement, et en corollaire de ce qui précède, c'est la maturité avec laquelle les décideurs hospitaliers abordent le pilotage de la performance qui est à interroger. A de très rares exceptions près, cette situation se traduit par l'adoption d'une vision réductrice du contrôle assimilée à de la seule surveillance, très largement fondée sur des exercices de contrôle budgétaire. Il faut bien admettre, pour la défense des directions d'hôpitaux, qu'une telle option s'inscrit en cohérence avec les volontés centralisatrices du ministère de la santé voyant dans les dispositifs de calcul de coûts un moyen de contrôler à moindres frais l'efficience, pour ne pas dire les comportements des médecins. La méconnaissance des apports du contrôle de gestion dans ses dimensions modernes vaut donc tant pour les *staffs* de direction des hôpitaux, que pour son organe de régulation central qu'est le ministère de la santé et sa direction générale de l'offre de soins (DGOS).

Il y a fort à parier que derrière ces difficultés se cachent des réticences à partager le pouvoir et à l'exercer dans un climat de confiance, ce dernier élément étant considéré comme essentiel dans l'adoption du SCM, comme de toute autre forme de changement de pratiques. Des actions de sensibilisation de ces cibles (DGOS et *staffs* de direction des hôpitaux) sont à encourager auprès des cabinets de conseil et développeurs de solutions informatiques. Des présentations des apports du SCM et/ou de systèmes d'information intégrés (informations cliniques et de gestion) documentant des exemples réussis d'exercice plus partagé du pouvoir, ou toute autre forme de promotion de solutions associant dispositifs techniques, accompagnement managérial et stratégie, sont de nature à faire évoluer la situation dans le sens d'une ouverture. En matière stratégique, les modules de formation initiale et continue amenant les décideurs à adopter une orientation « processus » sont à développer ; ils constituent en effet un pré-requis à l'introduction du SCM (Aronsson *et al.*, 2011). Outre le changement de philosophie de management auxquels ils participent, ils constituent un moyen pour articuler la réflexion stratégique avec la gestion des opérations. Ceci vaut particulièrement pour les directeurs d'hôpitaux et les médecins, sachant que les cadres de santé sont mieux équipés en compétences managériales depuis une décennie.

3. Les patients appréhendés comme flux : pistes de recherche

Pendant longtemps, les arguments qui démontrent la spécificité du secteur de la santé ont prévalu, mettant en avant la variété des activités, la variabilité des temps passés auprès des patients, ou l'imprévisibilité des arrivées, et interdisant toute transposition des techniques de management au cœur de métier du soin. Si les travaux relevant du SCM dans la santé s'appliquent directement aux flux de ressources physiques, une autre tendance se développe, plus impliquante au plan stratégique, et ayant pour objet les patients traités qu'il s'agit d'appréhender sous un angle processuel. Aux Etats-Unis, Spear (2005) ouvre la voie aux ouvrages actuels sur l'hôpital *lean,* nouveaux *best-sellers* du management hospitalier. Dans un autre genre, une série de recherches ont été initiées en se centrant sur les flux de patients, et en mettant en évidence ce que le SCM peut apporter à la gestion de la santé. Nous appuyant sur ces travaux, nous présentons d'abord les apports proposés pour transposer à la santé l'approche processuelle, pour souligner ensuite la place centrale de la dimension humaine dans le processus, ouvrant de nouvelles voies de recherche autour du cycle de soins.

3.1. De nouveaux apports méthodologiques et conceptuels

Les spécificités du secteur sanitaire amènent à une créativité méthodologique et conceptuelle partant de l'hybridation des approches *lean* et *agile* dans les pratiques d'intermédiation logistique, pour arriver à revisiter l'unité d'analyse elle-même.

Une approche hybride alliant *lean* et *agile*

Analysant la nature de l'activité hospitalière à partir de cas suédois, Aronsson *et al.* (2011) relèvent une grande incertitude sur les délais au sein d'une même fonction, illustrée par la difficulté de prévoir le temps d'une intervention chirurgicale. Les patients requérant des traitements hautement standardisés côtoient des personnes auxquelles de nouveaux traitements expérimentaux sont proposés, débouchant sur un degré très variable de standardisation des activités. Les volumes traités sont relativement faibles avec une grande diversité de cas, ce qui constitue une indication en faveur de stratégies dites *agiles*, plutôt que *lean*. Ces dernières sont en effet plus adaptées à des capacités clairement identifiées *a priori*, qui supposent une prévisibilité des volumes et permettent d'optimiser l'utilisation des ressources (équipements et hommes). Au contraire, les démarches dites *agiles* sont plus appropriées à des volumes variables nécessitant une grande réactivité du système de production (Christopher, 2000). Les capacités seront variables pour que le délai puisse demeurer fixe, quel que soit le niveau de la demande et son contenu. Outre la satisfaction du patient qui voit son délai de traitement garanti, l'avantage de ce type de stratégie réside dans le fait que l'aval de la chaîne n'est pas désorganisé puisque ses arrivants entrent sans retard dans son périmètre. On imagine aisément que ce deuxième type de stratégie est plus consommateur en ressources.

En suivant une technique de séparation en sous-processus du fonctionnement observé, inspirée des développements du SCM et de l'intermédiation logistique, les chercheurs vont ainsi déployer, sur le cas de la fracture du col du fémur, une stratégie hybride présentée par ailleurs. Celle-ci alterne les démarches *lean* et *agile* tout au long de la chaîne de soins, en fonction des caractéristiques de chaque sous-processus. Ainsi, les analyses de sang classiques ont été jugées comme relevant du *lean*. Ces choix méthodologiques empruntés à d'autres secteurs permettent d'adapter l'approche du SCM à la santé, en travaillant à la fois les coûts et les délais et en fluidifiant les flux de patients à moindres frais, puisque la stratégie *agile* ne concerne que certains segments de la chaîne.

Révision de l'unité d'analyse : vers l'événement de service

Poursuivant cet effort d'adaptation des concepts du SCM, Lillrank *et al.* (2011) distinguent l'épisode de soins du processus, la rencontre entre les deux constituant un événement de service. L'épisode correspond à la séquence temporelle d'actes de santé dans lesquels le patient est impliqué ; le processus consiste en une série d'étapes planifiées réalisées par une organisation productrice de services, sans qu'il n'y ait un seul transfert (d'unité ou d'établissement). Le premier concept adopte le point de vue du patient pour appréhender le soin, le second une vision organisationnelle. L'événement de service constitue alors une nouvelle unité d'analyse permettant de modéliser la variété des situations de « production » en interaction avec le patient, qu'elles soient déclenchées à l'initiative du patient, d'un programme, ou encore par le constat de la dégradation de l'état de santé du malade.

Le fait d'ajouter ce nouvel élément d'analyse aux processus et au réseau d'offre complète l'arsenal conceptuel et permet de dépasser les limites de l'approche processuelle dans certaines situations rencontrées en santé. Ainsi, le fait de considérer les files d'attente de patients comme des stocks, qu'il s'agit de réduire, ne s'applique pas dans certains cas. C'est le cas de l'hémodialyse à domicile pour les patients en attente de transplantation, où ceux-ci participent activement à leur prise en charge. Plus largement, l'analyse processuelle trouve ses limites pour les situations caractérisées par un couplage lâche, où il n'existe pas de séquence fixe d'activités pré-ordonnées. La solution proposée par Lillrank *et al.* (2011) consiste à repérer les sous-processus qui s'apparentent à des événements de service. Elle s'inspire de récents travaux en management des services et en marketing industriel, comme évoqués précédemment. Ces pistes d'analyse paraissent particulièrement prometteuses pour appréhender la complexité des situations à intégrer en santé.

3.2. L'humain au cœur du processus : vers des cycles de soins

En intégrant le rôle du patient dans la modélisation, l'approche par l'événement de service est illustrative du courant du SCM et de l'intermédiation logistique qui reconnaît l'importance des dimensions organisationnelles et comportementales. Les recherches sur le cycle de soins ambitionnent de poursuivre dans cette voie.

L'importance des dimensions organisationnelles et comportementales

L'analyse que livre le SCM de la chaîne de soins met en évidence des points faibles à l'interface entre les services de soins, comme entre hôpital et ville, avec des conséquences en termes de sécurité du patient, sous la forme d'erreurs ou d'attentes évitables. Les réponses qui en découlent visent à re-concevoir l'organisation, en décloisonnant ses fonctions et en améliorant l'articulation avec l'amont et l'aval de chaque maillon. Ceci passe par la mise en place d'équipes inter-fonctionnelles et inter-organisationnelles chargées de développer des pratiques intégratives, telles que prônées par Meijboom *et al.* (2011) à partir du cas hollandais. Ces dernières permettent de développer la confiance et de surmonter les inévitables résistances au changement généré.

Comme évoquée en début de chapitre, la dualité de la relation client / fournisseur présente dans la relation de soin confère au patient le rôle singulier de co-producteur du service dont il bénéficie, Kacioui-Maurin *et al.* (2013) le considérant même comme « quasi-personnel ». Si l'accès à des informations scientifiques *via* Internet, ainsi que par les communautés de patients, se développent de plus en plus, contribuant à réduire l'asymétrie entre patient et clinicien, celle-ci demeure entière en termes émotionnels. Quels que soient le degré de standardisation de l'intervention chirurgicale et le niveau de sévérité du cas pour le médecin, l'investissement émotionnel pour le patient introduit un élément supplémentaire d'incertitude encore peu étudié, et qu'il convient de travailler dans la perspective d'une plus grande efficacité des soins.

Le travail sur la coordination passe par des mécanismes de divers ordres, dont les effets sur la performance sont étudiés par Gittell (2002) dans le secteur hospitalier, en incluant la relation ville / hôpital. Ces mécanismes sont de trois types : les routines auxquelles s'apparentent les chemins cliniques, les agents de liaison inter-fonctions que sont les *case managers*, et les réunions d'équipes. Gittell (2002) accorde un statut différent à l'ajustement mutuel (ou coordination relationnelle), qu'elle place au centre de la coordination, et qui se différencie des précédents mécanismes par son caractère spontané. Cette approche processuelle de la coordination, confortée par ses résultats, l'amène à considérer l'ajustement mutuel comme une variable médiatrice entre les dispositifs formels précédemment identifiés et la performance, appréhendée en termes de qualité des soins et d'efficience.

Deux des résultats que Gittell (2002) obtient méritent toute notre attention au regard du cas français. Le premier résultat réside dans le fait que les routines ne remplacent pas l'ajustement mutuel, mais le favorisent, et ceci d'autant plus que l'incertitude est forte. Ce résultat, qui s'inscrit en faux avec la théorie des organisations, semble d'un intérêt tout particulier pour le secteur hospitalier, peuplé d'opposants à toute forme de standardisation, mettant en avant l'incertitude qui caractérise : (1) l'état du patient, pris individuellement, et (2) l'état de la *patientèle* prise en charge par l'équipe de soignants, à un moment donné. Le second résultat est l'importance des trois mécanismes formels de coordination sur la performance *via* l'ajustement mutuel. Il ouvre la voie à une série de nouveaux métiers illustrés par le *case manager*, à l'instar de la gérontologie. Dans les pôles et les maisons de santé pluridisciplinaires, qui regroupent différents corps professionnels dans un projet partagé, la question de la coordination se trouve également au centre de l'émergence et de la pérennité du collectif.

Intégrer autour des cycles de soins

C'est sur ces pistes ouvertes et fécondes qu'a récemment émergé un programme de recherche-action sur les cycles de soins. Partageant avec le parcours l'objectif d'une meilleure coordination interprofessionnelle et inter-organisationnelle, l'approche par le cycle de soins s'en distingue nettement par ses choix méthodologiques résolument inductifs. En partant des problématiques de terrain rencontrées par des équipes, il s'agit d'abord de repenser l'organisation du soin avec le patient, ou des représentants de celui-ci, en identifiant des pratiques vertueuses et celles qui sont toxiques au double regard du patient et de l'intérêt général. Il s'agit ensuite de revisiter les schémas incitatifs (au moyen de tarifs, mais aussi d'indicateurs de qualité, sécurité, délai, et accès), afin de favoriser le développement des pratiques vertueuses au détriment des pratiques toxiques.

Ce travail, qui ne peut se réduire à une modélisation macro-économique, s'ancre nécessairement dans le terrain. Il associe des professionnels de santé à des chercheurs de multiples horizons autour d'une approche processuelle, telle que prônée par De Vries et Huijsman (2011), qui soulignent la nécessité de développer des approches pluridisciplinaires. Ainsi, l'identification des ruptures dans les processus de soins permet de repérer les segments sur lesquels se cristallisent les contraintes, mais aussi de travailler les dimensions comportementales. Ceci appelle une réflexion relative aux contours de l'unité organisationnelle à repenser dans le sens d'une fluidification du flux de ressources (au patient) et de malades dans l'établissement, et avec ses partenaires amont et aval. Une telle démarche fait écho à la reconfiguration du système de santé prônée par Porter et Olmsted Tiesberg (2006) conduisant à des *business units* centrées sur les cycles de soins, dont les activités sont systématiquement évaluées à l'aune de la valeur créée pour le patient.

Ce programme de recherche, dénommé TCS (voir le site http://tcs.hypotheses.org pour prendre connaissance de son agenda de recherche), revêt une envergure nationale avec des prolongements internationaux. Quatre thèses ont débuté fin 2013 dans ce cadre. Parmi celles à venir, on retiendra une recherche relevant du SCM et de l'intermédiation logistique, d'ores et déjà ébauchée (Guan, 2014). Plusieurs démarches se croisent, certaines adoptant une approche populationnelle, d'autres partant de l'épisode d'hospitalisation pour travailler l'articulation avec l'aval et/ou l'amont, enfin, certaines définies plus classiquement à partir des pathologies. Parmi les chantiers de recherche, notons ceux qui ciblent les maladies chroniques, telles que la BPCO, des patients poly-pathologiques par le biais de co-morbidités, telles que le pied du diabétique, ou encore des problématiques intersectorielles avec le cas des camps de réfugiés syriens au Liban.

Conclusion

L'intermédiation contextualisée au domaine de la santé rencontre le mouvement de l'intégration des soins, et partage avec elle les mêmes problématiques organisationnelles et informationnelles. Le courant du SCM souligne le potentiel que présente ce champ, très largement inexploité en France. Les initiatives que prendront les industries des systèmes d'information hospitaliers et du conseil pour développer l'intégration du système de santé bénéficieront d'un accueil particulièrement favorable, issu de la conjonction entre un discours politique, appelant à travailler le parcours du patient, et des visions stratégiques de certains assureurs et/ou mutuelles, qui y auront repéré l'avenir de notre système de santé. L'un des grands défis du XXIe siècle réside en effet dans l'intégration des secteurs social, médico-social et sanitaire, qui semble être une condition *sine qua non* à la sauvegarde de notre système de protection sociale doté d'un financement solidaire. Au plan de la recherche, il reste à renforcer nos connaissances sur les liens entre intégration et performance, suivant en cela l'appel lancé par Fabbe-Costes et Jahre (2008). Nous aurons intérêt à le faire en contextualisant les travaux à ces secteurs, à la suite de Drupsteen *et al.* (2013), en poursuivant le processus d'adaptation des enseignements du SCM, et en positionnant les apports sur les méthodes de recherche et les outils de gestion ; ceci suppose d'adopter des approches pluridisciplinaires, à l'instar du programme TCS.

Chapitre 11.
Quel avenir pour le grossiste-répartiteur dans la distribution pharmaceutique en France ?

Gérard Roveillo

Depuis quelques années, la distribution pharmaceutique connaît en France une profonde transformation de ses règles de fonctionnement. Les modifications concernent tout particulièrement la gestion de la distribution physique, pendant longtemps aux mains des grossistes-répartiteurs, mais qui voit se développer une offre sophistiquée de la part de certains PSL, dont Fulconis et Saglietto (2015) notent le dynamisme. L'objectif du chapitre est d'indiquer en quoi ces mutations dans l'organisation de la distribution pharmaceutique, tout particulièrement en matière d'innovations managériales et de ruptures institutionnelles, modifient en profondeur le périmètre d'intervention des différents acteurs. L'angle d'attaque retenu s'inscrit dans le droit fil des travaux de Porter (1980/1982) sur la dynamique concurrentielle dans un secteur d'activité, en soulignant l'impact de multiples forces, notamment de nature politique, sur la formulation et la reformulation de stratégies génériques d'entreprises.

Les Pouvoirs publics français sont engagés avec vigueur dans un processus de déréglementation de la distribution des produits pharmaceutiques, dont l'une des manifestations récentes les plus emblématiques est l'autorisation de vendre en ligne des médicaments dits *over the counter* (OTC). Le nombre de médicaments à rembourser fonctionnant sur un principe de prix administrés, et pris en charge par le système de protection sociale, ne cesse de diminuer. Cette logique se propage d'ailleurs dans d'autres pays européens comme la

Pologne (Kolodziejska, 2012). En d'autres termes, le médicament relève de plus en plus du marché libre où le prix est le résultat d'une confrontation entre offre et demande. Pour éviter des dérapages inflationnistes, les Pouvoirs publics français ont encouragé, par le Décret du 19 juin 2009, les pharmaciens titulaires d'une officine à constituer des groupements officinaux (ou d'achat). Ceux-ci constituent un cadre légal pour obtenir de meilleures conditions tarifaires de la part des laboratoires pharmaceutiques.

La nouvelle donne ne se résume pas à la mise en place de groupements officinaux, sachant que leur présence modifie cependant des règles du jeu formalisées dans le canal de distribution depuis de nombreuses années (Reyes, 2010). Sans doute doit-on aussi anticiper la véritable révolution à venir, à savoir la vente des médicaments OTC en grandes surfaces, même si l'Ordre des Pharmaciens veille au grain en s'opposant frontalement à l'Autorité de la concurrence. Mais lesdits groupements officinaux, dans leur affrontement avec les grossistes-répartiteurs historiques, posent de multiples questions quant à la réorganisation de la distribution pharmaceutique, et à la manière dont la *supply chain* est prise en charge. Les PSL pourraient-ils ainsi jouer un rôle de soutien logistique majeur pour les officines grâce aux compétences accumulées au fil du temps, notamment dans la grande distribution ? Disposeront-ils, par exemple, de l'expertise suffisante pour gérer la traçabilité complète, la capillarité et la fréquence élevée de livraisons multi-quotidiennes ? Répondre à ces interrogations s'avère d'une importance cruciale pour un secteur confronté à d'évidents enjeux économiques, managériaux et sociétaux.

1. Distribution pharmaceutique : l'épreuve des faits

Le site Internet ConsoGlobe le note avec une pointe de tristesse : la France est en tête des dépenses de médicaments par habitant en Europe. Et les chiffres annoncés par ce site sont vertigineux dans la mesure où l'on apprend que 3,2 milliards de boîtes de médicaments y sont vendues en pharmacie chaque année, soit 100 boîtes par seconde ! Pourtant, derrière ces données pour le moins inquiétantes, une autre réalité émerge : le marché des *princeps*, autrement dit des médicaments de marque, connaît une baisse chronique sous la pression de deux facteurs puissants, la volonté étatique de réguler le marché et la place grandissante prise par les génériques. Les effets en sont importants pour l'ensemble des acteurs de la filière, au premier rang desquels les officines.

1.1. Une baisse chronique du marché du médicament français

Malgré les plans sociaux qui l'ont touché récemment, le marché français du médicament reste l'un des secteurs les plus dynamiques de l'industrie hexagonale. Avec plus de 53 milliards d'euros de chiffre d'affaires pour l'année 2013, dont la moitié à l'exportation (voir le Tableau 11.1), et 7 milliards d'excédent commercial en 2012, celui-ci génère une centaine de milliers d'emplois directs et le double en emplois induits. Deuxième marché européen derrière l'Allemagne, la France se caractérise par une forte demande domestique, les Français étant, comme on l'a dit, parmi les plus gros consommateurs de médicaments au monde, notamment en matière d'anxiolytiques. De quoi fortement instiller le doute sur la pertinence de la maxime germanique : « *Heureux comme Dieu en France* » ! De manière plus fine, le chiffre d'affaires du marché des médicaments en ville atteint 20,6 milliards d'euros en 2013, et selon une étude conduite par le Cabinet IMS Health, il a connu pour la première fois une baisse de 2,3 % en 2012, puis de 2,4% en 2013, tendance qui devrait sans doute se confirmer (?) dans les prochaines années. Plusieurs facteurs expliquent une telle évolution qui annonce des jours sombres.

Tableau 11.1 : Evolution du chiffre d'affaires des médicaments en France, en prix fabricants HT et en millions d'euros

Année	CA remboursable	CA non remboursable	CA officine	CA hôpital	CA France	CA export[1]	Total CA (hors taxes)
1990	7661	784	8444	1143	9588	2096	11684
1995	10420	1052	11472	1877	13348	4029	17378
2000	13507	1128	14635	2598	17233	9621	26854
2005	18134	1304	19438	4384	23822	16747	40569
2010	19626	1900	21526	5890	27416	24133	51549
2011	19682	1919	21601	5900	27501	22030	49531
2012	19076	2025	21101	6100	27201	25286	52487
2013	18642	1956	20598	6146	26745	26299	53044

(1) Y compris sérums et vaccins.

Source : Rapport LEEM (2014).

Le *premier facteur* trouve son origine dans la volonté de l'Etat français de réguler le marché du médicament en multipliant les contraintes réglementaires, ceci afin de réduire et mieux maîtriser les dépenses de santé dans le cadre du système de Sécurité Sociale. Créé en 1945, le système de la Sécurité Sociale recouvre l'ensemble des régimes obligatoires destinés à la protection des personnes afin de pallier les risques de la vie quotidienne, dont ceux liés à leur santé. A ce jour, la protection des personnes est financée principalement par les cotisations patronales et sociales ainsi que par la contribution sociale généralisée (CSG) et le remboursement de la dette sociale (RDS). Au fil des années, à travers différentes réformes, les lois de financement annuel de la Sécurité Sociale tentent de réduire le déficit de l'Assurance Maladie, s'élevant en 2013 à 7,7 milliards d'euros, sachant que le médicament représente 18 % des remboursements. Pour cela, plusieurs leviers sont à disposition, comme la majoration des taxes, la réduction des marges des différents acteurs ou le déremboursement de certains médicaments. A titre d'exemple, dans le cadre des négociations 2011 entre le Comité Economique des Produits de Santé (CEPS) et les entreprises pharmaceutiques, plus de 200 médicaments ont vu leur prix baisser, et en 2012, 64 nouveaux médicaments n'ont plus été remboursés aux patients.

Le *second facteur* est l'essor rapide des génériques, médicaments ayant perdu leur brevet et dont la baisse de prix peut atteindre 70 % dans les cas les plus extrêmes. Au demeurant, l'explosion des génériques se traduit par des stratégies prédatrices de valorisation du capital-savoir par les grandes firmes pharmaceutiques, notamment avec l'obtention d'une période d'exclusivité supplémentaire sur les princeps tombés dans le domaine public, et le dépôt de certificats complémentaires de protection après l'expiration du brevet de base (Yacoub et Laperche, 2010). Il est vrai que la consommation des génériques a connu une hausse spectaculaire en France : alors qu'en 2000, les génériques représentaient en valeur 12,6 % du marché remboursable, ils atteignent près de 31 % en 2013. Une période-charnière qui conduit à ce qu'un assuré ne puisse bénéficier d'avance en « tiers-payant » des frais pharmaceutiques que s'il accepte un médicament générique, une mesure ayant fortement contribué à la perte de chiffre d'affaires de l'industrie pharmaceutique.

1.2. Une filière industrielle en profond changement

Le poids de la réglementation et la nouvelle tendance à la baisse du marché du médicament fragilisent l'ensemble des acteurs de la filière pharmaceutique. Ils les soumettent à une remise en question de leur *business model*, tout particulièrement en matière d'organisation du canal de distribution entendu comme la séquence d'institutions (et d'activités) qui permettent au produit fini d'être acheminé du producteur jusqu'au consommateur (Rosenbloom, 2011 ; Filser, 2015). L'idée centrale est que les changements majeurs dans l'organisation de l'aval du canal, au niveau des officines, ont des répercussions significatives sur l'organisation de l'amont, à savoir les laboratoires pharmaceutiques et l'acteur chargé du processus d'intermédiation : le grossiste-répartiteur. A la suite du modèle d'Aspinwall (1962), on sait en effet que face à des consommateurs qui souhaitent acquérir des produits de manière fractionnée et des industriels dont l'objectif est de produire en grandes quantités pour atteindre un niveau suffisant d'économies d'échelle, un intermédiaire assurant une fonction de gros, au plan transactionnel et logistique, peut s'avérer indispensable.

S'il est un fait couramment admis dans les travaux portant sur la distribution pharmaceutique, c'est la nature des bouleversements que connaissent les officines depuis une dizaine d'années, tant au niveau des stratégies marketing et achat (De Pouvourville, 2009 ; Moinier, 2009), que des stratégies logistiques. La France métropolitaine et les DOM-TOM comptaient un peu moins de 22000 officines au 1er juillet 2014, soit environ 35 officines pour 100000 habitants. La population des pharmaciens titulaires connaît un vieillissement rapide puisque plus du tiers d'entre eux ont plus de 55 ans. Sur un plan managérial, il est possible de résumer les transformations en cours du système officinal selon trois dimensions :

- Au niveau de la *stratégie marketing*, l'officine se présente de plus en plus souvent comme un point de vente « traditionnel » qui obéit à des règles de fonctionnement proches de la distribution moderne, qu'il s'agisse du commerce intégré ou du commerce associé (Reyes, 2011). Le pharmacien développe ainsi des politiques audacieuses de valorisation des produits, une stratégie promotionnelle sur certains produits d'appel, des pratiques innovantes d'implantation des familles de médicaments et de parapharmacie en univers, ce qui implique souvent une formation de l'équipe officinale aux techniques de merchandising. Comme le note le site lsa.fr dans un article publié le 21 octobre 2010, *« quel est le dernier produit de grande consommation, vastement soutenu par une campagne publicitaire, sur le modèle d'un cosmétique L'Oréal ou d'un cirage de Johnson et Johnson ? Alli, la pilule anti-obésité, un médicament non remboursé, et qui ne peut être vendu qu'en pharmacie. Comme Oscillococcinum, ou encore le Nurofen. Ceux-là, et bien d'autres médicaments OTC, sont désormais disponibles dans la zone en vente libre de l'officine, en libre-service »*.
- Au niveau de la *stratégie d'achat*, on assiste à la création de groupements officinaux, encore appelés groupements d'achat,

sous la pression de Pouvoirs publics qui y voient un « bras armé » pour lutter contre les dérives inflationnistes liées au déremboursement par vagues d'un nombre croissant de médicaments. Le groupement officinal n'est pas un phénomène nouveau en soi puisque, comme le rappelle Reyes (2010), il débute en France à la fin des années 1960 avec la création de la fameuse coopérative Giphar. L'objectif d'un groupement officinal est d'assurer à ses adhérents des avantages financiers en termes de remises et promotions, à condition que le marché des laboratoires soit suffisamment concurrentiel (Fisher Ellison et Snyder, 2010), mais aussi un référencement de médicaments, le développement éventuel de marques de distributeurs (MDD), la formation de l'équipe officinale, des propositions d'agencement des espaces de vente, ou encore du conseil en merchandising (Reyes, 2010). Sur le long terme, le groupement officinal soutient une véritable stratégie coordonnée (et globalisée) d'achat pour développer un avantage concurrentiel durable. La convergence avec les pratiques de centralisation mises en œuvre dans le commerce intégré et associé semble patente (Filser *et al.*, 2012).

- Au niveau de la *stratégie logistique*, enfin, les officines manifestent clairement une volonté d'améliorer le service à la clientèle par une disponibilité quasi-instantanée des médicaments, notamment pour les pathologies lourdes. Une analyse comparative conduite sur six pays européens par Walter *et al.* (2012) indique ainsi que le temps moyen de livraison, à partir de la passation d'une commande, est devenu un élément clé de la satisfaction perçue par l'officine. Des écarts significatifs sont toutefois à noter entre les pays, mais aussi entre les modes de distribution. Par exemple, le temps moyen de livraison par grossiste-répartiteur est de 2.85 h en Allemagne, de 4.80 h en France… mais de 16.35 h aux Pays-Bas. Des différences très marquées apparaissent également en matière de livraison directe assurée par les laboratoires pharmaceutiques, système logistique innovant sur lequel nous reviendrons par la suite, puisque le temps moyen de livraison peut aller jusqu'à 97.63 h en Espagne. En conclusion de leur article, Walter *et al.* (2012) soulignent le caractère essentiel d'un niveau élevé de service logistique pour fidéliser les officines, dans un environnement marqué par une forte libéralisation et la menace de nouveaux entrants.

En amont du canal de distribution se positionnent les laboratoires pharmaceutiques. Ils représentent en France plus de 250 entreprises et constituent un marché peu concentré où les entreprises françaises et étrangères se partagent, à parts égales, un chiffre d'affaires de 25 milliards d'euros en 2012. C'est le groupe français Sanofi Aventis qui en est le leader actuel, avec près de 12 % de part de marché. Les autres groupes médiatiquement les plus connus sont Pfizer, Merck, Novartis, Astra Zeneca et BMS UPSA. Force est de reconnaître que la multiplication des plans sociaux au sein des laboratoires pharmaceutiques est révélatrice des problèmes que rencontre cette industrie dont l'activité de R&D, dans la découverte de nouvelles molécules, s'avère essentielle et coûteuse (en temps et en ressources). En effet, comme le notent Abecassis et Coutinet (2008), les différentes phases nécessaires pour arriver à la mise sur le marché d'un nouveau médicament peuvent s'écouler sur plus de vingt ans, depuis les premiers tests de la phase préclinique, retardant d'autant le retour sur investissement (voir le Tableau 11.2).

Tableau 11.2 : Les différentes phases de R&D d'une nouvelle molécule

	Phase préclinique	Phase I	Phase II	Phase III	Phase IV
Objectif	Études toxicologiques et de sécurité sur des animaux pour déterminer la dangerosité sur l'homme	Tests de sécurité et de pharmacologie pour déterminer le fonctionnement du médicament, sa tolérance, son absorption par l'organisme, sa durée d'efficacité, etc.	Tests de base d'efficacité et de dosage sur des patients dans les conditions spécifiques. Poursuite des tests de sécurité, évaluation de l'efficacité, détermination des dosages, etc.	Augmentation de la taille des tests. Comparaison multicentres, test sur des patients malades pour vérifier l'efficacité et obtenir suffisamment de résultats statistiques valides	Études de surveillance après commercialisation pour prouver la sécurité et l'efficacité dans des conditions normales d'utilisation. Recherche de nouvelles utilisations, tests de formulation de nouveaux dosages, etc.
Taille		20 à 80 personnes	100 à 300 personnes	Plus de 2 000 personnes	Plus de 10 000 personnes
Défi	Technologique	Technologique	Recrutement des patients et coordination des études	Recrutement des patients et coordination des études, traitement des données collectées	Traitement des données collectées
Durée	3 à 6 ans	1 à 3 ans	2 à 4 ans	4 à 6 ans	Plus de 3 ans
Cumulée	*3 à 6 ans*	*4 à 9 ans*	*6 à 13 ans*	*10 à 19 ans*	*13 à 22 ans*

Source : d'après Abecassis et Coutinet (2008).

L'évolution récente des connaissances scientifiques pousse les laboratoires pharmaceutiques à abandonner leur recherche sur les médicaments chimiques et à s'orienter vers les biotechnologies. La baisse du prix des médicaments et le déremboursement de certains d'entre eux ont eu un impact direct sur leur marge bénéficiaire, ce qui rend encore plus difficile la poursuite du processus de R&D précédemment évoqué. L'abandon des brevets concernant un *blockbuster* (médicament générant un chiffre d'affaires supérieur à un milliard de dollars) et la montée en puissance des génériques entraînent des pertes pouvant aller jusqu'à 90 % du chiffre d'affaires pour le médicament concerné. Enfin, le médicament étant un produit de santé, le laboratoire pharmaceutique devait originellement prouver son efficacité thérapeutique, sa qualité et bien sûr, sa sécurité. Or, une autre composante économique apparaît désormais : l'adéquation du prix aux effets thérapeutiques attendus. Pour cela, les laboratoires pharmaceutiques doivent passer d'un modèle marketing centré sur le produit à un modèle marketing centré sur le client (Alt, 2003), rejoignant ainsi d'autres secteurs d'activité de biens de grande consommation (Flambard-Ruaud, 1997). Générer un flux continu de liquidités et améliorer leur marge malgré l'action régulatrice des Pouvoirs publics restent manifestement les enjeux principaux à relever par des laboratoires pharmaceutiques en quête d'un nouveau modèle de développement.

Reste à aborder le grossiste-répartiteur, figure historique de l'intermédiation dans la distribution pharmaceutique, à l'image du cas de la CERP-Rouen, devenue depuis Astéra, décrit par Petit (2000). Le rôle du grossiste-répartiteur est d'acheter aux laboratoires pharmaceutiques un stock de références (dont plus de 7 000 spécialités pharmaceutiques) pour le revendre et le livrer ensuite aux officines. Soumis à un contrôle extrêmement rigoureux, il ne peut vendre les médicaments qu'à d'autres entreprises ou organismes autorisés à les distribuer ou à des personnes habilitées à les dispenser. En 2012, le chiffre d'affaires de la répartition pharmaceutique en France atteignait 17,2 milliards d'euros, réalisé par 180 établissements. Le secteur est sous le contrôle de quatre acteurs principaux que sont le Groupe OCP (44 établissements, 33,9 % de part de marché), le réseau CERP (62 établissements, 30 % de part de marché), le Groupe Alliance Health France (52 établissements, 25,9 % de part de marché) et le Groupe Phoenix Pharma (22 établissements, 7,7 % de part de marché). Si le grossiste-répartiteur représente un chiffre d'affaires important en France, c'est aussi le cas, et plus encore, dans d'autres pays européens, comme le représente la partie blanche des cercles de la Figure 11.1.

Le grossiste-répartiteur, par nature, exerce une véritable mission de service public confiée par l'Etat en permettant la délivrance quotidienne des médicaments aux officines. La rémunération du grossiste-répartiteur est encadrée par trois dispositions règlementaires : une marge sur vente fixe (plafonnée), des remises accordées aux officines et une contribution à la Sécurité Sociale (dite « contribution Acoss »). Par-delà une compétence logistique reconnue, qui l'apparente à un pivot de la *supply chain* (Corbin, 2009), le grossiste-répartiteur joue un rôle majeur de préfinancement vis-à-vis des laboratoires pharmaceutiques et des officines, largement souligné par Walker *et al.* (2012). Ces derniers indiquent que pour six pays d'Europe, les immobilisations sur stocks à la charge des grossistes-répartiteurs représentent annuellement environ dix milliards d'euros. Un tel service financier, dans un système de contraintes règlementaires très fort, explique sans doute pourquoi le grossiste-répartiteur occupe une place centrale dans la distribution du médicament en France, comme l'indique la Figure 11.2.

Figure 11.1 : La place des grossistes-répartiteurs en Europe par rapport aux livraisons directes des laboratoires pharmaceutiques, en chiffre d'affaires

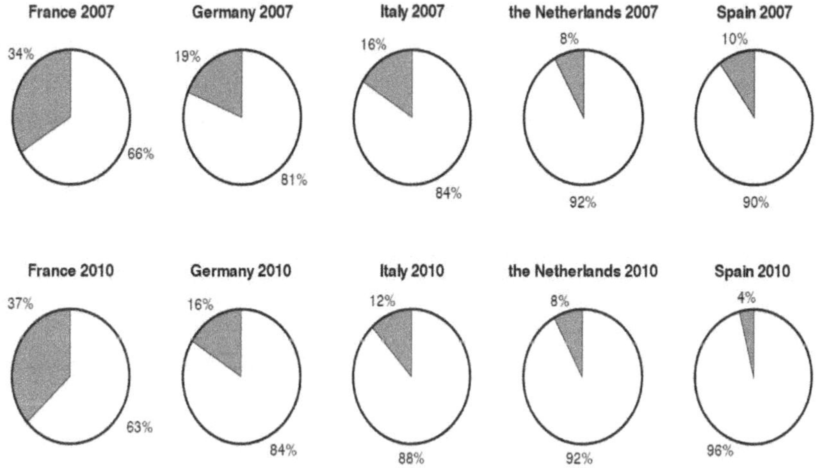

Source : d'après Walker et al. (2012).

Figure 11.2 : Décomposition du pourcentage de chiffre d'affaires réalisé par chaque canal de distribution en France, en 2012

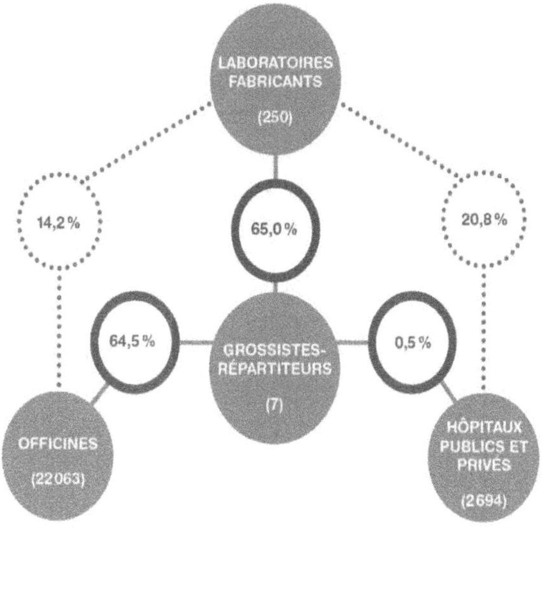

Source : Rapport LEEM (2014).

2. Le combat des titans : grossiste-répartiteur *vs.* PSL

En situation de changement organisationnel, quelle que soit sa puissance créatrice ou destructrice, il est indispensable que les acteurs puissent le comprendre et le traduire afin de parvenir à un alignement des intérêts de chacune des parties prenantes pour continuer à progresser. Comme le souligne l'analyse de Chakrabarti *et al.* (2013), la distribution pharmaceutique voit ses représentations profondément se transformer depuis plusieurs années, et il s'avère essentiel pour les acteurs de comprendre à la fois les changements durables d'orientation et l'émergence de nouvelles pratiques. Au risque de connaître des dysfonctionnements brutaux pouvant menacer la pérennité des organisations en question... Il n'est donc pas surprenant que la distribution pharmaceutique fasse l'objet d'une abondante littérature, notamment dans sa dimension *supply chain* (Narayana *et al.*, 2014). La fonction d'intermédiation y est désormais au cœur d'un jeu de forces et de tensions d'une intensité inégalée, sous la pression d'un environnement institutionnel qui conduit à repenser les modèles de distribution antérieurs. Le grossiste-répartiteur semble vaciller sur ses bases, ouvrant peut-être la voie à un nouvel entrant : le PSL.

2.1. Le grossiste-répartiteur, un acteur historiquement très présent

Le métier de grossiste-répartiteur trouve son origine dès le XIIe siècle chez les importateurs en « drogues » qui alimentent les apothicaires, notamment en utilisant les foires de Champagne comme entrepôts éphémères pour approvisionner les villes de province (Buchet, 1921). Cependant, il prend véritablement son essor au XIXe siècle en réponse à une demande toujours croissante de remèdes ou de spécialités pharmaceutiques, engendrant alors les premières productions en série et la nécessité d'organiser leur distribution sur une échelle plus large. A la fonction de grossiste s'ajoute ainsi la fonction de distributeur, dont l'appellation « répartiteur », apparue au début du XXe siècle, rend compte. C'est à la fin la Seconde Guerre mondiale que les autorités françaises, soucieuses d'instaurer une véritable politique de santé publique, vont réglementer l'activité de grossiste-répartiteur et lui assurer un véritable statut d'établissement pharmaceutique.

Sous l'autorité du Ministère de la Santé, *via* l'Agence Française de Sécurité Sanitaire des Produits de Santé (Afssaps), la répartition pharmaceutique est désormais soumise au Code de la santé publique qui définit ses obligations. Tout établissement doit être sous la responsabilité d'un pharmacien responsable et doit approvisionner, sur un secteur d'activité déclaré, les officines qui le sollicitent. Pour cela, les grossistes-répartiteurs doivent référencer au moins 90 % des médicaments exploités en France, détenir un stock capable de couvrir deux semaines de consommation de leur clientèle et livrer sous 24 h toute commande de médicaments issus de leur stock. En outre, depuis le 24 août 2008, les grossistes-répartiteurs ont l'obligation de participer à un système d'astreinte pour permettre la mise à disposition des médicaments dans les situations d'urgence les week-ends et jours fériés. Notons qu'ils doivent également respecter un *Guide des bonnes pratiques de distribution de gros* dont les aspects logistiques sont essentiels puisqu'il s'agit de garantir la qualité des produits pharmaceutiques jusqu'au dispensateur final, notamment par une parfaite traçabilité des flux (Goetz-Lopes, 2007). Une sécurisation qui constitue une constante dans la gestion de la *supply chain* du médicament au sein des pays occidentaux (Zimmerman, 2006).

Si l'on devait résumer les services apportés par le grossiste-répartiteur aux officines, il serait possible de faire référence à deux dimensions complémentaires : les services apportés du point de vue de la relation client et les services apportés du point de vue logistique. Du point de vue de la *relation client*, le grossiste-répartiteur définit et fait appliquer les procédures impactant le produit et les procédures réglementaires pharmaceutiques, en formant pour cela l'équipe officinale à un certain nombre de techniques. Il supervise de même les opérations de contrôle des stocks et de retrait du marché, ainsi que les opérations liées au contrôle de la qualité produit et les opérations liées à la sécurité. Le grossiste-répartiteur garantit aux officines le suivi en temps réel des activités, en termes de documentation et d'enregistrements, en gérant d'éventuelles réclamations clients, et il supervise ou effectue les auto-inspections dans le cadre de plans d'amélioration de la qualité. Enfin, il assure une mise en relation essentielle avec les autorités de tutelle, tout particulièrement dans le cadre des déclarations administratives.

Du point de vue *logistique*, le grossiste-répartiteur se positionne aussi et surtout en tant que coordonnateur de la distribution physique du médicament, dans la mesure où il développe un savoir-faire innovant de pilotage des flux, à l'interface entre le laboratoire pharmaceutique et les officines (Corbin, 2009). Lui sont ainsi attribuées des activités de gestion des stocks dans le respect des contraintes réglementaires indiquées précédemment, de mise en place de systèmes automatiques de réapprovisionnement multi-journalier, et d'organisation éventuelle des retours dans une logique *reverse logistics*. En bref, la présence du grossiste-répartiteur est, de longue date, un facteur d'introduction de nouvelles pratiques *supply chain* à partir de sa maîtrise d'un service logistique complet. La Figure 11.3, tirée de la contribution de Tite (2009), montre comment un puissant grossiste-répartiteur français, en l'occurrence CERP, organise le pilotage des flux physiques et d'information en plaçant au cœur de son système d'offre un entrepôt dont la fonction de massification, puis d'éclatement, est essentielle en termes de création de valeur, en proposant pour cela trois types de services : des services logistiques standard (réception, stockage, préparation de commandes, etc.), des services logistiques additionnels (traitement de commandes spécifiques, par exemple en matière de stupéfiants, recyclage des produits, etc.) et des services étendus (administration des ventes, prise de commande, etc.).

Figure 11.3 : L'entrepôt au cœur du système d'offre du grossiste-répartiteur

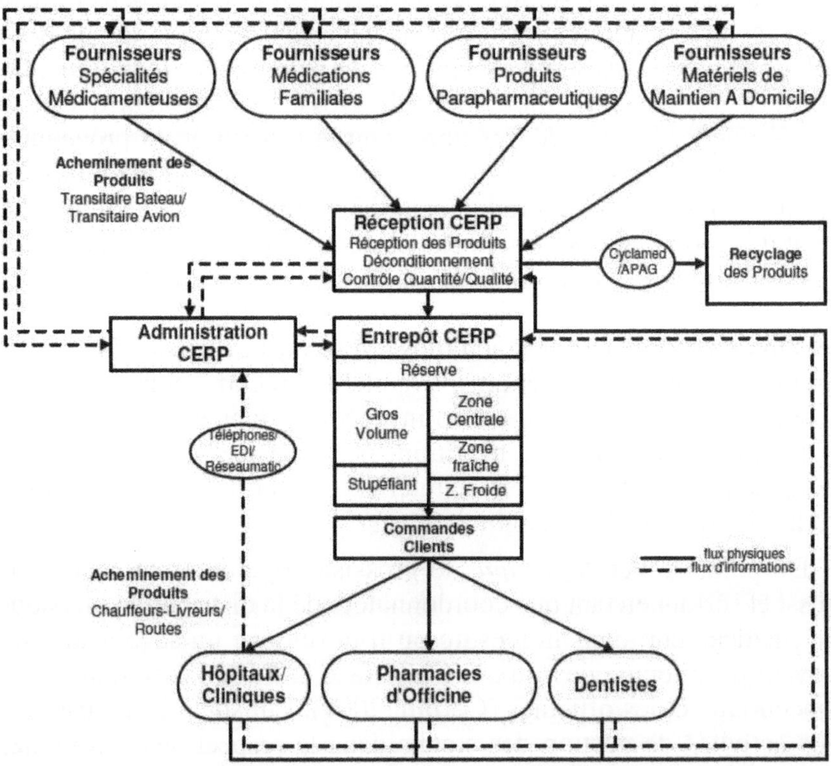

Source : d'après Tite (2009).

2.2. *Le grossiste-répartiteur, un acteur fortement menacé*

Malgré son enracinement historique dans la distribution pharmaceutique, le grossiste-répartiteur est dorénavant un acteur menacé de déstabilisation par plusieurs forces externes. La principale force évoquée par les observateurs attentifs, même si elle n'est pas la seule, est constituée par l'émergence des puissants groupements officinaux qui agissent en tant que groupements d'achat (Reyes, 2010). On reconnaît là une évolution bien connue dans la grande distribution alimentaire et spécialisée depuis les années 1980, qui conduit le distributeur en réseau (de magasins propres et/ou franchisés) à intégrer la fonction de gros et ainsi marginaliser le grossiste (Filser *et al.*, 2012). Le cas des biens de grande consommation est emblématique d'une telle évolution, suivie par des produits périssables tels que les produits frais ou les fruits & légumes (Saucède *et al.*, 2015). Seuls ont résisté des grossistes implantés dans certains secteurs d'activité comme la restauration hors foyer (RHF), profitant de la présence de commerçants indépendants et atomisés peu enthousiastes à s'insérer dans une logique coopérative, synonyme d'une perte de latitude décisionnelle. Pendant longtemps, les grossistes-répartiteurs ont ainsi bénéficié de l'individualisme forcené d'officines commercialement à l'abri dans des zones de chalandise protégées. Cet individualisme s'étiole lentement mais sûrement avec l'émergence d'une stratégie d'alliances contractuelles de la part d'officines dont l'objectif, en reprenant Leclère et Elis (1993), est d'optimiser l'existant en mutualisant les forces de chacun.

Mais le grossiste-répartiteur est également menacé par le climat relationnel qui se construit entre lui et l'officine, et plus exactement la manière dont cette dernière perçoit favorablement (ou pas) les efforts consentis par le partenaire pour créer une relation d'échange constructive et rentable. En effet, pour qu'elle fasse preuve de loyauté vis-à-vis de son partenaire, il s'avère indispensable que l'officine perçoive son comportement comme équitable (Jambulingam *et al.*, 2009), au risque de se tourner vers un ou plusieurs groupements officinaux. Par équité, il faut entendre le fait que les gains et pertes partagés entre chacune des parties prenantes sont à la hauteur de leur contribution respective au processus de création de valeur. La menace pour le grossiste-répartiteur provient alors de son incapacité potentielle de démontrer à l'officine qu'il est apte à lui apporter un soutien majeur, par exemple en matière d'adaptation locale de l'offre de produits pharmaceutiques à la demande (une zone de chalandise avec un nombre important de *seniors* n'aura pas les mêmes besoins qu'une zone de chalandise comprenant une majorité de couples avec jeunes enfants), en matière de conseil personnalisé aux patients et, enfin, en matière de logistique performante en termes de temps de livraison et de respect des délais. Si les groupements officinaux y parviennent, une menace crédible de désintermédiation pourrait alors voir le jour.

Encore faut-il que le parc d'officines reste suffisamment important pour permettre de réaliser des économies d'échelle significatives, notamment en matière de logistique. Or, rien n'est aussi sûr en France dans un futur proche. Si la Commission européenne a permis aux Etats membres de différencier l'activité officinale des autres professions, en protégeant avant tout la santé publique (Debarge, 2011), il n'en reste pas moins que le nombre croissant d'officines en faillite, faisant l'objet d'une procédure de redressement ou de liquidation judiciaire, inquiète les Pouvoirs publics, même si l'origine de la crise est pour partie constituée de décisions politiques prises par les gouvernements successifs. Les difficultés de trésorerie constatées chez nombre d'officines sont ainsi dues à toute une série d'événements concomitants : les déremboursements de médicaments, l'arrivée des grands conditionnements, l'instauration d'une franchise à la charge du patient, la limitation à deux mois des délais de paiement imposée par la loi LME, etc. L'heure d'un changement radical dans le modèle historique de la distribution pharmaceutique a peut-être sonné, et les grossistes-répartiteurs en seront les premières victimes :

- Depuis juillet 2013, les Français peuvent acheter en ligne, sur des sites Internet autorisés, presque 4 000 médicaments accessibles sans ordonnance (les fameux médicaments OTC). Même si cet achat en ligne est fortement encadré afin d'éviter la vente de produits de qualité médiocre, voire ne contenant pas de substance active, une véritable révolution est en marche, qui exigera d'ailleurs un effort significatif de réglementation internationale (Chaturvedi *et al.*, 2011). Pour l'instant, chacun des sites sécurisés doit être le prolongement virtuel d'une pharmacie réelle, elle-même dûment autorisée, ceci dans une logique *click & mortar* déjà développée dans d'autres secteurs du commerce (Filser *et al.*, 2012). Mais pourquoi ne pas envisager demain l'émergence de *pure players* dont la logistique de livraison échapperait aux grossistes-répartiteurs pour tomber entre les mains de messagers express ou traditionnels ? Plus déstabilisant encore, l'Ordre des Pharmaciens et le Ministère de la Santé pourront-ils encore longtemps faire front contre la vente des médicaments d'automédication dans les espaces de santé des hyper et supermarchés ?

- La concurrence des *short liners* se fait de plus en plus féroce et elle risque d'amputer une partie du chiffre d'affaires des grossistes-répartiteurs (Cmolik, 2012 ; Kanvos et Wouters, 2014). Un *short liner* est un mini-répartiteur pharmaceutique qui a choisi un positionnement *low cost*, en « cassant » le marché avec des prix très bas, sur une sélection de produits pharmaceutiques à très forte rotation (environ 200). A la différence du grossiste-répartiteur traditionnel, qui doit livrer plusieurs fois par jour les officines et qui a l'obligation de détenir en stock 90 % des médicaments exploités en France, le *short liner* livre avec une fréquence très inférieure, d'une fois par semaine à une fois par mois, exigeant des officines des capacités de stockage qu'elles n'ont pas forcément. La force du nouvel entrant réside dans sa capacité à acheter à bon prix sur le marché national pour revendre sur d'autres marchés plus rémunérateurs, en jouant un rôle de spéculateur plus que d'intermédiaire créateur de valeur.
- Enfin, en adoptant le *direct to pharmacy* (DTP), plutôt que de distribuer ses médicaments à travers un vaste réseau de grossistes-répartiteurs, un laboratoire pharmaceutique peut décider de confier à un spécialiste logistique l'approvisionnement des officines. Le schéma DTP, initié par Pfizer UK, connaît un fort engouement au Royaume-Uni, où il donne lieu à de nombreux débats publics sur son efficacité (Office of Fair Trading, 2007). Avec ce schéma nouveau, un spécialiste logistique, en lieu et place du grossiste-répartiteur, devient une sorte d'agent d'exécution aux ordres du laboratoire pharmaceutique, qui voit ainsi la gouvernance de la *supply chain* s'améliorer. Ainsi, Alliance agit pour Pfizer UK en tant que logisticien et cela a permis au laboratoire d'enrayer un problème chronique d'exportations parallèles en Europe depuis le Royaume-Uni… En outre, la centralisation des livraisons sur un seul opérateur, plutôt que leur dilution entre plusieurs grossistes-répartiteurs, a facilité le contact de Pfizer UK avec les officines. Enfin, ledit opérateur est associé en amont au processus de mise sur le marché des nouveaux médicaments, ce qui lui permet de mieux planifier les ressources logistiques qu'il devra mobiliser pour optimiser les approvisionnements futurs des officines. Le schéma DTP ne constituerait-il pas, pour les PSL, un marché d'importance majeure ?

2.3. La distribution pharmaceutique : un nouvel Eldorado pour le PSL ?

De quelle manière les PSL observent-ils les évolutions de la distribution pharmaceutique, notamment en France ? Dire qu'ils se sentent peu impliqués ou indifférents serait une grave erreur d'analyse. Incontestablement, plusieurs PSL aussi influents sur le marché français que Geodis, Bolloré, FM Logistic ou Kuhne+Nagel pressentent que des opportunités de croissance existent. Encore faut-il s'interroger sur les avantages concurrentiels dont ils pourraient disposer, le cas échéant, en matière d'approvisionnement des officines par rapport aux grossistes-répartiteurs traditionnels. La question renvoie en filigrane aux ressources et compétences que doit notamment mobiliser le PSL pour gérer des flux physiques en direction d'officines localisées, pour nombre d'entre elles, dans l'espace urbain, alors qu'il a développé historiquement un savoir-faire de massification vers des magasins localisés en zone périurbaine. En utilisant l'expérience accumulée dans la gestion de la *supply chain* pour d'autres filières, le PSL serait alors capable de réaliser des économies d'échelle et de champ permettant d'améliorer la performance des approvisionnements, ce qui est aujourd'hui difficilement le cas pour des grossistes-répartiteurs dont la culture d'origine est exclusivement pharmaceutique.

Historiquement, des PSL spécialisés occupent depuis longtemps une place non négligeable dans la *supply chain* pharmaceutique : les dépositaires. Un dépositaire a pour métier d'assurer la distribution physique de médicaments dont il n'est pas propriétaire, en agissant pour le compte d'un ou de plusieurs laboratoires pharmaceutiques. Etablissement pharmaceutique, le dépositaire français est régi par le Code de la santé publique et il a pour mission de stocker et de distribuer les médicaments des laboratoires pharmaceutiques. En tant que sous-traitant, il gère des stocks dont il n'est pas propriétaire et agit *sur ordre et pour le compte* des laboratoires pharmaceutiques. A l'image du grossiste-répartiteur, il est cependant tenu de respecter le *Guide des bonnes pratiques de distribution de gros* précédemment évoqué. Les dépositaires sont finalement des PSL spécialistes d'un métier complet portant sur la logistique, la gestion commerciale et les services connexes en direction des officines, sur un périmètre régional, national ou européen (voir le Tableau 11.3). Parmi les plus connus en France, citons Alloga, Movianto, CSP et Eurodep, un puissant oligopole (avec franges) au sein duquel aucun leader ne se démarque.

Tableau 11.3 : Les services proposés par un dépositaire pharmaceutique

Services logistiques standard	Services logistiques additionnels	Services étendus
- Approvisionnement - Réception - Stockage (FEFO 15 à 25°C) - Préparation de commandes (*pick and pack*) - Expéditions - Commission de transport	- Traitement de commandes spécifiques ou urgentes - Gestion de lancement de nouveaux produits - Gestion des documentations, des objets promotionnels et des échantillons gratuits - Distribution des essais cliniques - Traitement des retours - Gestion contrôlée des destructions - Gestion de produits classés ou réglementés - Traçabilité Internet - Conditionnements secondaires (vignettage et re-vignettage, changement de notices, etc.)	- Administration des ventes en relation avec le *front office* (gestion des réclamations, des retours, etc.) - Administration des ventes en relation avec le *back office* (gestion des fichiers clients, des commerciaux, etc.) - *Call center* - Gestion de la facturation et du recouvrement pour ordre et pour le compte des laboratoires pharmaceutiques - Support marketing et vente (réalisation d'enquêtes, actions promotionnelles, etc.)

Face aux dépositaires, de nouveaux entrants issus de la prestation logistique, signalés précédemment, ont pu être identifiés depuis quelques années en France. Leur point commun est de relever d'une prestation classique se destinant aux chargeurs de l'industrie et du commerce. De très nombreux travaux en management tentent désormais de cerner les contours de la prestation logistique en référence aux opérations prises en charge par les PSL, plus ou moins complexes selon la nature des contrats (Fulconis *et al.*, 2011). L'idée dominante est que les PSL les plus dynamiques ont su accompagner les stratégies de recentrage des industriels et des grands distributeurs sur leurs compétences fondamentales : la conception de nouveaux produits et services, la communication publicitaire autour de puissantes marques ou enseignes, le développement de techniques de vente originales, etc. Ainsi, la prise en charge par les PSL d'opérations basiques liées au simple transfert physique de produits a correspondu, à une période donnée, au souhait de leurs clients de se désengager pas à pas de quelques activités logistiques jugées périphériques. L'intelligence stratégique de certains PSL fut d'anticiper puis de satisfaire les attentes beaucoup plus sophistiquées qui se sont manifestées depuis lors, dans l'industrie et le commerce, pour des services à haute valeur ajoutée (Fulconis *et al.*, 2011).

Cette intelligence stratégique est en grande partie fondée sur la capacité d'identifier des « nœuds » de *supply chains* certes distinctes mais revêtant des caractéristiques suffisamment communes pour être pilotées de manière globale, et non *supply chain* par *supply chain*. De manière précoce, les PSL ont ainsi démontré tout l'intérêt de tournées de livraison communes à plusieurs magasins concurrents pour réduire les coûts d'approvisionnement. Plus tard, ils prouveront, sur le même registre, l'intérêt d'une gestion mutualisée des stocks de matières et marchandises, là où certains modèles stratégiques prônaient une sauvegarde des sources de l'avantage concurrentiel par un cloisonnement des systèmes logistiques entre concurrents. La force des PSL est ainsi d'avoir très vite compris qu'en se situant à l'interconnexion de plusieurs *supply chains*, par exemple en gérant des entrepôts communs à plusieurs distributeurs, ils s'avéraient capables de mutualiser des ressources en faisant jouer un double phénomène d'économies d'échelle et d'apprentissage. Les PSL ont ainsi pu démontrer leurs aptitudes à impulser des *logiques de massification des flux* de plus en plus performantes sur quelques infrastructures logistiques judicieusement localisées dans l'espace, au barycentre des magasins à desservir, pour bénéficier d'un prix du sol très attractif. Par un effet « boule de neige », ils ont capté un nombre croissant de nouveaux clients, attirés par de faibles coûts unitaires de transport et/ ou de gestion des stocks.

En bref, la culture des nouveaux entrants que sont les PSL traditionnels est clairement fondée sur une industrialisation massive des flux, ce qui les rend d'ailleurs peut-être peu aptes à gérer l'extrême capillarité des livraisons urbaines. Leur savoir-faire majeur se fonde sur le partage de ressources entre clients logistiquement compatibles, et sur un plan plus technique, sur des livraisons de palettes complètes ou composites. Dès qu'il est question de colis, et plus encore, de produits à l'unité, la mécanique s'enraye, comme en témoignent les difficultés rencontrées par les PSL sur le marché du commerce électronique. Dans ces conditions, peuvent-ils envisager une migration réussie vers la distribution pharmaceutique à forte dimension capillaire ? Ceci passe nécessairement par l'activation de deux modes opératoires de mutualisation : la mutualisation des préparations de commandes *pick & pack* sur des chaînes semi-automatisées dédiées à plusieurs laboratoires pharmaceutiques ; la mutualisation des transports amont et aval, avec une consolidation des flux de plusieurs laboratoires pharmaceutiques pour une destination commune (officine ou hôpital) afin d'optimiser le coût des prestations.

Face à de tels enjeux, les PSL disposent de forces et faiblesses qui interpellent le chercheur sur l'opportunité d'affaires que représente la distribution pharmaceutique, notamment dans ses mutations les plus significatives (vente des médicaments en ligne, montée en puissance des *short liners*, développement du modèle DTP). Les forces des PSL sont de plusieurs natures : une couverture nationale des sites découlant d'investissements antérieurs pour les chargeurs industriels et commerciaux (par exemple, Geodis dispose aujourd'hui de dix sites en France, représentant près de 180000 m^2, qui peuvent être mobilisés pour la *supply chain* pharmaceutique), une offre complexe pouvant s'appuyer sur le réseau physique existant afin de bâtir une solution complète en logistique et distribution, un portefeuille clients « pluri-univers » permettant d'y agréger aisément les produits pharmaceutiques dans toutes leurs dimensions, tout particulièrement en termes de traçabilité complète et de respect des contraintes de livraison ; de ce point de vue, l'offre des PSL traditionnels en termes de services est proche de celle issue des dépositaires pharmaceutiques, et synthétisée dans le Tableau 11.3. En revanche, il faut reconnaître que les PSL, fortement marqués par leur présence sur les marchés des biens de grande consommation, souffrent d'un problème de visibilité, voire de légitimité au sens de Weber (1921/1971), autrement dit d'un manque de reconnaissance sociale. En outre, l'organisation des PSL est certainement en décalage avec la culture « santé », qui sous-tend également la possession d'une expertise technique spécifique.

Il n'en reste pas moins que les PSL ont sans doute une chance à saisir face aux grossistes-répartiteurs dans la manière d'aborder le service à la clientèle. En effet, Rossetti *et al.* (2011) montrent clairement que les grossistes-répartiteurs sont engagés dans une *course ruineuse au sur-service* pour accroître la satisfaction des officines, confirmant au demeurant les analyses anciennes, mais toujours d'actualité, de Grussing *et al.* (1994) et de Doucette et Wiederholt (1997) selon lesquelles les grossistes-répartiteurs cherchent à stabiliser les relations d'échange avec les officines en jouant très fortement sur un niveau élevé de service à la clientèle. La course au sur-service initiée par les grossistes-répartiteurs se traduit dès l'instant par l'existence d'un *business model* qui privilégie des livraisons urgentes dans des délais exceptionnellement courts, la mise à disposition de médicaments à l'unité, et une fréquence très élevée d'approvisionnement. Les PSL ont-ils réellement intérêt à s'engager dans cette voie, que nous qualifierons de *high tech*, alors que les contraintes règlementaires réclament en France un positionnement de plus en plus *low cost* pour contrer les dérives inflationnistes issues du processus de déremboursement et préserver ainsi le pouvoir d'achat des ménages ?

Une stratégie *low cost* découle directement d'une gestion sur des volumes importants et agrégés, ce que les PSL savent très bien faire dans une perspective d'intégration des processus largement soulignée par Fabbe-Costes *et al.* (2008). Il y aurait donc une opportunité à saisir en optant pour un positionnement différent, complémentaire de celui des grossistes-répartiteurs. Comme le notait de manière prémonitoire Thierry Courtiol dès le milieu des années 2000, « *la distribution pharmaceutique recèle des changements potentiels importants, qui se déclencheront en fonction de la dérégulation du secteur. Les PSL ont réellement une carte à jouer. Cela passe notamment par un changement de posture vis-à-vis tant des laboratoires en amont que des pharmacies en aval : il s'agit de passer d'une position de logisticien à celle de partenaire supply chain, capable de rentrer dans les problématiques de traitement des commandes des pharmacies et d'apporter des services à valeur ajoutée à celles-ci (traçabilité, aide aux prévisions et au réapprovisionnement, traitement des invendus et de la reverse, services de froid, etc.), et en retour aux laboratoires, à travers une meilleure intégration des processus* »[1].

Conclusion

Véritable enjeu de santé publique, pourtant soumise de plus en plus souvent à une logique managériale, la distribution pharmaceutique, tout particulièrement du médicament vers les officines, connaît de profondes transformations dans un grand nombre de pays européens (Anell, 2005 ; Boonen *et al.*, 2010 ; Garattini *et al.*, 2012). La France n'échappe pas à un tel *aggiornamento* qui fait vaciller les fondements du cadre règlementaire impulsé par les Pouvoirs publics pour protéger les patients de pratiques prédatrices de la part des laboratoires pharmaceutiques, des grossistes-répartiteurs ou des officines. Une première brèche a été ouverte avec l'autorisation de la vente en ligne de certains médicaments OTC, et nul ne doute que le processus transformatif ne s'arrêtera pas en si bon chemin. Le chapitre a ainsi souhaité souligner que les mutations dans la distribution pharmaceutique sont suffisamment profondes pour faire exploser à terme les modes traditionnels d'organisation et conduire à une redistribution des cartes, peut-être au profit de nouveaux entrants jusqu'à présent impliqués uniquement dans d'autres filières. C'est notamment le cas des PSL classiques, devenus au fil du temps des acteurs majeurs du fonctionnement des *supply chains* relatives aux produits de grande consommation, et qui observent avec intérêt les évolutions récentes relatives aux produits pharmaceutiques.

1 http://archives.lesechos.fr/archives/2007/ [consulté le 13 juin 2014].

La réflexion mérite bien évidemment de se poursuivre en s'interrogeant sur les blocages et les barrières à l'entrée que pourraient rencontrer les PSL dans leur quête de conquête de ce nouveau marché porteur. Par-delà les savoir-faire et les compétences techniques à acquérir, la question sera sans doute celle de l'appropriation d'une nouvelle culture fondée sur un service non pas au client mais au patient. La grande force des grossistes-répartiteurs et des officines, partageant des valeurs communes, est de penser la distribution pharmaceutique comme la concrétisation d'un « esprit de corps », pour reprendre Reyes (2011). Ce dernier montre ainsi que si les officines de centres commerciaux exigent du pharmacien l'assimilation de nouvelles compétences de gestion pour mieux gérer une clientèle volatile de passage, le métier individuel au service d'un patient reste encore vivace. En d'autres termes, laboratoires pharmaceutiques, grossistes-répartiteurs et officines diffusent des normes, des codes et des « règles de l'art » qui constituent un puissant terreau commun. Les PSL seront-ils capables de s'y agréger ? En l'espèce, la solution qui consistera seulement à recruter des pharmaciens fraichement diplômés pour respecter les contraintes édictées par les Pouvoirs publics ne sera peut-être pas suffisante pour « s'agréger à un corps » qui sait aisément reconnaître les siens…

Chapitre 12.
Logiques d'intermédiation au Royaume-Uni : de nouvelles sources potentielles de profitabilité

John Fernie, David Grant et Gilles Paché

La nature des fonctions d'intermédiation a profondément changé dans le secteur de la distribution alimentaire au Royaume-Uni depuis une trentaine d'années. La croissance des réseaux de supermarchés, d'hypermarchés et de magasins de proximité a entamé quelque peu les rôles tenus notamment par les grossistes. Toutefois, une place importante leur reste encore attribuée, et elle pourrait même croître dans les prochaines années à la lumière de certains évènements et mutations récentes en matière de production et de consommation. C'est à quoi souhaite s'attacher le chapitre, en soulignant l'existence de nouvelles sources de profitabilité Outre-Manche pour les grossistes et, plus largement, les entreprises exerçant une fonction d'intermédiation. Dans un premier temps, nous présenterons une grille de lecture des canaux de distribution et de l'intermédiation, ainsi que leurs objectifs et rôles respectifs. Ceci nous permettra, dans un deuxième temps, de mettre en lumière les transformations profondes que le secteur de la distribution alimentaire a connues au Royaume-Uni depuis les années 1980, et de décrire la situation actuelle. Une comparaison entre la situation britannique et la situation européenne sur les marchés de l'intermédiation sera alors proposée dans un troisième temps. Enfin, dans un quatrième temps, nous évoquerons les opportunités qui s'offrent à trois groupes britanniques de se positionner comme « *super-intermédiaires* » et/ou comme PSL de type « 3.5PL » avant de conclure rapidement.

1. Canaux de distribution et intermédiation

Dans toutes les sociétés humaines, les biens doivent être physiquement déplacés entre le lieu où ils sont produits et le lieu où ils sont utilisés ou consommés. Ainsi, dès l'époque romaine, Jules César prend soin d'intégrer une fonction de *logista* au sein de ses légions conquérantes, en chargeant un officier de constituer un dépôt dans chacune des villes soumises à Rome. Cet officier a pour mission de s'occuper des mouvements de l'armée pour pouvoir organiser le campement et l'approvisionnement en nourriture dans lesdits dépôts. La question du mouvement des biens n'est donc pas d'une actualité récente ! Dans un souci de clarification tout au long du chapitre, nous utiliserons la différenciation, proposée Webster (2000), entre consommateur et client. Un consommateur est une personne qui utilise ou consomme un bien. Un client est un individu ou une organisation qui achète un bien, ce qui signifie qu'il l'acquiert (sur le plan légal, et probablement mais pas nécessairement, aussi sur le plan physique) et qu'il le paie. Il est possible qu'un client achète simplement des biens pour les revendre à ses consommateurs, par exemple à des grossistes ou à des distributeurs, ou pour intégrer ces biens dans des produits qu'il fabrique, par exemple s'il assure une fonction d'assembleur dans l'industrie micro-informatique ou dans l'électroménager.

Les échanges existent dans les sociétés humaines lorsque l'on doit faire face à une séparation spatiale entre le lieu de production et le lieu de consommation, une séparation temporelle entre le moment de la production et le moment de la consommation et une séparation perceptuelle entre la production de grandes quantités standardisées et la consommation de petites quantités fractionnées. Un canal de distribution est traditionnellement considéré comme un ensemble d'organisations interdépendantes agissant de telle sorte que les précédentes séparations soient surmontées afin de rendre les produits disponibles pour leur usage ou leur consommation (Kotler, 2000 ; Rosenbloom, 2011). Autrement dit, les canaux se développent lorsque des échanges sont requis entre entreprises et consommateurs. Cet alignement d'organisations qui délivre des biens sur le marché est aussi parfois dénommé chaîne logistique ou chaîne de valeur. Les fonctions exercées au sein d'un canal sont multiples et variées ; elles incluent l'achat, la vente, le transport, le stockage, la constitution d'assortiment, le financement, la gestion du risque et la mise à disposition d'informations commerciales. Chaque organisation, institution ou prestataire qui exerce une ou plusieurs de ces fonctions est membre d'un canal de distribution.

La structure d'un canal de distribution est déterminée par les fonctions que chaque organisation, institution ou prestataire exerce, selon un spectre plus ou moins large. Certains membres d'un canal exercent ainsi une simple fonction ; c'est le cas de transporteurs ou d'entrepositaires publics. D'autres, au contraire, comme les PSL et les grossistes, exercent plusieurs fonctions, comme l'allotissement, la gestion des stocks, la préparation de commandes, etc. La structure du canal impacte dès lors, par les modalités de contrôle qui touchent chacune des fonctions, leur performance relative en termes de délai de livraison, d'échange d'information et de coût des opérations (Grant *et al.*, 2006). La structure du canal dépend également, pour une grande part, de la nature des produits et des cibles visées ; on peut difficilement comparer un bien de grande consommation vendu en libre-service avec un bien qui nécessite un conseil à la vente que seuls des grossistes spécialisés peuvent apporter. Plus généralement, il n'existe aucune structure idéale du canal, même pour les entreprises commercialisant des produits similaires. Ce sont des choix managériaux qui doivent déterminer une structure du canal adaptée en fonction d'objectifs stratégiques et mercatiques, des capacités opératoires, des forces et faiblesses identifiées, et des moyens industriels et logistiques. Si une entreprise vise plusieurs segments de marché, elle devra ainsi mettre en œuvre plusieurs canaux de distribution pour desservir efficacement ces différents segments de marché.

Sur un plan historique, l'émergence des canaux de distribution a été justifiée par Alderson (1954) il y a soixante ans de cela. Les facteurs explicatifs avancés sont les suivants : (1) Les intermédiaires se développent au sein des processus d'échange car ils en accroissent la performance en créant des utilités de possession, de temps et de lieu ; (2) Les départements marketing initient des arrangements transactionnels récurrents pour générer des routines moins coûteuses ; (3) Les canaux facilitent le processus de recherche de biens et d'information des consommateurs ; et (4) Les intermédiaires sont capables de construire des assortiments pour satisfaire une demande finale éclatée, alors que l'offre est massifiée. Les intermédiaires du canal de distribution créent ainsi une utilité de possession par leur maîtrise du processus d'échange, au niveau des fonctions d'achat et de vente. Ils apportent également une utilité de temps en rendant disponible les produits pour la vente au moment souhaité par le client. Enfin, ils sont garants d'une utilité de lieu en assurant le déplacement physique des produits (Grant *et al.*, 2006). L'assortiment de produits proposé par une entreprise et l'assortiment de produits demandé par le consommateur ou le client diffèrent souvent. Dès l'instant, la mission essentielle des intermédiaires est de combler cet écart à travers une démarche en quatre étapes :

- *Allotissement.* Il s'agit de répartir un ensemble de produits en lots différents dont la taille et la composition correspondent aux besoins de la clientèle. Par exemple, on classera des produits agricoles selon leur durée de vie ou selon le niveau de déchets qu'ils induisent dans certaines opérations industrielles ;
- *Groupage.* Il s'agit d'associer des stocks de produits jugés similaires dans un système d'approvisionnement homogène. Par exemple, on livrera dans un même véhicule des produits de grande consommation comparables pour réduire le coût des tournées en centre-ville ;
- *Dégroupage.* Il s'agit de décomposer une unité homogène d'approvisionnement en lots plus petits pour la vente finale. Par exemple, on remplira un véhicule de palettes composites, constituées d'un grand nombre de colis juste nécessaire pour faire face à la demande en magasin pendant une journée ;
- *Assortiment.* Il s'agit d'associer différents produits complémentaires pour un usage ou une consommation communs. Par exemple, un grossiste proposera à ses clients détaillants un ensemble de produits de marques pour satisfaire les besoins des consommateurs finaux en magasin ou sur un site Internet.

La théorie la plus achevée sur la structure du canal est incontestablement celle de Bucklin (1965). La position de l'auteur est que la mission des membres d'un canal est de satisfaire les clients avec une combinaison optimale de produits, associés à des services, au sein d'un assortiment donné, en termes de taille de lot, de délai de livraison ou d'accès aisé à l'offre, et cela à un coût minimal. Un canal idéal va émerger lorsqu'il est impossible pour un autre ensemble d'intermédiaires de générer un profit global plus important, ou une satisfaction plus importante des clients, par unité de bien vendu ; en d'autres termes, le canal idéal se fonde sur une répartition harmonieuse des tâches entre intermédiaires qui réussit à minimiser son coût de fonctionnement. Bucklin (1965) conclut que des fonctions basculeront d'un membre du canal vers un autre dès l'instant où la manœuvre conduit à la formulation d'une structure nouvelle plus efficiente et plus efficace. Ce basculement peut avoir pour effet collatéral de créer ou d'éliminer un membre du canal. Quand une entreprise se pose la question de quand, où et comment utiliser éventuellement un intermédiaire, la réflexion stratégique s'élargit alors naturellement au choix du *faire* ou *faire faire* (externaliser). Par exemple, une entreprise doit-elle au final développer des ressources et compétences en interne, ou ne pourrait-elle pas aller plus vite et de manière plus efficace en recourant à un prestataire externe ?

De ce point de vue, la théorie de Bucklin (1965) a pour immense mérite d'avoir compris très précocement des enjeux majeurs en termes d'organisation des chaînes logistiques, en mettant en avant les concepts clés de décalage et de spéculation. L'ensemble des travaux conduits par la suite sur la gestion des points de découplage, notamment dans la perspective d'une économie de la *personnalisation de masse*, trouve un héritage direct dans la contribution séminale de Bucklin (1965). Quelles sont rapidement les données du problème ? Deux options opposées se présentent :

- Dans le cadre du décalage, les coûts peuvent être réduits en achevant la finition d'un bien quant à sa forme ou son identité le plus tard possible lors du processus marketing ; il est aussi possible de déplacer la création de stocks au moment ultime, celui de l'expression de la demande par le consommateur. Le décalage exprime l'idée d'une forte aversion pour le risque, dont l'idéal serait l'organisation d'un système de production et de distribution à la commande dans lequel n'existe aucun stock de produits finis (Grant, 2012). Ce processus est dénommé dans la littérature en management *make-to-order*.
- Dans le cadre de la spéculation, opposée au décalage, un intermédiaire assume le risque en constituant un stock pour faire face à la demande à venir. En effet, certaines incitations au sein du canal poussent à anticiper (spéculer sur) la demande et à constituer des stocks, notamment en vue de réaliser des économies d'échelle par massification des opérations et diminuer les ruptures. La spéculation réduit aussi les coûts grâce à la présence de transactions plus importantes en volume, ce qui facilite la gestion des commandes. Ce processus est dénommé dans la littérature en management *make-to-stock*.

La logique de décalage conduit à des économies certaines dans la mesure où la différenciation a lieu au dernier moment, juste avant l'achat final par le consommateur, lorsque les prévisions sont aisées à réaliser. Les coûts logistiques sont par ailleurs réduits en élaborant des quantités importantes d'en-cours indifférenciés, tandis que des PSL peuvent assurer eux-mêmes la différenciation ultime (Fulconis *et al.*, 2011). Les entreprises recourent ainsi à la logique du décalage pour faire supporter par un autre membre du canal le risque de possession anticipée d'un bien qui ne trouvera peut-être pas une demande. Un industriel peut refuser de produire tant qu'il n'a pas reçu d'ordre ferme de son client. Un intermédiaire peut retarder sa prise de décision en achetant uniquement des produits au dernier moment, à des fournisseurs qui offrent un service ultra-rapide de livraison, ou encore leur acheter les produits en consignation. Enfin, un consommateur final peut retarder son achat en se tournant uniquement vers des magasins qui disposent de stocks suffisants. Mais les différents acteurs seront également sensibles parfois aux avantages d'une logique de spéculation, notamment dans une perspective *low cost*. L'un des plus fameux exemples est celui des achats promotionnels en grands volumes que réalisent les distributeurs européens auprès de fournisseurs asiatiques, plusieurs mois avant le début d'une saison. Un équilibre doit par conséquent être trouvé entre décalage et spéculation, afin de répondre aux différentes natures de demandes (personnalisation attendue par le client) et d'intérêts particuliers (réduction des coûts attendue par les entreprises).

2. Des transformations majeures dans la distribution alimentaire britannique

Pendant longtemps, les distributeurs alimentaires se sont présentés comme des réceptacles passifs de produits, alloués dans l'espace des magasins par les industriels en fonction d'une demande anticipée (Fernie *et al.*, 2010). Désormais, les règles du jeu s'avèrent radicalement différentes. Les distributeurs contrôlent directement le processus d'approvisionnement des produits et réagissent de manière instantanée aux variations de la demande réelle. Ils organisent et pilotent la chaîne logistique depuis la production jusqu'à la consommation, et à ce titre, il n'est pas trop fort de considérer les distributeurs alimentaires britanniques comme des capitaines de cette chaîne. Même si un processus comparable concerne aussi la France, il faut voir là l'essence même d'une transformation logistique ayant bouleversé l'organisation des chaînes de valeur des produits alimentaires au Royaume-Uni depuis une trentaine d'années. Dans les faits, il est possible d'identifier plusieurs tendances fortement liées entre elles, et qui se renforcent mutuellement, pour expliquer cette transformation en profondeur de la logistique de distribution (Fernie *et al.*, 2010) :

– *Contrôle accru de la logistique terminale.* Les distributeurs ont développé leur maîtrise sur la logistique terminale, depuis les entrepôts et plates-formes vers les magasins, en faisant transiter une proportion croissante de produits par des centres de distribution. Le contrôle exercé par les distributeurs britanniques est plus important que certains de leurs confrères d'autres pays, même si une évolution proche est à signaler pour la France. Par exemple, le groupement d'indépendants Leclerc, très longtemps en retrait, utilise de plus en plus significativement ses entrepôts pour livrer ses magasins associés. Les opérations logistiques sont devenues ainsi fortement dépendantes de technologies d'information sophistiquées, tout particulièrement pour ce qui relève des systèmes de réapprovisionnement qui contrôlent le stockage et mouvement d'un volume gigantesque de produits aux caractéristiques techniques très diverses.
– *Restructuration en profondeur des systèmes logistiques.* Les distributeurs ont réduit leurs stocks, autant en réserve de magasin que dans leurs centres de distribution, ce qui a significativement amélioré leur performance, notamment à travers l'utilisation d'une distribution dite « composite » : des produits relevant de familles logistiques différentes en termes de température (froid négatif, froid positif, température ambiante) sont gérés sur des centres de distribution communs et livrés vers les magasins dans les mêmes véhicules. Il en résulte des phénomènes d'échelle particulièrement significatifs. Dans le même temps, les produits à faible rotation sont centralisés sur des centres de distribution spécialisés, mais pour un nombre important de magasins. Le partage du même stock entre plusieurs magasins, dans le cadre d'espaces de stockage mutualisés (parfois entre plusieurs distributeurs) fait également jouer des phénomènes d'échelle.
– *Adoption généralisée du quick response.* Dès les années 1980, un enjeu majeur a été de couper sévèrement dans le niveau des stocks et d'accélérer la circulation des flux de produits. La conséquence fut de réduire les délais d'approvisionnement à partir des commandes reçues, et d'accroître la fréquence des livraisons de quantités fractionnées de produits, à la fois entre le centre de distribution et le magasin et entre l'usine du fournisseur et le centre de distribution. Le résultat le plus patent a été une augmentation du taux de rotation et du volume de produits simplement éclatés, plutôt que stockés dans les centres de distribution. Si le quick response s'est rapidement diffusé, c'est sans nul doute grâce au développement de l'EDI et du code-

barres, conduisant à la création de systèmes d'approvisionnement fondés sur les sorties aux caisses, qu'un nombre croissant de distributeurs britanniques ont installé. Le partage des données de sorties aux caisses avec les fournisseurs clés facilite l'intégration des activités de production et d'approvisionnement des magasins.

- *Rationalisation de la logistique d'approvisionnement des centres de distribution.* Résultat concomitant des pressions exercées par la mise en place du quick response et de l'intensification de la concurrence intra et inter-types, les distributeurs ont largement étendu leur contrôle sur la logistique d'approvisionnement, entre leurs centres de distribution et les usines de leurs fournisseurs. Dans un effort continu pour améliorer l'utilisation de leurs équipements logistiques, beaucoup d'entre eux ont intégré dans une même logique de rationalisation, et au sein d'un même « réseau », logistique terminale vers les magasins et logistique d'approvisionnement des centres de distribution. Ceci réduit les gaspillages dans une perspective lean et améliore la performance. Là encore, un parallèle serait possible avec certains distributeurs français, comme Système U, qui ont mis en œuvre des politiques semblables de mise en synergie entre transport aval et transport amont.
- *Introduction massive des démarches ECR et SCM.* Ayant réussi au fil du temps à améliorer la performance de leur propre organisation logistique, de nombreux distributeurs britanniques ont naturellement cherché à collaborer de plus en plus étroitement avec leurs fournisseurs industriels pour maximiser avec eux l'efficacité de la chaîne logistique vue comme un tout cohérent. Les démarches *efficient consumer response* (ECR) et, plus largement, de *supply chain management* (SCM), fournissent un cadre managérial robuste à l'intérieur duquel distributeurs et industriels peuvent plus efficacement coordonner leurs activités logistiques, par exemple en mutualisant des ressources d'entreposage ou de gestion des approvisionnements, le cas échéant avec le soutien d'un PSL comme tierce partie. On trouvera une excellente application avec la mise en place de chantiers GPA et de démarches de *pooling* initiées par de puissants PSL. Les fondements technologiques nécessaires au déploiement de l'ECR et du SCM se sont rapidement diffusés au Royaume-Uni, favorisant sans conteste l'émergence des conditions favorables à l'adoption des outils de management les plus innovants.

Le développement du SCM, et l'implantation corrélative de partenariats logistiques entre distributeurs et industriels, ont été identifiés comme l'étape ultime de l'évolution de la logistique de distribution alimentaire au Royaume-Uni (Fernie *et al.*, 2000). Cette étape « relationnelle » renvoie à une approche plus collaborative des échanges au sein des chaînes logistiques, après des décennies de rapports de force et d'affrontements. Ceci explique sans doute pourquoi le Royaume-Uni est souvent présenté comme le pays ayant la chaîne d'approvisionnement des magasins la plus performante au monde, et qui contribue de manière centrale au succès et à la profitabilité record de ses distributeurs alimentaires (Fernie et Grant, 2008). Il serait cependant maladroit de ne pas souligner que ces transformations marquent aussi – et surtout – le retrait des industriels, des grossistes et bien d'autres intermédiaires du contrôle de la chaîne logistique, en renforçant la position de pouvoir du distributeur, placé à l'extrémité du canal de distribution. La centralisation initiée par les distributeurs leur a permis, certes, d'améliorer significativement leur temps de réponse, de minimiser leurs stocks et d'accroître de façon sensible la disponibilité des produits dans leurs linéaires. Mais en adoptant un réapprovisionnement en flux tendus, les distributeurs se sont focalisés sur la seule optimisation des opérations logistiques vers les magasins, *via* des centres de distribution, avec pour corollaire des lots de produits de plus petite taille, livrés très fréquemment (parfois chaque jour).

Très clairement, ceci génère un problème important pour beaucoup d'industriels et d'intermédiaires, condamnés à ne plus pouvoir livrer par camions complets. Voilà pourquoi, afin de s'assurer que le taux de remplissage des véhicules soit maximisé, des centres de consolidation ont été créés en amont des centres de distribution. Ainsi, le transport amont entre les usines et le centre de consolidation est à la charge des industriels, tandis que le distributeur s'occupe de son côté des commandes mutualisées de *x* industriels pour livrer ses différents centres de distribution. Le transfert de la propriété du stock se fait en sortie du centre de consolidation, tandis que le transport aval est géré et payé par le distributeur. Les avantages immédiats sont de plusieurs ordres : diminution de l'immobilisation financière chez le distributeur, amélioration de la disponibilité des produits et donc du chiffre d'affaires pour l'industriel, optimisation du taux de remplissage du transport amont. Parallèlement, certains distributeurs britanniques ont mis en place des tournées de ramassage auprès d'industriels, qui sont couplées avec les tournées de livraison vers les magasins. En d'autres termes, un véhicule ayant livré un magasin pourra, sur le chemin de retour vers le centre de distribution, récupérer des produits chez un industriel (Fernie *et al.*, 2010). Nous sommes ici face à des *optimisations triangulaires* particulièrement efficaces, et très connues dans l'histoire puisqu'elles avaient été utilisées, sur une tout autre échelle et pour des buts bien différents, dans le cadre du commerce des esclaves (Godbille *et al.*, 2012).

En conclusion toute provisoire, force est d'admettre que la logistique de distribution britannique, dans le contexte des produits alimentaires, est caractérisée par la présence de nombreux éléments différenciateurs. Les six principaux distributeurs, organisés en oligopole, non seulement contrôlent la chaîne logistique, mais assurent désormais des responsabilités mercatiques qui furent, il y a peu encore, du seul ressort des industriels, tels que le développement de nouveaux produits, la création de marques, la publicité et, bien entendu, la distribution. Le haut niveau de pénétration des marques de distributeurs (MDD) au Royaume-Uni, largement supérieur à celui constaté en France, leur a permis de construire une forte et durable fidélité à l'enseigne, et de se diversifier vers d'autres activités ; le contrôle des canaux en tant que « capitaine » est désormais une réalité actée pour ces puissants distributeurs. Finalement, l'insularité du Royaume-Uni, signifiant une absence de concurrence féroce de la part d'entreprises situées à ses frontières (à la différence de la France, attaquée très tôt par les *hard discounters* allemands), couplée à la présence active des organismes professionnels ECR UK et IGD, très actifs en matière de diffusion des innovations technologiques et managériales, a aussi contribué à affirmer une forte distinction par rapport au Continent européen (Fernie et Grant, 2008). Dans d'autres pays, une offre commerciale plus fragmentée et des attributs de magasins très singuliers sont une évidence. Par exemple, le prix bas et les promotions sont des éléments clés du choix des consommateurs en Allemagne et en France comparé au Royaume-Uni. Cela signifie que le client achète en grandes quantités et que le distributeur joue sur des logiques promotionnelles qui exigent des stocks massifs dans les centres de distribution. A l'évidence, sur ces marchés, le coût de l'immobilier est faible par rapport à la situation britannique, les économies réalisées sur les achats peuvent donc supporter plus facilement des coûts logistiques additionnels (Fernie *et al.*, 2010).

3. Grossistes et marché de l'intermédiation des produits alimentaires

Les grossistes existent depuis des milliers d'années. En effet, on en trouve des traces en Asie, il y a plus de 5000 ans de cela, et dans la Grèce antique, ils étaient reconnus comme une branche distincte du commerce sous le nom d'*emporos* (Rosenbloom et Andras, 2008 ; Michel et Pardo, 2012). Comme l'indique le Tableau 12.1, il est possible d'identifier plusieurs types de grossistes, notamment en fonction des activités exercées, des risques assumés et des clients servis. A partir d'une étude comparative conduite sur plusieurs pays européens, Castrillo *et al.* (2003) notent que les marchés de grossistes analysés sont très semblables, particulièrement en France, en Allemagne, en Italie et en Espagne. La demande qui s'adresse aux marchés de grossistes alimentaires provient principalement de deux sources : les petites épiceries qui relèvent du commerce indépendant isolé, et les entreprises de restauration hors foyer (RHF) qui répondent aux besoins des consommateurs ne déjeunant pas ou ne dînant pas à leur domicile. Du côté de l'offre, on retrouve de façon basique deux types de grossistes :

- D'une part, les grossistes *cash & carry (cash & carry wholesalers)* qui disposent de magasins-entrepôts dans lesquels les produits sont vendus à des petits commerçants indépendants, ainsi qu'à la restauration hors foyer (RHF) ;
- D'autre part, les grossistes « livreurs » *(delivered grocery et delivered food service wholesalers)* qui assurent la logistique terminale vers les points de livraison de leurs clients, qui peuvent autant être des petits commerçants indépendants, la RHF ou des entreprises importantes dans le secteur de la distribution alimentaire.

Tableau 12.1 : Types et rôles des grossistes et intermédiaires

Type de grossiste	Rôle dans le canal de distribution
Négociant international	Propose un service complet en accompagnant ses clients sur les marchés étrangers, et gère des opérations à l'échelle mondiale
Agent étranger	Opère dans le cadre d'un marketing mondial, sans être propriétaire des marchandises, en recevant seulement une commission
Concessionnaire étranger	Achète et vend pour son propre compte en étant propriétaire de la marchandise et en assurant le risque lié

Type de grossiste	Rôle dans le canal de distribution
Négociant d'exportation	Achète et vend pour son propre compte, à l'exportation comme à l'importation, grâce à la présence d'installations sur de nombreux marchés nationaux
Société de gestion des exportations	Agit comme service d'exportation pour le compte de plusieurs entreprises non directement concurrentes
Agent commercial à l'exportation	Agit de façon similaire à une société de gestion des exportations, mais en offrant souvent des fonctions plus limitées et en opérant sous son propre nom plutôt que sous celui de l'industriel
Commissionnaire à l'exportation	Assure une alternative à faible risque pour un exportateur, en représentant l'acheteur tandis que ce dernier lui paie une commission
Société de confirmation	Fournit un ensemble limité de services à un exportateur, principalement liés au financement
Négociant exportateur	Achète et vend généralement des matières premières, sans jamais en avoir la propriété
Transitaire	Organise principalement le transport et la documentation, mais aussi de plus en plus souvent des fonctions logistiques au sein des canaux
PSL	Offre un ensemble de services logistiques à valeur ajoutée pour des entreprises mondiales

Source : d'après Rosenbloom et Andras (2008).

Le marché européen des grossistes, excluant le tabac, est important, comprenant plus de 205 000 entreprises (non compris les agents), employant environ 1,8 million de salariés et générant un revenu de 825 milliards d'euros en 2008 (Eurostat, 2011). Les grossistes « livreurs » sont plus nombreux que les grossistes *cash & carry* ; ils tendent à être petits, sous contrôle familial, et ils approvisionnent entre 50 et 60 % du marché. Les grossistes *cash & carry* approvisionnent entre 10 et 20 % du marché tandis que d'autres intermédiaires, tels que les hypermarchés et quelques industriels alimentaires, se chargent du reste (Castrillo *et al.*, 2003). Le rôle des grossistes est donc d'approvisionner en produits une clientèle de professionnels pour lesquels une négociation d'affaires directe avec de grands industriels n'est pas faisable en pratique. En achetant les produits en quantité importante et en les revendant en petite quantité fractionnée, les grossistes offrent une solution logistique intégrée pour un large spectre de professionnels du secteur alimentaire, tout spécialement des commerçants indépendants et des entreprises opérant dans la RHF ou à domicile (traiteurs). Cependant, de nombreux grossistes offrent aussi des services additionnels aux professionnels, notamment en matière de logistique, ce qui les conduit à remplir pour eux la mission de PSL. Dans le cas particulier du Royaume-Uni, les grossistes et intermédiaires intervenant dans l'alimentaire sont classés en trois catégories, selon les groupes de clients desservis et la plate-forme à partir de laquelle ils sont livrés (IGD, 2011). Les ventes dans le secteur sont estimées à environ 32,3 milliards d'euros en 2011, soit un accroissement de 2,9 % par rapport à 2010 (voir la Figure 12.1).

Figure 12.1 : Marché britannique des grossistes et croissance entre 2007 et 2011

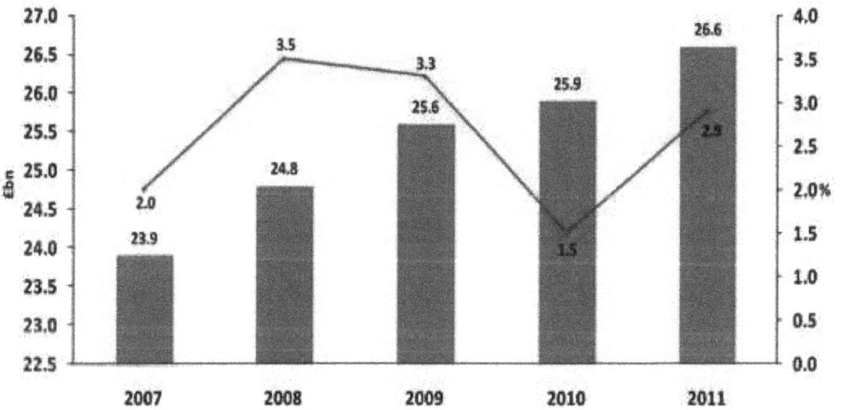

Source : IGD (2011).

Les grossistes *cash & carry* mettent à disposition un large portefeuille de produits alimentaires, y compris des boissons, avec une majorité de ventes réalisées dans des magasins-entrepôts en libre-service ; ils ressemblent vaguement à des hypermarchés sans meubles linéaires puisque les produits sont placés sur des *racks* de stockage. Les clients primaires sont variés, incluant des petits commerçants, des restaurateurs et une kyrielle d'utilisateurs professionnels, mais on retrouve aussi un nombre non négligeable de clients secondaires venant de différents secteurs d'activité industrielle, notamment les professions libérales. Les principaux opérateurs britanniques du *cash & carry* sont Booker (173 magasins-entrepôts), Bestway / Batleys (61 magasins-entrepôts), Makro (30 magasins-entrepôts), Costco (22 magasins-entrepôts), Blakemore (8 magasins-entrepôts), Dhamecha (6 magasins-entrepôts) et Parfetts (6 magasins-entrepôts). Les ventes sur le marché ont été de 13,7 milliards d'euros en 2011 (voir la Figure 12.2). De leur côté, les grossistes « livreurs » mettent à disposition des produits uniquement par le biais d'un service de livraison aux clients. Ceux-ci sont prioritairement des commerçants indépendants isolés, mais on peut également retrouver quelques distributeurs en réseau. Les principaux grossistes « livreurs » britanniques sont Palmer & Harvey, Musgrave Retail Partners GB & Northern Ireland, et le groupe Spar : CJ Lang & Son, James Hall & Co, AF Blakemore & Son / Capper Co, Appleby Westward, et John Henderson. Les ventes sur le marché ont été de 10,6 milliards d'euros en 2011 (voir la Figure 12.2).

Figure 12.2 : Marché britannique des grossistes, et évolution entre 2007 et 2011 par type d'opérateur

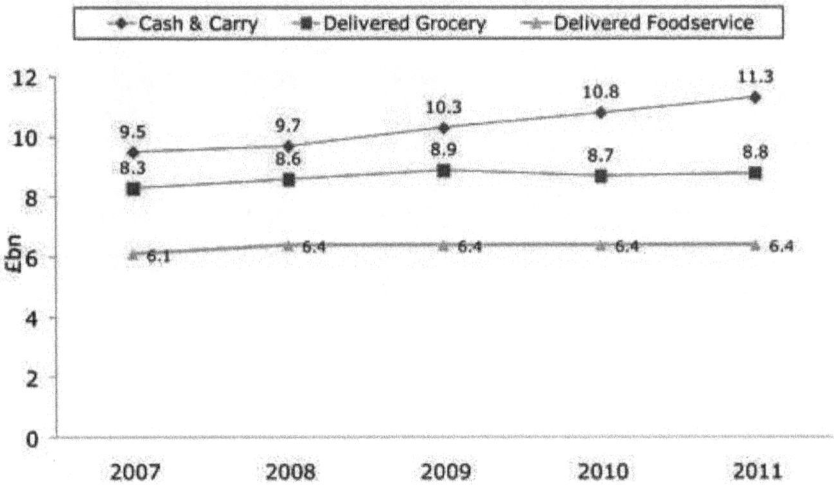

Source : IGD (2011).

Les deux types de grossistes britanniques sont équivalents à ce qui existe dans d'autres pays européens, mais dans ces derniers, les frontières entre grossiste *cash & carry* et grossiste « livreur » sont beaucoup moins étanches. Ainsi, en France, l'Allemand Metro, spécialisé à l'origine dans le seul *cash & carry*, a développé depuis plusieurs années un service de livraison vers ses clients dans de grandes villes comme Paris, Lyon ou Marseille. En revanche, l'une des fortes spécificités des grossistes britanniques est qu'ils se positionnent parfois la tête d'un réseau de commerçants indépendants ; il s'agit le plus souvent de magasins de proximité de petite taille (IGD, 2012).

L'un des exemples les plus fameux est celui du groupe Spar. Ce secteur comprend ainsi un ensemble de commerçants indépendants qui sont finalement affiliés (voire franchisés) à une marque d'enseigne, un peu sur le modèle des chaînes volontaires en France. Selon la Fédération Française des Chaînes Volontaires, il s'agit d'une association de commerçants indépendants, formée à l'initiative d'un ou de plusieurs grossistes, en vue d'assurer la coordination des fonctions de gros et de détail, d'organiser l'achat et la vente dans les entreprises mais en respectant l'indépendance juridique et financière de chacune d'entre elles. On peut citer la chaîne des magasins Joupi, créée en 1982, et qui est constituée de détaillants spécialisés dans la distribution de jouets. Les magasins Joupi commercialisent ainsi plus de 3000 références de jouets de grandes marques et de jouets exclusifs et originaux.

L'objectif des chaînes volontaires est de massifier une partie importante des achats pour obtenir d'intéressantes remises de la part des industriels, sachant que les membres doivent se plier à des règles communes plus ou moins coercitives selon les chaînes. En contrepartie, lesdits membres bénéficient d'un certain nombre d'avantages, incluant le droit d'usage de la marque d'enseigne, la commercialisation de MDD, le soutien de puissants services logistiques et informatiques, les effets positifs issus de programmes publi-promotionnels nationaux, et l'aide technique à la gestion améliorée des magasins. Les réseaux de franchise et les chaînes volontaires fonctionnent tous deux grâce à des entreprises indépendantes et qui proposent cependant des produits qui proviennent de fournisseurs communs ; dans un cas, la tête de réseau est le franchiseur, et dans l'autre, c'est le grossiste. On compte au Royaume-Uni 16407 commerçants indépendants affiliés à une chaîne volontaire en 2012 (voir le Tableau 12.2). Le marché a dégagé 16,5 milliards d'euros de ventes. La croissance annuelle y est d'environ 8 % par an depuis le début des années 2000, conduisant cette forme de distribution à assurer plus de 40 % des ventes de tous les magasins de proximité au Royaume-Uni.

Tableau 12.2 : Les dix premières chaînes volontaires du Royaume-Uni en 2012

Distributeur	Nombre de magasins
Premier	2 700
Premier	*2 144*
Premier Express	*556*
Best-one / Best-in (Bestway)	2 511
Spar UK	2 427
Musgrave Retail Partners GB	2 224
Loodis	*1 910*
Budgens	*83*
Centra	*82*
Mace (Irlande du Nord seulement)	*149*
Lifestyle Express / Scandia (Landmark Wholesale)	2 198
Costcutter	1 620
Palmer & Harvey (Mace, Supershop, Your Store, Key Store)	892
Nisa	844
Nisa	*840*
Loco	*4*
Today's	327
Day Today	*210*
Today's	*127*
Thorougoods / Select Convenience (Bargain Booze)	184

Source : IGD (2012).

Il n'en reste pas moins vrai que le marché des grossistes « livreurs » connaît, lui aussi, une évolution très favorable au Royaume-Uni. En tant que grossistes, au sens générique du terme, ils traitent une large gamme de produits alimentaires, mais ils ont également la capacité de proposer des produits spécialisés sur un nombre réduit de catégories, entre autres pour les viandes et les produits frais ; certains d'entre eux ont ainsi développé une offre très percutante au niveau des produits ethniques ou exotiques. La clientèle, comme on l'a souligné, est particulièrement éclectique, dans la mesure où elle couvre un ensemble d'entreprises impliqués dans la RHF, allant de cafés indépendants jusqu'aux organisations du secteur public tels que les agences gouvernementales, les écoles et universités, et les hôpitaux. On peut également y adjoindre les structures d'accueil des personnes âgées, qui constituent, comme dans de nombreux pays européens, un marché à très fort potentiel compte tenu du vieillissement de la population et de la future arrivée en masse des *papy boomers*. Il restera évidemment à savoir si certaines de ces organisations ne choisiront pas, sur le modèle français, de mettre en place à terme des centrales d'achat pour gérer collectivement l'approvisionnement des hôpitaux ou des écoles, excluant de fait les grossistes « livreurs ». Pour l'heure, ceux-ci poursuivent leur croissance, avec des ventes représentant 7,8 milliards d'euros en 2011 (voir la Figure 12.2). Les principaux opérateurs du marché sont Brakes, 3663 et DBC Foodservice.

4. Opportunités en termes de croissance et de profitabilité

Au début des années 2010, les performances financières comparées entre grossistes *cash & carry* et grossistes « livreurs » indiquent de très importants écarts au Royaume-Uni. Chaque marché est affecté de manière différente par les transformations dans les attentes des clients et par les difficultés économiques auxquelles ils sont confrontés. Mais pour chaque marché, cela signifie également des opportunités à saisir, dans un environnement devenu beaucoup complexe et turbulent. D'une manière générale, les grossistes « livreurs », qu'ils soient en relation avec la RHF, des commerçants indépendants ou des organisations du secteur public, sont confrontés au défi majeur de consommateurs qui réduisent désormais leurs dépenses, par exemple de restauration, et de clients professionnels qui, par contrecoup, cherchent à couper dans le vif de leurs frais de fonctionnement en remettant en plat leurs stratégies d'achat de produits et de services pour maintenir leurs marges. Le marché des grossistes « livreurs » a ainsi connu une croissance des ventes de seulement 0,3 % en 2011, conséquence d'une perte de clientèle et d'un environnement peu propice à la conquête de nouveaux clients. Le marché supporte les effets d'un climat économique globalement morose, et un certain nombre d'éléments risquent de l'aggraver, tout particulièrement la possible augmentation rapide du prix de l'énergie dont les impacts inflationnistes seraient dramatiques, tant sur la profitabilité des entreprises que sur le prix de vente des produits aux clients.

Le marché du *cash & carry*, en revanche, est le grand bénéficiaire des difficultés que rencontrent les grossistes « livreurs » dans les toutes dernières années. Bien que la croissance de ce marché soit en partie due à l'inflation, il a aussi démontré de réelles capacités de résilience grâce à la présence de nombreux commerçants indépendants isolés qui ont recours au *cash & carry* ; ce dernier fait preuve d'une forte adaptabilité dans un contexte de réduction des dépenses de ses clients. Il semble clair que les grossistes *cash & carry* ont capté une part non négligeable des ventes des grossistes « livreurs ». Souhaitant tirer bénéfice de coûts d'achat réduits pour développer une politique de prix bas, de nombreux clients secondaires se sont tournés vers le *cash & carry* pour améliorer leur propre *cash-flow* tout en réduisant leur immobilisation de stock. En effet, le *cash & carry* offre une plus grande flexibilité en permettant d'acheter *peu* et *souvent*, alors que les grossistes « livreurs » exigent une commande minimale de taille suffisante. Certaines projections réalistes indiquent que le *cash & carry* restera encore très actif au Royaume-Uni dans les prochaines années. Cependant, il est au moins aussi clair que les grossistes « livreurs » devraient retrouver une forte croissance malgré les temps difficiles. Grâce à leur expertise accumulée en termes de gestion des assortiments de produits, de logistique et de services de personnalisation de l'offre en fonction des demandes singulières de leurs clients, ils possèdent effectivement des compétences tellement uniques, et peu substituables, qu'ils se présentent comme une option de choix pour des professionnels et des commerçants indépendants voulant disposer d'une solution logistique intégrée.

Bien que des taux de croissance importants puissent être au rendez-vous dans le futur, la compétition au sein du secteur devrait sans doute s'intensifier ; ceci explique que les grossistes continuent à évoluer en vue de saisir de nouvelles opportunités d'affaires. Confrontés à la maturité accrue de leur clientèle, ils cherchent à leur faire dépenser plus, en proposant un élargissement significatif de la gamme de produits et en se diversifiant pour servir de nouveaux segments de marché. Rompant avec les contraintes traditionnelles liées au fonctionnement du canal de distribution, les grossistes s'appuient pour cela sur les registres de la croissance externe et de la croissance interne, à la fois par une consolidation des expertises existantes et par une acquisition de nouvelles expertises jouant le rôle de levier pour la conquête de nouveaux clients. Cette tendance est notamment très vivace pour les produits alimentaires approvisionnés par des grossistes « livreurs », où des entreprises comme Brakes et 3663 continuent, dans leurs spécialités traditionnelles respectives, à proposer une offre élargie de produits et de services pour satisfaire les besoins segmentés de leurs clients. En attendant, les grossistes *cash & carry* gardent le cap sur leurs compétences centrales, en visant le marché des professionnels. Il en résulte des séparations de plus en plus floues entre les différents types de grossistes, compte tenu de leur volonté d'étendre leur portefeuille d'activités. Outre les opportunités précitées, deux pistes se présentent aux grossistes *cash & carry* et aux grossistes « livreurs » pour trouver de nouvelles perspectives de croissance. La première est d'agir comme « *super-intermédiaire* » non seulement pour leurs clients actuels mais aussi pour des distributeurs en réseau. La seconde est de fournir des services logistiques sophistiqués en se positionnant comme PSL traditionnels, voire comme PSL dématérialisés de type *fourth party logistics* (4PL).

4.1. Le « super-intermédiaire » en tant que capitaine du canal

Dans la majorité des systèmes de management de catégorie mis en place par les grands distributeurs, le nombre de fournisseurs est réduit pour garantir la cohérence des qualités et spécifications des produits plus que pour placer les fournisseurs en situation de dépendance lors des processus de renégociation contractuelle du référencement. Le management de catégorie a inévitablement conduit à l'attribution de responsabilités décentralisées à des fournisseurs privilégiés. Les relations d'échange entre les grands distributeurs et ces fournisseurs privilégiés, dénommés « *super-intermédiaires* » (Anonyme, 2001), constituent l'axe autour duquel les chaînes logistiques des produits alimentaires vont sans doute se structurer à l'avenir, au sein de puissants réseaux d'affaires. L'importance accrue de l'intermédiation dans les réseaux de chaînes logistiques suggère une réévaluation du rôle des intermédiaires, en s'interrogeant sur l'ensemble d'activités qu'ils sont amenés à exercer, depuis de simples fonctions distributives à des fonctions de coordination, ce qui pourrait les transformer en capitaine du canal en lieu et place du distributeur (Hingley, 2005). Le nouveau statut de « *super-intermédiaire* » est le point culminant d'un processus de rationalisation du portefeuille de fournisseurs fondé, comme on l'a écrit, sur la réduction du nombre avec qui le distributeur est prêt à travailler.

La raison d'une telle évolution tient principalement au fait que les distributeurs ne veulent plus contracter directement avec un nombre important de petits producteurs industriels ou d'agriculteurs compte tenu de la complexité des flux logistiques à gérer. Les distributeurs alimentaires, tout particulièrement les plus petits d'entre eux, ne sont généralement pas intéressés à l'idée de devenir des agriculteurs, des importateurs ou des fabricants de produits alimentaires, ni même de se doter d'une lourde infrastructure logistique pour assurer la livraison des produits jusqu'aux linéaires. Cela sous-entendrait pour eux de posséder ou mobiliser des ressources et des compétences la plupart du temps hors de leur portée. Le « *super-intermédiaire* » peut justement gérer l'ensemble des contacts avec une large palette de petits producteurs alimentaires, et se positionner ainsi comme *hub* au centre de liens triadiques entre les petits producteurs, d'autres intermédiaires et les distributeurs (voir la Figure 12.3). Il supporte ainsi le fardeau de la sécurisation des approvisionnements ; si une récolte agricole n'a pas le rendement espéré ou si un produit clé est en rupture, cela ne sera plus le problème de l'acheteur professionnel du distributeur que de trouver une source alternative d'approvisionnement, mais celui du « *super-intermédiaire* ». Celui-ci a pour mission d'assurer la continuité de l'approvisionnement, y compris en s'adressant à des concurrents directs du distributeur pour satisfaire les besoins de ses supermarchés.

Figure 12.3 : Le « super-intermédiaire » dans le canal de distribution

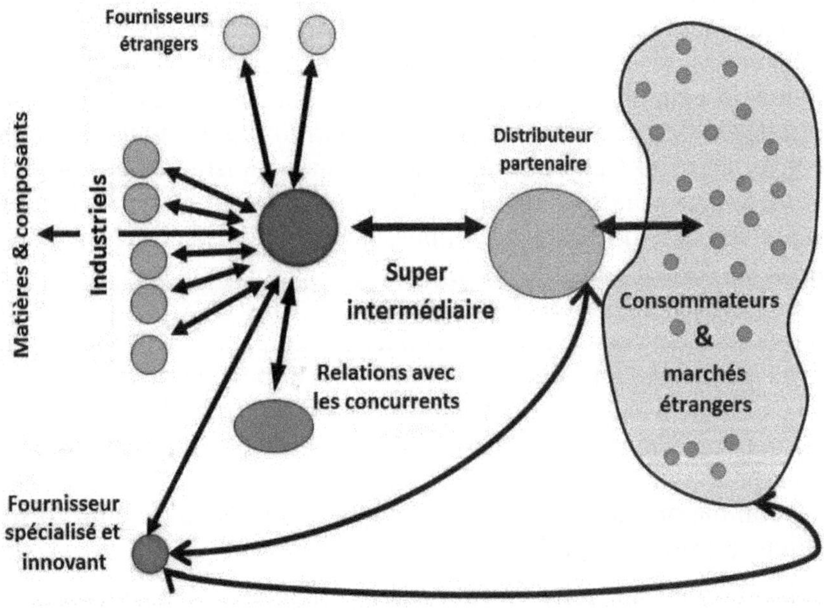

Source : d'après Hingley (2005).

Le « *super-intermédiaire* » peut aussi être une sorte d'agent de liaison entre le marché domestique et les produits importés. Son activité sera, ou non, celle d'un industriel, mais quoi qu'il en soit, il doit être apte à piloter les flux logistiques et proposer un assortiment complet de produits de qualité (y compris de ses propres concurrents). Cette fonction prend tout son sens lorsqu'il s'agit d'alimenter le marché domestique en produits respectant des normes sanitaires rigoureuses. Le scandale de la viande de cheval qui a frappé l'Europe en février 2013 est, de ce point de vue, tout à fait édifiant. Le marché britannique, mais pas seulement, a ainsi été approvisionné par des préparations culinaires prétendument à base de viande de bœuf alors qu'elles incorporaient de la viande de cheval en provenance de Roumanie. Le trafic de viande a permis de mettre à jour un circuit commercial impliquant 28 entreprises et intermédiaires, dont Spanghero, Findus et Picard, dans 13 pays européens (voir la Figure 12.4). Le coup de tonnerre provoqué par ce trafic a eu un retentissement mondial, en soulignant l'importance d'une parfaite et totale traçabilité, dont le « *super-intermédiaire* » pourrait efficacement se charger. On pourrait également envisager son intervention active dans la supervision de l'assurance qualité lors du processus de création de nouveaux produits. Dans ce cas, le « *super-intermédiaire* » serait impliqué dans le contrôle des activités industrielles liées à l'élaboration de MDD. On peut imaginer un soutien apporté par des organismes d'accréditation, comme le British Retail Consortium (BRC, 2014), dont les standards relatifs à la logistique ont été adoptés par des entreprises européennes, nord-américaines et asiatiques.

Figure 12.4 : La multiplicité des intermédiaires en Europe lors du scandale de la viande de cheval (2013)

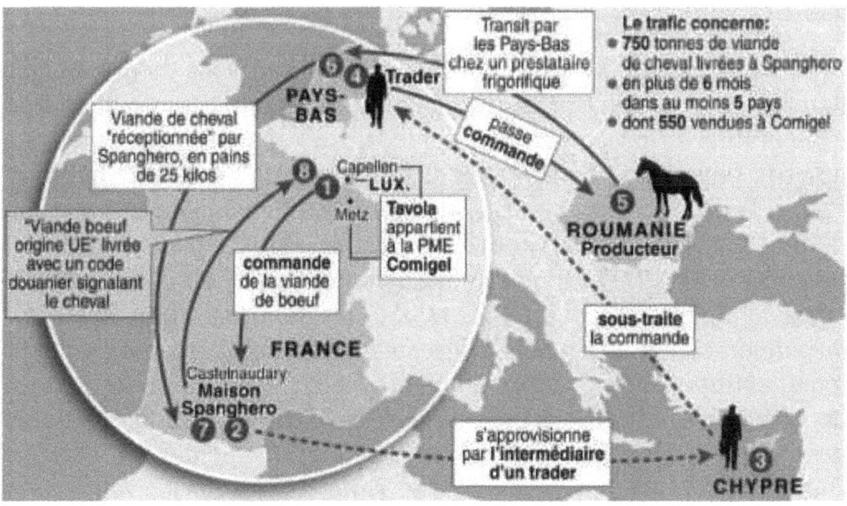

Source : Agence France Presse (2013).

Le « *super-intermédiaire* » ne verra pas nécessairement sa marge augmenter sur la vente des produits, tant il est vrai que dans la situation de forte concurrence entre enseignes, les leaders actuels sur les différentes catégories de produits subissent plutôt une baisse de leur profit unitaire lorsqu'ils vendent un kilogramme de viande hachée ou une laitue à la grande distribution. Là où le « *super-intermédiaire* » sera sans doute gagnant, c'est qu'il est pourvoyeur d'une réduction significative des coûts de transaction, associée à des processus de consolidation permettant de limiter les coûts logistiques unitaires grâce à des politiques de mutualisation des ressources au sein du canal de distribution. De manière plus générale, il semble évident que la profitabilité doit être entendue à partir d'une logique de réseau qui associe le « *super-intermédiaire* », ses partenaires en amont et chacun de ses distributeurs en aval. La compétition au sein de la distribution alimentaire britannique se situe ainsi au niveau des réseaux d'approvisionnement de Tesco, de Sainsbury's ou d'Asda, tout comme elle se situe au niveau des réseaux d'approvisionnement de Carrefour, d'Auchan, de Casino ou de Leclerc en France. Chacun des distributeurs cherchera sans doute à disposer d'un *hub* d'approvisionnement piloté par un « *super-intermédiaire* » efficace, et la profitabilité se fondera par conséquent sur la compétitivité, la transparence et la capacité de coordination de chaque réseau par rapport aux autres.

4.2. Une nouvelle génération de PSL à valeur ajoutée

Le PSL de type 4PL s'apparente à un fournisseur de prestations logistiques pour le compte d'un client, qui gère en totale neutralité l'intégralité du processus logistique, mais sans disposer pour cela d'actifs physiques, contrairement à la prestation traditionnelle du PSL ; il combine processus, technologie et management au sein d'un système d'offre à géométrie variable (Mukhopadhyay, 2006 ; Fulconis *et al.*, 2007 ; Fulconis et Saglietto, 2015). Le métier du 4PL consiste ainsi à concevoir et à vendre des solutions logistiques *sur mesure* en créant une sorte de réseau de valeur qui associe transporteurs, entrepositaires, sous-traitants industriels, etc. Son objectif est de proposer des solutions clés en main spécifiques, qui comprennent des activités d'acheminement des produits, d'ingénierie logistique (pilotage des flux), de gestion et de suivi des processus (en termes de qualité, de performance, de traçabilité, etc.), sans oublier l'évaluation, la sélection et la surveillance des partenaires retenus. Même s'il ne possède peu ou pas d'actifs physiques, le 4PL est légalement responsable des activités qu'il gère au nom de ses clients. La firme focale qui mobilise un 4PL va utiliser ses connaissances pour intégrer la chaîne logistique en s'appuyant sur sa capacité à fournir des services à valeur ajoutée grâce à quatre compétences centrales : l'aptitude à penser une architecture complexe des systèmes et une intégration des outils ; l'existence d'une « tour de contrôle » pour piloter l'intégralité des flux ; la capture et l'utilisation des informations et des connaissances au travers du réseau de valeur ; l'accès aux meilleurs fournisseurs d'actifs dans chacune de leurs spécialités (Hingley *et al.*, 2011).

L'industrie automobile constitue un exemple très dynamique de recours aux services à valeur ajoutée proposés par les 4PL. Ainsi, General Motor (GM) a formé au début des années 2000 un *joint-venture* avec Menlo Logistics pour créer un 4PL dénommé Vector SCM (Walsh *et al.*, 2001). Chaque entreprise a contribué équitablement à hauteur de 6 milliards de dollars dans la constitution du capital de Vector SCM, et l'ensemble du personnel logistique de GM a été transféré vers la nouvelle entité. Vector SCM intègre l'ensemble des systèmes technologiques et informatiques utilisés par 12 PSL traditionnels de GM et fournit un point de contact unique par le biais d'un EDI. Les temps de traitement des commandes ont ainsi diminué jusqu'à 75 %, de 60 jours à 15-20 jours, et les délais de mise à disposition des véhicules aux clients sont passés de 12 jours à 4-5 jours. Ainsi, grâce à l'efficacité de sa chaîne logistique, GM a bénéficié d'une réduction importante des coûts tout en voyant son niveau de service augmenter. Vector SCM constitue effectivement une organisation 4PL dans le sens où elle entretient un lien exclusif avec GM ; la complexité et la taille de cette chaîne logistique sont telles que la *joint-venture* est une excellente illustration des résultats potentiels que pourraient obtenir des distributeurs alimentaires s'ils allaient dans la même direction. Il ne serait sans doute pas réaliste de s'attendre à une telle réduction du temps de traitement des commandes dans la distribution alimentaire, sachant que les entreprises y bénéficient déjà de cycles d'approvisionnement très courts. Cependant, les commerçants indépendants isolés pourraient améliorer sensiblement leur performance à ce niveau grâce à une meilleure utilisation des actifs.

Une pierre d'achoppement importante pour de nombreux distributeurs pourrait être leur réticence à s'engager dans une relation avec un 4PL sur des dimensions fortement collaboratives (Hingley *et al.*, 2011). Les obstacles sont de plusieurs natures : un fort esprit de clocher et de cloisonnement, des conflits inter-entreprises récurrents, la difficulté à coordonner des intérêts individuels concurrents, et une position de pouvoir dans la chaîne logistique alimentaire (Grant, 2005). Toutefois, étant donné que les 4PL peuvent produire plus d'efficience et d'efficacité, et une meilleure performance économique (profitabilité), il s'agit certainement d'une occasion unique pour les intermédiaires de se positionner comme 4PL, en étant les vecteurs puissants de collaborations horizontales et verticales et d'intégration des chaînes logistiques pour les distributeurs de toutes tailles, même ceux étant organisés en puissants réseaux de magasins. La fonction de 4PL est cependant différente de celle de « *super-intermédiaire* » dans la mesure où il englobe une plus forte activité de coordination de services logistiques, y compris dans la supervision d'opérations d'approvisionnement telles que le stockage et la distribution. Ainsi, les intermédiaires agissant en tant que 4PL devraient jouer le rôle de tierce partie impartiale, ou de « *courtier honnête* » au regard des attentes de leurs clients, ce qui leur permettrait de surmonter les obstacles à une stratégie collaborative réussie. Ces attributs sont particulièrement utiles et importants dans le cadre de collaborations horizontales, là où le scepticisme reste dominant entre les entreprises (Grant *et al.*, 2008).

Un exemple de services à valeur ajoutée dont tire bénéfice la distribution non-alimentaire est le *service 3.5PL* fourni par Clipper Logistics au Royaume-Uni pour le compte de George Clothing, qui est la première MDD britannique de vêtements, fondée par George Davies en 1990 et rachetée par Asda en 1995 (Clipper Logistics, 2014). George Clothing a depuis lors grandi pour devenir désormais le plus important distributeur de vêtements (en volume) du Royaume-Uni. Il commercialise une large gamme de produits de mode, mais à un prix abordable, qui se décline en vêtements pour femmes, hommes et enfants, et en chaussures, le tout vendu dans les magasins Asda et en ligne sur le site www.george.com. La marque est également commercialisée à l'échelle internationale par le propriétaire d'Asda, l'américain Walmart. George Clothing s'appuie sur un réseau de plus de 15 fournisseurs mondiaux, et en 2009, il s'est approché de Clipper Logistics, l'un des principaux PSL à valeur ajoutée du Royaume-Uni, pour créer en commun une solution sur mesure spécialement dédiée à la marque. Clipper Logistics a mobilisé à cette intention ses centres de dégroupage de Darlington et de Leeds, dans le nord de l'Angleterre. A cet égard, Clipper Logistics n'est pas un « vrai » 4PL puisqu'il dispose d'actifs. Mais ses services sont d'une valeur ajoutée supérieure à celle des PSL traditionnels, dénommés parfois 3PL. En une sorte de clin d'œil, nous présenterons par conséquent Clipper Logistics comme un 3.5PL, à mi-chemin entre le 3PL et le 4PL !

Clipper Logistics reçoit les produits de l'ensemble des 15 sites mondiaux des fournisseurs de George Clothing. A l'arrivée au port d'entrée britannique, le stock est déchargé pour un transport par route vers les centres de dégroupage. Les produits arrivant à Darlington, à la fois en suspendu ou dans des boîtes, sont prêts pour le traitement ; ils subissent un contrôle qualité pour vérifier la conformité de la livraison. Ils sont ensuite sortis des boîtes, préparés sur une zone de *picking* et chargés dans un véhicule se destinant au centre de distribution défini par George Clothing ou directement vers les magasins. Clipper Logistics fournit également un service photographique pour publier des photos des vêtements, portés par des mannequins, sur le site www.george.com, et il gère un service spécialisé de gestion des éventuels retours si le vêtement ne correspond pas aux besoins d'un magasin. En outre, le site de Leeds s'occupe d'opérations à valeur ajoutée, telles l'application d'étiquettes de prix, d'entretien et de sécurité, le repassage des vêtements, ou encore la pose d'antivol. Tous ces services à valeur ajoutée conduisent Clipper Logistics à s'apparenter de plus en plus à un 4PL, tout en étant possesseur d'actifs hautement spécifiques, à l'image des PSL traditionnels. Voilà pourquoi nous le considérons comme un 3.5PL. La solution de dégroupage et les services à valeur ajoutée proposés par Clipper Logistics ont totalement satisfait George Clothing. Le site de Darlington fournit en effet des solutions innovantes pour le client, lui permettant de faire face sans difficulté à la gestion de plus de 55 millions d'unités vendues par an (Clipper Logistics, 2014).

Conclusion

Les grossistes et, plus généralement l'intermédiation, sont confrontés au Royaume-Uni à de nombreux défis depuis le milieu des années 2000, tout particulièrement dans le secteur de la distribution des produits alimentaires. Les potentialités de croissance économique sont limitées depuis que de nombreux pays sont entrés en récession au tournant de 2008, et cet état de fait nouveau affecte directement les clients professionnels qui constituent la base d'activité du secteur. C'est donc tout un pan de l'économie britannique qui connaît de profondes transformations, dont l'une des plus symptomatiques est sans doute l'effacement de frontières autrefois bien hermétiques entre types de grossistes. Aucune surprise à l'émergence de telles manœuvres dans la mesure où les entreprises cherchent des sources renouvelées de croissance et de profitabilité, quitte à se déplacer sur le terrain de concurrents parfois éloignés en termes de métier et de savoir-faire. Le chapitre a ainsi souhaité présenter un bref panorama des tendances les plus significatives d'évolution de l'intermédiation dans les canaux de distribution alimentaire britanniques. Même si le contexte s'avère singulier, nul doute que des leçons pourront en être tirées pour d'autres pays européens. Il serait notamment intéressant de savoir si les évolutions que connaissent les grossistes *cash & carry* et les grossistes « livreurs » y sont comparables ou non en termes de dynamisme retrouvé. De même, l'avenir qui semble radieux outre-Manche pour les « *super-intermédiaires* » et les 3.5PL ne le sera peut-être pas autant ailleurs, sous la pression de facteurs d'environnement interne et externe qu'il reste manifestement à explorer.

Chapitre 13.
Les MIN : d'un support institutionnel de l'intermédiation à un acteur engagé de la logistique urbaine

Stéphane Sirjean

Les marchés d'intérêt national (MIN) sont des pôles d'activités économiques qui, depuis environ cinquante ans pour les premiers mis en place, sont au service des professionnels de l'agro-alimentaire. Créés par l'Etat français à la fin des années 1950, les MIN avaient pour objectif initial d'organiser et de simplifier les circuits de distribution afin de sécuriser l'approvisionnement des villes en produits alimentaires, en faisant se rencontrer l'offre et la demande dans un cadre organisé. Sous la pression des évolutions des marchés, de la concurrence, de la règlementation française (Loi Sapin de 1993, Loi Murcef de 2001), mais aussi européenne (Directive Bolkerstein de 2006), et du positionnement de la puissance publique quant à son niveau d'intervention, leurs missions ont été élargies, réorientées et recomposées pour préserver un modèle de fonctionnement fragilisé par ces évolutions, cela dans un souci d'intérêt général.

Aujourd'hui, ces outils, situés à proximité du cœur des agglomérations qu'ils desservent et raccordés dans de bonnes conditions aux grandes infrastructures de transport, sont des espaces logistiques de grande utilité pour les filières agro-alimentaires, la vie urbaine et l'économie des territoires. En effet, au-delà de la fonction d'approvisionnement des populations urbaines, ils permettent de rationaliser et d'organiser la circulation des produits frais (ou non). Ils sont donc des éléments incontournables des stratégies de logistique urbaine des agglomérations. Dans le même temps, les activités d'intermédiation marchande exercées sur les MIN conduisent à re-questionner les missions de service public qui leur sont dévolues. D'un cadre de départ institutionnalisant une forme d'intermédiation marchande, les MIN évoluent vers des marchés de gros (Lyon-Corbas) ou se positionnent délibérément sur une mixité de fonctions, intégrant une part croissante de logistique (Marseille, Bordeaux, Lille, et bien évidemment, Rungis).

L'enjeu principal de cette mutation contrôlée est bien le développement ou la disparition du phénomène institutionnalisé d'intermédiation. Ce chapitre final se propose ainsi de comprendre les mécanismes et les trajectoires d'évolution des MIN vers ce positionnement nouveau, celui d'un acteur engagé *de* et *dans* la logistique urbaine. Dans un premier temps, nous explicitons le cadre de création et de fonctionnement des MIN « originels » et leurs missions historiques. Dans un deuxième temps sont précisés le contexte des évolutions et le nouvel environnement auquel le « système MIN » doit s'adapter. Les fondamentaux de la logistique urbaine sont abordés dans un troisième temps, en indiquant quelles initiatives ou orientations stratégiques ont été prises par les MIN pour capitaliser sur leurs savoir-faire et contribuer à des schémas de distribution urbaine plus efficients.

1. Fondements de l'institutionnalisation des MIN

Les MIN sont des marchés de gros qui remplissent une mission de service public. Cette dernière a fortement évolué depuis la période de leur création, entre le décret n° 53-959 du 30 septembre 1953 et l'arrêté 18 mars 2011, de même que les finalités, les acteurs et les missions de ce que l'on peut qualifier de système complexe au sens de Le Moigne (1990). En tant que marché physique, participant à la formation des prix, forum des opérateurs, mais aussi révélateur de certains effets de domination (Lauret et Soufflet, 1985), le MIN participe à un puissant processus d'institutionnalisation de l'intermédiation.

1.1. Des marchés de gros aux MIN

Historiquement, les marchés de gros se sont constitués sur la base de la présence physique des marchandises et une notion de transaction immédiate ; ceci pour répondre à la spécificité des produits frais (fruits & légumes périssables), qui nécessitent une grande rapidité de circulation et peuvent changer d'état (et donc de prix) très rapidement. Parmi ces marchés de gros, les marchés de production, créés à la fin du XIXe siècle, préfigurent la prise en compte de la double préoccupation de livrer les centres urbains et de répondre à la spécialisation des producteurs (Durbiano, 1980). Les marchés de consommation, quant à eux, relient l'offre de grossistes à destination d'une demande, concentration et éclatement des flux. Certains vont conserver une fonction de « carreau ». Les MIN étant le résultat de l'évolution des marchés d'antan, ils vont, pour certains, conserver cet ancrage dans le bassin de production (c'est le cas de Cavaillon, de Chateaurenard ou encore d'Angers). D'autres vont se focaliser sur le bassin de distribution en capitalisant sur la présence d'infrastructures (Marseille avec son port). On retrouvera sur chaque site des spécificités et des adaptations au contexte local, nuançant, dès la création des MIN, les textes règlementaires.

Le commerce alimentaire BtoB est défini comme l'interface entre la partie amont (producteurs, expéditeurs, importateurs) et la partie aval de la filière de commercialisation (détaillants, transformateurs, restauration hors foyer [RHF], restauration hors domicile [RHD]), en référence à des transactions entre professionnels. Les acteurs du commerce alimentaire BtoB, amont et aval, sont par conséquent des entreprises aux mains de gestionnaires de marchés de gros ou exploitants du secteur alimentaire « *chargés de garantir le respect des prescriptions de la législation alimentaire dans l'entreprise du secteur alimentaire qu'elles contrôlent* », pour reprendre le règlement CE/178/2002 du Parlement Européen et du Conseil du 28 janvier 2002. Pour l'Union Mondiale des Marchés de Gros (Fédération Française des MIN, 2008), un marché de gros s'apparente ainsi à un « *lieu physique chargé d'organiser la distribution des denrées alimentaires en gros dans les grandes villes :*

- *il offre des locaux adéquats à un certain nombre de grossistes indépendants, sociétés privées qui vendent, stockent, préparent ou transforment des denrées alimentaires généralement destinées à des détaillants de produits alimentaires indépendants, des restaurants, des sociétés de restauration, des marchés à ciel ouvert, etc. ;*
- *il permet de mettre en commun services et locaux au profit des grossistes qui peuvent ainsi améliorer leur propre efficacité et rester compétitifs sur le marché de la distribution de denrées alimentaires ;*

– *il est administré par un gestionnaire de marché de gros, chargé d'organiser les activités des grossistes et de gérer les zones dites publiques (au sens de parties communes) ».*

Le marché de gros est un marché privé, où les cours sont locaux et leur élaboration manque de transparence. Sur le plan logistique, la plupart des marchés de gros ne bénéficient que d'accès routiers, et les produits n'y sont pas normalisés. Le Commissariat Général au Plan va donc chercher à mettre en œuvre un dispositif devant permettre une meilleure formation des prix, par la mise en réseau de l'information au niveau national. Il s'agira également de réduire les coûts de fonctionnement en travaillant sur les coûts de transport et de commercialisation, notamment en instaurant une obligation d'embranchement ferroviaire des marchés de gros et en cherchant, par la concentration des acteurs, à limiter le nombre, les points et les distances de cheminement du produit (Chemla, 1980). En bref, les marchés de gros préexistent aux MIN, et paradoxe de l'Histoire, ils reviennent même sur le devant de la scène avec l'abandon du statut MIN et une transformation en marché privé, dont Lyon-Corbas est l'illustration la plus marquante. L'évolution de la Fédération Française des MIN en Fédération des Marchés de Gros prend en compte ce phénomène qui acte notamment un désengagement de la puissance publique.

1.2. Un processus de création itératif marquant une volonté d'institutionnalisation

La création des MIN ne s'est pas faite en un jour, comme se plait à le souligner Bernard de Raymond (2003, 2004). Le décret de 1953 est l'aboutissement d'une réflexion, remontant à près d'un siècle, sur les modalités de régulation de transactions commerciales opaques, voire de corruption généralisée. Les textes permettant d'organiser, de financer et de faire fonctionner les MIN ne seront produits qu'à la fin des années 1950. Les MIN actuels, du moins pour la plupart, s'appuient sur le déplacement ou la mutation de structures existantes (Wackermann, 1977 ; Durbiano 1996 ; Bernard de Raymond, 2003). Il s'agit, au sortir de la Seconde Guerre mondiale, de moderniser le réseau de commercialisation des fruits & légumes frais, dans une logique protectionniste d'intérêt national (Bernard de Raymond, 2003), et de garantir aux agriculteurs / producteurs un prix de vente « convenable » tout en diminuant le prix de vente au consommateur. Le processus d'élaboration de l'outil adéquat aboutit à la constitution du concept de MIN. Ce dernier s'appuie sur un certain nombre de caractéristiques que le Tableau 13.1 synthétise.

Tableau 13.1 : Caractéristiques des MIN

Type de caractéristiques	*Eléments caractéristiques*	*Finalité*
Organisation	Espace clos	Permettre les contrôles des entrées / sorties, tant pour les acteurs que pour les flux de produits
	Zone de protection (puis périmètre de protection)	Repousser la concurrence déloyale
	Réservé aux professionnels (producteurs, intermédiaires et détaillants)	Concentration des acteurs en un lieu unique
	Salle de vente aux enchères pour les produits normalisés	
	• Mise à disposition d'équipements pour les différents acteurs • Espaces physiques (entrepôts dont froid, halle de vente, carreau de producteurs) • Bureaux, parkings	• Transactions physiques pour les flux transitant par le marché • Transactions pour les opérateurs sans flux (courtiers)
Système d'information	Service des nouvelles du marché relié au réseau d'information inter-marchés	Diffusion de l'information et homogénéisation des prix au niveau national
Implantation	• Proximité des zones de production et/ou de desserte • Raccordé à la route et au chemin de fer	• Approvisionnement des zones urbaines • Rationalisation des flux (regroupement amont, dispatching aval) • Massification
Mode de gouvernance	Gestion par un organisme où les représentants des intérêts généraux doivent avoir la majorité	Participation active de la puissance publique à l'organisation et la régulation
Propriété du foncier	Concession avec régime précaire	Occupation du domaine public ne pouvant être que temporaire

Source : Cabinet Jonction, d'après les décrets constitutifs des MIN (1953, 1963).

Au-delà de ces caractéristiques, orientées vers la fonction de mise en marché, les MIN vont très rapidement intégrer, sur le modèle des *food distribution centers* américains, des espaces plus « industriels » (Bernard de Raymond, 2004). Il s'agit alors de fournir à une filière donnée un espace regroupant toutes les activités relatives à la distribution et au conditionnement des denrées alimentaires. Il s'agit aussi d'anticiper les évolutions des attentes des canaux de distribution, de créer de la valeur sur les produits « de base » et, toujours dans une logique de diminution des prix de vente, de mutualiser un certain nombre d'équipements et de services communs. Ces équipements s'ajoutent à la logique de concentration géographique des acteurs, que l'on retrouve dans la logique des clusters (Dussuc et Geindre, 2015), et renforcent l'attractivité des MIN.

Pour les MIN souhaitant affirmer cette vocation industrielle, les installations logistiques sont clairement mentionnées dans les textes (décret n° 68-659 du 10 juillet 1968, article 5), qui les rendent possibles (mais pas obligatoires). Les équipements obligatoires concernent (déjà !) les services généraux, assurés par le « gestionnaire du marché » et touchent aux fluides (distribution d'eau et d'électricité, évacuations, voirie, éclairage publics), à l'hygiène (enlèvement des détritus), et à la gestion des espaces communs, notamment des parcs de stationnement, espaces indispensables à un outil dont la finalité n'est pas le stockage mais bien la circulation des produits frais. Sans les nommer, des outils permettant une gestion en flux tendus des produits sont prévus. Les services facultatifs concernent, quant à eux, la manutention, la récupération des emballages, ou encore le chauffage.

Le mode de gouvernance fait une large part aux institutions publiques, à travers l'implication des acteurs publics (Etat pour Rungis, préfets, collectivités locales), et au dispositif régissant les relations entre gestionnaires, opérateurs et cette même puissance publique. Les MIN sont gérés par sociétés d'économie mixte, avec un Conseil d'Administration présidé par le représentant de la collectivité territoriale pour la majorité d'entre eux, et parfois en régie (c'est le cas de Nice, en régie municipale), c'est-à-dire directement par la collectivité. La gestion en est assurée par un organisme juridiquement et financièrement autonome, qui regroupe les acteurs sus nommés et rend des comptes. L'activité se déroule sur le domaine public, et différentes modalités vont lier les opérateurs / le gestionnaire et la collectivité propriétaire. La caractéristique majeure du mode de relation reste la précarité, l'occupation du domaine public ne pouvant être que temporaire. Cependant, des dispositifs juridiques permettent de contourner cette précarité (ou d'augmenter la durée de l'occupation).

Les MIN ont des missions d'intérêt général, précisément définies par l'article L730-1 du Code de commerce, modifié par l'Ordonnance n° 2004-274 du 25 mars 2004, définissant les MIN comme des « *services publics de gestion de marchés, dont l'accès est réservé aux producteurs et aux commerçants, qui contribuent à l'organisation et à la productivité des circuits de distribution des produits agricoles et alimentaires, à l'animation de la concurrence dans ces secteurs économiques et à la sécurité alimentaire des populations* ». Avec la Loi n° 2010-853 du 23 juillet 2010, cette définition a évolué de façon plus générique vers des « *services publics de gestion de marchés offrant à des grossistes et à des producteurs des services de gestion collective adaptés aux caractéristiques de certains produits agricoles et alimentaires. Ils répondent à des objectifs d'aménagement du territoire, d'amélioration de la qualité environnementale et de sécurité alimentaire* ».

2. Un élargissement des missions pour répondre aux évolutions en cours

Si les MIN de production, tels que celui de Chateaurenard, se concentrent autour d'un grand nombre d'acteurs exerçant assez peu d'activités (producteurs de fruits & légumes frais, grossistes sur ces mêmes produits et activités de transport afférentes), la plupart des MIN de consommation, ou MIN généralistes, voient leurs activités se répartir en sept principaux secteurs d'activité : fruits & légumes frais, viande et produits carnés, fleurs et plantes en pots, produits de la mer, non alimentaire (emballages, palettes, services divers, transporteurs), autres produits alimentaires, entrepôts et conditionneurs (fruits secs, huile), libre-service de gros *(cash & carry*, produits alimentaires transformés, produits d'entretien, produits nécessaires à l'activité des détaillants et restaurateurs, etc.).

Sur certains MIN, tels ceux de Montpellier, Grenoble, Lille ou Angers, la part du secteur « non alimentaire » prend une place de plus en plus importante, tant en chiffre d'affaires réalisé qu'en surfaces affectées. Sur Angers, par exemple, 50 % des surfaces du MIN actuel sont occupées par des opérateurs logistiques, bénéficiant d'une implantation exceptionnelle et d'une accessibilité rare au centre-ville. Si l'exploitation de synergies potentielles n'est pas conçue comme un but en soi, la notion de pôle générateur d'effet de masse – concentration et massification des flux – augmente de fait le potentiel d'attractivité du MIN. Le MIN est un outil qui va donc bien au-delà d'un simple lieu de transaction entre producteurs et acheteurs de premier rang. Il interagit avec son environnement socio-économique et doit s'envisager en intégrant des dimensions complémentaires à ses fonctions d'origine, comme l'illustre la Figure 13.1.

Figure 13.1 : Les quatre dimensions des MIN

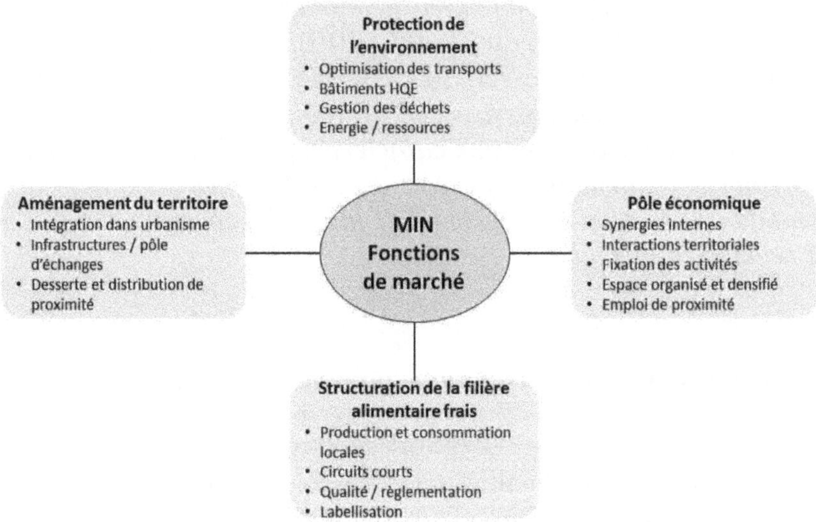

Source : Cabinet Jonction.

Aujourd'hui, le recours au stade de gros n'est plus une nécessité technique s'imposant à l'ensemble de la filière. Le rôle des MIN, et plus généralement des marchés de gros, tend à s'affaiblir, pris en tenaille entre une organisation de mise en marché les contournant (la grande distribution et les *cash & carry*, ayant leurs propres centrales) et des opportunités de plus en plus nombreuses offertes sur des segments à différenciation forte (vente à la ferme, AMAP[1], etc.). Nombre de collectivités s'interrogent ainsi sur le fonctionnement et l'utilité de ce type d'équipement, eu égard aux évolutions de l'environnement, aux modifications des comportements mais aussi aux problématiques émergentes liées au développement de la ville. Parmi ces évolutions de l'environnement, les MIN voient un déclin des « opérateurs permanents » (notamment des grossistes indépen-

1 Association pour le Maintien de l'Agriculture Paysanne, un système de vente organisée entre un groupe de consommateurs et un producteur agricole, très souvent en maraîchage.

dants), même si ces MIN, au-delà de la crise de 2008-2009, sont caractérisés par une stabilité de leurs capacités d'accueil en termes de m^2 disponibles ; *a contrario*, on constate un retour des « producteurs », dépassant les chiffres de 2005-2007.

La quantité commercialisée continue à décroître, alors même que le chiffre d'affaires est en croissance constante jusqu'en 2008, et demeure stable depuis lors. C'est la traduction d'une augmentation de la valeur ajoutée des produits commercialisés qui renforce le marché dans son rôle de point de passage participant à une création de valeur de plus en plus forte. Les principales évolutions spécifiques aux MIN et à leur environnement sont présentées dans le Tableau 13.2. Face à ces évolutions, le développement des MIN doit répondre aux enjeux suivants :

- Enjeux liés aux mutations du marché des fruits & légumes et des produits frais avec la modification du nombre et de la nature des acteurs, dont certains développent des circuits extérieurs au MIN ;
- Enjeux d'optimisation foncière avec des évolutions successives et de nouvelles attentes ou opportunités nécessitant une réévaluation de l'organisation spatiale du MIN ;
- Enjeux liés aux équipements avec des besoins de mise en conformité, d'évolutions technologiques, des nouveaux métiers autour de ces équipements ;
- Enjeux propres au périmètre du MIN face aux évolutions législatives et règlementaires avec des opportunités et/ou synergies à saisir, des complémentarités d'offres pour l'accueil d'entreprises ;
- Enjeux liés à l'intégration du MIN dans l'espace urbain (gestion des interfaces avec les collectivités locales, schémas de logistique urbaine).

Tableau 13.2 : Evolutions et tendances impactant les MIN

Maillon de la filière	*Mutations sur le passé récent (1990-2010)*	*Tendances pour les 10-15 ans à venir*
Production et offre	• Concentration de la production sur des bassins spécialisés • Crise structurelle de la production française • Mondialisation de l'offre	• Recul de la production française • Poursuite d'un approvisionnement internationalisé • Développement des segments haut de gamme
Stade de gros	• Diminution des tonnages traités par les grossistes de MIN (de 80 % à 30 %) • Augmentation des tonnages livrés par les grossistes (de 10 % à 20 %) • Déclin des carreaux des producteurs (de 10 % à 3 %)	• Poursuite de la baisse des ventes sur carreau • Dichotomie entre : – concentration de la fonction distribution – opportunités pour PME spécialisées
Détail	• Poursuite de la hausse de part de marché de la GMS mais : – plafond hard discount – concept hypermarché à bout de souffle – maintien des marchés de plein air – poursuite de la baisse des magasins spécialisés	• GMS dos au mur, notamment sur les fruits & légumes • Nouveaux concepts porteurs : – marchés plein air – réseaux fruitiers – e-commerce – AMAP – vente à la ferme – circuits courts
Consommation	Augmentation de la part de la RHD et de la RHF	• Stabilisation de la part de la RHD / RHF commerciale • Croissance de la RHD / RHF en collectif
Hygiène, sécurité et traçabilité	Contraintes de plus en plus importantes	Accentuation des contraintes face aux diverses crises
Logistique de distribution	Une logistique qui fuit les villes et qui se créé sur des espaces vierges, disponibles et peu chers (plates-formes logistiques, zones d'activité)	• Réintégration de la logistique en ville ou à proximité (logistique urbaine) • Raréfaction et renchérissement du foncier

Source : Cabinet Jonction.

Les MIN regroupent donc les activités des opérateurs grossistes, producteurs, prestataires de services et acheteurs des filières de l'alimentaire frais et de l'horticulture. Ils participent, dans le cadre des missions définies par la Loi, à un certain nombre de missions

(Fédération Française des MIN, 2008) : la concurrence et la liberté du commerce, en offrant un cadre alternatif au commerce intégré (grande distribution), et notamment en assurant l'approvisionnement des commerces de proximité, et des commerces non sédentaires ; l'élaboration des prix des produits, avec quelques réserves cependant eu égard au poids du commerce intégré sur les négociations de prix ; l'ordre public, en offrant des espaces protégés, et une possibilité de mobiliser son organisation en cas de problème d'approvisionnement ; la défense et la sécurité des consommateurs, en garantissant la traçabilité des produits, et le respect des normes d'hygiène et de sécurité nationales et internationales ; l'aménagement du territoire et la logistique urbaine, en rationnalisant les circuits d'approvisionnement, notamment ; le maintien des ceintures vertes, la promotion de la consommation locale de produits locaux et les circuits courts, en permettant la rencontre de l'offre et de la demande de produits, dans un environnement protégé ; et la protection de l'environnement, en limitant les impacts environnementaux liés aux circuits logistiques.

Nous l'avons vu, les MIN s'articulent autour de deux fonctions principales. La première fonction recouvre la mise en marché, qui est sa vocation traditionnelle, et sur lequel un client (détaillant, restaurateur) va trouver les produits nécessaires à son activité. Cette fonction de marché suppose donc la présence sur le MIN d'une vaste gamme de produits et d'activités de conditionnement, de valorisation, voire de transformation des produits. La seconde fonction est celle de point de concentration et de distribution des flux (fonction logistique), liée à une stratégie d'emplacement ou de localisation. La présence à proximité d'infrastructures (fer, liaisons routières et autoroutières) est un point essentiel dans ce positionnement. La fonction de point de concentration et de distribution est en priorité consacrée aux produits commercialisés sur le MIN, mais l'implantation peut permettre d'accueillir d'autres produits ou services. A partir d'une étude de cas consacrée au MIN de Rungis, Curchod (2010) souligne combien la fonction de mise en marché repose sur des mécanismes de confiance inter-entreprises, et l'identification d'intérêts partagés entre les différents opérateurs.

Le maître mot de l'évolution des MIN est finalement la diversification (Fédération Française des MIN, 2008), en capitalisant sur les savoir-faire des intermédiaires mais aussi en accueillant une plus large gamme de produits, étendue aux produits transformés (troisième et quatrième gamme), en renforçant l'offre et en accueillant de plus en plus de *cash & carry* alimentaires, dont la croissance est indéniable, à l'image d'autres pays européens (Fernie *et al.*, 2015).

Une telle diversification fait une part belle aux activités logistiques. Certains critères d'implantation sur les MIN sont d'ailleurs typiquement des critères de nature logistique, notamment liés à l'implantation par rapport au système d'échange client / fournisseur (exprimé en termes de distance et de temps de parcours), à la desserte (présence d'infrastructures routières et ferroviaires, même si le fer est de moins en moins utilisé par les MIN) et à l'accessibilité (niveau de congestion, fluidité, ergonomie des accès).

3. Aux portes de la ville : MIN et logistique urbaine

La logistique de distribution représente de l'ordre de 2 à 2,5 % du chiffre d'affaires d'une entreprise, alors que la marge nette des commerces de proximité représente de l'ordre de 1 à 2 % de ce même chiffre d'affaires selon le Centre Technique Interprofessionnel des Fruits & Légumes. Toute réduction des coûts de logistique urbaine aurait donc potentiellement une répercussion sensible sur le niveau des prix, offrant la possibilité aux habitants de jouir d'une gamme de produits multiples et variés (élargissement de l'offre) à des prix compétitifs, et augmentant ainsi leur niveau de vie et leur pouvoir d'achat (Boudouin *et al.*, 2013). Sachant que la circulation des marchandises s'inscrit dans une chaîne allant du producteur au consommateur, le segment « transport de marchandises » est assujetti aux opérations logistiques telles que stockage, conditionnement, préparation de commandes, etc. Il est donc nécessaire de considérer le sujet dans un vaste ensemble intégrant les deux socles de la problématique que sont, d'une part, l'*aspect technique et fonctionnel* de l'organisation des transports de marchandises (expédition, réception, groupage, dégroupage), et d'autre part, les *modes d'intervention des collectivités* dans le but de coordonner les besoins d'échange dans le respect du trinôme économique, social et environnemental, sur fond d'intérêt général.

En tant que composante d'une démarche logistique plus générale, la logistique urbaine nécessite, au-delà des véhicules de livraison, des sites où sont réalisées les opérations de traitement des marchandises (stockage, dégroupage, etc.). Ces moyens logistiques utilisés en milieu urbain sont connus, pour la plupart, sous la dénomination d'espaces logistiques urbains définis comme des équipements destinés à optimiser la livraison des marchandises en ville, sur les plans fonctionnel et environnemental, par la mise en œuvre de points de rupture de charge. Le MIN peut être défini comme une « zone logistique urbaine » au sens de Boudouin et Morel (2014), en réalisant ses deux fonctions principales : la gestion des ruptures de charge dans la chaîne de transport ; les traitements lors de la desserte finale et des enlèvements de marchandises (tel le stockage de courte durée). Ainsi, le MIN peut accueillir des équipements dédiés à la gestion des flux à destination ou en provenance de la ville en les canalisant vers un site où sont groupées / dégroupées les marchandises avant que la relation terminale (ou d'origine) soit réalisée.

Les équipements de type centre de distribution urbaine (CDU) optimisent les tournées de livraison en recomposant les envois. Ceci permet de maximiser le remplissage des véhicules et de limiter le nombre de kilomètres parcourus, dans une perspective d'innovation logistique permanente (Roveillo *et al.*, 2015). La vocation de tels outils est de desservir l'ensemble des zones denses durant les heures problématiques, tout particulièrement la période comprise entre 9 h et 12 h. Le CDU étant généralement conçu comme un service public de distribution des marchandises, il n'y a pas d'incompatibilité avec les missions attribuées au MIN. Certains MIN sont d'ailleurs particulièrement adaptés à l'accueil de ce type d'espace ; c'est notamment le cas de Bordeaux. Le MIN de Lille est ainsi partenaire du projet de centre multimodal de distribution urbaine (CMDU), en partenariat avec Ports de Lille et Lille Métropole Communauté Urbaine (voir la Figure 13.2).

Figure 13.2 : Le MIN, un espace logistique urbain à part entière

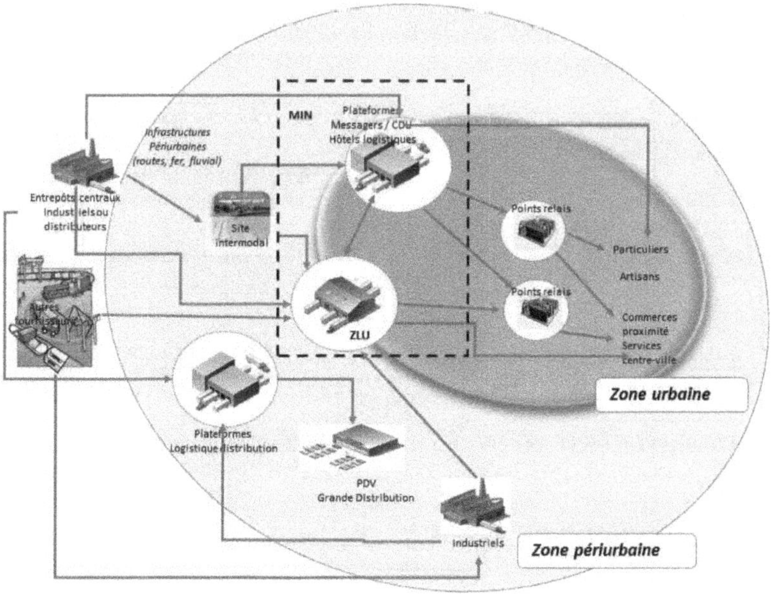

Source : Cabinet Jonction, d'après les travaux LUMD.

Le marché de gros peut donc jouer un double rôle dans la logistique urbaine : en amont, en organisant l'approvisionnement du marché, et en aval, en organisant la distribution des commerces de proximité, en se positionnant dans le système logistique global (voir la Figure 13.3). La concentration des acteurs sur un seul site et le principe de gestionnaire unique peuvent permettre de lever une partie des freins de la mutualisation (PIPAME, 2009). Le marché de gros contribue ainsi à la logistique d'approvisionnement de l'agglomération. Cette dernière répond à des besoins de pénétration de la ville ou de l'agglomération pour desservir de façon « fine » les habitants, les commerces indépendants, les artisans, les administrations et services qui s'y trouvent (fréquences élevées et faibles volumes). La nécessité de fluidifier le dernier kilomètre impose des équipements relais dont la position est déterminante dans la mesure de leur efficacité économique et environnementale. Plus ils seront près du barycentre de la zone desservie, moins ils généreront des mouvements synonymes de coût d'acheminement, de nombre de véhicules utilitaires, de nuisances. Néanmoins, le foncier est convoité par de nombreuses fonctions (habitat, commerces, équipements publics, etc.), et des arbitrages en faveur de ces outils sont nécessaires de la part des responsables de l'urbanisme si l'on ne veut pas voir leur transfert dans des périphéries plus ou moins lointaines, un phénomène endémique déjà signalé par Dablanc et Andriankaja (2011) pour l'Ile-de-France.

Figure 13.3 : Le MIN, positionnement dans la chaîne logistique

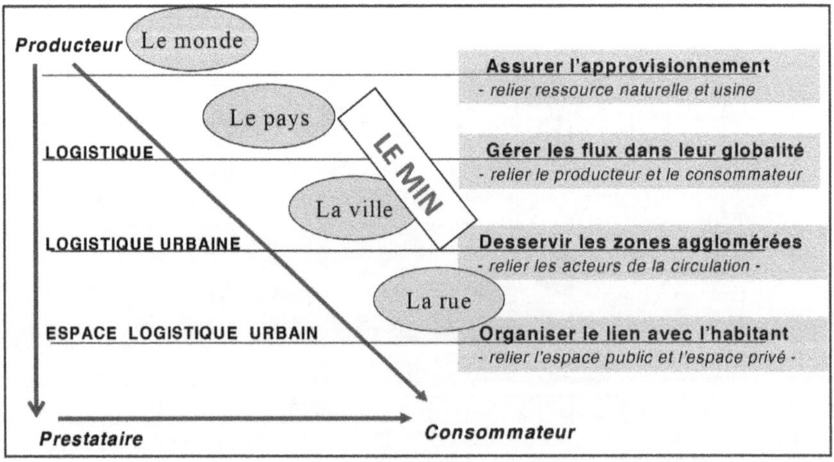

Source : Cabinet Jonction.

Conclusion

La logistique urbaine, une opportunité à saisir pour les marchés de gros… C'est en ces termes que l'Union Nationale de Commerce de Gros en Fruits & Légumes, pendant son congrès d'Athènes de mars 2014, interpelle les participants et capitalise sur de nombreuses initiatives de MIN (Montpellier, Paris, Lille). C'est aussi une thématique forte des 7e Entretiens de Rungis consacrés à la logistique du frais en zone urbaine (septembre 2013), lieu qui permet « *de rassembler la quasi-totalité des acteurs de la livraison du frais ; ce levier de mutualisation doit être développé* », pour reprendre l'intervention de Jean-Louis Routhier. Les MIN s'engagent en effet dans le développement de réponses logistiques urbaines, capitalisant sur leurs métiers traditionnels, leur localisation, leurs compétences logistiques de plus en plus importantes, et se posant en organisateurs de la logistique urbaine. Ils voient ainsi leurs missions évoluer mais maintiennent la combinaison entre intérêt général, en contribuant à la réduction des externalités négatives et des émissions de gaz à effet de serre liés aux livraisons en ville, et intérêt particulier des grossistes, producteurs et clients, en élargissant leur palette de compétences. Il en est pour preuve la présence récurrente de la logistique urbaine dans toutes les réflexions stratégiques sur le devenir des MIN, tant au sein de la Fédération des Marchés de Gros que dans les instances dirigeantes des MIN eux-mêmes.

Bibliographie générale

Abbad, H., Paché, G., et Bonet Fernandez, D. (2013), Building a long term relationship between manufacturers and large retailers: does commitment matter in Morocco?, *Journal of Applied Business Research*, vol. 29, n° 5, p. 1367-1379.

Abecassis, P., et Coutinet, N. (2008), Caractéristiques du marché des médicaments et stratégies des firmes pharmaceutiques, *Horizons Stratégiques*, n° 8, p. 1-26.

Aberdeen Group (2007), *Procurement outsourcing: a strategic imperative?*, Boston (MA).

Accenture (2003), *Procurement outsourcing: the next wave*, Dublin.

Accenture (2007), *Outsourcing and procurement mastery: how procurement masters leverage outsourcing on the path to high performance*, Dublin.

Accenture (2010), *Business process outsourcing: Accenture procurement BPO services*, Dublin.

Alderson, W. (1950), Marketing efficiency and the principle of postponement, *Cost and Profit Outlook*, vol. 3, n° 4, p. 15-18.

Alderson, W. (1954), Factors governing the development of marketing channels, *in* Clewett, R. (Ed.), *Marketing channels for manufactured products*, Richard D. Irwin, Homewood (IL), p. 5-34.

Alderson, W. (1957), *Marketing behavior and executive action*, Richard D. Irwin, Homewood (IL).

Alderson, W. (1965), *Dynamic marketing behavior: a functionalist theory of marketing*, Richard D. Irwin, Homewood (IL).

Alderson, W., et Cox, R. (1948), Towards a theory of marketing, *Journal of Marketing*, vol. 13, n° 2, p. 137-152.

Alm, C., Ruiz-Huidebro, R., et Slellat, R. (2010), *Procurement outsourcing: navigating the risks to reap the rewards*, AT Kearney, Chicago (IL).

Alston, R. (2011), 4PL compliance management services, *Managing Imports & Exports,* vol. 1, n° 28, p. 3-4.

Alt, R. (2003), Transformation in the pharmaceutical industry: developing customer orientation at Pharma Corp, *Proceedings of the 16th E-Commerce Conference,* Bled, p. 522-538.

Amine, A., Fady, A., et Pontier, S. (1997), L'acheteur professionnel de la distribution face aux produits nouveaux : pour une nouvelle approche, *Recherche et Applications en Marketing*, vol. 12, n° 2, p. 23-38.

Anderson, E., Day, G., et Rangan, K. (1997), Strategic channel design, *Sloan Management Review*, vol. 38, n° 4, p. 59-69.

Anderson, H., Havila, V., Andersen, P., et Halinen, A. (1998), Position and role-conceptualizing dynamics in business networks, *Scandinavian Journal of Management*, vol. 14, n° 3, p. 167-186.

Anell, A. (2005), Deregulating the pharmacy market: the case of Iceland and Norway, *Health Policy*, vol. 75, n° 1, p. 9-17.

Angelé-Halgand, N. (2014), Manager pour réformer l'hôpital : les enjeux de l'efficience sans délégation, *in* Djouldem, M., Visscher, C., et De Tellier G. (Eds.), *Finances et politiques publiques : enjeux politiques et gestionnaires des réformes*, Bruylant, Bruxelles, p. 159-186.

Angelé-Halgand, N., et D'Andreamatteo, T. (2012), Lean implementation in a health care setting: the case of a French university hospital, *Proceedings of the 7th International Conference on Accounting, Auditing & Management in Public Sector Reforms*, Milan, p. 1-20 (CD-rom).

Angelé-Halgand, N., et Garrot, T. (2014), Les biens communs à l'hôpital : de la « T2A » à la tarification au cycle de soins, *Comptabilité Contrôle Audit*, vol. 20, à paraître.

Angelé-Halgand, N., et Garrot, T. (2015), L'intermédiation en santé ou la voie de l'intégration des soins, dans cet ouvrage.

Anonyme (2001), Enter the super-middleman, *Grower,* 6 décembre, p. 16-17.

Antéblian, B., Filser, M., et Roederer, C. (2013), L'expérience du consommateur dans le commerce de détail : une revue de littérature, *Recherche et Applications en Marketing*, vol. 28, n° 3, p. 84-113.

Antoine-Geny, O., et Roudil, M. (2013), *Manuel pratique du commerce des vins*, Editions Féret, Bordeaux.

Aptel, O., et Pourjalali, H. (2001), Improving activities and decreasing costs of logistics in hospitals: a comparison of US and French hospitals, *International Journal of Accounting*, vol. 36, n° 2, p. 65-90.

Arikan, A. (2008), *Multichannel marketing: metrics and methods for on and offline success*, Sybex, Hoboken (NJ).

Armitage, G., Suter, E., Oelke, N., et Adair, C. (2009), Health systems integration: state of the evidence, *International Journal of Integrated Care*, vol. 9, p. 1-11.

Arnould, E., et Thompson, C. (2007), Consumer culture theory (and we really mean theoretics): dilemmas and opportunities posed by an academic branding strategy, *in* Belk, R., et Sherry, J., Jr. (Eds.), *Research in consumer behavior: consumer culture theory*, vol. 11, Elsevier, Oxford, p. 3-22.

Aronsson, H., Abrahamsson, M., et Spens, K. (2011), Developing lean and agile health care supply chains, *Supply Chain Management: An International Journal*, vol. 16, n° 3, p. 176-183.

Arthur Andersen (2001), *Analyse coût / bénéfice de différentes options d'externalisation*, Paris.

Aspinwall, L. (1962), The depot theory of distribution, *in* Lazer, W., et Kelly, E. (Eds.), *Managerial marketing : perspectives and viewpoints*, Richard D. Irwin, Homewood (IL), 2e éd., p. 652-659.

Axelsson, R., Bihari Axelsson, S., Gustafsson, G., et Seemann, J. (2014), Organizing integrated care in a university hospital : application of a conceptual framework, *International Journal of Integrated Care*, vol. 14, p. 1-9.

Baker, W., et Obstfeld, D. (1999), Social capital by design: structures, strategies, and institutional context, *in* Leenders, R., et Gabbay, S. (Eds.), *Corporate social capital and liability*, Kluwer Academic Publishers, Boston (MA), p. 89-105.

Balderston, F. (1964), Design of marketing channels, *in* Cox, R., Alderson, W., et Shapiro, B. (Eds.), *Theory in marketing*, Richard D. Irwin, Homewood (IL), p. 176-189.

Baraldi, E., Gressetvold, E., et Harrison, D. (2012), Resource interaction in inter-organizational networks: foundations, comparison, and a research agenda, *Journal of Business Research*, vol. 65, n° 2, p. 266-276.

Baritaux, V., et Montaigne, E. (2005), Quels rôles pour les courtiers de campagne dans les canaux de distribution de vins ?, *in* Montaigne, E., Couderc, J.-P., d'Hauteville, F., et Hannin, H. (Eds.), *Bacchus 2006 : enjeux, stratégies et pratiques dans la filière vitivinicole*, Dunod, Paris, p. 101-121.

Barrière, J.-P. (2012), Entre salariat et indépendance : le statut hybride du représentant de commerce en France de la fin du XIXe siècle au milieu du XXe siècle, *Entreprises & Histoire*, n° 66, p. 164-176.

Bartels, R. (1988), *The history of marketing thought*, Publishing Horizons, Columbus (OH).

Barth, I. (2009), Regard prospectif sur les métiers commerciaux : du vendeur ambassadeur au core seller, *Management & Avenir*, n° 25, p. 371-385.

Barthélémy, J., et Donada, C. (2007), Décision et gestion de l'externalisation, *Revue Française de Gestion*, n° 177, p. 101-111.

Bartolomei, A., Lemercier, C., et Marzagalli, S. (2012), Les commis-voyageurs, acteurs et témoins de la grande transformation, *Entreprises & Histoire*, n° 66, p. 7-21.

Beamer, B., et Preston, W. (1991), Shelf space allocation in the produce department: implications for marketing specialty produce, *Journal of Food Distribution Research*, vol. 22, n° 3, p. 23-36.

Bêche, J. (2008), La segmentation des portefeuilles distributeurs en BtoB : perspectives théoriques et opérationnelles, *Revue Française de Gestion*, n° 182, p. 171-189.

Belis-Bergouignan, M.-C., Corade, N., Couret, F., et Pesme, J.-O. (2007), Le vignoble aquitain entre atomicité et concentration, *in* Couderc, J.-P., Hannin, H., d'Hauteville, F., et Montaigne, E. (Eds.), *Bacchus 2008 : enjeux, stratégies et pratiques dans la filière vitivinicole*, Dunod, Paris, p. 185-211.

Belleflamme, P., Picard, P., et Thisse, J.-F. (2000), An economic theory of regional clusters, *Journal of Urban Economics*, vol. 48, n° 1, p. 158-184.

Benghozi, P.-J., et Paris, T. (2003), De l'intermédiation à la prescription : le cas de la télévision, *Revue Française de Gestion*, n° 142, p. 205-227.

Bernard, F., et Salviac, E. (2009), *Fonction achat : contrôle interne et gestion des risques*, Maxima du Mesnil, Paris.

Bernard de Raymond, A. (2003), *Des halles centrales de Paris aux marchés d'intérêt national : la construction sociale d'un marché national des fruits et légumes*, Mémoire de fin d'études, Ecole Normale Supérieure, Cachan.

Bernard de Raymond, A. (2004), La construction d'un marché national des fruits et légumes : entre économie, espace et droit (1896-1995), *Genèses*, n° 56, p. 28-50.

Bichsel, R. (2009), Backstage, *Vinum*, p. 36-46.

Bironneau, L., et Le Roy, B. (2008), Quelles compétences pour les responsables logistiques : état de l'art et résultats d'une enquête terrain, *Actes des 8e Rencontres Internationales de la Recherche en Logistique*, Avignon, p. 1-20 (CD-rom).

Bitran, G., Gurumurthi, S., et Sam, S.-L. (2007), The need for third-party coordination in supply chain governance, *MIT Sloan Management Review*, vol. 48, n° 3, p. 30-37.

Bocquet, R., Mendez, A., Mothe, C., et Bardet, R. (2009), Pôles de compétitivité constitués de PME : quelle gouvernance pour quelle performance ?, *Management & Avenir*, n° 25, p. 227-244.

Boerma, W., et Rico, A. (2006), Changing conditions for structural reform in primary care, *in* Saltman, W., Rico, A., et Boerma, W. (Eds.), *Primary care in the driver's seat ? Organizational reform in European primary care*, Open University Press, Maidenhead, p. 50-67.

Boonen, L., van der Geest, S., Schut, F., et Varkevisser, M. (2010), Pharmaceutical policy in the Netherlands: from price regulation towards managed competition, *Advances in Health Economics & Health Services Research*, vol. 22, p. 53-76.

Boss, J.-F., Dionisio, J.-P., et Schlosser, A.-M. (1988), Procédures d'achat de la distribution intégrée en France : une étude de cas dans les domaines de l'épicerie sèche, du vêtement et du jouet, *Proceedings of the 41st ESOMAR Marketing Research Congress*, Lisbonne, p. 309-335.

Boudouin, D., et Morel, C. (2014), *Espaces logistiques urbains*, Référence AG8046, Techniques de l'Ingénieur, Paris.

Boudouin, D., Morel, C., et Sirjean, S. (2013), Logistique urbaine : mal nécessaire ou levier de développement de la ville ?, *in* Fabbe-Costes, N., et Paché, G. (Eds.), *La logistique, une approche innovante des organisations*, Presses Universitaires de Provence, Aix-en-Provence, p. 95-105.

Boulding, K. (1962), *Conflict and defense*, Harper Brothers, New York (NY).

Bourlakis, C., et Bourlakis, M. (2005), Information technology safeguards, logistics asset specificity and fourth-party logistics network creation in the food retail chain, *Journal of Business & Industrial Marketing*, vol. 20, n° 2, p. 88-98.

Bowersox, D., Cooper, M., Lambert, D., et Taylor, D. (1980), *Management in marketing channels*, McGraw-Hill, New York (NY).

Braudel, F. (1979), *Civilisation matérielle, économie et capitalisme*, Armand Colin, Paris.

BRC (2014), *British retail consortium global standards*, disponible sur http://www.brcglobalstandards.com [consulté le 26 mai 2014].

Bressoles, G., et Viot, C. (2010), Le marché de la vente de vin en ligne, *in* Trinquecoste, J.-F. (Ed.), *Le vin et ses marchés : annales 2010*, Pearson, Paris, p. 32-39.

Brewer, B., Ashenbaum, B., et Carter, J. (2013), Understanding the supply chain outsourcing cascade : when does procurement follow manufacturing out the door ?, *Journal of Supply Chain Management,* vol. 49, n° 3, p. 90-110.

Breyer, R. (1964), Some observations on structural formation and the growth of marketing channels, *in* Cox, R., Alderson, W., et Shapiro, B. (Eds.), *Theory in marketing*, Richard D. Irwin, Homewood (IL), p. 163-175.

Brousseau, E., et Codron, J.-M. (1998), La complémentarité entre formes de gouvernance : le cas de l'approvisionnement des grandes surfaces en fruits de contre saison, *Economie Rurale*, n° 245-246, p. 75-83.

Buchet, C. (1921), Essai sur l'histoire de la droguerie, *Bulletin de la Société d'Histoire de la Pharmacie*, vol. 9, n° 31, p. 357-367.

Bucklin, L. (1965), Postponement, speculation and the structure of distribution channels, *Journal of Marketing Research*, vol. 2, n° 1, p. 26-31.

Burt, R. (1992), *Structural holes : the social structure of competition*, Harvard University Press, Boston (MA).

Calamel, L., Defélix, C., Mazzilli, I., et Retour, D. (2011), Les pôles de compétitivité : un point de rupture pour la GRH traditionnelle ? Une analyse des dispositifs RH au sein de 12 pôles de la région Rhône-Alpes, *Management & Avenir*, n° 41, p. 18-36.

Calvi, R. (1999), L'externalisation des activités d'achat : l'apport du modèle contractualiste appliqué au processus d'achat, *Finance Contrôle Stratégie,* vol. 2, n° 1, p. 27-47.

Calvi, R., Ed. (2002), *Externalisation de la gestion des achats*, Recherche collective DESMA, Ecole Supérieure des Affaires, Grenoble.

Calvi, R., Evrard-Samuel, K., Merminod, N., et Poissonier, H. (2014), La collaboration entre client et fournisseur : comment créer de la valeur au-delà des frontières de l'entreprise ?, *Revue Française de Gestion*, n° 239, p. 67-74.

Camman-Ledi, C., et Livolsi, L. (2000), Pilotage stratégique du processus logistique et gestion des ressources humaines : constats et propositions, *Actes des 3e Rencontres Internationales de la Recherche en Logistique*, Trois Rivières (Québec), p. 1-25 (CD-rom).

Caplow, T. (1968), *Two against one : coalitions in triads*, Prentice-Hall, Englewood Cliffs (NJ).

Capo, C. (2006), *Le contrôle des relations inter-organisationnelles dans le canal de distribution : étude de la grande distribution au Japon*, Thèse de doctorat en Sciences de Gestion, Université de la Méditerranée (Aix-Marseille II), octobre.

Cardebat, J.-M., et Figuet, J-M. (2009), L'économie des vins de Bordeaux en 2008-2009, *in* Trinquecoste, J.-F. (Ed.), *Le vin et ses marchés : annales 2009*, Pearson, Paris, p. 30-41.

Carter, J., Markham, W., et Monczka, R. (2007), Procurement outsourcing : right for you ?, *Supply Chain Management Review,* vol. 11, n° 4, p. 26-32.

Castrillo, J., Martinez, J.-M., et Messner, D. (2003), A wholesale shift in European groceries, *The McKinsey Quarterly*, n° 1, p. 1-13.

Centre de la Méditerranée Moderne et Contemporaine (2010), *Colloque sur les figures de l'intermédiation marchande en Europe et dans le monde méditerranéen (XVIe-XXIe siècles) : commis-voyageurs et représentants de commerce*, Université de Nice Sophia-Antipolis, Nice, juin.

Cézanne, C., et Saglietto, L. (2015), Redefining the boundaries of the firm: the role of 4PLs, *International Journal of Logistics Management*, vol. 26, à paraître.

Chabaud, D., et Codron, J.-M. (2005), How to integrate the specificities of some food departments into a retail store organization? Lessons and limits of the Aokian theory of the firm, *International Journal of Retail & Distribution Management*, vol. 33, n° 8, p. 597-617.

Chakrabarti, R., Ramos, C., et Henneberg, S. (2013), Network dynamics in the UK pharmaceutical network: a network-as-practice perspective, *Industrial Marketing Management*, vol. 42, n° 3, p. 356-371.

Chanson, G. (2013), Externalisation et théorie des coûts de transaction : analyser un phénomène dynamique avec une théorie statique ?, *Management International*, vol. 18, n° 2, p. 181-194.

Chaturvedi, A.-K., Singh, U.-K., et Kumar, A. (2011), Online pharmacy: an e-strategy for medication. *International Journal of Pharmaceutical Frontier Research*, vol. 1, n° 1, p. 146-158.

Chemla, G. (1980), Le marché d'intérêt national de Paris-Rungis, *Annales de Géographie*, n° 493, p. 309-327.

Chen, H., Chiang, R., et Storey, V. (2012), Business intelligence and analytics: from Big Data to big impact, *MIS Quarterly*, vol. 36, n° 4, p. 1165-1188.

Cherington, P. (1920), *The elements of marketing*, Macmillan, New York (NY).

Choi, T.-Y., et Wu, Z. (2009a), Triads in supply networks: theorizing buyer-supplier – supplier relationships, *Journal of Supply Chain Management*, vol. 45, n° 1, p. 8-25.

Choi, T.-Y., et Wu, Z. (2009b), Taking the leap from dyads to triad : buyer-supplier relationships in supply networks, *Journal of Purchasing & Supply Management*, vol. 15, n° 4, p. 263-266.

Christopher, M. (2000), The agile supply chain: competing in volatile markets, *Industrial Marketing Management*, vol. 29, n° 1, p. 37-44.

Christopher, M. (2011), *Logistics and supply chain management: creating value adding networks*, FT-Prentice Hall, Harlow, 4e éd.

CIVB (2010), *Présentation du plan « Bordeaux demain » : la reconquête*, disponible sur http://www.bordeauxpresse.com [consulté le 2 février 2014].

Clark, F. (1923), *Principles of marketing*, Macmillan, New York (NY).

Clarke III, I., et Flaherty, T. (2003), Web-based B2B portals, *Industrial Marketing Management*, vol. 32, n° 1, p. 15-23.

Clipper Logistics (2014), *Asda, George case study: inbound / deconsolidation*, disponible sur http://www.clippergroup.co.uk/case-studies/asda [consulté le 11 mars 2014].

Cmolik, A. (2012), *Threats and opportunities for European pharmaceutical wholesalers in a changing healthcare environment*, Diplomica Verlag, Hambourg.

Cocula, F., et Michel, S. (2011), *Etude de cas « Le négoce des vins de Bordeaux » : analyse environnementale et perspective d'avenir*, Centrale de Cas et de Média Pédagogiques, G 1760, Paris.

Colin, J. (1996), La logistique : histoire et perspectives, *Logistique & Management*, vol. 4, n° 2, p. 97-110.

Colin, J. (2005), Le supply chain management existe-t-il réellement ?, *Revue Française de Gestion*, n° 156, p. 135-149.

Colin, J. (2013), Les prémices de la logistique : l'organisation des marines de guerre en France du XVIIe siècle au XVIIIe siècle, *in* Fabbe-Costes, N., et Paché, G. (Eds.), *La logistique, une approche innovante des organisations*, Presses Universitaires de Provence, Aix-en-Provence, p. 219-230.

Commeiras, N., et Loubès, A. (2002), La grande distribution entre stratégie et gestion des ressources humaines : le vécu des chefs de rayon au moment de la centralisation des achats, *Actes du XIIe Congrès de l'AGRH*, Nantes, p. 403-418.

Compadre, C. (2008), *La bulle spéculative des grands vins explose*, disponible sur http://www.covinum.com [consulté le 14 mai 2014].

Compadre, C. (2010), Des coffres forts pour entreposer les plus grands vins, *Sud-Ouest*, 19 octobre.

Compadre, C. (2011), Vins : Bordeaux fait sa pub, *Sud Ouest*, 11 mars.

Compadre, C. (2013), Vins de Bordeaux : des primeurs poussives, *Sud-Ouest*, 30 avril.

Compadre, C. (2014), Vinipro réussit sa première, *Sud-Ouest*, 6 mars.

Contandriopoulos, A., Denis, J.-L., Touati, N., et Rodriguez, C. (2003), *The integration of health care : dimensions and implementation*, Working Paper n° 04-03, Groupe de Recherche Interdisciplinaire en Santé (GRIS), Université de Montréal.

Cook, K., et Emerson, R. (1978), Power, equity and commitment in exchange networks, *American Sociological Review*, vol. 43, n° 5, p. 721-739.

Corbin, E. (2009), Supply chain management practices and intermediation, Puerto Rican pharmaceutical wholesalers, *Supply Chain Forum: An International Journal*, vol. 10, n° 1, p. 32-43.

Corriveau, G., et Tamilia, R. (2002), Comparing transactional forms in administered, contractual and corporate systems in grocery distribution, *Journal of Business Research*, vol. 55, n° 9, p. 771-773.

Cottrill, K., et Rice, J. (2013), *Innovative or inconclusive? Evaluating new supply chain ideas*, MIT Center for Transportation & Logistics, Cambridge (MA).

Cour des Comptes (2013), *La Sécurité Sociale*, Rapport sur l'application des lois de financement de la Sécurité Sociale, Paris.

Cova, B., Ezan, P., et Fuschillo, G. (2013), Zoom sur l'autoproduction du consommateur, *Revue Française de Gestion*, n° 234, p. 115-133.

Craig, D., et Gabler, W. (1940), The competitive struggle for market control, *Annals of the American Academy of Political and Social Science*, vol. 209, p. 84-107.

Criner, G., Kezis, A., et McLaughlin, E. (1997), Pricing dynamics in US fresh produce channels : new empirical evidence, *Journal of Retailing & Consumer Services*, vol. 4, n° 4, p. 259-268.

Cunningham, M. (2008), Pictures at an exhibition of business networks : is there a case for competition, *IMP Journal*, vol. 2, n° 1, p. 46-59.

Curchod, C. (2008), Stratégies d'intermédiation et dynamiques de chaînes de valeur : leçons tirées de l'intermédiation électronique, *Finance Contrôle Stratégie*, vol. 11, n° 2, p. 7-28.

Curchod, C. (2010), Coopération-conflit et fixation des prix : le cas du marché de Rungis, *in* Yami, S., et Le Roy, F. (Eds.), *Stratégies de coopétition : rivaliser et coopérer simultanément*, De Boeck, Bruxelles, p. 207-231.

Dablanc, L., et Andriankaja, D. (2011), Desserrement logistique en Ile-de-France : la fuite silencieuse en banlieue des terminaux de fret, *Flux*, n° 85-86, p. 72-88.

Da Fonseca, M.-C. (2013), *Les coopérations intersectorielles comme réponse aux enjeux managériaux du développement durable : le cas des associations thématiques d'entreprises*, Thèse de doctorat en Sciences de Gestion, Université Montpellier I, décembre.

Daumas, J.-C. (2006), Consommation de masse et grande distribution : une révolution permanente (1957-2005), *Vingtième Siècle. Revue d'Histoire*, vol. 91, n° 3, p. 57-76.

Dawson, J. (2007), Wholesale distribution: the chimera in the channel, *International Review of Retail, Distribution & Consumer Research*, vol. 17, n° 4, p. 313-326.

Debarge, O. (2011), La distribution au détail du médicament au sein de l'Union Européenne : un croisement entre santé et commerce, *Revue Internationale de Droit Economique*, vol. 25, n° 2, p. 193-238.

De Pouvourville, G. (2009), La distribution du médicament en France, *in* Bras, P.-L., De Pouvourville, G., et Tabuteau, D. (Eds.), *Traité d'économie et de gestion de la santé*, Presses de Sciences Po, Paris, p. 427-434.

De Vries, J., et Huijsman, R. (2011), Supply chain management in health services: an overview, *Supply Chain Management : An International Journal*, vol. 16, n° 3, p. 159-165.

DIACT (2008), *L'évaluation des pôles de compétitivité 2005-2008*, La Documentation Française, Paris.

Dinesen, B., Seeman, J., et Gustafsson, J. (2011), Development of a program for tele-rehabilitation of COPD patients across sectors: co-innovation in a network, *International Journal of Integrated Care*, vol. 11, p. 1-12.

DGITM (2010), *Qu'est-ce qu'un 4 PL ?*, Ministère de l'Ecologie, de l'Energie, du Développement Durable et de la Mer, Paris, disponible sur http://www.developpement-durable.gouv.fr [consulté le 31 mai 2014].

Dornier, P.-P., et Fender, M. (2007), *La logistique globale et le supply chain management : enjeux, principes, exemples*, Eyrolles / Editions d'Organisation, Paris.

Doucette, W., et Wiederholt, J. (1997), Cooperation in pharmacy-drug wholesaler relations, *Pharmaceutical Research*, vol. 14, n° 8, p. 976-983.

Dougherty, S. (2013), Bid Data and small businesses, *Rough Notes*, septembre, p. 14-16.

Drucker, P. (1962), The economy's dark continent, *Fortune*, vol. 65, n° 4, p. 103-104.

Drupsteen, J., Van der Vaart, T., et Van Donk, D. (2013), Integrative practices in hospitals and their impact on patient flow, *International Journal of Operations & Production Management*, vol. 33, n° 7, p. 912-933.

Dubiel, B. (2013), *Procurment outsourcing services*, Blueprint Report, HfS Research, Cambridge (MA).

Dubois, A. (2009), Comment on « Taking the leap from dyads to triads : buyer-supplier relationships in supply networks » by Choi and Wu–To leap or not to leap : triads as arbitrary subsets of networks of connected dyads, *Journal of Purchasing & Supply Management*, vol. 15, n° 4, p. 267-268.

Dubois, A., et Fredriksson, P. (2008), Cooperating and competing in supply networks: making sense of a triadic sourcing strategy, *Journal of Purchasing & Supply Management*, vol. 14, n° 3, p. 170-179.

Duffie, T. (2005), *Indirect procurement outsourcing: why, how and when*, United Services of America, New York (NY).

Duranton, G., Martin, P., Mayer, T., et Mayneris, F. (2007), *Les pôles de compétitivité : que peut-on en attendre ?*, Editions Rue d'Ulm, Paris.

Durbiano, C. (1980), Les marchés de production de fruits et légumes du Sud-Est, *Etudes Rurales*, n° 78-80, p. 69-90.

Durbiano, C. (1996), Les MIN provençaux face à l'évolution de la filière des fruits et légumes, *Méditerranée*, vol. 83, n° 1-2, p. 7-17.

Dussuc, B., et Geindre, S. (2014), Réseaux territorialisés d'organisations et capital social : le rôle des structures de gouvernance, *Actes du 12e Congrès International Francophone en Entrepreneuriat et PME*, Agadir, p. 1-17 (CD-rom).

Dussuc, B., et Geindre, S. (2015), Intermédiation et clusterisation, dans cet ouvrage.

Dyer, J., et Nobeoka, K. (2000), Creating and managing a high performance knowledge sharing network: the Toyota case, *Strategic Management Journal*, vol. 21, n° 3, p. 317-343.

Easton, G. (1992), Industrial networks: a review, *in* Axelsson, B., et Easton, G. (Eds.), *Industrial networks: a new view of reality*, Routledge, Londres, p. 3-27.

Ehlinger, S., Perret, V., et Chabaud, D. (2007), Quelle gouvernance pour les réseaux territorialisés d'organisations ?, *Revue Française de Gestion*, n° 170, p. 155-171.

Engles, D. (1978), *Alexander the Great and the logistics of the Macedonian Army*, University of California Press, Los Angeles (CA).

Erevelles, S., et Stevenson, T. (2006), Enhancing the business-to-business supply chain: insights for partitioning the supply side, *Industrial Marketing Management*, vol. 35, n° 4, p. 481-492.

Ernst &Young (2005), *Baromètre outsourcing : pratiques et tendances du marché de l'externalisation en France*, Paris.

Etgar, M. (1976), Effects of administrative control on efficiency of vertical marketing systems, *Journal of Marketing Research*, vol. 13, n° 1, p. 12-24.

Eurostat (2011), *Food: from farm to fork statistics 2011 edition*, disponible sur http://ec.europa.eu/eurostat [consulté le 27 janvier 2014].

Everest Group (2007), *Procurement outsourcing annual report*, Dallas (TX).

Everest Group (2013), *PEAK matrix for PO service providers*, Dallas (TX).

Fabbe-Costes, N., et Jahre, M. (2008), Supply chain integration and performance: a review of the evidence, *International Journal of Logistics Management*, vol. 19, n° 2, p. 130-154.

Fabbe-Costes, N., Jahre, M., et Roussat, C. (2008), Supply chain integration: the role of logistics service providers, *International Journal of Productivity & Performance Management*, vol. 58, n° 1, p. 71-91.

Faber, N., de Koster, R., et van de Velde, S. (2002), Linking warehouse complexity to warehouse planning and control structure, *International Journal of Physical Distribution & Logistics Management*, vol. 32, n° 5, p. 381-395.

Favoreu, C., Lecher, C., et Leyronas, C. (2008), Légitimité des politiques publiques en faveur des clusters, *Revue Française de Gestion*, n° 183, p. 157-178.

Fédération Française des MIN (2008), *Les grandes lignes de l'organisation générale des marchés de gros et des marchés d'intérêt national*, Paris.

Fender, M., et Pimor, Y. (2013), *Logistique et supply chain*, Dunod, Paris, 6e éd.

Fernie, J., et Grant, D. (2008), On-shelf availability: the case of a UK grocery retailer, *International Journal of Logistics Management*, vol. 19, n° 3, p. 293-308.

Fernie, J., Pfab, F., et Marchant, C. (2000), Retail grocery logistics in the UK, *International Journal of Logistics Management*, vol. 11, n° 2, p. 83-90.

Fernie, J., Sparks, L., et McKinnon, A. (2010), Retail logistics on the UK: past, present and future, *International Journal of Retail & Distribution Management*, vol. 38, n° 11-12, p. 894-914.

Fernie, J., Grant, D., et Paché, G. (2015), Logiques d'intermédiation au Royaume-Uni : de nouvelles sources potentielles de profitabilité, dans cet ouvrage.

Ferrand, F., et de Villers, T. (1998), *Sonepar ou la quintessence des choses*, Les Editions du Mémogramme, Villeneuve d'Ascq.

Filser, M. (1989), *Canaux de distribution : description, analyse, gestion*, Vuibert, Paris.

Filser, M. (2012), Intermédiation et création de valeur dans les canaux : une revue de littérature, *Management & Avenir*, n° 51, p. 122-136.

Filser, M. (2015), L'intermédiation : une relecture fondée sur les modèles économiques, comportementaux et stratégiques, dans cet ouvrage.

Filser, M., et Paché, G. (2008), La dynamique des canaux de distribution : approches théoriques et ruptures stratégiques, *Revue Française de Gestion*, n° 182, p. 109-133.

Filser, M., des Garets, V., et Paché, G. (2012), *La distribution : organisation et stratégie*, Editions Management & Société, Caen, 2e éd.

Fiore, C., et Sampieri-Teissier, N. (2010), Quelle démarche de pilotage logistique dans les activités de service ? Le cas des flux de patients à l'hôpital, *Actes des 8e Rencontres Internationales de la Recherche en Logistique,* Bordeaux, p. 1-25 (CD-rom).

Firat, A., Dholakia, N., et Venkatesh, A. (1995), Marketing in a postmodern world, *European Journal of Marketing*, vol. 29, n° 1, p. 40-56.

Fisher Ellison, S., et Snyder, C. (2010), Countervailing power in wholesale pharmaceuticals, *Journal of Industrial Economics*, vol. 58, n° 1, p. 32-53.

Flambard-Ruaud, S. (1997), Les évolutions du concept de marketing, *Décisions Marketing*, n° 11, p. 7-20.

Ford, D. (2011), IMP and service-dominant logic: divergence, convergence and development, *Industrial Marketing Management*, vol. 40, n° 2, p. 231-239.

Ford, D., et Gadde, L.-E. (2015), La recherche en distribution et l'approche par les réseaux d'affaires, dans cet ouvrage.

Ford, D., Gadde, L.-E., Håkansson, H., et Snehota, I. (2003), *Managing business relationships*, John Wiley & Sons, Chichester.

Fournier, C., et Loubès, A. (2001), Evolutions du métier de chef de rayon : ambiguïtés de rôle, *Actes du 4e Colloque Etienne Thil,* La Rochelle, p. 1-19 (CD-Rom).

Frazier, G. (2009), Physical distribution and channel management: a knowledge and capabilities perspective, *Journal of Supply Chain Management*, vol. 45, n° 2, p. 23-36.

Fredendall, L., Craig, J., Fowler, P., et Damali, U. (2009), Barriers to swift, even flow in the international supply chain of perioperative surgical services department: a case study, *Decision Sciences*, vol. 40, n° 2, p. 327-349.

Fulconis, F. (2000), *La compétitivité dans les structures en réseau. Méthode d'analyse et perspectives managériales*, Thèse de doctorat en Sciences de Gestion, Université de Nice Sophia-Antipolis, décembre.

Fulconis, F., et Saglietto, L. (2015), Intermédiation logistique et pilotage des *supply chains* : de nouvelles responsabilités pour les PSL ?, dans cet ouvrage.

Fulconis, F., Saglietto, L. et Paché, G. (2007), Strategy dynamics in the logistics industry: a transactional center perspective, *Management Decision*, vol. 45, n° 1, p. 104-117.

Fulconis, F., Paché, G., et Roveillo, G. (2011), *La prestation logistique : origines, enjeux et perspectives*, Editions Management & Société, Caen.

Fulconis, F., Paché, G., et Solle, G. (2012), Structures en réseau : quel sens pour la performance collective ? Vers un contrôle de gestion en plateau, *Actes des 3e Etats Généraux du Management*, Strasbourg, p. 1-14 (CD-rom).

Gadde, L.-E. (2012), La dynamique des réseaux de distribution : implications pour les intermédiaires, *Management & Avenir*, n° 51, p. 137-155.

Gadde, L.-E., et Araujo, L. (2007), Business recipes, historical narratives and the discovery of networks, *IMP Journal*, vol. 1, n° 3, p. 2-25.

Ganne, B. (1991), Les approches du local et des systèmes industriels locaux : esquisse de bilan critique du camp français, *Sociologie du Travail*, n° 4, p. 545-576.

Garattini, L., van de Vooren, K., et Curto, A. (2012), Will the reform of community pharmacies in Italy be of benefit to patients or the Italian National Health Service?, *Drugs & Therapy Perspectives*, vol. 28, n° 11, p. 23-26.

Garrido Azevedo, S., et Carvalho, H. (2012), Contribution of RFID technology to better management of fashion supply chains, *International Journal of Retail & Distribution Management,* vol. 40, n° 2, p. 128-156.

Gentil, S. (2012), Industrialisation des soins et gestion de l'aléa : le « travail d'articulation » au bloc opératoire, déterminants et obstacles, *Gérer & Comprendre*, n° 109, p. 34-43.

Geyer, D. (1996), *L'externalisation de tout ou partie de la fonction informatique de l'entreprise : analyse théorique et comparaison France / Allemagne*, Thèse de doctorat en Sciences de Gestion, Université de Lille I, décembre.

Gill, L., et Stern, L. (1969), Roles and role theory in distribution channel systems, *in* Stern, L. (Ed.), *Distribution channels: behavioral dimensions*, Houghton Mifflin, Boston (MA), p. 22-47.

Giraud, L., et Pardo, C. (2012), Les fonctions commerciales au cœur de l'évolution des intermédiaires du BtoB ? Une étude exploratoire, *Management & Avenir*, n° 51, p. 167-185.

Gittell, J. (2002), Coordinating mechanisms in care provider groups: relational coordination as a mediator and input uncertainty as a moderator of performance effects, *Management Science*, vol. 48, n° 11, p. 1408-1426.

Godbille, T., Fulconis, F., Merminod, N., et Paché, G. (2012), Commerce triangulaire : une relecture à partir de la démarche logistique, *Logistique & Management*, vol. 20, n° 1, p. 43-57.

Goetz-Lopes, V. (2007), *Industrie pharmaceutique : logistique de distribution*, Editions Techniques de l'Ingénieur, Paris.

Gonzalez, R., Llopis, J., et Gasco, J. (2013), Information systems offshore outsourcing: managerial conclusions from academic research, *International Entrepreneurship & Management Journal*, vol. 9, n° 2, p. 229-259.

Grant, D. (2005), The transaction-relationship dichotomy in logistics and supply chain management, *Supply Chain Forum: An International Journal*, vol. 6, n° 2, p. 38-48.

Grant, D. (2012), *Logistics management*, Pearson Education, Harlow.

Grant, D., Lambert, D., Stock, J., et Ellram, L. (2006), *Fundamentals of logistics management: European edition*, McGraw-Hill Education, Maidenhead.

Grant, D., Fernie, J., Trautrims, A., et El-Adas, R. (2008), Improving service and sustainability in retail supply chains, *Proceedings of the 13th International Symposium on Logistics*, Bangkok, p. 257-264.

Grant Thornton (2006), *Externalisation des fonctions comptable et financière*, Paris.

Gregory, R., Beck, R., et Prifling, M. (2009), Breaching the knowledge transfer blockade in IT offshore outsourcing projects – A case from the financial services industry, *Proceedings of the 42nd Hawaii International Conference on System Sciences*, Big Island (HI), p. 1-10 (CD-rom).

Grether, E. (1937), Solidarity in the distribution trades in relation to the control of price competition, *Law & Contemporary Problems*, vol. 4, n° 3, p. 376-391.

Gripsrud, G. (2004), The marketing discipline and distribution research: time to regain lost territory, *in* Håkansson, H., Harrison, D., et Waluszewski, A. (Eds.), *Rethinking marketing: developing a new understanding of markets*, John Wiley & Sons, Chichester, p. 189-206.

Gröne, O., et Garcia-Barbero, M. (2001), Integrated care: a position paper of the WHO European office for integrated health care services, *International Journal of Integrated Care*, vol. 1, p. 1-10.

Grussing, P., Hatoum, H., et Zaborniak, G. (1994), Pharmacy satisfaction with drug wholesaler services: a regional study, *Journal of Pharmaceutical Marketing & Management*, vol. 8, n° 3, p. 85-111.

Guiennet, F., et Sauvage, T. (2009), Proposition d'un modèle d'externalisation des activités d'achats, *Management & Avenir*, n° 24, p. 103-122.

Gulati, R., Nohria, N., et Zaheer, A. (2000), Guest editors' introduction to the special issue: strategic networks, *Strategic Management Journal*, vol. 21, n° 3, p. 199-201.

Guan, W. (2014), *Facteurs facilitants et barrières de l'intégration des soins au travers d'un parcours de soins : le cas de la maladie chronique en France*, Mémoire de Master 2 Recherche en Pilotage Stratégique et Logistique des Entreprises et des Organisations, Aix-Marseille Université, juin.

Hagiu, A., et Jullien, B. (2011), Why do intermediaries divert search?, *RAND Journal of Economics*, vol. 42, n° 2, p. 337-362.

Håkansson, H., et Johanson, J. (1992), A model of industrial networks, *in* Axelsson, B., et Easton, G. (Eds.), *Industrial networks: a new view of reality*, Routledge, Londres, p. 28-34.

Håkansson, H., et Snehota, I. (1995), *Developing relationships in business networks*, Routledge, Londres.

Håkansson, H., et Ford, D. (2002), How should companies interact in business networks?, *Journal of Business Research*, vol. 55, n° 2, p. 133-139.

Håkansson, H., et Waluszewski, A. (2002), *Managing technological development. IKEA, the environment and technology*, Routledge, Londres.

Håkansson, H., Ford, D., Gadde, L.-E., Snehota, I., et Waluszewski, A. (2009), *Business in networks*, John Wiley & Sons, Chichester.

Halley, A. (2004), Sous-traitance et chaîne logistique ou la nécessaire intégration des deux stratégies, *Gestion*, vol. 29, n° 2, p. 48-56.

Harrison, D., Holmen, E., et Pedersen, A.-C. (2012), When everyone is connected to everyone : exploring role dynamics in triads, *Proceedings of the 28th IMP Conference*, Rome, p. 1-23 (CD-rom).

Havila, V. (1996), *International business-relationship triads. A study of the changing role of the intermediating actor*, PhD in Business Administration, Uppsala University.

Havila, V., Johanson, J., et Thilenius, P. (2004), International business-relationship triads, *International Marketing Review*, vol. 21, n° 2, p. 172-186.

Heider, F. (1958), *The psychology of interpersonal relations*, John Wiley & Sons, New York (NY).

Heitz-Spahn, S., et Filser, M. (2014), La place de l'enseigne dans les trajectoires d'achat des clients en contexte multi-canaux, *Décisions Marketing*, n° 74, p. 21-36.

Herbig, P., et O'Hara, S. (1994), Industrial distributors in the twenty-first century, *Industrial Marketing Management*, vol. 23, n° 3, p. 199-203.

Heskett, J. (1977), Logistics–Essential to strategy, *Harvard Business Review*, vol. 55, n° 6, p. 85-96.

Heskett, J., Glaskowsky, N., et Ivie, R. (1973), *Business logistics : physical distribution and materials management*, Ronald Press, New York (NY), 2e éd.

Hingley, M. (2005), Power imbalance in UK agri-food supply channels : learning to live with the supermarkets ?, *Journal of Marketing Management*, vol. 21, n° 1-2, p. 63-88.

Hingley, M., Lindgreen, A., Grant, D., et Kane, C. (2011), Using fourth party logistics management to improve horizontal collaboration among grocery retailers, *Supply Chain Management : An International Journal*, vol. 16, n° 5, p. 316-327.

Hoffer, E. (1951), *The true believer*, New American Library, New York (NY).

Holbrook, M. (1999), *Consumer value : a framework for analysis and research*, Routledge, New York (NY).

Holma, A.-M. (2009), *Adaptation in triadic relationship settings, case studies in corporate travel management*, PhD in Business Administration, Hanken School of Economics.

Holma, A.-M. (2010), Relationships development in business triads – Case studies in corporate travel management, *Journal of Business Market Management*, vol. 4, n° 2, p. 73-90.

Holma, A.-M (2012), Interpersonal interaction in business triads – Case studies in corporate travel purchasing, *Journal of Purchasing & Supply Management*, vol. 18, n° 2, p. 101-112.

Holweg, M., et Pil, F. (2001), Successful build-to-order strategies : start with the customer, *MIT Sloan Management Review*, vol. 43, n° 1, p. 74-83.

Hosie, P., Egan, V., et Li, Y. (2007), *Drivers of fifth party logistics (5PL) service providers for supply chain management*, School of Management Working Paper n° 2007-1, Curtin University of Technology.

Huber, B., et Minahan, T. (2012), *Procurement outsourcing : not an all or nothing value proposition*, ISG Information Services Group, Stamford (CT).

Hulthén, K., et Gadde, L.-E. (2007), Understanding the "new" distribution reality through "old" concepts : a renaissance for transvection and sorting, *Marketing Theory*, vol. 7, n° 2, p. 184-207.

Hunt, S., et Golsby, J. (1988), The rise and fall of the functional approach to marketing : a paradigm displacement perspective, *in* Nevitt, T., et Fullerton, R. (Eds.), *Historical perspectives in marketing*, Lexington Books, Lexington (MA), p. 35-51.

Hunt, S., et Davis, D. (2008), Grounding supply chain management in resource-advantage theory, *Journal of Supply Chain Management*, vol. 44, n° 1, p. 10-21

Hunter, G. (1998), Hostile triads: an analysis of dual distribution using a transaction cost approach, *AMA Summer Educators' Proceedings*, Chicago (IL), vol. 9, p. 300-305.

IBM (2013), *What is Big Data ? Bringing Big Data to the enterprise*, disponible sur http://www.ibm.com/ [consulté le 16 mai 2014].

IGD (2011), *UK wholesale market overview*, disponible sur http://www.igd.com [consulté le 16 avril 2014].

IGD (2012), *Symbol groups : market overview*, disponible sur http://www.igd.com [consulté le 13 juin 2014].

Jacquet, N., et Darmon, D. (2005), *Les pôles de compétitivité : le modèle français*, La Documentation Française, Paris.

Jambulingam, T., Kathuria, R., et Nevin, J. (2009), How fairness garners loyalty in the pharmaceutical supply chain: role of trust in the wholesaler-pharmacy relationship, *International Journal of Pharmaceutical & Healthcare Marketing*, vol. 3, n° 4, p. 305-322.

Jarillo, J.-C. (1988), On strategic networks, *Strategic Management Journal*, vol. 9, n° 1, p. 31-41.

Jüttner, U., Christopher, M., et Godsell, J. (2010), A strategic framework for integrating marketing and supply chain strategies, *International Journal of Logistics Management*, vol. 21, n° 1, p. 104-126.

Kacioui-Maurin, E., Pellegrin-Romeggio, F., et Sampieri-Teissier, N. (2013), L'évolution de la logistique des services : une approche comparée entre trois secteurs, *in* Fabbe-Costes, N., et Paché, G. (Eds.), *La logistique : une approche innovante des organisations*, Presses Universitaires de Provence, Aix-en-Provence, p. 33-40.

Kanvos, P., et Wouters, O. (2014), Concurrence dans la distribution de produits pharmaceutiques, *Actes du Forum Mondial sur la Concurrence*, Paris, p. 1-9 (CD-rom).

Kaspersky Lab (2013), *Kaspersky Lab dévoile un nouveau type d'attaques visant la chaîne logistique*, disponible sur http://newsroom.kaspersky.eu/ [consulté le 29 décembre 2013].

Kerschbaum, F., Schröpfer, A., Zilli, A., Pibernik, R., Hoogh, S., Catrina, O., De Hoogh, S., Schoenmakers, B., Cimato, S., et Damiani, E. (2011), Secure collaborative supply chain management, *IEEE Computer Magazine*, vol. 44, n° 9, p. 38-42.

Klein, N. (2002), *No logo : la tyrannie des marques*, Actes Sud, Arles.

Kodner, D., et Spreeuwenberg, C. (2002), Integrated care: meaning, logic, applications, and implications – A discussion paper, *International Journal of Integrated Care*, vol. 2, p. 1-6.

Kolodziejska, K. (2012), Pharmaceutical sector in the new reimbursement era, *Management*, vol. 16, n° 1, p. 203-215.

Kotler, P. (2000), *Marketing management : millennium edition,* Prentice Hall, Upper Saddle River (NJ).

Krémer, F., et Lapassouse-Madrid, C. (2007), La dynamique d'évolution d'un canal de distribution dans un contexte de crise : une application au vin de Bordeaux, *Economies & Sociétés*, Série Systèmes Agroalimentaires, n° 29, p. 1423-1441.

Kriesberg, L. (1955), Occupational control among steel distributors, *American Journal of Sociology*, vol. 61, n° 3, p. 203-212.

Lacity, M., et Rottman, J. (2009), Effects of offshore outsourcing of information technology work on client project management, *Strategic Outsourcing: An International Journal*, vol. 2, n° 1, p. 4-26.

Lampel, J., et Mintzberg, H. (1996), Customizing customization, *Sloan Management Review*, vol. 38, n° 1, p. 21-30.

Lapassouse-Madrid, C. (2015), Le négoce du vin à Bordeaux : enjeux concurrentiels et réponses stratégiques, dans cet ouvrage.

Lauret, F., et Soufflet, J.-F. (1985), Les marchés physiques et l'organisation des marchés, *Economie Rurale*, n° 165, p. 3-11.

Le Bohec, Y. (2001), *César chef de guerre : stratégie et tactique de la République romaine*, Editions du Rocher, Monaco.

Leclère, D., et Elis, J.-M. (1993), Les stratégies d'alliances entre firmes : un essai de typologie, *Gestion 2000*, vol. 9, n° 5, p. 61-69.

Lemercier, C. (2012), Un litige entre un commis-voyageur et sa maison de commerce en 1827, *Entreprises & Histoire*, n° 66, p. 228-231.

Le Moigne, J.-L. (1990), *La modélisation des systèmes complexes*, Dunod, Paris.

Le Roy, F., et Yami, S., Eds. (2009), *Management stratégique de la concurrence*, Dunod, Paris.

Levinson, M. (2011), *The box : comment le conteneur a changé le monde*, Max Milo Editions, Paris.

Lillrank, P., Groop, J., et Venesmaa, J. (2011), Processes, episodes and events in health service supply chains, *Supply Chain Management: An International Journal*, vol. 16, n° 3, p. 194-201.

Lin, D. (2010), The impact of RFID on supply chains, *Penn State News*, disponible sur http://news.smeal.psu.edu/ [consulté le 28 février 2014].

Lusch, R., et Brown, J. (1982), A modified model of power in the marketing channel, *Journal of Marketing Research*, vol. 19, n° 3, p. 312-323.

Madhavan, R., Gnyawali, D., et He, J. (2004), Two's company, three's a crowd? Triads in cooperative-competitive networks, *Academy of Management Journal*, vol. 47, n° 6, p. 918-927.

Magee, J. (1968), *Industrial logistics: analysis and management of physical supply and distribution systems*, McGraw-Hill, New York (NY).

Mahnke, V., Wareham, N., et Bjorn-Anderson, N. (2008), Offshore middlemen: transnational intermediation in technology sourcing, *Journal of Information Technology*, vol. 23, n° 1, p. 18-32.

Mallen, B. (1973), Functional spin-off: a key to anticipating change in distribution structure, *Journal of Marketing*, vol. 37, n° 3, p. 18-25.

Manikandan, M. (2003), *Why should you consider procurement outsourcing? A holistic approach towards vertically integrated to virtually integrated business process services*, Wipro BPO, Tamil Nadu (Inde).

Manyika, J., Chui, M., Brown, B., Bughin, J., Dobbs, R., Roxburgh, C., et Byers, A. (2011), Big Data: the next frontier for innovation, competition, and productivity, *McKinsey Global Institute*, disponible sur http://www.mckinsey.com/ [consulté le 16 février 2014].

Marin, S. (2012), Le commis-voyageur allemand : une image mythifiée dans la France de 1900, *Entreprises & Histoire*, n° 66, p. 177-193.

Marion, G. (2013), La formation de la valeur pour le client : interactions, incertitudes et cadrages, *Perspectives Culturelles de la Consommation*, vol. 3, n° 1, p. 13-45.

Marion, G., et Portier, P. (2006), Pour une réforme du marketing : réseau et co-construction de valeur, *Revue des Sciences de Gestion*, n° 222, p. 15-24.

McCammon, B. (1967), Alternative explanations of institutional change and channel evolution, *in* Mallen, B. (Ed.), *The marketing channel: a conceptual viewpoint*, John Wiley & Sons, New York (NY), p. 75-81.

McInnes, W. (1964), A conceptual approach to marketing, *in* Cox, A., Alderson, W., et Shapiro, S. (Eds.), *Theory in marketing*, Richard D. Irwin, Homewood (IL), p. 51-67.

McKone-Sweet, K., et Hamilton, P. (2005), The ailing healthcare supply chain : a prescription for change, *Journal of Supply Chain Management*, vol. 41, n° 1, p. 4-17.

McLaughlin, E. (1995), Buying and selling practices in the fresh fruit and vegetable industry in the USA: a new research agenda, *International Review of Retail, Distribution & Consumer Research*, vol. 5, n° 1, p. 37-62.

McVey, P. (1960), Are channels of distribution what the textbooks say?, *Journal of Marketing*, vol. 24, n° 3, p. 61-65.

Meijboom, B., Schmidt-Bakx, S., et Westert, G. (2011), Supply chain management practices for improving patient-oriented care, *Supply Chain Management: An International Journal*, vol. 16, n° 3, p. 166-175.

Menzigian, K., et Gupta, S. (2010), *Get more from your non-core spend: realizing value from procurement outsourcing*, Everest Group, Dallas (TX).

Merle, A., Chandon, J.-L., et Roux, E. (2008), Comprendre la valeur perçue de la customisation de masse : une distinction entre la valeur du produit et la valeur de l'expérience de co-design, *Recherche et Applications en Marketing*, vol. 23, n° 3, p. 27-50.

Métais, E. (2004), *Stratégie et ressources de l'entreprise : théorie et pratique*, Economica, Paris.

Micallef, A. (1997), Théories du marketing, *in* Simon, Y., et Joffre, P. (Eds.), *Encyclopédie de gestion*, Economica, Paris, 2e éd., p. 3385-3400.

Michel, S. (2014), Les mécanismes à l'origine de la reconstruction de la légitimité : le cas d'un grossiste en fruits et légumes, *Actes de la XXIIIe Conférence de l'AIMS*, Rennes, p. 1-29 (CD-Rom).

Michel, S., et Pardo, C. (2012), La spécificité du commerce BtoB : quelques repères historiques, *Management & Avenir*, n° 51, p. 156-166.

Miles, R., Snow, C., et Coleman, H. (1992), Managing 21st Century network organizations, *Organizational Dynamics*, vol. 20, n° 3, p. 5-20.

Mintzberg, H. (1982), *Structure et dynamique des organisations,* Editions d'Organisation, Paris.

Mintzberg, H., Ahlstrand, B., et Lampel, J. (2000), *Safari en pays stratégie : l'exploration des grands courants de la pensée stratégique*, Village Mondial, Paris.

Moinier, X. (2009), L'enseigne de pharmaciens : une spécificité au cœur de la distribution, *Décisions Marketing*, n° 53, p. 7-17.

Möller, K. (2006), Role of competences in creating customer value: a value-creation logic approach, *Industrial Marketing Management*, vol. 35, n° 8, p. 913-924.

Montaigne, E., Rousset, S., et Traversac, J.-B. (2007), Quelles perspectives pour les contrats en raisin entre production et négoce ?, *in* Couderc, J.-P., Hannin, H., d'Hauteville, F., et Montaigne, E. (Eds.), *Bacchus*

2008 : enjeux, stratégies et pratiques dans la filière vitivinicole, Dunod, Paris, p. 87-103.

Mora, P. (2007), *Le commerce du vin*, Dunod, Paris.

Moreno, A. (2012), *Un plan Marshall pour sauver le bordelais*, disponible sur http://trends.levif.be [consulté le 2 février 2014].

Morgan, R., et Hunt, S. (1999), Relationship-based competitive advantage: the role of relationship marketing in marketing strategy, *Journal of Business Research*, vol. 46, n° 3, p. 281-290.

Mukhopadhyay, S. (2006), The role of 4PL as the reverse logistics integrator: optimal pricing and return policies, *International Journal of Physical Distribution & Logistics Management*, vol. 36, n° 9, p. 716-729.

Narayana, S., Pati, R., et Vrat, P. (2014), Managerial research on the pharmaceutical supply chain – A critical review and some insights for future directions, *Journal of Purchasing & Supply Management*, vol. 20, n° 1, p. 18-40.

Narus, J., et Anderson, J. (1996), Rethinking distribution: adaptive channels, *Harvard Business Review*, vol. 74, n° 4, p. 112-120.

Niedercorn, F. (2012), Vin : un grand négociant du Bordelais sous contrôle chinois, *Les Echos*, 25 juin.

Niedercorn, F. (2014), Les vins de Bordeaux repartent à l'offensive sur le marché français, *Les Echos*, 4 février.

O'Brien, L. (2002), Purchasing: the final frontier, *Supply Management*, vol. 7, n° 3, p. 22-23.

Obstfeld, D. (2005), Social networks, the *tertius iungens* orientation, and involvement in innovation, *Administrative Science Quarterly*, vol. 50, n° 1, p. 100-130.

Office of Fair Trading (2007), *Medicines distribution: an OFT market study*, Londres.

Olsson, R., Gadde, L.-E., et Hulthén, K. (2013), The changing role of middlemen – Strategic responses to distribution dynamics, *Industrial Marketing Management*, vol. 42, n° 7, p. 1131-1140.

OMS (2014), *A propos de Santé 2020*, Genève, disponible sur http://www.euro.who.int/fr/ [consulté le 14 mai 2014].

Orlandi, A. (2012), Les précurseurs des voyageurs et représentants de commerce parmi les hommes d'affaires toscans de la Renaissance (fin XIVe-début XVIe siècle), *Entreprises & Histoire*, n° 66, p. 22-36.

Paché, G. (1994), Pratiques et théories de l'externalisation : le cas des prestataires logistiques, *Logistique & Management*, vol. 2, n° 1, p. 19-29.

Paché, G. (1998), Retail logistics in France: the coming of vertical disintegration, *International Journal of Logistics Management*, vol. 9, n° 1, p. 85-93.

Paché, G. (2012), Intermédiation dans les canaux de distribution : vers un renouveau ? *Management & Avenir*, n° 51, p. 116-120.

Paché, G. (2014), Logistique (gestion), *Encyclopædia Universalis*, Club Français du Livre, Paris, CD-rom.

Paché, G., et Paraponaris, C. (2006), *L'entreprise en réseau : approches inter et intra-organisationnelles*, Editions de l'ADREG, Bordeaux.

Palamountain, J. (1955), *The politics of distribution*, Harvard University Press, Cambridge (MA).

Pardo, C. (2014), *Les grands changements du commerce de gros*, Intervention lors de l'Université d'Eté de la CGI, Marseille, disponible sur http://www.cgi-cf.com/ [consulté le 22 juillet 2014].

Pardo, C. (2015), Une approche triadique de la distribution BtoB, dans cet ouvrage.

Pardo, C., et Michel, S. (2013), Interconnections in a distribution triad: the case of fresh fruit and vegetable wholesaling in France, *Proceedings of the 29th IMP Conference*, Atlanta (GA), p. 1-13 (CD-rom).

Payne, A., et Frow, P. (2004), The role of multichannel integration in customer relationship management, *Industrial Marketing Management*, vol. 33, n° 6, p. 527-538.

Penrose, E. (1959), *The theory of the growth of the firm*, John Wiley & Sons, New York (NY).

Perosio, D., McLaughlin, E., Cuellar, S., et Park, K. (2001), *Supply chain management in the produce industry*, Fresh Track 2001, Food Industry Management Program, Produce Marketing Association, Cornell University, Ithaca (NY).

Petit, J. (2000), Histoire d'un grossiste-répartiteur : la CERP-Rouen, *Revue d'Histoire de la Pharmacie*, n° 326, p. 209-214.

Phillips, L. (1981), Assessing measurement error in key informant reports: a methodological note on organizational analysis in marketing, *Journal of Marketing Research*, vol. 18, n° 4, p. 395-415.

Picot-Coupey, K. (2013), Les voies d'avenir du magasin physique à l'heure du commerce connecté, *Gestion*, vol. 38, n° 2, p. 51-61.

Piore, M., et Sabel, C. (1984), *Les chemins de la prospérité : de la production de masse à la spécialisation souple*, Hachette, Paris.

PIPAME (2009), *Etude-action concernant la logistique mutualisée. Cas de l'axe « MIN de Rungis-Paris », secteur fruits et légumes*, Paris.

Plochg, T., Klazinga, N., et Starfield, B. (2009), Transforming medical professionalism to fit changing health needs, *BMC Medicine*, vol. 7, n° 64, p. 1-7.

Poirel, C., et Bonet Fernandez, D. (2007), La chaîne logistique, un cadre conceptuel alternatif au canal de distribution pour analyser les rapports de pouvoir et de dépendance entre acteurs, *in* Paché, G., et Spalanzani,

A. (Eds.), *La gestion des chaînes logistiques multi-acteurs : perspectives stratégiques*, Presses Universitaires de Grenoble, Grenoble, p. 163-183.

Porter, M. (1980/1982), *Choix stratégiques et concurrence*, Economica, Paris.

Porter, M. (1986), *L'avantage concurrentiel*, InterEditions, Paris.

Porter, M. (1990), *The competitive advantage of nations*, The Free Press, New York (NY).

Porter, M. (2000), Location, competition and economic development: local clusters in a global economy, *Economic Development Quarterly*, vol. 14, n° 1, p. 15-34.

Porter, M., et Olmsted Teisberg, E. (2006), *Redefining health care: creating value-based competition on results*, Harvard Business School Press, Boston (MA).

Raveyre, M.-F., et Saglio, J. (1984), Les systèmes industriels localisés : éléments pour une analyse sociologique des ensembles de PME, *Sociologie du Travail*, n° 2, p. 157-176.

Rebolledo, C., et Ricard, L. (2002), The impact of e-commerce on buyer-seller relationships in business markets, *Proceedings of the 18th IMP Conference*, Dijon, p. 1-18 (CD-rom).

Reix, R. (1979), *La flexibilité de l'entreprise*, Cujas, Paris.

Réjalot, M. (2013), Difficultés d'adaptation à la mondialisation des marchés : le cas du négoce des vins de Bordeaux, *Annales de Géographie*, n° 691, p. 312-331.

Réjalot, M. (2007), *Les logiques du château*, Presses Universitaires de Bordeaux, Pessac.

Remoué, A. (2004), Osez l'externalisation des achats !, *L'Usine Nouvelle*, n° 2.902, p. 74.

Research & Markets (2012), *Global procurement outsourcing market 2012-2016*, Dublin, disponible sur http://www.researchandmarkets.com/ [consulté le 2 avril 2014].

Retour, D. (2009), Pôles de compétitivité, propos d'étape, *Revue Française de Gestion*, n° 190, p. 93-99.

Revzan, D. (1961), *Wholesaling in marketing organization*, John Wiley & Sons, New York (NY).

Reyes, G. (2010), Le groupement officinal, quels intérêts pour le pharmacien ?, *Revue Internationale PME*, vol. 23, n° 3-4, p. 244-269.

Reyes, G. (2011), Les mutations du métier de pharmacien titulaire : le cas d'officines de centre commercial, *Management & Avenir*, n° 46, p. 79-99.

Richards, T. (2000), The impact of promotion and advertising: a latent class approach, *Journal of Agricultural & Applied Economics*, vol. 32, n° 3, p. 441-457.

Ritter, T. (2000), A framework for analyzing interconnectedness of relationships, *Industrial Marketing Management,* vol. 29, n° 4, p. 317-326.

Robak, S., Franczyk, B., et Robak, M. (2013), Applying Big Data and linked data concepts in supply chains management, *Proceedings of the 2013 Federated Conference on Computer Science & Information Systems*, Cracovie, p. 1203-1209.

Rodriques, R., Agudo, J., et Gutierrez, H. (2006), Determinants of economic and social satisfaction in manufacturer-distributor relationships, *Industrial Marketing Management*, vol. 35, n° 6, p. 666-675.

Rokkan, A., et Haugland, S. (2002), Developing relational exchange: effectiveness and power, *European Journal of Marketing*, vol. 36, n° 1-2, p. 211-230.

Rosen, D., et Manrodt, K. (1995), Marketing and logistics: a tale of two disciplines, *Proceedings of the 24th Annual Transportation & Logistics Educators Conference*, San Diego (CA), p. 135-164.

Rosenbloom, B. (2011), *Marketing channels: a management view*, Cengage Learning, Stamford (CT), 8e éd.

Rosenbloom, B., et Andras, T. (2008), Wholesalers as global marketers, *Journal of Marketing Channels*, vol. 15, n° 4, p. 235-252.

Rossetti, C., Handfield, R., et Dooley, K. (2011), Forces, trends, and decisions in pharmaceutical supply chain management, *International Journal of Physical Distribution & Logistics Management*, vol. 41, n° 6, p. 601-622.

Roumegoux, M. (2008), *Plan stratégique de valorisation de la filière vitivinicole française à l'horizon 2020*, Rapport pour le compte du Ministère de l'Agriculture et de la Pêche, Paris.

Roveillo, G. (2015), Quel avenir pour le grossiste-répartiteur dans la distribution pharmaceutique en France ?, dans cet ouvrage.

Roveillo, G., Fulconis, F., et Paché, G. (2012), Vers une dilution des frontières de l'organisation : le PSL comme pilote aux interfaces, *Logistique & Management*, vol. 20, n° 2, p. 7-20.

Roveillo, G., Paché, G., et Wagenhausen, F. (2015), Intermédiation et innovations logistiques : éléments pour un débat, dans cet ouvrage.

Ruppenthal, R. (1990), *Logistics and the broad-front strategy*, Center of Military History, Washington DC.

Saglietto, L. (2013), Towards a classification of fourth party logistics (4PL), *Universal Journal of Industrial & Business Management*, vol. 1, n° 3, p. 104-116.

Saglio, J. (1991), Echange social et identité collective dans les systèmes industriels, *Sociologie du Travail*, n° 4, p. 529-543.

Salo, A., Tähtinen, J., et Ulkuniemi, P. (2009), Twists and turns of triadic business relationship recovery, *Industrial Marketing Management*, vol. 38, n° 6, p. 618-632.

Saucède, F. (2010), *Le management de la spécificité des rayons fruits et légumes : une modélisation inductive fondée sur la méthode des cas*, Thèse de doctorat en Sciences de Gestion, Université Paul Valéry-Montpellier III, décembre.

Saucède, F., Fenneteau, H., et Codron, J.-M. (2014), Department upkeep and shrinkage control: two key variables in optimizing the performance of fruit and vegetables departments, *International Journal of Retail & Distribution Management*, vol. 42, n° 8, p. 733-758.

Saucède, F., Michel, S., et Fenneteau, H. (2015), Les compétences clés des grossistes en fruits & légumes et leur mobilisation par les managers de rayon, dans cet ouvrage.

Savage, D. (2004), Professional sovereignty revisited: the network transformation of American medecine?, *Journal of Health Politics, Policy & Law*, vol. 29, n° 4-5, p. 661-677.

Shaw, A. (1912), Some problems in market distribution, *Quarterly Journal of Economics*, vol. 26, n° 4, p. 703-765.

Shortell, S, Gillies, R., et Anderson, D. (1994), The new world of managed care : creating organized delivery systems, *Health Affairs*, vol. 13, n° 5, p. 46-64.

Simmel, G. (1950), *The sociology of George Simmel*, The Free Press, Glencoe (IL).

Sirjean, S. (2015), Les MIN : d'un support institutionnel de l'intermédiation à un acteur engagé de la logistique urbaine, dans cet ouvrage.

Smith, P., et Laage-Hellman, J. (1992), Small group analysis in industrial networks, *in* Axelsson, B., et Easton, G. (Eds.), *Industrial networks: a new view of reality*, Routledge, Londres, p. 37-61.

Sparling, S. (1906), *Introduction to business organization*, Macmillan, New York (NY).

Spear, S. (2005), Fixing healthcare from the inside, *Harvard Business Review*, Vol. 83, n° 9, p. 78-91.

Spulber, D. (1996), Market microstructure and intermediation, *Journal of Economic Perspectives*, vol. 10, n° 3, p. 135-152.

Spulber, D. (1999), *Market microstructure : intermediaries and the theory of the firm*, Cambridge University Press, Cambridge (MA).

Spulber, D. (2003), The intermediation theory of the firm: integrating economic and management approaches to strategy, *Managerial & Decision Economics*, vol. 24, n° 4, p. 253-266.

Steinle, C., et Schiele, H. (2002), When do industries cluster ? A proposal on how to assess an industry's propensity to concentrate at a single region or nation, *Research Policy*, vol. 31, n° 6, p. 849-858.

Stern, L., Ed. (1969), *Distribution channels: behavioral dimensions*, Houghton Mifflin, Boston (MA).

Stern, L., et El Ansary, A. (1977), *Marketing channels*, Prentice Hall, Englewood Cliffs (NJ).

Stigler, G. (1951), The division of labor is limited by the extent of the market, *Journal of Political Economy*, vol. 59, n° 3, p. 185-193.

Sydow, J. (1992), On the management of strategic networks, *in* Ernste, H., et Meier, V. (Eds.), *Regional development and contemporary industrial response*, Belhaven Press, Londres, p. 113-129.

Talbot, D. (2013), Clusterisation et délocalisation : les proximités construites par Thales Avionics, *Revue Française de Gestion*, n° 234, p. 15-26.

Tamilia, R., Senecal, S., et Corriveau, G. (2002), Conventional channels of distribution and electronic intermediaries: a functional analysis, *Journal of Marketing Channels*, vol. 9, n° 3-4, p. 27-48.

Tchokogué, A. et Nollet, J. (1998), Le pendule de la centralisation-décentralisation : une analyse de la dynamique des structures en gestion des achats, *Logistique & Management*, vol. 6, n° 2, p. 113-123.

Tchokogué, A. et Nollet, J. (2015), Le recours à l'intermédiation en gestion des achats : savoir passer de la nécessité au choix stratégique, dans cet ouvrage.

Tite, T. (2009), Supply chain management : une stratégie pour les petites et moyennes entreprises des Départements Français d'Amérique ?, *Actes du 15e Colloque National de la Recherche en IUT*, Lille, p. 1-17 (CD-rom).

Valentijn, P., Schepman, S., Opheij, W., et Bruijnzeels, M. (2012), Under integrated care: a comprehensive conceptual framework based on the integrative functions of primary care, *International Journal of Integrated Care*, vol. 12, p. 1-12.

Vargo, S., et Lusch, R. (2004), Evolving to a new dominant logic for marketing, *Journal of Marketing*, vol. 68, n° 1, p. 1-17.

Vedel, M. (2010), *Value creation in triadic business relationships. Interaction, interconnection and position*, PhD in Business Administration, Copenhagen Business School.

Vernin, X. (1998), *La distribution des fruits et légumes frais. Circuits et opérateurs de la filière française*, Editions du Centre Technique Interprofessionnel des Fruits et Légumes, Paris.

Wackermann, G. (1977), La place des foires et marchés parmi les pôles français de commercialisation des produits agricoles, *Economie Rurale*, n° 122, p. 8-22.

Wagner, B., Macbeth, D., et Boddy, D. (2002), Improving supply chains relations: an empirical case study, *Supply Chain Management: An International Journal*, vol. 7, n° 4, p. 253-264.

Walsh, E., Bradley, P., Gooley, T., et Cooke, J. (2001), GM shifts global logistics strategy, *Logistics Management & Distribution Report,* vol. 40, n° 1, p. 19.

Walter, E., Dragosits, A., et Said, M. (2012), Access to pharmaceutical products in six European countries – Analysis of different pharmaceutical distribution systems, *Farmeconomia : Health Economics & Therapeutic Pathways*, vol. 13, n° 1, p. 33-41.

Wathne, K., et Heide, J. (2004), Relationship governance in a supply chain network, *Journal of Marketing*, vol. 68, n° 1, p. 73-89.

Weber, M. (1921/1971), *Economie et société*, Plon, Paris.

Weber, J. (2001), Partnering with resellers in business markets, *Industrial Marketing Management*, vol. 30, n° 2, p. 87-99.

Webster, F. (2000), Understanding the relationships among brands, consumers, and resellers, *Journal of the Academy of Marketing Science*, vol. 28, n° 1, p. 17-23.

Weinberg, B., Parise, S., et Guinan, P. (2007), Multichannel marketing : mindset and program development, *Business Horizons*, vol. 50, n° 5, p. 385-394.

Weitz, B., et Jap, S. (1995), Relationship marketing and distribution channels, *Journal of the Academy of Marketing Science*, vol. 23, n° 4, p. 305-320.

Weld, L. (1917), Marketing functions and mercantile organizations, *American Economic Review*, vol. 7, n° 2, p. 196-213.

Wernerfelt, B. (1984), A resource-based view of the firm, *Strategic Management Journal*, vol. 5, n° 2, p. 171-180.

Williamson, O. (1975), *Markets and hierarchies : analysis and antitrust implications*, The Free Press, New York (NY).

Wilson, N. (1996), The supply chains of perishable products in northern Europe, *British Food Journal*, vol. 98, n° 6, p. 9-15.

Wilson, H., et Daniel, E. (2007), The multi-channel challenge: a dynamic capability approach, *Industrial Marketing Management*, vol. 36, n° 1, p. 10-20.

Wong, C.-Y., et Karia, N. (2010), Explaining the competitive advantage of logistics service providers: a resource-based view approach, *International Journal of Production Economics*, vol. 128, n° 1, p. 51-67.

Wu, Z., Choi, T.-Y., et Rungtusanatham, M. (2010), Supplier-supplier relationship in buyer-supplier-supplier triads: implications for supplier performance, *Journal of Operations Management*, vol. 28, n° 2, p. 115-123.

Xerfi (2013), *La distribution de vin*, Paris.

Yacoub, N., et Laperche, B. (2010), Stratégies des grandes firmes pharmaceutiques face aux médicaments génériques : accumulation vs. valorisation du capital-savoir, *Innovations*, n° 32, p. 81-107.

Yin, R. (1994), *Case study research. Design and methods*, Sage Publications, Thousand Oaks (CA), 2e éd.

Zimmerman, C. (2006), Protecting the pharmaceutical supply channel, *Journal of Pharmacy Practice*, vol. 19, n° 4, p. 236-238.

Présentation des auteurs

Nathalie Angelé-Halgand est maître de conférences en Sciences de Gestion à l'Université de Nantes, où elle dirige le premier département français de recherche en management de la santé au sein d'une faculté de médecine. Spécialiste des questions de contrôle de gestion, de management des performances dans le non-marchand, de gouvernance et de financement hospitaliers, elle pilote actuellement un vaste programme de recherche-action qui vise à refonder le système de santé autour du cycle de soins. Elle intervient auprès d'étudiants et de professionnels de santé à l'Université (Nantes, Montpellier, Aix-Marseille, Nice), dans des écoles (Sciences Po Grenoble, Ecole des Hautes Etudes en Santé Publique), ainsi que dans des établissements de santé, en formation et conseil.

Bernard Dussuc est maître de conférences en Sciences de Gestion à l'IAE de Lyon (Université Jean Moulin Lyon 3). Membre du Centre de Recherche Magellan, ses travaux portent sur les réseaux inter-organisationnels et les stratégies partenariales mises en œuvre dans différents cadres (pôles de compétitivité, clusters), notamment en faveur de l'innovation. Il a présenté plusieurs communications sur ces thématiques lors de conférences nationales et internationales.

Hervé Fenneteau est professeur de Sciences de Gestion à l'Institut des Sciences de l'Entreprise et du Management (ISEM) de l'université Montpellier I. Membre de l'unité de recherche MRM (Montpellier Research in Management), ses travaux portent sur le marketing relationnel et abordent différentes facettes de la relation client-fournisseur, principalement dans les *supply chains* et dans les échanges en BtoB (stratégies de marketing achat, partenariat client-fournisseur, confiance et contrôle dans les échanges, incidents relationnels, gouvernance hybride). Ses recherches ont été publiées dans des revues telles que *Recherche et Applications en Marketing*, *Revue Française de Gestion*, *Revue Française de Gestion Industrielle*. Elles ont également été présentées lors de conférences internationales, dont l'ISL, l'IPSERA et l'IMP.

John Fernie est professeur émérite de Sciences de Gestion à l'Université Heriot-Watt, en Ecosse. Auteur de très nombreux ouvrages et articles sur le management de la distribution, notamment en matière de logistique et d'internationalisation des distributeurs, il a créé en 2005 le George Davies Centre for Retail Excellence. Considéré par ses pairs comme l'un des chercheurs anglo-saxons de référence dans son champ, il a été rédacteur en chef de l'*International Journal of Retail & Distribution Management* de 1989 à 2009. Il est professeur visiteur dans de nombreuses universités européennes, et il poursuit actuellement ses réflexions dans le cadre de l'Institute of Logistics & Transport au Royaume-Uni.

Marc Filser est professeur de Sciences de Gestion à l'IAE de Dijon (Université de Bourgogne), où il dirige le Centre de Recherche en Gestion des Organisations (CREGO). Il a été rédacteur en chef de *Décisions Marketing*, et rédacteur en chef invité de *Recherches et Applications en Marketing*. Ses travaux de recherche sont consacrés au commerce de détail et au comportement du consommateur. Sur ces thématiques, il a notamment co-écrit *La distribution : organisation et stratégie*, dont la deuxième édition a été publiée aux Editions Management & Société en 2012.

David Ford est professeur de Sciences de Gestion affilié à Kedge Business School et professeur émérite de l'école de management de l'Université de Bath, au Royaume-Uni. Il est l'un des membres fondateurs du groupe IMP au sein duquel il a développé l'ensemble de ses travaux de recherche sur les notions d'interaction et d'approche des marchés, comme des réseaux. Dans ses publications récentes, on mentionnera deux ouvrages inscrits dans la tradition de recherche IMP : *Business in networks* et *Managing business relationships*, tous deux publiés chez John Wiley & Sons.

François Fulconis est maître de conférences en Sciences de Gestion à l'Université d'Avignon. Ancien du CEFAG (FNEGE Paris), il est membre du Centre de Recherche sur le Transport et la Logistique (CRET-LOG). Ses recherches s'inscrivent dans le domaine du management stratégique et logistique des organisations. Elles traitent plus spécialement des stratégies de coopération entre entreprises, des structures en réseau et des interfaces inter-organisationnelles. Elles ont fait l'objet de nombreuses publications (revues, colloques et ouvrages) dont, en collaboration, *La prestation logistique : origines, enjeux et perspectives*, ouvrage publié aux Editions Management & Société.

Lars-Erik Gadde est professeur de Sciences de Gestion à la Chalmers University of Technology de Göteborg, en Suède. Ses travaux de recherche traitent des processus d'échanges entre entreprises. Il s'intéresse en particulier aux comportements et aux stratégies d'achat des entreprises industrielles ainsi qu'aux stratégies et aux dynamiques de distribution. Co-auteur de plusieurs ouvrages, il a également publié de nombreux articles dans différentes revues internationales comme *Industrial Marketing Managempent*, *International Journal of Research in Marketing*, *Journal of Business Research*, *Journal of Purchasing & Supply Management,* et *Journal of Management Studies*.

Thierry Garrot est maître de conférences en Sciences de Gestion à l'IAE de Nice (Université de Nice Sophia-Antipolis). Spécialiste des questions de comptabilité et de contrôle de gestion hospitaliers, ses travaux de recherche au sein du Groupe de Recherche en Management (GRM) portent notamment sur le pilotage et l'organisation. Il co-dirige la mention de Master Administration des Entreprises, en particulier la spécialité Encadrement des Etablissements de la Santé et du Social, qui forme les futurs cadres de santé des hôpitaux.

Sébastien Geindre est maître de conférences en Sciences de Gestion à l'IAE de Grenoble (Université Grenoble-Alpes). Membre du Centre d'Etudes et de Recherches Appliquées à la Gestion (CERAG UMR-CNRS), ses travaux de recherche portent sur les réseaux territoriaux d'entreprises, les réseaux de dirigeants et le capital social. Il est l'auteur de plusieurs articles académiques, chapitres d'ouvrage et communications sur ces différentes thématiques.

David Grant est professeur de Sciences de Gestion et ancien doyen associé de l'école de management de l'Université Hull, au Royaume-Uni. Ses thématiques de recherche tournent autour du service à la clientèle, de la logistique de distribution, des chaînes logistiques durables et des relations entre producteurs et distributeurs. Auteur de plus de 150 articles, communications, ouvrages et chapitres d'ouvrage, membre de plusieurs comités de rédaction de revues internationales, il participe actuellement aux travaux du Council of Supply Chain Management Professionnals aux Etats-

Unis, et du British Retail Consortium's Storage & Distribution Technical Advisory Committee au Royaume-Uni.

Catherine Lapassouse-Madrid est maître de conférences en Sciences de Gestion à l'Université de Bordeaux. Elle a exercé des responsabilités dans une entreprise de distribution de pièces détachées automobiles puis dans un cabinet conseil en marketing industriel. Depuis 1990, elle enseigne principalement le marketing au département Techniques de Commercialisation de l'IUT Bordeaux Montesquieu. Chercheur à l'IRGO, HDR en Sciences de Gestion, ses travaux portent sur la distribution en milieu industriel, le commerce électronique et le marketing du vin.

Sophie Michel est membre de l'UPR Marchés & Innovations au sein de l'EMLYON Business School. Titulaire d'un Master 2 en Gestion des Ressources Humaines, elle achève à l'Université Paris Dauphine une recherche doctorale consacrée aux stratégies d'intermédiation grossiste dans la filière des fruits & légumes, en partenariat avec la CGI. Ses travaux en théorie des organisations et en marketing BtoB ont donné lieu à la publication d'articles dans des revues académiques et à la présentation de plusieurs communications lors de conférences internationales.

Jean Nollet est professeur titulaire de Sciences de Gestion à HEC Montréal, au Canada. Auteur de très nombreux articles académiques publiés dans les meilleures revues internationales, et de plusieurs ouvrages primés, titulaire de la Chaire de gestion des approvisionnements, il a fait des achats son domaine de prédilection pour l'ensemble de sa carrière. Ses idées sont souvent novatrices et il apprécie particulièrement remettre en cause ce qui est pris pour acquis. Son approche pratique lui a valu d'être invité à faire de nombreuses présentations aux professionnels du domaine. Il a d'ailleurs œuvré pendant près de deux décennies comme conseiller à l'Association canadienne de gestion des achats.

Gilles Paché est professeur de Sciences de Gestion à Aix-Marseille Université, où il occupe la fonction de directeur adjoint du Centre de Recherche sur le Transport et la Logistique (CRET-LOG). Depuis le milieu des années 1980, il a publié ou édité une quinzaine d'ouvrages académiques, et il est l'auteur de plus de 300 articles, communications et chapitres d'ouvrage. Ses thématiques de recherche concernent principalement le management stratégique des entreprises industrielles et commerciales, les organisations en réseau et le fonctionnement des chaînes logistiques multi-acteurs. Co-responsable de la Chaire d'Enseignement et de Recherche CGI, il est actuellement rédacteur en chef adjoint des *Cahiers Scientifiques du Transport* et de *Logistique & Management.*

Catherine Pardo est professeur de Marketing BtoB à EMLYON Business School. Sa recherche s'intéresse à la façon dont les organisations gèrent leurs échanges de produits et services (en particulier lorsque les clients sont des « comptes clés ») et aux situations d'intermédiation BtoB (commerce de gros). Co-responsable de la Chaire d'Enseignement et de Recherche CGI, elle a publié des articles dans plusieurs revues internationales comme *Industrial Marketing Management, Journal of Business & Industrial Marketing, Journal of Personal Selling & Sales Management* et *European Journal of Marketing.*

Gérard Roveillo est chargé d'enseignement à Kedge Business School et à Aix-Marseille Université, après avoir dirigé la *business unit automotive* au sein de la division logistique du groupe Geodis. Diplômé de l'INSEEC, titulaire d'un Master Recherche en Pilotage Stratégique et Logistique des Entreprises et des Organisations d'Aix-Marseille Université, il a écrit plusieurs articles académiques pour des revues nationales et internationales, et il est co-auteur de *La prestation logistique : origines, enjeux et perspectives*, publié aux Editions Management & Société.

Laurence Saglietto est maître de conférences HDR en Sciences de Gestion à l'IAE de Nice (Université de Nice Sophia-Antipolis). Membre du Groupe de Recherche en Droit, Economie, Gestion (GREDEG UMR-CNRS), ses travaux de recherche en stratégie portent sur les réseaux d'entreprises et les réseaux sociaux, et en logistique sur les PSL, plus particulièrement sur les 4PL. Elle est l'auteur de très nombreux articles académiques et communications sur ces différentes thématiques.

Florent Saucède est chercheur post-doctoral à l'Institut du Marketing et du Management de la Distribution (IMMD), et membre du Lille School of Management Research Center (Université de Lille Nord de France et SKEMA Business School). Titulaire d'un doctorat en Sciences de Gestion de l'université Paul Valéry-Montpellier III pour des recherches menées à l'Institut National de la Recherche Agronomique (INRA), il est intervenu en qualité d'expert auprès de FranceAgriMer et a enseigné dans divers établissements universitaires, à Montpellier et à Casablanca. Ses travaux portent sur le management des réseaux de distribution et des points de vente, l'approche socio-culturelle de la distribution, le marketing agroalimentaire et la méthode des cas.

Stéphane Sirjean est directrice d'études au Cabinet Jonction, société de conseil en logistique et aménagement du territoire, et membre du Centre de Recherche sur le Transport et la Logistique (CRET-LOG). Après un parcours dans des directions *supply chain* d'entreprises agro-alimentaires, puis un doctorat en Sciences de Gestion soutenu à l'université de la Méditerranée, elle a intégré le Cabinet Jonction et développé une expertise dans le domaine de la mise en œuvre de la logistique au niveau des territoires (stratégies d'acteurs, impacts socio-économiques et territoriaux des organisations logistiques, réorganisations des marchés d'intérêt national et de la logistique urbaine). Elle est auteur de nombreuses publications sur ces différentes thématiques.

André Tchokogué est professeur agrégé de Sciences de Gestion dans le département de Gestion des Opérations et de la Logistique à HEC Montréal, au Canada. Titulaire d'un doctorat en Sciences de Gestion de l'université de Bordeaux et diplômé de l'Institut Supérieur de Logistique Industrielle (ISLI) de Bordeaux, la logistique et la gestion des approvisionnements constituent ses principaux domaines de recherche. Il est l'auteur de plusieurs articles traitant de la gestion des approvisionnements et de l'implantation des systèmes de gestion intégrée (type ERP).

Falk Wagenhausen est dirigeant de fast-special Ltd, une société spécialisée dans le commerce électronique de pièces détachées. Chercheur associé au Centre de Recherche sur le Transport et la Logistique (CRET-LOG), titulaire d'un Master Recherche en Pilotage Stratégique et Logistique des Entreprises et des Organisations d'Aix-Marseille Université, il est l'auteur de plusieurs articles et chapitres d'ouvrages sur des questions relatives à l'intermédiation, aux grossistes et à la logistique urbaine.

Index thématique

LE COMMERCE DE GROS AU CŒUR DES FILIÈRES

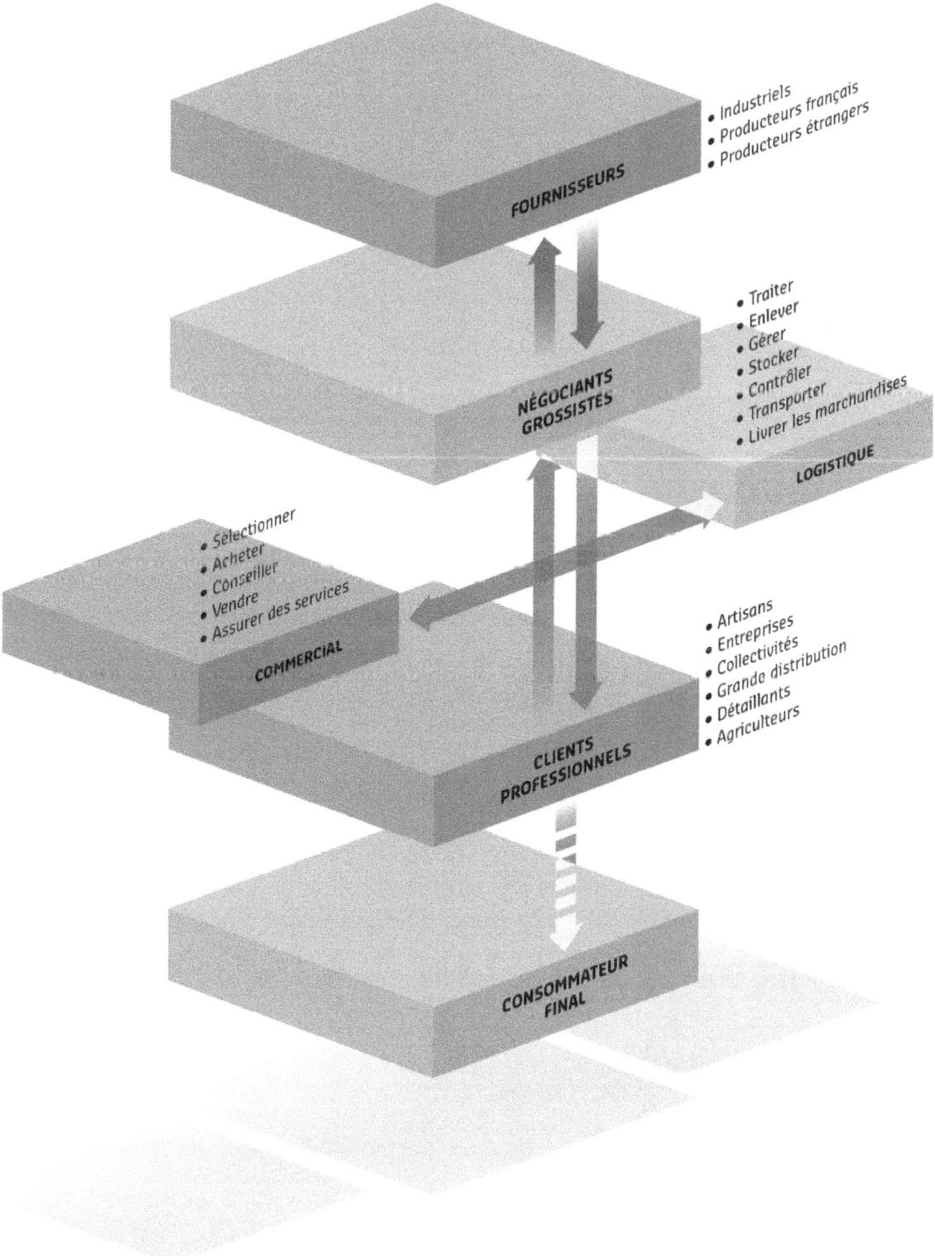

QU'EST-CE QUE LE COMMERCE DE GROS ET INTERNATIONAL ?

Le commerce de gros regroupe près de 120 000 entreprises, allant de la PME aux grands groupes internationaux, qui achètent et/ou vendent des biens à d'autres entreprises principalement en France, mais aussi à l'international. Aujourd'hui, le secteur compte 1 million de salariés et recrute plus de 50 000 personnes par an (source : Unédic 2013). Il a réalisé 780 milliards d'euros de chiffre d'affaires en 2013.

1	**120 000**	**780**	**42 %**	**6,5 %**	**29 %**
million de salariés	entreprises	milliards d'euros de chiffre d'affaires	de la valeur ajoutée du commerce	de la valeur ajoutée nationale	des exportations

Source : INSEE, comptes commerciaux de la Nation 2012

VALEURS
ET
CHIFFRES CLÉS

Quelle est la valeur ajoutée des professionnels du négoce ?

La connaissance experte des produits et des clients

La place centrale qu'occupe le grossiste garantit une parfaite connaissance des produits ainsi qu'une excellente perception des besoins et attentes des clients professionnels. Au cœur des marchés, les professionnels du négoce sont aujourd'hui d'importants vecteurs d'innovation, de communication et de formation, qui participent à la croissance de l'activité du client.

La mise à disposition des produits

Réceptionnées, triées, stockées... les marchandises doivent ensuite être acheminées à temps, dans la quantité souhaitée, quels que soient le volume, la diversité ou la destination. Expertise parfaitement maîtrisée par les professionnels du négoce, la logistique représente aujourd'hui un important facteur de différenciation vis-à-vis des concurrents.

Le conseil auprès des clients

Des services à haute valeur ajoutée : la parfaite connaissance des produits, associée à la compréhension des besoins spécifiques de chaque client, garantit des recommandations sur mesure et un apport optimisé de solutions (études de marché, études techniques, etc.). Dans le commerce de gros, les relations se construisent dans la durée, ce qui permet un ajustement permanent des services proposés et la naissance d'un authentique partenariat entre grossiste et client professionnel.

La création de solutions

Les professionnels du négoce disposent d'une valeur ajoutée qui réside dans leur mission de conseil, d'apporteurs de solutions et dans leur rôle de logisticiens. Mais aujourd'hui, ils sont aussi une force de proposition pour la création de solutions innovantes qui sauront répondre aux attentes pressenties des marchés.

Répartition des ventes dans le commerce

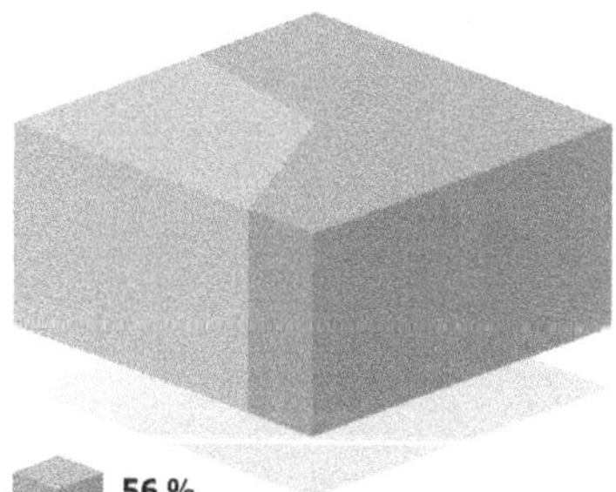

56 % commerce de gros et international

32,5 % commerce de détail

11,5 % commerce et réparations automobiles

Source : INSEE, comptes commerciaux de la Nation 2012

IMPRIM'VERT®

Achevé d'imprimer par CPI Firmin Didot
N° d'imprimeur : 126110 – Dépôt légal : janvier 2015
Imprimé en France